utb 1551

Eine Arbeitsgemeinschaft der Verlage

Böhlau Verlag · Wien · Köln · Weimar
Verlag Barbara Budrich · Opladen · Toronto
facultas · Wien
Wilhelm Fink · Paderborn
Narr Francke Attempto Verlag / expert Verlag · Tübingen
Haupt Verlag · Bern
Verlag Julius Klinkhardt · Bad Heilbrunn
Mohr Siebeck · Tübingen
Ernst Reinhardt Verlag · München
Ferdinand Schöningh · Paderborn
transcript Verlag · Bielefeld
Eugen Ulmer Verlag · Stuttgart
UVK Verlag · München
Vandenhoeck & Ruprecht · Göttingen
Waxmann · Münster · New York
wbv Publikation · Bielefeld

Edwin Habel / Friedrich Gröbel (Hg.)

Mittellateinisches Glossar

Mit einer Einführung
von Heinz-Dieter Heimann

Ferdinand Schöningh

Online-Angebote oder elektronische Ausgaben sind erhältlich unter
www.utb-shop.de

Bibliografische Information der Deutschen Nationalbibliothek.

Die Deutsche Nationalbibliothek verzeichnet diese Publikation in der
Deutschen Nationalbibliografie; detailliertere bibliografische Daten sind
im Internet über http: //dnb.d-nb.de abrufbar.

© 1989 Verlag Ferdinand Schöningh, ein Imprint der Brill-Gruppe
(Koninklijke Brill NV, Leiden, Niederlande; Brill USA Inc., Boston MA, USA;
Brill Asia Pte Ltd, Singapore; Brill Deutschland GmbH, Paderborn, Deutschland)

www.schoeningh.de

Printed in Germany
Einbandgestaltung: Atelier Reichert, Stuttgart
Herstellung: Brill Deutschland GmbH, Paderborn

UTB-Band-Nr.: 1551
ISBN 978-3-8252-1551-4

Inhaltsverzeichnis

Heinz-Dieter Heimann

Mediävistik und Mittellatein

Einführung zur Neuauflage des Mittellateinischen Glossars VII

Auswahlbibliographie (Heinz-Dieter Heimann) XIII

Vorbemerkungen für den Benutzer XVII

Verzeichnis der Abkürzungen mehrmals angeführter Quellenwerke XX

Glossar 1

Heinz-Dieter Heimann

Mediävistik und Mittellatein

Einführung zur Neuauflage
des MITTELLATEINISCHEN GLOSSARS

I.

In der ETYMOLOGIAE des Bischofs *Isidor von Sevilla,* einem
frühen Zeugnis lateinischer Sprachgeschichte aus der ersten Hälfte
des 7. nachchristlichen Jahrhunderts, heißt es über das Latein:

> Lateinische Sprachen gibt es nach Angaben einiger Autoren
> viererlei: Altlatein, Lateinisch, Römisch und Mischlatein. [. . .]
> Mischlatein, das nach der Ausbreitung des Imperiums zugleich
> mit den Bräuchen und Menschen in die Stadt Rom eindrang; es
> verdarb durch Konstruktionsfehler und Wortänderungen die
> Reinheit des Ausdrucks.

Isidor gibt das Latein als etwas Wandelbares zu erkennen. Und er
versteht Sprachen, deren Verschiedenartigkeiten sich für ihn aus
den Folgen des alttestamentlich überlieferten Turmbaus zu Babel
ergaben, bedingt weiterhin durch unterschiedliche Lebensräume
und politische Ordnungen. Als „Mischlatein" bezeichnet er entsprechend eine zeitlich gebundene Sprachstufe, die seiner Lebens-
zeit. Seine Sprachkultur unterscheidet er vom Latein eines Cicero,
des römischen Weltreiches. Für ihn erlangt das Latein seinen univer-
salen Rang vielmehr aus dem Christentum.

Zu seinem beachtlichen Verständnis von Sprachgeschichte gehört, die Problematik von Latein als kirchlicher „Obersprache"
gegenüber den Sprachen des Volkes im Alltag gesehen sowie die
soziale Funktion des gesprochenen und geschriebenen Wortes er-
kannt zu haben. Das Nebeneinander, schließlich die Konkurrenz
von lateinischer Sprache und Volkssprache, von Universalsprache
und Dialekten, haben mittelalterliche Autoren verschiedenster Länder immer wieder beobachtet; in ihren lateinischen wie volkssprachlichen Schriften haben sie selbst auf das Spannungsverhältnis aktiv

eingewirkt. Das Mittellatein blieb über das 14. Jahrhundert hinaus die maßgebliche Sprache der Theologen, im Zuge der spätmittelalterlichen Universitätsbewegung und einem vordringenden Laientum auch die der Juristen, der Mediziner, der Räte und Diplomaten. Als übernationale Buchsprache sicherte das Mittellatein dieser Bildungselite den Zugang zu und die Herrschaft über Fachwissen ebenso wie Prestige und Einkommen; damit verbunden war das Selbstverständnis eines international kommunizierenden Gelehrtentums in Zeiten verstärkter nationaler Bewußtwerdung. Sprachen und Schriften wirken so unterschiedlich auf soziale Zustände und Ordnungen in Gesellschaften ein. Sie integrieren, wie sie zugleich Alternativen formulieren und damit neue Identitäten oder Konkurrenzen fördern und Abgrenzungen stabilisieren.

Das Mittellatein wirkt in seiner überragenden Bedeutung als Kommunikationsmittel zugleich als Träger von Normen und Wertvorstellungen. In seiner tiefen Verbindung mit dem Christentum und der Verschriftlichung einer Kultur gewinnt es als Garant von Wahrheit, als Signum der Rechtmäßigkeit, der Rechtssicherheit, schließlich überhaupt der Vergewisserung von Heilsordnung und irdischer Ordnung. Vor diesem weiten geistesgeschichtlichen Hintergrund wird die Problematik der Ablösung z. B. des Urkundenlateins in der Kanzlei der römisch-deutschen Könige seit dem 13. Jahrhundert erkennbar, insoweit ein Echtheitsbeweis aufgegeben wurde, oder – ein anderes Beispiel – als mit dem Aufkommen einer volkssprachlichen Bibellektüre die kirchliche Lehrautorität und die Heiligkeit der Sprache zur Disposition gerieten.

Sprachliche Veränderungen schließlich befördern vielfältigen sozialen Wandel. Nicht Uniformität, sondern die Polarität und Vitalität der lateinischen Sprachwelt zumal von Geistlichkeit und Gelehrten hier und die Mundarten verschiedenster Laien dort machen die sprachliche Differenzierung im Mittelalter zum beredten Zeugnis seiner Sozialgeschichte, seiner gesellschaftlichen Formierung im weitesten Sinne. Mehr noch, die Schriftzeugnisse weisen den Aneignungsprozeß sich verändernder Lebensformen und Lebensbedingungen aus, den Wandel einer Gesellschaft mit einer zunächst oralen, später stärker verschriftlichten Kultur.

Diese Entwicklung auf den verschiedensten Ebenen zu erfassen, verstehen zu wollen, bedeutet für den Mediävisten, sich – unbeschadet des beachtlichen und beachtenswerten Anteils volkssprachlicher Literatur – das Mittellatein als der bis um 1400 maßgebenden Buchsprache des europäischen Kulturraums zu erschließen.

Für den Historiker ergeben sich bei der Beschäftigung mit derartigen Schriftzeugnissen unterschiedlichster Zeitstufen, Räume und Angehöriger verschiedenster sozialer Verbände eigene, differenzierte Anforderungen gerade an ein mittellateinisches Wörterbuch, wie zugleich daneben Theologen dort wieder andere Auskünfte erwarten als Mediziner, Juristen oder Philologen. Dem Historiker liegt aufgrund seiner Erkenntnisinteressen und Methoden an einer eindeutigen Terminologie wie an einem adäquaten Verständnis der ursprünglichen Quellenbegriffe. Otto Brunner, der im sogenannten Streit um den „deutschen Staat des Mittelalters" die bis dahin zumeist mit der sachfremden Terminologie des 19. Jahrhunderts geführte mittelalterliche Verfassungsgeschichtsforschung durchbrach, benutzte dazu die Begriffsgeschichte. Die Methode soll und kann nicht verabsolutiert werden. Der Hinweis auf sie dient allein der Verdeutlichung, daß nach heutigem Verständnis Quellenbegriffe einerseits als Indikatoren für politisches und soziales Handeln erscheinen, die andererseits zugleich wiederum dieses selbst beeinflussen. In einer Begriffsgeschichte bzw. Geschichte der Begriffe werden subjektive wie objektive Reflektionen tatsächlicher historischer Erfahrungen und Zustände greifbar, denen Historiker nachspüren.

Der Blick in ein Wörterbuch kann dem Historiker diese Arbeit an den Quellen nicht ersetzen. Aber es wächst die Bedeutung eines Wörterbuchs für den Historiker mit der Anzahl der in ihm verarbeiteten Quellenbelege, seiner Begriffsvarianten. Wörterbücher bleiben ihm vorwiegend Hilfsmittel, auch in seiner Interpretationsarbeit ein Stück Wegweiser, den er auf seine Weise wiederum kritisch benützt.

II.

Unbeschadet eines reduzierten Lateinunterrichts an den Oberstufen auf der einen Seite und verbesserter kritischer Editionen mittelalterlicher Quellentexte oder wachsender Verfügbarkeit über auch qualifizierte Übersetzungen auf der anderen Seite bildet die Arbeit mit mittellateinischen Schriftzeugnissen unterschiedlichster Herkunft einen wohl nicht ersetzbaren Bestandteil geschichtswissenschaftlicher Ausbildung. Nicht nur den an der mittelalterlichen Geschichte primär Interessierten, sondern den Geschichtsstudenten und Geschichtsstudentinnen allgemein begegnen auf dem Weg durch das Grund- und Hauptstudium in unterschiedlichen Gattungen mittellateinische Quellenschriften. Der Umgang mit dem Wörterbuch wird hier zu einer beinahe alltäglichen Notwendigkeit.

Das MITTELLATEINISCHE GLOSSAR von *Edwin Habel* und *Friedrich Gröbel* hat seit seinem ersten Erscheinen (1931) einen anerkannten und beispiellosen Platz im Kreis der wortkundlichen Hilfsmittel behauptet, weil seine Bearbeiter vor allem ein Wörterbuch zum Einsatz in der schulischen bzw. universitären *Ausbildungspraxis* erstellten. Darüber hinaus ist das Glossar in seiner inneren Ausgestaltung ein Kind seiner Zeit.

E. Habel lag daran, ein in erster Linie handliches MITTELLATEINISCHES GLOSSAR anzubieten, um die Benutzer im Umgang mit entsprechenden Quellen „wieder selbständig" zu machen. Diese Absicht hat bis heute ihren Sinn nicht verloren, und darin liegen gute Gründe, das seit seinem Erscheinen als ein praktikables, mit der Ausbildungspraxis verkoppeltes Hilfsmittel bewährte Glossar erneut nachzudrucken. Von kompetenter Seite anerkannt, findet sich auf *vergleichbarer* Ebene für dieses Wörterbuch bis heute schwerlich eine Alternative.

Karl Strecker, ein anerkannter Fachwissenschaftler des Mittellateins, hat in seiner Rezension des MITTELLATEINISCHEN GLOSSARs (Historische Zeitschrift 146 [1931] 530 – 536) die Notwendigkeit einer solchen Arbeitshilfe gewürdigt, auch und gerade dadurch, daß er „Lücken und Unebenheiten" im Sinne „verbessernder Mitarbeit" beifügte. Das MITTELLATEINISCHE GLOSSAR bietet damit (obwohl die 2. Auflage einige Hinweise Streckers berücksichtigte) dem Fachkenner des Mittellatein inzwischen bekannte Ansatzpunkte der Kritik. An sie erinnerte *Paul Klopsch* bei Erscheinen der 2. Auflage 1959 (Mittellateinisches Jahrbuch 1 [1964] 202 – 204); er empfahl zugleich für eine ins Auge gefaßte Neubearbeitung, „erhöhten Wert auf Bedeutungswandel" zu legen und dafür prüfend die – vor allem seit den 50er Jahren – neu vorliegenden Lexika heranzuziehen (vgl. Auswahlbibliographie). Der doch variierte Tenor der in einem Abstand von über 30 Jahren geschriebenen Rezensionen spiegelt wider, wie sich die Maßstäbe der Anforderung an ein wortkundliches Hilfsmittel für die Ausbildung mit der Verfügbarkeit umfassender, d. h. aus einer gänzlich anderen Konzeption heraus erarbeiteter mehrbändiger Nachschlagewerke erweitert haben. Die Appelle von H. Strecker und P. Klopsch zu einer Neubearbeitung gelten unverändert. Ebenso unverändert gilt auch ihre Anerkennung für die Notwendigkeit eines solchen komprimierten und unterrichtsbezogenen Hilfsmittels.

Das MITTELLATEINISCHE GLOSSAR hat sich in der Praxis bis heute als hilfreich und empfehlenswert erwiesen, auch wenn das Niveau der berücksichtigten Begriffsvarianten im Hinblick auf diverse fachspezifische Termini sich teils als lückenhaft, teils auch als übersättigt darstellt. Mit Blick auf die *Praktikabilität* eines Hilfsmittels wird das MITTELLATEINISCHE GLOSSAR auch bei einer eventuellen Neubearbeitung einen nicht zu überbrückenden Unterschied im Profil gegenüber den heute der Wissenschaft ganz allgemein zur Verfügung stehenden mittellateinischen Nachschlagewerke behalten und behalten müssen.

Diese Nachschlagewerke erfüllen in der Regel die unterschiedlichsten Anforderungen verschiedenster Fachrichtungen und repräsentieren auf der Basis einer gewissen Vollständigkeit in der Bearbeitung der Quellenstoffe eines Raumes oder eines Zeitabschnittes in ihrer enzyklopädischen oder philologischen Gestaltung jeweils Ergebnisse der Grundlagenforschung. Sie gehen zumeist auf Pläne der Union académique internationale vom Beginn dieses Jahrhunderts zurück, das umfassende Glossar von *Du Cange* zu ersetzen, das Habel/Gröbel in erster Linie zur Verfügung stand. Das von *Paul Lehmann* herausgegebene *Mittellateinische Wörterbuch,* das auf Quellen des deutschen Sprachraumes bis 1300 fußt, erschien mit entsprechender Rückbindung erst ab 1959 und zeigt, wie ein ursprünglich erwogenes umfassendes Lexikon der mittelalterlichen Latinität aufgegeben wurde. So sind heutige Wörterbücher, die mit jener Initiative verbunden sind, auf ihre Weise begrenzt: national, zeitlich oder fachspezifisch. Als geschlossenes Wörterbuch steht dem Historiker *J. F. Niermeyers Glossar* zur Verfügung, doch weder dieses noch die vorgenannten Lexika werden Studierende sich wegen ihrer hohen Anschaffungskosten zulegen (können).

Eine umfassende begriffs- oder sprachgeschichtliche Recherche im Einzelfall wird deshalb, beginnend beim *Thesaurus Linguae Latinae,* über die einzelnen nationalen oder regionalen Wörterbücher zu gehen haben (vgl. Auswahlbibliographie). Um die Lücke zum spätmittelalterlichen Wortschatz, wo die begriffsgeschichtliche Rezeption gerade im philosophischen und staatsrechtlichen

Wandel besonders bedeutsam wird und die Weitschweifigkeit des Lateinischen hinzutritt, zu schließen, empfiehlt sich komplementär die Benutzung weiterer Wörterbücher oder einschlägiger, vor allem stets jüngster Editionen zum Vergleich.

Der Standard des MITTELLATEINISCHEN GLOSSARS bemißt sich – auf der gegebenen Quellengrundlage – nach wie vor an den Anforderungen der *Ausbildungspraxis,* d. h. der unterrichtlich begleitenden Lektüre mittellateinischen Schriftgutes, das in Urkundentexten, Annalen und Chronikwerken einen beträchtlichen Anteil am Lektürekanon einnimmt. In dem jetzt als Taschenwörterbuch in UTB wieder vorgelegten MITTELLATEINISCHEN GLOSSAR bietet sich vorzugsweise den Studenten und Studentinnen der Geschichtswissenschaft ein Hilfsmittel, das nach seiner Funktion in der Regel eine entsprechend angemessene wortkundliche *Grundinformation* bereitstellt. Dies, seine Abgrenzung zu den kleinen Schulwörterbüchern des klassischen Latein und seine relativ weiten Anwendungsmöglichkeiten empfehlen das MITTELALTERLICHE GLOSSAR.

Auswahlbibliographie

geschichtswissenschaftlicher und sprachgeschichtlicher Literatur, übergreifender, nationaler und spezieller Wörterbücher und Glossare sowie Zeitschriften:

Zur allgemeinen historischen und sprachgeschichtlichen Orientierung:

E. Auerbach, Literatursprache und Publikum in der lateinischen Spätantike und im Mittelalter. Bern 1958

A. Borst, Der Turmbau von Babel. Geschichte der Meinungen über Ursprung und Vielfalt der Sprachen und Völker, 6 Bde., Stuttgart 1957 – 1963

Ders., Lebensformen im Mittelalter, Frankfurt/M./Berlin 1979

J. Bumke (Hrsg.), Literatur – Publikum – Historischer Kontext. Bern 1977

F. Brunhölzl, Geschichte der lateinischen Literatur des Mittelalters, München 1975

H. Fichtenau, Mensch und Schrift im Mittelalter, Wien 1946

H.-W. Goetz, Leben im Mittelalter. Vom 7. bis zum 13. Jahrhundert, München 1986

H. Grundmann, Litteratus – illiteratus. Der Wandel einer Bildungsnorm vom Altertum zum Mittelalter, in: Archiv für Kulturgeschichte 40 (1958) 1 – 65

M. Manitius, Geschichte der lateinischen Literatur des Mittelalters, Bde. 1 – 3, München 1911 – 1931

P. Moraw, Über den Weg vom geschriebenen zum gedruckten Buch. Gießener Universitätsblätter 18/2, 1985

O. G. Oexle, Sozialgeschichte – Begriffsgeschichte – Wissenschaftsgeschichte. Anmerkungen zum Werk O. Brunners, in: Vierteljahrsschrift für Sozial- u. Wirtschaftsgeschichte 71 (1984) 305 – 341

Th. Schieder (Hrsg.), Handbuch der europäischen Geschichte. Bd. 1: Europa im Wandel von der Antike zum Mittelalter, hrsg. v. *Th. Schieffer,* Stuttgart 1976. Bd. 2: Von der Konsolidierung unserer Kultur zur Entfaltung Europas, hrsg. v. *F. Seibt,* Stuttgart 1987

H. Schulze, Mediävistik und Begriffsgeschichte, in: Historische Semantik und Begriffsgeschichte, hrsg. v. *R. Koselleck,* Stuttgart 1979, 43 – 74

P. Stotz (Hrsg.), Handbuch zur lateinischen Sprache des Mittelalters (in Bearbeitung; s. Mittellateinisches Jahrbuch 21 [1986] 355 f.)

Übergreifende Wörterbücher und Glossare:

Thesaurus Linguae Latinae, Bde. 1 – 7.2, 8, 9.2, 10, 1.2, Leipzig 1900 – 1985

Charles Du Fresne Sieur Du Cange, Glossarium mediae et infirmae latinitatis, Bde. 1 – 3, Paris 1678. Bde. 1 – 10, bearb. v. *L. Favre,* Niort ⁵1883 – 1887; Nachdruck Graz 1954

L. Diefenbach, Glossarium latino-germanicum mediae et infirmae aetatis, Frankfurt/Main 1857; Nachdruck Darmstadt 1968

E. Forcellini, Totius latinitatis lexicon, Bde. 1 – 4, Padua 1771; neubearb. v. *Vincenzo,* Bde. 1 – 6, Prato ⁴1858 – 1875. – Bde. 7 – 10, Totius latinitatis onomasticon Bd. 1 – 4, Prato 1859 – 1887

H. u. K. E. Georges, Ausführliches lateinisch-deutsches Handwörterbuch, Bde. 1 – 2, Hannover/Leipzig ⁸1913; Nachdruck Graz ¹⁰1959

Nationale Wörterbücher und Glossare:

A. Blaise, Dictionnaire latin-français des auteurs chrétiens, neubearb. v. *H. Chirat,* Straßburg 1954; Addenda et Corrigenda 1962, ⁴1975

Dictionary of Medieval Latin from British Sources, prepared by *R. E. Latham* under the direction of a Committee appointed by the British Academy, Fasc. 1 – 3, London 1975 – 1986

Glossarium till medeltidslatinet i Sverige, Bde. 1 ff., 1969 ff.

G. Koebler, Lateinisch-Althochdeutsches Wörterbuch (Göttinger Studien zur Rechtsgeschichte, Sdbd. 12), Göttingen 1971

Lateinisch-Mittelhochdeutsches Handwörterbuch (in Bearbeitung)

R. E. Latham, Revised Medieval Latin Word-List from British and Irish Sources, London 1965

Latinitatis Medii Aevi Lexicon Bohemorum, hrsg. v. Academie scientiarum bohemoslovaca, consilium moderatorum: *L. Vacel, E. Kamímková, J. Kejř* u. a., Bd. 1 ff., Prag 1977 ff.

Lexicon Latinitatis Nederlandicae Medii Aevi, Woordenboek van het Middeleuws Latijn van de Noordelijke Nederlanden, composuit *J. W. Fuchs, O. Weijers,* Bd. 1 ff., Amsterdam 1970 ff.

Mittellateinisches Wörterbuch bis zum ausgehenden 13. Jahrhundert, hrsg. v. d. Bayerischen Akademie der Wissenschaften und der Deutschen Akademie der Wissenschaften zu Berlin, Bde. 1, 2, 1 – 7, München 1967 – 1976; Quellen- und Abkürzungsverzeichnis 1969

J. F. Niermeyer, Mediae latinitatis lexicon minus, Leiden 1956 – 1976

Oxford Latin Dictionary, Bd. 1 ff., Oxford 1968 ff.

Spezielle Wörterbücher und Glossare:

A. Blaise, Lexicon Latinitatis Mediae Aevi, praesertim ad res ecclesiasticas investigendas pertinens (Corpus Christianorum, Continuatio mediaevalis), Tornhout 1975

E. Brinckmeier, Glossarium diplomaticum zur Erläuterung schwieriger, einer diplomatischen, historischen, sachlichen oder Worterklärung bedürftiger lateinischer, hoch- und besonders niederdeutscher Wörter und Formeln; 2 Bde., 1856 – 1863, Nachdruck Aalen 1961

A. Capelli, Dizionario de abbreviature latinae ed italiane, Turin [6]1964

Dictionnaire d'Archéologie chrétienne et de Liturgie, Bde. 1 – 15, Paris 1924 – 1953

Dictionnaire d'Histoire et de Géographie ecclésiastique, Bde. 1 – (18), Paris 1909 – 1975

Orbis latinus, Lexikon lateinischer geographischer Namen des Mittelalters und der Neuzeit, bearb. u. hrsg. v. *H. Plechl,* Braunschweig 1972

R. Lieberwirth, Lateinische Fachausdrücke im Recht, Heidelberg 1986 (UTB 1385)

O. Schumann, Lateinisches Hexameterlexikon (Monumenta Germaniae Historica, Hilfsmittel), München 1979

Zeitschriften:

Archiv für Diplomatik, Schriftgeschichte, Siegel- und Wappenkunde, Bd. 1 (1955) ff.

Deutsches Archiv für Geschichte des Mittelalters, Bd. 1 (1937) ff.

Mittellateinisches Jahrbuch Bd. 1 (1964) ff.

Vorbemerkungen für den Benutzer

1. In der *Schreibung* der Wörter, die im Mittelalter bekanntlich sehr frei gehandhabt wurde[1], folgt das Glossar mit wenigen Ausnahmen der in den Schulschriftstellern üblichen Form (nicht preferre, sondern praeferre; nicht dampnare, sondern damnare).

Aber bei der alphabetischen Ordnung (auch im Wortinnern!) der Vokabeln mußten wir uns an die damals vorherrschende Schreibweise der Vokale halten, um Wiederholungen zu vermeiden.

Daher stehen die Wörter – auch wenn das Glossar die klassische Schreibung bringt – in der Reihenfolge, als wenn immer nur die im Mittellateinischen übliche Form gebraucht wäre. Man findet also:

ae unter e, als wenn geschrieben wäre: estimare, prelatus
oe unter e, als wenn geschrieben wäre: economia, pena
ph unter f, als wenn geschrieben wäre: fisica, profeta
y unter i, als wenn geschrieben wäre: tipus, tirannus
h im Anlaut vor Vokalen wurde oft hinzugesetzt: honustus = onustus, oft auch fortgelassen: agyus = hagius.

Weniger Schwierigkeiten machen die leichteren Schwankungen bei den Konsonanten, die größtenteils aus der Unsicherheit der Rechtschreibung zu erklären sind. So findet man vielfach vertauscht:

c   und qu, z. B. condam = quondam; scalor = squalor
ch und h,   z. B. eco = echo; michi = mihi
ci und ti, z. B. Gretia = Graecia; siciens = sitiens
d   und t,   z. B. set = sed; adque auch = atque
s   und x,   z. B. mistus = mixtus; sixtus = xystus
t   und th, z. B. Talia = Thalia; cathegoria = categoria.

---

[1] Wer sich über die Besonderheiten des Mittellateinischen genauer unterrichten will, sei auf Streckers vortreffliche „Einführung in das Mittellatein" verwiesen.

Auch bei der Verdoppelung der Konsonanten bestand Unsicherheit, z. B. barattare = barratare.

Im ganzen sind aber solche Abweichungen von dem gewohnten Wortbild leicht zu erkennen und daher im Glossar nicht besonders aufgeführt. Bei schwerer erkennbaren Formen wird natürlich ein Hinweis gegeben, ebenso stets bei Schwankungen in der Vokabelbildung (wie z. B. gratulare = gratulari; cingulus = cingula = cingulum).

2. Da die *Prosodie* im Mittellatein bei vielen Wörtern in den verschiedenen Jahrhunderten nicht einheitlich gebraucht wird, ist bei den Vokalen von einer Bezeichnung der Länge oder Kürze fast überall abgesehen worden.

3. Die *Genetivendungen* und das Geschlecht sind der Einfachheit halber nur dann angegeben, wenn sie nicht aus der Nominativendung ohne weiteres abzuleiten sind (also bei der sogenannten u- und e-Dekl.; bei der kons. Dekl. nur, soweit bei unbekannten Vokabeln oder Endungen Zweifel möglich wären).

4. Ganz leichte, selbstverständliche *Wortbildungen* (wie z. B. die Femininform proditrix zu proditor u. ähnl.) sind ebenfalls aus Raumgründen nicht besonders ausgeführt worden.

5. Folgende *Abkürzungen* bedürfen der Erkärung:

ahd. = althochdeutsch
aram. = aramäisch
frz. = französisch
Konj. = Konjunktion
Kj = Konjuktiv
MA. = Mittelalter
ma. = mittelalterlich
meton. = metonymisch
mgriech. = mittelgriechisch
mhd. = mittelhochdeutsch
ndd. = niederdeutsch
ndl. = niederländisch
phön. = phönizisch

sc. = scilicet, ergänze
sem. = semitisch
subst. = substantiviert

Zusatz des Verlages (1989): Neben den zu ihrer Zeit verfügbaren großen Werken wie DuCange oder Diefenbach (vgl. Auswahlbibliographie) und im damaligen Lehrbetrieb benutzten Wörterbüchern haben die Herausgeber für die Erstellung des Glossars verschiedene größere und kleinere Dichtungen, Geschichtsquellen und Rechtsdenkmäler herangezogen. Einen Ausschnitt aus der benutzten Literatur gibt das Verzeichnis der Abkürzungen auf Seite XX. Einer Reihe von Wörtern sind die Fundstellen beigefügt. Dies durchgängig zu tun, verbot der zur Verfügung stehende Raum. Aus diesem Grunde fehlen auch die Eigennamen. Dagegen ist bei den Wörtern, die das Klassische oder Spätlateinische nicht kennt, die Herkunft angegeben worden, soweit sie mit Sicherheit zu ermitteln war.

Verzeichnis der Abkürzungen
mehrmals angeführter Quellenwerke

Arch.   Die Gedichte des Archipoeta, hrsg. v. M. Manitius. München 1929.

As.   Asinarius und Rapularius, hrsg. v. K. Langosch. Heidelberg 1929.

A. v. B.   Adam von Bremen, Hamburgische Kirchengeschichte, hrsg. von B. Schmeidler. Hannover u. Leipzig 1917.

BR.   Benedicti regula monachorum, hrsg. v. E. Woelfflin. Leipzig 1895.

Cap.   Die Landgüterordnung Kaiser Karls des Großen (Capitulare de villis vel curtis imperii), hrsg. v. K. Gareis. Berlin 1895.

CB.   Carmina Burana.
1. Lat. Lieder fahrender Schüler aus der Stauferzeit, hrsg. v. K. Bojunga. Leipzig 1922.
2. Scholaren, hrsg. v. E. Herkenrath. Leipzig o. J.
3. Carmina Burana, hrsg. v. A. Hilka u. O. Schumann, Bd. 1,1: Text; Bd. 2,1: Kommentar. Heidelberg 1930.

D.   Dantis Alagherii de vulgari eloquentia libri duo, hrsg. von L. Bertalot. Selbstverlag, Friedrichsdorf bei Frankfurt a. M. 1917.

E.   Die Ecbasis captivi, das älteste Tierepos des MA.s, hrsg. v. E. Voigt. Straßburg 1875.

FR.   Egberts von Lüttich Fecunda ratis, hrsg. v. E. Voigt. Halle 1889.

GF.   Anonymi Gesta Francorum et aliorum Hierosolymitanorum, hrsg. von H. Hagenmeyer. Heidelberg 1890.

Helm.   Helmoldi presbyteri Bozoviensis cronica Slavorum, hrsg. v. B. Schmeidler. Hannover und Leipzig 1909.

Hr.   Hrosvithae opera, hrsg. v. K. Strecker. Leipzig 1930.

HS.   Henrici Septimellensis elegia sive de miseria, hrsg. v. A. Marigo. Pauda 1926.

H. v. H.   Liber de rebus memorabilioribus sive chronicon Henrici de Hervordia, hrsg. v. A. Potthast. Göttingen 1859.

IW.   Jakob Werner, Lat. Sprichwörter und Sinnsprüche des MA.s. Heidelberg 1912.

LB.   Der Liber benedictionum Ekkehards IV. nebst den kleinen Dichtungen aus dem Codex Sangallensis 393, hrsg. v. J. Egli. St. Gallen 1909.

Liudp.	Liudprandi episcopi Cremonensis opera omnia, hrsg. v. Jos. Becker. Hannover 1915.
Nith.	Nithardi historiarum libri IV, hrsg. v. E. Müller. Hannover u. Leipzig 1907.
O. v. F.	Ottonis et Rahewini gesta Friderici I. imperatoris.

O. v. F.   Ottonis et Rahewini gesta Friderici I. imperatoris.
1. hrsg. v. B. Simson. Berlin 1912.
2. hrsg. v. H. Bachmann. Paderborn o. J. (= F. Schöninghs Sammlung altsprachlicher Lesehefte. Lat. Reihe: 1, 6).

PD.   Pauli historia Langobardorum, hrsg. v. L. Bethmann und G. Waitz. Hannover 1878.

R.   Ruodlieb, der älteste Roman des Mittelalters.
1. hrsg. v. F. Seiler. Halle 1882.
2. hrsg. v. H. Bachmann. Paderborn o. J. (= F. Schöninghs Sammlung altsprachlicher Texte. I. Lat. Reihe: 1, 4).

T.   Troilus Alberti Stadensis, hrsg. v. Th. Merzdorf. Leipzig 1875.

VS.   Eugippii vita sancti Severini, hrsg. v. H. Sauppe. Berlin 1877.

W.   Ekkehards Waltharius.
1. hrsg. v. K. Strecker. Berlin 1924.
2. hrsg. v. H. Bachmann. Paderborn o. J. (= F. Schöninghs Sammlung altsprachl. Texte. I. Lat. Reihe: I, 2).

Wid.   Widukindi monachi Corbeiensis rerum gestarum Saxonicarum libri tres, hrsg. v. K. A. Kehr. Hannover und Leipzig 1904.

Wipo   die Werke Wipos, hrsg. v. H. Bresslau. Hannover u. Leipzig 1915.

W. v. Ch.   Walter v. Chatillon.
1. Die Lieder Walters v. Chatillon, in der Handschrift 351 von St. Omer, hrsg. v. K. Strecker. Berlin 1925.
2. Moralisch-satirische Gedichte Walters v. Chatillon, hrsg. v. K. Strecker. Heidelberg 1929.

Y.   Ysengrimus, hrsg. v. E. Voigt. Halle 1884.

A

a, ab *Präp. m. Abl.* — *Oft auch* = *abl.*
instr. bei Sachen; = *abl. sep.* cassari
ab = privari ab; — *abl. compar.* nihil
a Christo carius; = per von, durch;
infolge. — ab iure, ab re ohne Grund;
a longe von fern; a nomine alicuius
im Namen von
ab ante (*frz.* avant) vorn; vor, vorher
abatis, is Pferdefütterer
abavus = protavus Ururgroßvater
abba *indekl.* (*syr.*) Vater (Ehrentitel);
— abbas Abt
abbas, atis Vater; Mönch, Abt
abbatia Kloster, Abtei
abbatialis äbtlich
abbatiola kleine Abtei
abbatissa Äbtissin
abbreviare abkürzen, kurz abmachen;
mit Abkürzungen schreiben; schwächen; verbriefen, Konzept verfassen
abbreviatio Abkürzung; Umrechnung
abbreviator einer, der aus einem Schriftsteller einen Auszug macht; Gehilfe der
Notare, der das Konzept der Urkunden
abfaßt
abbreviatura Abkürzung
abbtissa = abbatissa
abcedĕre = abscedĕre sich entfernen
abdicare sich lossagen, entsagen; leugnen;
absetzen (aliquem)
abdicĕre absprechen; versagen, verbieten
abdita, orum Geheimnisse; a. marina
die Tiefen des Meeres
ovis **abducta** das verlorne Schaf
abductio Abführen, Entführung; Einsamkeit
abedĕre abnagen
abēre = habēre
ab extra von außen
abhom . . . *s.* abom . . .
abicĕre wegwerfen, verwerfen; a. tramitem iustum den rechten Weg verlassen

abiectarius Schreiner, Holzschnitzer
abiectio wegwerfende Behandlung;
Schmach; Absetzung, Sturz; a. plebis
Spott der Leute.
abiectus niedrig, gemein, Ekel erregend
abies, etis Tanne
abinde von dort; daher, davon
ab intra auf der Innenseite
ab intus von innen
abysmus = abyssus
abyssinus höllisch
abyssus (*griech.*) Abgrund, Hölle
abiubēre verbieten
abiudicatio Aberkennung
abiurare entwenden, stehlen
adiuvamen Hilfe
ablactare (den Säugling) entwöhnen
ablatio Entwendung, Raub
ablativus wer wegnimmt, der Räuber,
der Löse-Fall, der Befreier
ablatum Ernte
ablingĕre ablecken
ablutio Abwaschen; Reinigung; Taufe
abmordēre wegbeißen, abbeißen
abmotim *Adv.* entfernt
abnegare abschlagen; aufgeben, entsagen
abnepos, otis Großneffe
abolim seit langem
abolitas Vertilgung, Abschaffung
abominabilis abscheulich
abominatio Verabscheuung; Greuel
aborrere = abhorrēre zurückschrecken;
verschieden sein
abortire zu früh gebären
abortivus zu früh geboren; unzeitig
abra (*griech.*) Zofe, Magd
abradĕre abscheren; wegnehmen, kahl
fressen, ausrotten, tilgen
abrenuntiare verzichten auf, entsagen;
absprechen
abrotonum (*griech.*) Stabwurz, Aberraute
abrupta, orum Abgrund

absalonizare handeln wie Absalom, hochmütig sein

abscessus, us Weggang; Tod

abscīdĕre abschneiden, beschneiden; a. nefas vom Frevel ablassen (W.)

abscindĕre abreißen, trennen; a. fidem die Treue brechen

absconditum Geheimnis

absconsio das Verborgene

absconsus; Adv. absconse verborgen, heimlich; absconsa (sc. laterna) Blendlaterne; absconsum Geheimnis

absentare entfernt sein; entfernen; se a. sich entfernen, abwesend sein

absida; absis = apsis

absimilis unähnlich

absinthium (griech.) Wermut

absistĕre fern sein

absit mit ut oder Inf. Gott verhüte, daß!

absolescĕre = obsolescere veralten

absolutio Freisprechung vom Kirchenbann, Absolution

absolvĕre lösen, entbinden; lossprechen von Sünden, verzeihen

absque Präp. m. Abl. ohne, außer, ausgenommen

abstemius enthaltsam, nüchtern

abstergĕre mortem den Tod sühnen

abstimus = abstemius

abstinĕre sich enthalten; fasten

abstractio Entführen; Gedankenabsonderung; a. mathematica = mathesis

abstrudĕre verstecken; Pass. sich verstecken

absus unbebaut, unbestellt; verarmt

ex **abundanti** est es ist von Überfluß

abusivus mißbräuchlich

abusus, us = abusio Mißbrauch

abuti mißbrauchen; in vollem Maße gebrauchen; a. condicione das Angebot ablehnen

abvorare verschlingen

ac (auch vor Vokalen) und; nach Komparativen = quam

accelerare beschleunigen; eilig herbeischaffen; schnell erleben

accendibilis hitzig

accensibilis lodernd, entflammend

accentuare scharf betonen, auf die Akzente achten

acceptabilis annehmbar, wohlgefällig

acceptare auf sich nehmen; sich gefallen lassen; geneigt sein

acceptio Annahme, Aufnahme, Übernahme; Rücksichtnahme; personarum a. Ansehen der Person

acceptor 1. Rücksichtnehmer; 2. = accipiter Falke

acceptus annehmbar; erwünscht, willkommen; Freund

accersĕre; accersire = arcessĕre herbeiholen

accessio Anhang, Verstärkung

accessus, us Annäherung, Zutritt; Gewohnheit, Sitte; a. maris Meeresflut

accidens Zusatz; Plur. accidentia, ium philosophischer Ausdruck: alles, was nicht wesentlich zu einem Begriff gehört, die Accidentien

accidia = acedia

accidit mihi aliquid mir fällt etwas zu

accingĕre umgürten, umgeben; Pass. sich gürten, sich rüsten; gladio accingi die Schwertleite empfangen

accipĕre empfangen; vernehmen; a. sponsam eine Braut bekommen; consilium a. einen Beschluß fassen

accipiter, tris Habicht, Falke

accipitrari die Falkenjagd ausüben

accisia Steuer

acclinus = acclinis sich anlehnend, sich beugend, geneigt; demütig; Untertan

accola Bewohner, Einwohner; Bauer, Nachbauer (freier Bauer ohne Besitz)

accommodare anfügen, anpassen; favorem a. seine Gunst schenken

accubare lagern, sich hinkauern

accubitare lagern, bei Tische liegen

accubitus, us Platz bei Tisch

accumbĕre sich auf die Kniee niederlassen

accurtare abkürzen

accusare anzeigen, ein peinliches Verfahren einleiten

accusativus Anzeige-Fall, der Kläger

acedia (griech.) üble Laune, Trägheit

acediari unwillig sein, sich ärgern

acediosus träge; mürrisch

acephalus (*griech.*) kopflos, ohne Herrscher; eine Art Ketzer (A. v. B.)

acer scharf, sauer; genau, aufmerksam, eifrig, schleunig; leidenschaftlich, streitbar

acerbare erbittern; verbittern

acerosus grätig

acervus Haufen; Menge

acessēre = acescere sauer werden (FR.)

acetabulum Schale, Gefäß

achantus = acanthus (*griech.*) Bärenklau

acharis (*griech.*) ungefällig

achisis (*griech.*) Habsucht, Geiz

acidus sauer, bitter; verbittert

acies, ei Schärfe; Glanz; Blick, Auge; die Waffen; Abteilung

acmon (*griech.*) Amboß

acolitus; acoluthus (*griech.*) Kleriker untersten Standes, Meßgehilfe

acquiescēre sich zufrieden geben; zustimmen; a. in aliqua re Ruhe finden in

acquirēre ludum ein Spiel gewinnen; aliquam sibi ad societatem acquirere sich zur Ehe gewinnen

acquisitio Erwerbung, Besitz

acredo, inis Schärfe

acrisia (*griech.*) vorübergehende Blindheit, Zerstreuung, Verwirrung

acroma = acroama, atis (*griech.*) Musikvortrag, Musikstück

acrus; *Adv.* acrum (W.) = acer

ac si = quasi gleichsam, gleich als wenn

actio Verhalten, Verfahren; Rechtsstreit

actionarius Beamter

actitare betreiben; beschließen

actor Leiter, Sachwalter, Kläger; Urheber; a. dominicus Domänenbeamter

actualis wirklich, wirksam

actuarius Schreiber

actum 1. Protokoll; Prüfung; acta sanctorum Heiligengeschichte; in actum producere verwirklichen; 2. = acta (*griech.*) Küste

actus, us Bewegung, Handlung; actu von Beruf

aculeatum = aculeus

aculentus mit Stacheln versehen

aculeus Stachel

acumen Stachel; das heftige Drängen, Dringlichkeit; Höhe

acutia Schlauheit, List; Launenhaftigkeit; Schabernack

ad *Präp. m. Akk.* — *Oft auch* = *Dativ* (*frz. à*); = in, nach: ad Romam in Rom, ad Italiam nach Italien; *übertragen*: im Verhältnis zu, im Hinblick auf: ad preces alicuius auf Bitten. — ad omne = omnino; ad praesens für jetzt; ad praesens esse anwesend sein; ad tempus zeitlich (*Gegensatz*: ewig); ad sextam um sechs Uhr; ad honorem zur Ehre.

adalingus = edhlingus

adamans = adamas, antis (*griech.*) Stahl; Magnet

adamare lieben

adapertio das Öffnen

adaptare = aptare

adaquare wässern, tränken

adaquatus naß, feucht

adauctio Vermehrung, Verstärkung

adbibēre zutrinken

addecet = decet es ziemt sich

addecimare zehnten

addēre beigeben; a. in mandatis gebieten

addicēre verpflichten; a. aliquem exsilio die Verbannung über jem. aussprechen

adelphus (*griech.*) Bruder

ademptor der Wegnehmer

adeo = admodum *Adv.* sehr, ganz; sogar; non a. keineswegs

adeps, ipis Fett, Schmalz, Mark

adeptus empfangen, erlangt

adeptus, us das Erlangen

aderere = adhaerēre (W. v. Ch.)

adesse = esse

addextrare zur Rechten jem. sitzen, stehen, schreiten

adfiliare als Sohn aufnehmen

adfinitas = affinitas Verwandtschaft; freundschaftliches Verhältnis

adgeniculari alicui die Kniee beugen vor

adgonizari = agonizari kämpfen

adgravare beschweren; verschlimmern; steigern; adgravatus müde, trunken

adhabēre haben, halten, besitzen

adhaerēre an etwas hangen; ständig bei jem. sein; ergeben sein, eignen

adhibēre noch hinzufügen

adhiscēre = adhiare alicui den Mund aufsperren, schnappen nach

adhuc *Adv.* noch; nunmehr, jetzt; künftig, dereinst; noch einmal (in Zukunft)

adiacentia Bereitschaft des guten Willens

adiacēre angrenzen; bevorstehen

adibilis zugänglich

adigēre heranbringen, entgegenstrecken

adimplēre anfüllen; erfüllen

adincrescēre anwachsen

adinvenire erfinden, ausfindig machen

adinventio Erfindung, Einfall, Anschlag

adinvicem *Adv.* gegenseitig

adiocari sich einschmeicheln

adipisci *auch passivisch:* erreicht werden

adire aliquem folgen, erreichen

adytum (*griech.*) das Innerste, Allerheiligste; adyta Geheimnisse

aditus, us Tür

adiunctivi, orum die zu enger Verbindung Bestimmten, die Liebenden

adiuramentum Beschwörung

adiurare beschwören, flehentlich bitten

adiutor Gehilfe, Bundesgenosse; Begleiter

adiutorium Hilfe, Stütze; Beisteuer

adhleta; adleta = athleta

adlitare landen; scheitern, stranden

admarinus am Meere

admerēre, *auch* admereri verdienen, würdig sein

adminiculari helfen, beistehen

adminiculum Stütze, Pfahl; a. Christi Kreuz Christi

administrare darreichen, gewähren; ausüben

administrator Amts-, Pfarr-, Bistumsverweser

administratorius dienstbar; behilflich

adminuēre kleiner machen, vermindern

admirandus; admiratus Admiral

admirari = mirari

admissarius das zur Zucht bestimmte Pferd, Hengst

admissum Vergehen

admittēre loslassen, in Gang setzen; erhaschen, erbeuten

admonitio Mahnung, Züchtigung

adnepos, otis Ururgroßenkel

adnisus, us Bemühen, Kraft

adnotare kundgeben, eröffnen

adnuēre genehmigen, erlauben, zugestehen

adnullare = annullare

adnuntiare öffentlich verkünden, belehren

adnuntiatio Ankündigung, Verkündigung

adoptare sehnlich wünschen; adoptieren

adoptio Aufnahme an Kindes Statt; spiritus adoptionis Geist der Kindschaft

adoptivus Schützling, Günstling; wie ein Sohn aufgenommen und gehegt

adorare anbeten verehren; huldigen

adoreus Dinkel-, Spelt-

adp ... *s. auch* app ...

adpacare friedlich beilegen

adqu ... *s.* acqu ...

adripia (*frz.* arroche) Ackermelde (Cap.)

ads ... *s. auch* ass ...

adscendēre zum Himmel schreien

adscire = accire, acciēre herbeirufen, herbeiholen (T.)

adsentire willfahren

adspicēre hinzielen, zugehören

adstringēre zusammenhalten

adulterari Ehebruch treiben

adulterinus unecht, falsch

adultus groß geworden, groß (auch von Sachen!)

adumbrare beschatten; behängen, bedecken; adumbratus versteckt

adunare vereinigen, sammeln

adunatim *Adv.* geschlossen

aduncus gekrümmt

adurgēre drängen, verfolgen

advenire aliquem zu jem. kommen; cordi a. im Herzen sich zeigen

adventus, us Angriff; Adventszeit

adversari sich widersetzen

adversarius Widersacher; Teufel; adversaria Gegensätze im logischen Sinne

adversitas feindselige Gesinnung, Beleidigung; Unglücksfall

adversus zugekehrt, gegenüber befindlich; nachteilig; Gegner; adversum,
adversa, orum Leid; adverso entgegen;
ex adverso gegenüber, von vorn, im
Gegensatz
advertentia Gehör, Aufmerksamkeit
advertĕre beobachten; anerkennen, an-
spielen auf
advesperascĕre sich dem Abend zuneigen,
dämmern
advincula *s.* vincula
advivĕre am Leben bleiben, überleben
advocare beanspruchen
advocatia; advocatitia Vogtei
advocationis officium Rechtsanwalt-
schaft
advocatus Vertreter, Rechtsbeistand,
Fürsprecher; Sachwalter; Vogt
advolitare = advolare herbeifliegen
advos, oris Gegner, Feind (T.)
adzimus = azymus
aëneus ehern, bronzen; aëneum (*sc.* vas)
ehernes Gefäß, Kessel
aëreus = aërius luftig, gespensterhaft;
himmelblau
affabiliter *Adv.* freundlich
affamen Zuspruch, Antwort
affari anreden; anbeten
affatus, us Anrede, Wort
affectabilis erstrebenswert
affectans Anfänger; *Adv.* herzlich
affectare, zu erreichen suchen, begehren;
se a. sich angenehm machen
affectatio Anspruch
affectio Einwirkung; Zuneigung, Liebe;
Streben; geistige Anlage
affectuose *Adv.* herzlich; heftig
affectus, us Stimmung, Regung; Zuneigung, Streben, Leidenschaft; Kraft,
Wirkung; a. filiationis kindliche Liebe
afferre = auferre forttragen
affidare versichern, versprechen, bekennen
se **affinare** sich verschwägern
affinitas Verwandtschaft, Verschwäge-
rung; freundschaftliches Verhältnis
affirmamentum = affirmatio Beteuerung,
Bejahung

affirmare (bejahend) beantworten; etwas
leise einproben (Y); *Pass.* gelten
affirmator Bestätiger, Bürge
afflictatio; afflictio Stoß, Schlag; Be-
drängung; Betrübnis, Schmerz
affligĕre niederschlagen, beugen; peinigen; *Pass.* schwer leiden, schmachten
affluentia Reichtum
affluĕre heranfließen; überströmen; reichlich versehen sein, schwelgen in
affluentissimus reichlich
afforare den Preis festsetzen
affricare; affricuĕre anreiben; annehmen
aflare wegblasen
afroditus = aphroditus Venus
aphus = anaphus
agape, es (*griech.*) Nächstenliebe; das
christl. Liebesmahl
agagula Kuppler, Kupplerin
agalma (*griech.*) Schmuck, Zierde
agamus (*griech.*) ehelos
agapuz Barsch (R)
agaso, onis Eseltreiber
agellus kleiner Acker, kleines Stück Land
agens Beamter, Vertreter
agĕre betreiben, erzwingen; lassen; geben;
a. cum verfahren mit; a. consilium
einen Rat ausführen; agebant = aie-
bant (Nith.)
agg . . . *s. auch* adg . . .
agglomerare festaneinanderschließen, hinzufügen, angürten
aggravare vergrößern; verschlimmern;
belästigen
aggregatim *Adv.* scharenweise
agibilis praktisch
agilitas Beweglichkeit, Schnelligkeit, Beschleunigung
agina Beschleunigung, Förderung
agyus = hagius heilig
agmen Zug, Trupp; Gemeinde; Strömung; agmine facto sofort
agnatio Nachkommenschaft, Kinder
agnella; agnellus Lämmchen
agnellinus vom Lamm, Lamm-
agnicula Lämmlein
agnitor Kenner

agnoscĕre anerkennen, zugeben; wissen, a. pro certo überzeugt sein; *Pass.* bekannt werden

1. **agnus dei** geweihtes Wachsbild des Lammes Gottes; Bittruf im Meßgesang nach Joh. 1, 29
2. **agnus** (*griech.*) heilig, keusch

agon, onis (*griech.*) Wettkampf; Krampf; Todeskampf, Todesangst; Schicksal; a. exitus Todeskampf; agones Glaubenskämpfe

agonia (*griech.*) Todeskampf; äußerste Angst

agonizare (*griech.*) in den letzten Zügen liegen; agonizari streiten

agralis = agrarius; opus agrale Feldarbeit

agrammatus (*griech.*) ohne gelehrte Bildung

agrappa Haken

agrarius vom Lande; ländlich; agrarium Ackerzins, Hufengeld

ala Flügel, Fischflosse

alabrum Haspel, Garnwinde

alamannus (*germ.*) deutsch; Deutscher

alapa Backenstreich, Schlag

alapizare ohrfeigen

alauda (*kelt.*) Lerche; *auch:* Nachtigall

alaudula = alauda

alba, ae die Helle, die Morgenröte; alba (*sc.* tunica) das weiße Chorhemd der Geistlichen; in albis constitutus das weiße Kleid (der Neugetauften) tragend; alba (*sc.* vestimenta) weiße Kleider

albatus weißgekleidet, Engel

albedo, inis die weiße Farbe

albēre weiß sein, leuchten

albinus = albidus weiß

albor das Weiß, die weiße Farbe

albumen das Weiße

albus weiß; hellblond; fromm

aldio; aldius Mittelfreier

alea Würfel; Spiel; Geschick; Glücksgöttin; ludus alearum Würfelspiel

ales, itis Vogel

alethia (*griech.*) Wahrheit; christl. Tugend

alpha (*griech.*) das Alpha, der 1. Buchstabe des griechischen Alphabets; alpha simul omega = Gott

alficus; alphinus (*arab.*) Springer, Rössel

algama Höhe, Erhabenheit

algorismus (*arab.*) Berechnung, Rechenkunst

algosus voll Seetang

alias anderswo; sin a. wenn anders

allegena Fremdling

allegenus ausländisch, fremd

alienare entfremden; veräußern; *Pass.* fern bleiben; mente alienatus im Geiste entfremdet, verrückt

alienatio Entfremdung; Veräußerung

alienus im Ausland; fernstehend; = alius

alietus = accipiter

aliger beflügelt, gefiedert

alimonia Ernährung, Unterhalt; Getreide

aliptes, ae (*griech.*) Arzt

alioquin *Adv.* übrigens, sonst

aliqualis ein gewisser

aliqualiter *Adv.* einigermaßen

aliquando sonst; auf einmal

aliquantisper *Adv.* eine Zeitlang; einigermaßen, leidlich

aliquantulus klein, wenig; *Adv.* aliquantulum ein bißchen

aliquantus ziemlich viel; aliquanti ziemlich viele; einige; aliquantum etwas

aliquaterus *Adv.* irgendwie, bis zu einem gewissen Grade

aliquorsum = aliquovorsum irgendwohin

aliquoties *Adv.* öfters

aliunde *Adv.* anderswoher

alius = alter der andere; ungewöhnlich

alitus = halitus

allambēre belecken

allec, ecis; *Plur. auch* alleca, um Hering

allectitius verlockend

allectorius anziehend

allegare vorbringen; sich berufen auf, sich rechtfertigen; einverleiben

allegatio Vorhaltung; *Plur.* Stellen aus der Bibel und den Kirchenvätern

allegoria (*griech.*) sinnbildliche Bedeutung

alleluia = halleluia (*hebr.* = „lobet Gott") Halleluja

allers gelehrt, gebildet, weise

alleum = allium

allevare emporheben, aufrichten; erleichtern, mildern

alleviare leichter machen, erleichtern

alleviatio Erleichterung

allidĕre hineinstoßen

alligatura Band, Gebund, Bündel

allium Lauch, Knoblauch

allitare ans Ufer treiben, ans Ufer bringen

allocare gelten lassen, abrechnen

allodis; allodium (germ.) Allod, Ganz. eigentum, Freigut

alloqui anreden; predigen

alloquium Anrede; Versprechen

allophylus (griech.) ausländisch; Ausländer

allogiamentum Wohnung, Quartier

allotus = lotus gewaschen

allubescĕre beistimmen, beipflichten

alludĕre spielen, schäkern, wedeln

alluvio = alluvies, ei Überschwemmung

almanicus = alemannicus deutsch

almarinus (sc. piscis) Hering

almificus segenspendend, gütig

almitas = almities; Titel für höhere Geistliche: Hoheit

almities, ei Gnade, Hoheit, Holdseligkeit, Schönheit

almus gnädig (vom Herrscher gesagt), heilig; alma, orum Gnaden-, Wohltaten

almutia; almutium = capucium

alninus vom Erlenbaum

aint = alant der Döbel (eine Karpfenart)

alonge (im Verse álonge) Adv. von weitem

alpis, is Berg; Plur. alpes, ium Almen, Viehweiden

altare, is Altar; a. maius Hochaltar

altarista Kaplan

altarium = altare

alter auch = alius; ab altero voneinander

alterare anders machen, verändern; schlimmer machen

alteratio Bewegung

altercatio Wortwechsel, Streit; Rechtshandel; Streitgedicht

alternare abwechseln, übergehen zu; Pass. sich abspielen

alternatim Adv. abwechselnd, hinüber und herüber

alternatio Wechselfall

alternus gegenseitig; alternis (sc. vicibus) im Wechselgespräch

alteruter; alteruterque jeder von beiden, beide

alterutrare = alternare

alterutrim Adv. wechselseitig

alterutrum Adv. gegenseitig, einander; ad a. ein um das andere Mal

altiboans laut schreiend

alticanax in der Höhe singend

altilia; ium gemästetes Geflügel; Geflügel; kleines Mastvieh

altipetus = altipetax hochstrebend

altisonorus = altisonus hochtönend; von oben herabtönend

altithronus hochthronend = Gott

altitonans von oben donnernd = Gott

altrinsecus Adv. auf je einer Seite, beiderseits, gegenseitig

altriplex = duplex zwiespältig; falsch

altus teuer; laut, hell; altissimus = Gott

alumen Alaun

alumnus Zögling, Schüler, junger Christ; Jünger (einer Kunst); Dienstmann, Vasall; Erzieher, Pflegevater

alveare Bienenkorb; Klosterniederlassung

alveus Höhlung; Schiff; Wasserbecken; Mündung, Bett eines Flusses

alvus (auch masc.) Bauch, Mutterleib

alx, alcis = alces (germ.) Elch

amabo eig. ich werde dir sehr verbunden sein, ich beschwöre dich, sei so gut

amandula; amandola = amygdala

amandalarius Mandelbaum

amans Liebhaber, Freund

amantissimus geehrt

amaricare bitter machen, erbittern

amaritudo, inis Bitterkeit, Trauer; Plur. ernste Erwägungen

amarus; Adv. amariter bitter, traurig, empfindlich; amara, orum Elend, Not

amasio = amasius Geliebte, Liebhaber, Buhle

ambactia; ambascia; ambaxia Auftrag

ambactiator; ambassiator Gesandter

ambactus (*kelt.*) Höriger, Dienstmann
ambages, um Umweg; Irrtum; Märe
ambasiatus = ambactiatus Polizeidienst
ambigēre nach zwei Seiten hin treiben, zweifelhaft sein, bezweifeln
ambiguitas Zweideutigkeit, Zweifel
ambiguus schwankend, unsicher; ambiguum Zweifel
ambire sich bewerben, angehen, umgarnen; wünschen; umgeben, einfassen, verbrämen, umschließen; precibus ambitus mit Bitten bestürmt
ambitio Begleitung, Gefolge
ambitiosus ehrgeizig, eitel
ambitus, us Eitelkeit; Habsucht; Umfang; Klosterkreuzgang
ambo, onis (*griech.*) Kanzel, Lesepult
ambra (*arab.*) Bernstein
ambro, onis Räuber; Schlemmer
ambrosia anderer Name einer sonst botrys genannten wohlriechenden Pflanze
ambrosianum der Ambrosianische Lobgesang
ambulare gehen; wandeln; schwinden
ambulatrix, Paßgänger, Zelter
amburēre versengen, verbrennen
amen (*hebr.*) Amen; es geschehe, es sei; a. dicere alicuius rei ja zu etwas sagen
amenare = amoenare angenehm machen
amenus gefällig, anmutig; amena, orum Glück
amentum Wurfriemen, Riemen; a. retorquēre die Lanze mittelst des Wurfriemens schleudern (W.)
ameum Bärenwurzel
amphibalus (*griech.*) Haut; Überwurf
amphibologia (*griech.*) Betrügerei
amphibolus doppelsinnig, zweifelhaft
amphiprehensus umfaßt
amphora (*griech.*) Krug; Begräbnisurne
amicabilis freundschaftlich, bereitwillig
amicare zum Freunde machen; *Pass.* sich als Freund benehmen
amicire bekleiden
amictus, us Mantel; Rüstung; = humerale
amiculum Mantel

amicus Freund; Verwandter; vertraut, treu; *Plur.* Gefolge, Vasallen
amygdala (*griech.*) Mandelbaum; Mandel
amygdalum Mandel
amygdalus Mandelbaum
aminiculator = adminiculator Unterstützer, Almosenpfleger
aminiculum = adminiculum Stütze; Beistand, Hilfe
amiragius; amiralius, amiranus, amireus, amyras (*arab.*) Emir; Admiral
amiravisius Emir (GF.)
amita Tante
amittēre entlassen; im Stich lassen
amniculus kleiner Strom
amodo *Adv.* in Zukunft; von neuem
amor Geneigtheit; Liebhaberei; Liebesbrief; per hunc amorem dem zuliebe; amore meo mit meiner Zustimmung; in amore bibere Gesundheit trinken
amplare vergrößern, erweitern
amplectendus wünschenswert
amplecti umfassen; hochheben; liehen
amplexari umschlingen, umarmen; hochschätzen, verehren
ampliare erweitern, vermehren
amplificare vergrößern; begaben
amplius *Adv. Komp.* mehr; fürderhin
amplustra, orum = aplustra (*griech.*) Schiffsknauf, Spiegel des Schiffes
amplustre, is = aplustre (*griech.*) Schiffsgerät; Steuerruder
ampulla Fläschchen, Salbenfläschchen
ampullari schwülstig reden, sich spreizen
ampullosus hochtrabend, übermütig
amputare vermindern
amussis, is Lineal der Zimmerleute
an — an; an — sive ob — oder; an non etwa nicht; anne oder nicht
anabaptista (*griech.*) Wiedertäufer
anachorita = anachoreta (*griech.*) Einsiedler, Eremit
anaphora (*griech.*) Wiederaufnahme eines vorhergehenden Versanfanges
anaphus = hanapus
anagoge, es (*griech.*) Erhebung des Geistes zu abstrakter Spekulation, der tiefere Sinn einer Stelle

analetica (*griech.*) == analysis Lösung
analogium (*griech.*) Vorlesepult, Katheder
anastas (*griech.*) der Auferstandene
anastasis (*griech.*) Auferstehung
1. **anathema, atis** (*griech.*) Verfluchung, Bannfluch; verflucht
2. **anathema** (*griech.*) Weihgeschenk
anathematizare (*griech.*) verfluchen, verwünschen
anceps, citis zweiseitig; zweischneidig; Doppelaxt, Schwert
ancessor = antecessor
anchorago; ancorago eine Art Salm
ancilla Magd, Unfreie; junge Frau; Buhlerin, Dirne
ancillari dienen
ancorare; ancorari vor Anker gehen, landen
andedus (Cap.; *wohl Schreibfehler*) = andena Fackelhalter, Feuerbock
androgenus = androgynus (*griech.*) Hermaphrodit; Mannweib
anesum = anisum
aneta == anas, atis Ente
anethum (*griech.*) Dill
anfractus, us Krümmung, der krumme Weg; Verschlingung des Reigens
angaria, ae (*griech.*) Zwang, Frondienst; Fronfasten d. h. die 4 Fastenwochen des Quatember
angariari; angarizare zu Frondiensten zwingen, nötigen, quälen
angelicus Engel-; panis a. das hl. Abendmahl
angelus (*griech.*) Bote; Engel; das Ave Maria (als Gebet nach Luk. 1, 28); Fahne mit dem Bilde des Erzengels Michael; a. summus Erzengel
angĕre beengen; *Pass.* sich ängstigen
angina Halsentzündung, Halsbräune
anglice *Adv.* in Englisch
ango, onis (*germ.*) Hakenlanze der Franken
anguilla Aal
anguinus schlangenartig; teuflisch
angularis eckig, winklig; a. lapis Eckstein
angulosus enge, winklig

angurius (*griech.*) Wassermelone
angustare verengen; ängstigen
angustia Enge; Verlegenheit, Not; *Plur.* angustiae Meerenge
angustiare bedrängen; *Pass.* angustiari beunruhigt, elend sein
anhelanter *Adv.* eifrig
anhelare Atem holen, keuchen; begehren, den brennenden Wunsch haben
anhelitus, us Atem; Atemlosigkeit, Ermattung
anhelus keuchend, atemlos
anicilla schon ziemlich alt (CB.)
aniculus alt, alternd
anicus (*griech.*) unbesiegt
anima Seele, Herz; mihi pro a. nach meinem Herzen; animas ponere in manibus suis sein Leben aufs Spiel setzen, sich aufopfern
animadversio Bestrafung, Strafe, Rüge; Strenge
animadvertĕre vernehmen; bestrafen
animalis irdisch, irdisch gesinnt
animalitas Tierheit
animans beseelt; Tier
animare ad ermuntern zu, ermutigen; animatus beseelt; hochmütig
animatio Begierde
animaequus ruhig, getrost
animositas Unwille, Erbitterung, Leidenschaft, Wut, Ehrgeiz; Kühnheit, Tapferkeit
animosus erregt, eifrig, gläubig; animosa fides inniger Glaube
animulus Herzchen
animus (sittliches) Empfinden
anisum (*griech.*) Anis
annalis jährig, alljährlich
annata Jahresertrag; Abgabe eines neu angestellten Geistlichen an die Kurie
annichilare vernichten
anniculus einjährig
anniversarius alljährlich; Jahrestag; anniversarium Jahrgedächtnis, „Offizium mit Messe"
annona Getreide, Korn; Proviant, Nahrung; Tischportion; Pferdefutter; annona vitae = Lebensunterhalt

annonare futtern

annotenus = annotinus ein Jahr alt, vorjährig

annualis jährig, ein Jahr dauernd; annuale Jahresrente

annue *Adv.* = annuatim alljährlich, von Jahr zu Jahr

annullare zunichte machen, vernichten

annuntiatio Botschaft; Evangelium; a. Mariae = M. Verkündigung 25. März

annuntiator Verkündiger, Prediger

anomalus (*griech.*) mit der Regel nicht übereinstimmend

anormalis; anormalus = anomalus

ansa Griff

ansar = anser, eris Gans

anserulus Gänschen

antalopus (*griech.*) Antilope

antapodosis (*griech.*). Vergeltung, Abrechnung

ante vorn; früher; ante velle = malle lieber wollen

antea *Adv.* vorher, früher; longe a. lange vorher; in a. fürderhin

anteactus vergangen; ab anteactis von früher her

antecenia = antecenium ein kleiner Imbiß

antecessor Vorgänger, Ahne

antefana (*spätgriech.*) = antipbona

antefatus oben erwähnt

anteferri alicui vor jem. gebracht werden

antelucanium (*sc.* lumen) Morgenrot

antelucanus vor Tagesanbruch beginnend; Frühmesse; *Adv.* antelucanum vor Tagesanbruch

antemurale Bastei

anterior vorder, vorig, früher; anteriores Vorgänger, Vorfahren; anteriora die Vorderräume; ad anteriora nach vorn

anteritas = antiquitas, Alter, Vorwelt

anterus = anterior

antes, ium die Enden der Fäden eines Gewebes

antesternẽre vor sich hinwerfen; ausschütten

antestis ■ antistes

anthropos (*griech.*) Mensch

antica Tür

antichristus (*griech.*) Antichrist (der Widersacher Christi).

anticipare vereiteln

per anticipationem vorwegnehmend

antidotum (*griech.*) Gegenmittel, Gift

antiphona kirchlicher Wechselgesang; ein kurzes, meist gesungenes Gebet

antiphonarium ein Buch, das die Melodien der Antiphonen enthält

antiphrasis, is (*griech.*) Gegensatz; Ironie; per antiphrasin im Gegenteil

antilogium (*griech.*) Widerspruch

antipodes, um (*griech.*) Gegenfüßler

antiquarius Bücherschreiber

ex antiquitate seit langer Zeit

antiquus alt; betagt; *Plur.* Vorfahren

antistes, itis Vorsteher einer größeren Gemeinschaft; Priester, Bischof, Erzbischof, Papst

antistitium Vorsteheramt

antonomasice *rhetorischer Ausdruck:* mit anderer Benennung, Umschreibung

antrax = anthrax (*griech.*) Blutgeschwür

antrum Höhle, Grotte; Loch

antrustio (*germ.*) vornehmer Gefolgsmann des fränkischen Königs

1. **anus** Kreis, Ring; Türschloß; = podex

2. **anus**, us bejahrt; die Alte, Greisin

anxiari sich ängstigen

anxiens = anxius betrübt, mißvergnügt

anxietas Sorge

aperire öffnen; sichtbar machen, an den Tag legen; a. consilium einen guten Rat geben

apertura Öffnung, Loch; Tür

apes = apis Biene

apex, picis Spitze, Gipfel; hohe Würde; Bischofshut, Bischof; Buchstabe, Urkunde, Brief; Zünglein an der Waage; a. capitis Schädel; a. regni Thron; a. virginitatis = Maria; apices die Züge der Buchstaben

apiarium Bienenkorb

apium Sellerie, Eppich

aplestia (*griech.*) Unersättlichkeit

aplustre (*griech.*) Schiffsausrüstung

apocalypsis (*griech.*) Offenbarung; Offenbarung Johannis

apocopare abschneiden, kürzen, verstümmeln; sich nähern

apocryphus (*griech.*) unecht, nicht der Lehre entsprechend

aprocrisiarius (*griech.*) Gesandter, Sendbote, Stellvertreter; = capellanus, palatii custos am Hofe der Karolinger

apodemus (*griech.*) in der Fremde

apodixa (*griech.*) Quittung

apopholos (*griech.*) Taugenichts

apologeticum Schutzrede, Entschuldigung, Verteidigung; Verteidigungsschrift; Antwort, ein Wort der Verteidigung

apologeticus = apologeticum

apologia (*griech.*) Entschuldigung, Erwiderung

apologus Verteidigung

apoplexia (*griech.*) Schlagfluß

aporiare; aporiari (*griech.*) zagen, unschlüssig sein

apostasia (*griech.*) Abfall

apostata (*griech.*) Abtrünniger

apostatare abtrünnig werden, abfallen

apostaticus abtrünnig

apostatrix die Abtrünnige

apostema, atis (*griech.*) Geschwür

apostolatus, us Apostelwürde, Apostelamt

apostolicus apostolisch, päpstlich; Papst; a. pater Papst

apostolus (*griech.*) Abgesandter, Apostel; a. totus sämtliche Briefe des Paulus

apotheca (*griech.*) Kramladen, Apotheke

appanare mit Brot versehen; ausstatten

appar = aptus

apparentia Erscheinung

apparitor Diener, Knappe, Lehnsmann; Büttel, Türhüter; Kenner, Sprachkundiger

appellare sich wenden an; Berufung einlegen; verklagen; = appellere landen

appendĕre aushängen

appendicium Anhang, Zubehör; Einkünfte

appensio Anhängung

appetitio Sehnsucht; Trieb

applaudare Beifall klatschen

applicare drängen; herandrängen, landen, einkehren; castra a. sich lagern

applodĕre corpus solo fest an den Erdboden andrücken

appodiare stützen; sich anlehnen

apponĕre hinstellen, auftragen, vorsetzen, einsetzen; daran gehen, wagen; *mit Inf.* ferner, fürderhin; beiseite lassen, aufgeben; = appellere landen

apposite *Adv.* zusammenhängend; passend

appositio Aufstellung

apprehendĕre ergreifen, erreichen; begreifen; umarmen

appretiare werten, abschätzen; kaufen, sich zueignen

apprime *Adv.* vorzüglich, gar sehr, zu allererst; vorweg

appropiare sich nähern

approximare sich nähern

appulĕre = appellere

apricus sonnig

Aprilis Lenz

aprinus vom Wildschwein

apsis, sidis (*griech.*) Bogen, Wölbung; Rundung, Rand; Rad; Apsis; Chorkapelle; Bahn des Planeten

aptandus = aptus

aptare versehen mit, geeignet machen; bereiten, verfertigen; beteiligen

aptificare geeignet machen

aptitudo, inis geeignete Zeit, gute Gelegenheit

aptus geeignet, handlich; willkommen, lieb und wert; liebenswürdig; a. digitos fingerfertig (CB.)

apud *Präp. m. Akk.* — *Oft auch* = in *m. Abl.* — apud Romam in Rom

aqualiculus Magen

aquari tränken

aquaeductus, us Wassergraben, Rinne

aquilinus vom Adler; a. homo = Johannes der Evangelist

aquilonaris nördlich

aquilus schwarzbraun

ara Altar; Denkmal

arabilis pflügbar; non a. unversehrt

arabona = arrabo

arare pflügen, ackern; plagen, quälen

aratiuncula Hufe Landes

arativus = arabilis

aratrum Pflug; Ort, wo das Getreide aufbewahrt wird; Stück Land

arbalista Schleuderschütze

arbiter, tri Zeuge, Begleiter; Schiedsrichter, Herr; a. supernus Gott

arbitrarius willkürlich; selbständig

arbitratus, us Belieben, Ermessen

arbitrium Willkür; Zustimmung, Billigung; Gerichtshof; a. fidei Religionsedikt; arbitrio loqui unvernünftig reden

arbor *oft* = Kreuz

arbuscula kleiner Baum

arbustum Gebüsch, Strauch, Gehölz

arca Kiste, Truhe, Geldkasten; Arche; Klosterkerker; Bibliothek, Archiv; = arcus; a. dominica Bundeslade

arcanus verschwiegen, geheim; arcanum Geheimnis; Geheimfach

arcarius Schatzmeister

arcella; arcellula Kästchen; Geldtruhe

arcenthinus *(griech.)* wacholdern, zypressen

arch . . . s. auch arc . . .

archangelus *(griech.)* Erzengel

archas, adis = archos

archeria Schießscharte

archetypum Vorbild; Modell

archi- *(griech.) vor Subst. u. Adj.* = der erste, Erz-

archiacolitus Vorsteher der acoluthi

archiantistes, itis Erzbischof

archiater, tri *(griech.)* Arzt, Leibarzt

archidicus Meister der Rede

archiductor Steuermann

archidux Erzherzog

archiereus *(griech.)* Erzpriester; a. Romanus Papst

archifaber Erbauer der Arche Noah

archilevita *(hebr.-griech.)* Erzdiakon

archiloquus tonangebend

archilupus Erzwolf

archimandrita *(griech.)* Priester, Archimandrit; Erzbischof

archipoeta Erzpoet

archipraesul, ulis Erzbischof

archipraesulatus, us Erzbistum

archisynagogus *(griech.)* Synagogenvorsteher

archisophus *(griech.)* Erzweiser

architectari aufbauen, Baumeister sein

architectoria ars Baukunst

architectus *(griech.)* Baumeister, Künstler

architriclinus *(griech.)* Speisemeister, Hofmarschall

archivenator Erzjäger

archivolans Herrscher der Vögel

archivum Archiv, Aktenschrank, Lade

archos *(griech.)* Herrscher; der Herr, Gott

arcisterium = asceterium *(griech.)* Kloster

arctos *(griech.)* Bär, Siebengestirn; Norden

arctous nördlich

arcturus der Bärenhüter *(Gestirn)* ;Norden

arctus = artus straff, eng

arcus, us Bogen *(auch eines Buches)*

ardalio, onis Schlemmer, Fresser

ardea Reiher

ardēre brennen; sich verbrennen; anzünden, verbrennen

ardor proximus Nächstenliebe

ardura Entzündung

area Fläche; Tenne; = Bibliothek (Hr.)

arena Sand, Sanddüne; Menge

areola Gartenbeet, Rabatte

arēre trocken, dürr sein; durstig sein

aretalogus *(griech.)* Tugendschwätzer

arga *Schimpfwort der Langobarden* = der Furchtsame (PD.)

argalium = ergalium

argentarius Silberschmied

argenteus Silberling

argia *(griech.)* Untätigkeit

argolicus *(griech.)* griechisch

arguēre zurechtweisen, tadeln

argumentatio Beweisführung;Berechnung

argumentosus inhaltsreich; geschickt, schlau

argumentum Stoff, Inhalt; Grund, Beweis, Beweismittel; Rätsel; Geschütz

argus Argus; Aufpasser, Wächter

argutiae Spitzfindigkeiten

argutus helltönend, zwitschernd; deutlich

aridus trocken, dürr; arida *(sc.* terra) das feste Land

arillator Kaufmann

ariolari = hariolari

aripes, edis Läufer

arismetrica ars = arithmetica Rechenkunst

arma, orum Wappen; Hilf- und Alarm-
ruf (*mhd.* wâfen, *frz.* alarme)

armamentarium; armaria = armarium

armarista = armarius

armariumKasten, Schrank;Rüstkammer;
Bibliothek, Archiv; a. pigmentorum
Apotheke

armarius Bibliothekar, Archivar

armata Heer, Flotte

armellus (*germ.*) Hermelin

armentarius Rinderhirt

armiger Waffenträger, Knappe

armilla Armband; Spange

armillatus bewehrt

armipotens kriegerisch, tapfer

armoni . . . s. harmoni . . .

armus Schulterblatt; Schulter; Vorder-
bug; Seite, Fleisch eines Tieres

aroma, atis (*griech.*) Gewürz, Spezerei,
Wohlgeruch

aromaticus wohlriechend

aromatizare duften; einbalsamieren

arpis, is Schwert

arquis, itis Bogenschütze

arra; arrha = arrabo, onis (*auch fem.*;
hebr.) Unterpfand, Kaufgeld

arrepticius begeistert, besessen

arrestare verhaften; beschlagnahmen

arridēre mitlachen, anlächeln, angrinsen;
gewogen sein

arripēre rasch an sich nehmen; beschleunigen; iter a. sich eilig auf den
Weg machen; frena a. die Zügel anziehen

arrogium Bach

ars Kunst; Fertigkeit; Handwerk, Gewerbe; List; Grammatik; a. poetica
das Dichten und die Theorie darüber;
artes, ium Geisteswissenschaften;artes
liberales *s.* liberalis

artare einengen; zwingen

artemon, onis (*griech.*) Marssegel

arteticus = arthriticus (*griech.*) gichtisch
krank, die Gelenke betreffend

articulum = articulus

articulus Gelenk; Teil, Abschnitt; Augenblick, Zeitpunkt, Zeitabschnitt; Kunstgriff, List; a. novissimus ärgste Bedrängnis; a. mortis Todesstunde; a.
temporis Kürze der Zeit

artificialis künstlich; künstlerisch

artificiatus = artificialis

artificiosus kunstfertig; klug

artigiasus Künstler, Meister

artista Jurist; Handwerker

artitudo, inis Enge

artocopus (*griech.*) Bäcker; Brot

artocrea Krapfen, Pastete, Törtchen

Arturus sagenhafter König Britanniens;
in tempore Arturi = niemals (HS.)

1. **artus** eng; kärglich

2. **artus,** us Gelenk; Pranke; Rheinknie,
Rhein; *Plur.* Gebeine

arundinetum Röhricht

arva = arvum Erde, Boden, Feldflur

arvina Schmalz, Speck; Haut

arx, arcis Brustwehr; Burg; Stadt;
Gipfel; hoher Sitz, Thron; a. regni
Königsherrschaft

as, assis Heller, halber Pfennig

ascalonica Schalotte

ascella = axilla

mare **ascendēre** in See stechen

ascensio Himmelfahrt; a. gradus, a.
scalae Treppenstufen

ascensor Besteiger; Reiter; Lenker

ascensus, us Besteigen (des Pferdes);
Aufgang, Stiege; Abhang, Halde

ascia Axt, Beil

ascire hinzugesellen

asciscēre herbeiziehen, gewinnen

asco (*germ.*) Äsche (eine Lachsart)

ascopa = ascopera (*griech.*) Schlauch;
lederne Tasche, Felleisen

ascultare = auscultare

ascus (*germ.*) Boot

asellus Esel

asylum (*griech.*) Zufluchtsort; Ausweg,
Kirche

asinare auf dem Esel reiten

asinarius zum Esel gehörig, Esel-

asininus = asinarius

asiptus = aseptus (*griech.*) nicht faulend

asisinus = assisinus = assassinus

aspar, aris Bretterwand

aspectus, us Anblick; Augen

asper rauh, hart; mißlich, gefährlich

aspergĕre hinspritzen; bestreuen; felle a. vergällen

aspirare zuhauchen; günstig sein, beistehen, beistimmen; aufrütteln; a. aliquem introrsus ins Gewissen reden

aspis, idis Viper, Schlange; aures aspidis taube Ohren *nach Ps.* 57,5 (CB)

asportare fortschaffen, fortführen; tragen

assa = assum

assare braten

assassinare {*ital.*) morden

assassinus Mörder, Bandit

assatura Braten, Bratenstück

assecla = assecula Begleiter, Gefährte; Anhänger, Diener; dienender Klosterbruder

assecurare versichern

assecutor Gefolgsmann; Anhänger

assensus, us Sympathie

assentaneus Anhänger

assentatio Zustimmung; Versammlung

assentire = absentire aus dem Wege gehen

assentiri beistimmen, trauen

assequi folgen, begleiten

asser, eris Latte, Stange; Holz

asserculus; asserculum Stange, Latte; assercula dolata Schindeln

asserĕre hinzufügen, an sich nehmen, sich beilegen, sich anmaßen, beanspruchen; bestimmen, behaupten, versichern, meinen, nennen, erklären; ausführen

assertatio Zustimmung, Nachgiebigkeit

assertio Behauptung, Aussage, Meinung; Zusicherung

assertive *Adv.* behauptenderweise

assertor Vertreter, Beschützer, Fürsprecher; Verfechter

assertum Behauptung; mündl. Angabe

assessor Beisitzer, Gehilfe; Reiter

asseverare ernstlich behaupten, versichern

assia = ascia

assidĕre = assidēre sitzen bei jem.

assiduare fleißig hervorbringen, beständig gebrauchen

assidus = assiduus

assiduus eingesessen; besitzend; fortwährend, unablässig; *Adv.* assidue wiederholt, oft

assignare anzeigen; bezeugen; anweisen, anempfehlen; a. iter Weg einschlagen

assimilare ähnlich machen; *Pass.* ähneln

assisinus = assassinus

assistĕre dabeistehen; raten, beraten; assistentes Umgebung

assistrix = assestrix Beisitzerin

assit = adsit; assunt = adsunt

associare zuwenden; vereinigen; sich verbinden; für sich gewinnen

associus zugesellt

assolēre pflegen

assuĕre aufnähen

assula Grashalm; Span, Splitter

assultus, us Anspringen, Ansturm, Hieb; assultum excipere den Hieb auffangen

assumentum Flicken, Flickstück

assumĕre annehmen, zu sich nehmen, herbeiziehen, zwingen, zu Hilfe nehmen; sich anmaßen; a. testamentum per os das Gesetz stets im Munde führen

assumptio Mariae Mariä Himmelfahrt (15. August)

assus trocken; gebraten; assum Braten

assurgĕre alicui sich aufrichten, sich erheben, aufstehen vor jem.

astare bei jem. stehen; Beistand leisten; aufwarten, dienen

asteriscus (*griech.*) Sternchen (*) als Zeichen der Atempause beim Absingen oder Aufsagen der Psalmen

astipulari bei einem feierlichen Vertrage als Zeuge zugegen sein; vollkommen beipflichten

astipulatio Zustimmung, Beifall; Hilfe

astracus = astracum (*griech.*) Estrich

astrangulare erdrosseln

astrictim *Adv.* fest

astriger Sterne tragend

astringĕre zusammenziehen; fesseln, verpflichten; ausbedingen; gefrieren lassen

astripetus himmelstrebend

astripotens sterngewaltig

astrolabium ein jetzt ungebräuchliches Instrument zum Messen der Höhe der Gestirne

astrolapsus l. = astrolabium; 2. Sternschnuppe

astrologus (*griech.*) Sternkundiger

astruĕre hinzufügen; behaupten

astula = assula

astulare an den Seiten behauen, daß die Späne fliegen

asturco, onis Handpferd; Habicht

astus, us = astutia

astutia Klugheit, Schlauheit, List, Schelmerei

at *Konj.* aber sicherlich, doch wenigstens

atavus Oheim

athanasia (*griech.*) Rainfarn

athleta (*griech.*) Wettkämpfer, Streiter; Glaubenskämpfer; Held, Feldherr

atomum (*griech.*) Einzelding

atque *nach Komp.* als

atramentarium Tintenfaß

atramentum Tinte

atriolum Vorplatz; Gärtlein

atrium Hofraum; Vorplatz, Vorhalle einer Kirche; a. defunctorum, a. cadaverum Begräbnisplatz

atropos; atropus (*griech.*) Tod

attagen, genis (*griech.*) Birkhuhn

attaminare berühren, anfechten; nehmen

attemptare antasten, angreifen; versuchen, probieren; anfechten; saltu baratrum a. den Sprung in den Abgrund wagen (W.)

attendĕre aufmerken, achtgeben, erwarten; wahrnehmen; überlegen; promissum non a. ein Versprechen nicht halten

attentus achtsam, sparsam; angelegentlich, inbrünstig

attenuare vermindern, schwächen; arm machen

atterĕre verbringen; *Pass.* mitgenommen werden

attestatio Zeugnis; Beteuerung, Anrufen

attinet es gehört hin; es lohnt

attitulare betiteln

attollĕre animos sich große Hoffnung machen

attractivus anziehend

attractum erworbenes Gut

attributio Vollmacht

attritio Zerknirschung, Reue

auca Gans

aucellator Falkner, Falkenabrichter

aucellus = aucella Turteltaube

auceps, cipitis Vogelsteller; Falkenabrichter; Raubvogel, Falke

aucinus gänseartig, Gänse-

auctionarius Händler, Kaufmann

auctor Urheber, Schriftsteller; Herrscher

auctorizare ermächtigen, bestätigen

auctoritas Beschluß, Vollmacht; die Königssatzung; maßgebender Ausspruch; Vorbildlichkeit; a. divina = Gott

auctus entstanden aus, benannt nach

audens kühn, dreist

audientia Gehör; (Hofgerichts)termin, das „Ding" der Hofmark; Tagung

auditor Zuhörer, Schüler, Jünger

auditorium Sprech-, Empfangszimmer

auditus, us Gehör, Predigt

augmentare vermehren; fördern

augurare; augurlare verheißen; wahrsagen

augurium Weissagung; gutes Vorzeichen, Schicksal; Überschrift

augustalis dignitas Kaiserwürde

augustus der Erhabene, Majestät; Kaiser; semper a. allzeit Mehrer des Reiches

aula Vorhof; Saal; Königspfalz; Palast; Fürstenhof; Hofstaat; praefectus aulae Hausmeier

aulicus (*griech.*) zum Hofstaat gehörig; Höfling; aulica domus Schloß

aulita = aulicus

aura Luft, Atem; Duft

aureola (corona) Heiligenschein

aureus (*sc.* nummus) Goldstück

aurichalcum = orichalcum (*griech.*) Messing

auricolor goldfarbig

auricularius geheimer Ratgeber, Vertrauter

aurificans = aurifex Goldschmied

aurificina Werkstätte eines Goldschmieds

aurificus Eisvogel

aurifodina Goldgrube, Goldbergwerk

aurifrigiatus mit Goldfransen besetzt
aurifrisium = aurum phrygium Goldverbrämung
auritus mit langen Ohren
aurivagus durch die Luft versetzt (Hr.)
aurorare grauen (vom Tage)
aurugo, inis Gelbsucht
auscultare lauschen; aushorchen
auspicium Hoffnung; Erfolg; Anfang
auster, stri Südwind, Süden; in austrum „in den Wind" (W.)
austeritas Strenge, Herbheit; Trockenheit
austerus (*griech.*) herb, bitter, streng
austroafricus Südwestwind
ausus, us Wagnis; Verwegenheit
aut *auch* = et; aut — aut = et — et
autem *Konj.* aber; nämlich
authentim *Adv.* glaubwürdig
authenticus (*griech.*) glaubwürdig
autorizare bestätigen
autumare = existimare glauben, vermuten, meinen; behaupten, sagen
autumnitas Herbstzeit
autus = auctus (*v.* augēre vermehren)
auxiliare = auxiliari helfen
avaritia Begierde; Besitz
avarus = avidus begierig
avellana nux Haselnuß
avellanarius Haselnußbaum
avena wilder Hafer; Stroh

avenaceus aus Hafer
avēre 1. begierig sein, verlangen; schnauben; 2. = avehēre wegführen
avernus Hölle
aversativus abgeneigt; heimtückisch
aversator Verabscheuer; Feind
aversio Abfall; Abscheu
avertēre entfernen; sich abwenden
avia, orum (*v.* avius unwegsam) Einöde
avicula kleiner Vogel
aviditas Begierde, Eifer.
avietum das Erdichtete, Dichtung (D.)
avinculus = avunculus
avisare benachrichtigen
avitus (großväterlich) ererbt, überkommen
avunculus matris Oheim mütterlicherseits
axica stella Polarstern
axilla Achsel
axilus Brett, Holzschindel
axioma, atis (*griech.*) Grundsatz
axis, is Achse, Wagen; Himmel; a. septentrionis Nordpol; a. arctous Norden
axungia Wagenschmiere, Fett
azymus (*griech.*) ungesäuert; rein, heilig; azymum ungesäuertes Brot; azyma, orum der aus ungesäuertem Brot hergestellte Kuchen; das Fest der ungesäuerten Brote, Ostern

B

babellare lallen (vom Säugling gesagt); stammeln
baccalaria; baccalarium Ackerland eines baccalaris
1. **baccalarius** = baccalaris der von einer geistlichen oder weltlichen Herrschaft abhängige Landmann
2. **baccalarius** = baccalaureus der Gelehrte, der die unterste der akademischen Würden erlangt hat
bachari = bacchari toben, lärmen, herumtollen, wüten
bachatus, us Schwelgerei, Raserei
bachaulus Tod
Bachica munera Bachusdienst, Fest

bachina Fastnacht
Bachus = Bacchus der Gott des Weines; Wein; Weinfaß, Tonne, Kufe
bacile; bacilis, is Becken, Schale
bacillum Feuerpfanne
bacillus; bacillum 1. kleiner Stab, Stöckchen; 2. Laterne in Form einer Glocke
bacinum Signalglocke, die die Mönche ins Refektorium ruft
baco, onis (*germ.*) geräucherte Speckseite, Schinken; Mastschwein
bacularis zum Kreuz gehörig (W. v. Ch.)
bacularius = baccalarius
baculifer Meister vom Stab (Präsident beim Bakelfest)

baculum; baculus Stab, Stock; Kreuz;
Bischofsstab; Stütze

badius kastanienbraun; „Brauner", Pferd

bafer dick

bahalamita (*von Bileam gebildet*) der
Magier; Araber

baiolare = baiulare tragen, schleppen;
colum b. den Rocken „dinsen"

baiolus = baiulus Lastträger, Tagelöhner;
Überbringer, Bote; b. legis = Moses

baiulatio Obhut

baiulum Zügel

balare blöken

balastrum = balneum

balbus; balbulus stotternd; Stammler

balbutiamentum Gestotter, Radebrechen

balbutire stammeln

baldachus; baldachum Segelschiff

balena = ballaena (*griech.*) Reisésack;
Stock- oder Thunfisch

balestrum Schlag, Ohrfeige

balivus; ballivus Verwalter, Beamter,
Vogt

ballare tanzen

ballatio Tanz, Reigen

balletus = boletus

ballista Steinschleudermaschine; Arm-
brust

ballistarius Schleuderschütze; Armbrust-
schütze

balnea die Salbung bei der Priester- oder
Bischofsweihe

balneare; balneari baden; anfeuchten

balneatorium Badehaus

balneum = balineum (*griech.*) Bad; Spül-
wasser, unangenehmes Getränk

balsamum (*griech.*) Balsam

balsamus (*griech.*) Balsamstrauch

balteare umgürten

balteum; balteus Gürtel; Wehrgehenk

bancales, ium Lagerstätten, Bankpfühle

bancha = banca Bank

bancum; bancus (*griech.*) Bank; Laden-
tisch

bandonum signum Fahnenbanner

1. bandum (*germ.*) Banner, Fahne

2. bandum = bannum Bann

bannerium Banner

bannire (*germ.*) verfügen; vorladen; unter
Verbot legen; b. silvam Betreten und
Benutzen des Waldes verbieten.

bannum; bannus (*germ.*) Gerichtsbarkeit;
Geldstrafe, Bann, Interdikt, Exkommunikation; Edikt, öffentliche Bekanntmachung

bansatrix Landfahrerin (*mhd.* spilwîp)

baptisma, atis (*griech.*) Taufe

baptismalis ecclesia Taufkirche

baptismum; baptismus = baptisma

baptista (*griech.*) Täufer

baptisterium (*griech.*) Taufkapelle

baptizare; baptizari (*griech.*) beträufeln;
taufen

bar (*aram.*) Sohn

barathrum (*griech.*) Abgrund; Unterwelt;
Hölle

barattare = barratare

Jovis barba Hauslauch, Donnerkraut

barbaricus deutsch; ausländisch

barbaries, ei Barbarentum, wilde Horde

barbarius Barbier

barbarismus Sprachschnitzer, Fehler

barbarizare ungebildet reden

barbarolexis (*griech.*) Sprachmischung

barbarus = barbaricus; barbari die
nichtröm. ma. Schriftsteller

barbatulus Barbe

barbatum Kanne mit großer Tülle

barbatus bärtig; Laienbruder

barbitia, orum Barthaare

barbuta Helm

barcha = barca Rettungsboot; Barke

barda (*pers.-arab.*) Reitkissen, Sattel

barillus; barellus; barile (*frz.* baril)
Fäßchen, Tonne, Weinkrug

barytonare als Barytonon betonen

1. baro, onis (*germ.*) Vasall, Großer des
Reiches; barones terrae Grundherren

2. baro, onis Tölpel, einfältiger Mensch

baronia Gebiet eines baro

barratare (*ital.*) umtauschen; betrügen

barriclus = barillus

barrire brüllen (vom Elefanten)

basileus; basileos (*griech.*) König; der
oströmische Kaiser

basilica Halle des Königspalastes; Gerichtshalle; Hauptkirche, Dom; Gotteshaus; b. divina Gotteshaus

basiliscus *(griech.)*, Basilisk; basilisca *(sc.* hérba) eine wider das Gift der Basilisken heilsame Pflanze

basis *(griech.)* Grundlage; Fuß (eines Tieres); Brückenpfeiler

bassus dick, untersetzt; niedrig

bastardus wilder Sprößling

basterna Kriegskarren

bastia Bastei

bastum 1. Packsattel; 2. = bastardus

bataya; bathalia; battalia *(frz.* bataille) Zweikampf; Kampf

batlinia *(germ.)* Bettleinen (Cap.)

batus *(hebr.)* ein Maß für Flüssigkeiten

beanus der noch nicht freigesprochene Handwerksgeselle; ,,Fuchs'' bei den Studenten

beare glücklich preisen

beatificare glücklich machen, glücklich preisen; auszeichnen, schmücken

beatus glücklich, glückselig; reich, gesegnet; himmlisch, selig, heilig; verstorben; b. ab aliqua re frei von

beber, bri = fiber Biber; Biberfell

beccarius Schlächter

beccus *(kelt.)* Schnabel

bedellus *(germ.)* Gerichtsdiener, Büttel

behemoth *(hebr.)* Nilpferd *(vgl. Hiob* 40)

belfredus; berfredus *(germ.)* hölzerner Rollturm zum Angriff, hölzerner Wartturm

bella = bellum

belliger = belligerator wehrhaft; Krieger, Kämpe

bellulus schön

bellum Zweikampf, Kampf, Schlacht, Angriff; Anfechtung; bellum publicum offene Feldschlacht; dare b. alicui von jem. bekämpft werden

beluinus tierisch; viehisch

benebicium = beneficium

benedicĕre gut, schön reden; rühmen, loben; segnen, weihen; anbeten; benedictus gebenedeiet; benedicite das klösterliche ,,Seid gegrüßt, gesegnet''

benedictio Lobpreis, Lobgesang; Segen, Segnung; Seligpreisung; Glück; Salböl; benedictionem reddere verherrlichen

benefacĕre wohltun, beglücken; belehnen

beneficiatus Lehnsmann

beneficientia Lehnshoheit

beneficiolum Gefälligkeit

beneficium Wohltat, Gnade, Güte; Lehen, Pfründe; *Plur.* gute Taten; b. publicum Lehen vom Könige; beneficio gerĕre zu Lehen tragen

beneplacĕre wohlgefallen

beneplacitum Wohlgefallen, Wohlgeneigtheit

beneplacitus wohlgefällig

benevenire willkommen sein

benignus alicui freundlich gesinnt gegen

benivolus gutmütig

berbicaritia Schafzucht, Schafherde

berbix = vervex Hammel

bercha = berta Affe

bergarius Schäfer

beryllus *(griech.)* Beryll; Warte

bersare *(afrz.* berser) jagen, pirschen

bertinus zum Affen gehörig

bertisca Umgang, Galerie, Palisade zur Verteidigung einer Bresche

bestialis viehisch; bestiale Vieh

bestiarium Tierbuch

bestiola Tierchen

beta Runkelrübe, Bete

bethula *(hebr.)* Jungfrau

bicinium Zweigesang; Duett

bettefredus = belfredus

beverinus zum Biber gehörig, Biberbibator Trinker

biber, eris Trank, Schluck; biberes nonales der Trunk um drei Uhr nachmittags

bibera übermäßiges Trinken

bibere ad aliquem jem. zutrinken

biblo Traubenmade, Sauerwurm

bibitio Getränk; Zechgelage

biblio = bibio

bibliotheca *(griech.)* Aktenschrank; Bibel

bibulus immer durstig; trunken, trunkfest; Trinker, Zechgeselle

bicameratus mit zwei Kammern

bicarium = becarium Wassergefäß; Becher

bicinium Zweigesang; Duett

bicornis zweihörnig, zweizinkig

bicubitum zwei Ellen

bidens zweizähnig; Schaf

biduana zweitägiges Fasten

biffa eine Geschützart

bifurcatus zweigabelig, zwiespältig

bilex = biplex doppelt

bilis, is Galle; Zorn, Unwille

billus Baumstrunk

bimarinus von zwei Meeren umgeben

bimembris zweigestaltig; Halbmensch

bimus zweijährig

binarius zwei enthaltend

binomius zweinamig, doppelnamig

binus (auch im Sg.) je zwei; zwei; quatuor binus coturnus 4 Paar Schuhe

bipartitio Teilung in 2 Teile

bipedalis = bipes zweifüßig, Mensch

bipennis zweischneidig; Streitaxt

bipertire (in 2 Teile) teilen; sich teilen

birillus = beryllus

birota; birotum zweirädriger Karren

birretum Barett, Haube

birreus wollen

Birria antiker Sklavenname; Lump, Betrüger

birrum; birrus Mönchskutte

bisbini = vier

byrsa (griech.) Fell

birsare = bersare

bis terque wiederholt; bis bini = vier, bis terni = sechs

bisanteus = byzanteus die(byzantinische) Goldmünze

biscoctus (sc. panis) Zwieback

biseni = bis seni zwölf

bisiltis Schwein

bismalva Eibisch (eine Malvenart)

bison, ontis (griech.) Auerochse

byssare mit feiner Leinwand bekleiden

bissextus (sc. dies) Schalttag

byssinus leinen; byssinum (sc. vestimentum) Gewand aus Byssus, aus Batist

byssus (griech.) feines Linnen, Batist, Leinentuch

bisulcare in 2 Teile spalten, trennen, teilen

biteriscus Zaunkönig

bithalassus (griech.) von zwei Meeren umgeben, halbinselartig

bituminosus Erdpech enthaltend

bivium Kreuzweg, Scheideweg

bizantes = bisantei

blacta Purpurgewand

bladarius Getreidehändler

bladum Getreide

blaffardus (germ.; mhd. blaphart) eine Münze, Groschen

blandifer gütig, gnädig

blandimentum Gunst

blanditor Schmeichler

blandulus; blandus einschmeichelnd, freundlich, sanft, lieblich, hold

blaserius (germ.) Brandstifter

blasphemare (griech.; frz. blâmer) lästern, Hohn sprechen; Gotteslästerungen aussprechen; iudicium b. ein Urteil schelten (anfechten)

blasphemia Gotteslästerung, Schmähung

blasphemus; blasphimus gotteslästerlich, lästernd; der Lästerer

blaterare schwatzen; stottern, stammeln

blatteus purpurn

blavium Schiefer; Plur. Schieferplatten

blavus blau

blida = blitum (griech.) ein Küchengewächs, Blutkraut, Amarant

boare (griech.) laut schreien, laut ertönen

boatus, us Brüllen, Rufen; die Stärke des Schalles

boda (germ.) Bude

boesis (griech.) Schreien

boga = boia Halsjoch, Halseisen, Fessel

bolismus = bulimus (griech.) Heißhunger; Geiz; Meeresschlund, Meerenge

bolletus = boletus (griech.) Pilz; Champignon

bombarda Steingeschütz

bombycinus seiden, aus Seide; charta bombycina Baumwollenpapier

bombyx, ycis (griech.) Seidenraupe; ein Seidenstoff

bombilare summen (von den Bienen)

bombus (griech.) Ton, Lärm, Summen

bona, orum Lebensmittel, Früchte; Besitzungen

bonitates, um gute Eigenschaften

bonosa Haselhuhn

bonum est . . . quam es ist besser . . . als; *Superl.* bonissimus

borchgravia (*germ.*) Burggräfin

borea = boreas, ae Nordwind, Norden

borealis; borientalis nördlich

bos marinus Seehund; bos silvanus Ur (Wisent?)

bosa vaccae Kuhmist, -fladen

boscus (*wohl gall.; frz.* bois) Busch, Wald

bostar Rinderstall

botryo, onis; **botrys,** yos (*griech.*) Weinbeere, Traube

botrus = botryo

bovinus zum Rind gehörig, Rinder-

Bozanarium Bozener Wein, süßer Wein

brabantini, orum Münzen der Herzöge von Brabant

brabium; brabeum (*griech.*) Siegespreis, Lohn; Vorrang; Glanz

braca; bracca; bracae, arum (*germ.*) lange Beinkleider, Hosen

braccare Hosen anziehen

braces; *Akk.* em (*gall.*) „eine weiße Getreideart, aus der Malz bereitet wurde"

brachiale (*sc.* ornamentum) Armspange

brachium Arm; Meeresarm

bracile Schurz, Schürze

bracios = bracium Malz; Gebräu (Cap.)

bracitorium Brauhaus, Brauerei

bradium = brabium, brabeum

branca; brancha; branchia Pranke, Pfote; Zweig

brancus Zweig

brandeum Streifen aus Seide, Hülle für die Reliquien

bratea = bractea Platte

bratella; bratteola Blättchen von Metall, Goldblättchen, dünne eiserne Schuppen

bravium = brabium

braxare Bier brauen

braxator Brauer

breve Brief, Urkunde, päpstliches Schreiben, Protokoll; Verzeichnis, Rechnungsbuch

breviare kürzen, kurz halten; kurz berichten, kurz aufzeichnen, verzeichnen

breviarium kurzes Verzeichnis; kurzgefaßte Urkunde; Brevier

brevilogus = breviloquus sich kurz fassend; Wörterbuch, Glossar

breviloquium Wörterbuch

brevis 1. kurzlebig; 2. = breve

brevitas Kürze; kleine Gestalt

bria Weingefäß

brico Schelm

brigare in Streithaufen kämpfen

briolium Gehege, Tiergarten, Park (*mhd.* brüel)

brisare (*gall.*) brechen

brisis (*griech.*) Wahnsinnsausbruch, Wahnsinn

britla Schnittlauch

broca; brocha Stift, Zapfen

brodium Fleischbrühe

brogilus; broilum; brolium (*gall.*) = briolium

brosa venenosa Blutgeschwür

bruchus (*griech.*) eine Heuschreckenart, Käfer

bruginus eine Art Zugnetz

bruma Wintersonnenwende, der kürzeste Tag; Winterkälte, Winter

brumare gefrieren

brunellus Esel

brunettum dunkelfarbiger, brauner Stoff

bruneus = brunus (*germ.*) braun

brutalis grob

brutescere zum Vieh werden, unvernünftig werden

brutus stumpfsinnig, schwerfällig; Vieh; bruti die vernunftlosen Geschöpfe

bubalus (*griech.*) Büffel; Ur oder Wisent.

bubo, onis 1. Uhu; 2. Bube

bubulcus Rinderknecht; Fuhrmann; töricht

bucca Maul, Mund; buccas rumpere rufen, schreien

buccella; bucella Bissen, Brocken; Brötchen

buccina; bucina Horn; Signalhorn

bucephala (*griech.*) Pferd Alexanders des Großen; Pferd

bucida Ochsentöter
bucinare das Horn blasen
bucula = buccula (Schild) Buckel
buculus junger Stier
buffo, onis (*ital.*) Possenreißer, Spielmann; Hanswurst
bufo, onis Kröte
buglossa (*griech.*) Ochsenzunge
bulga (*gall.-lat.*) lederner Sack, Geldsack, Ranzen
bulgarus Bulgar; Ketzer
bulgifer Sackträger (= Esel)
1. **bulla** = pulla Trauergewand
2. **bulla** Metallbuckel; Kügelchen, Schelle, Glöcklein; Urkundensiegel, Urkunde
bullator Geheimschreiber
bullatus mit einem Siegel versehen
bullifer Urkundenüberbringer
bullire sprudeln, wallen, sieden, kochen
bumbisare = bombisare laut tönen
burbalia, ium Eingeweide
burdo, onis; **burdus** Maultier, Maulesel; Packpferd

burgensis, is Bürger
burgimagister Bürgermeister
burgravius; burggravius (*germ.*) Burggraf
burgum; burgus (*germ.*) Burg, Kastell, Stadt, Vorstadt
burgwardus (*germ.*) Festungswerk
burhmannus (*germ.*) Bürger
bursa = byrsa (*griech.*) Beutel, Tasche, Börse; Alumnat
busacia Mist
busta = buxis
bustum Grab; bustum obire sterben
buticula Krug; Flasche
buticularius Oberschenk; Verwalter der königl. Kellerei
buticum Trinkbecher, Kelch
butina (*griech.*) Bütte; Grenzbaum
butyrus; butyrum (*griech.*) Butter
buttis = butina Bütte
buttus (*germ.*) Scholle, Butte
buxida = buxis
buxis = pyxis (*griech.*) Schachtel, Büchse
buxus Buchsbaum; kleine Flöte

C (K)

caballarius Pferdeknecht; Berittener
caballicare reiten
caballicata (*frz.* cavalcade) Reiterschar
caballinus pferdeartig; Pferde-
caballus grobes Arbeitspferd; Roß
cabaretus Schenke
cabellauwus (*ndl.*) Kabeljau
cabus (*griech.*) ein kleines Hohlmaß
cacabus = caccabus (*griech.*) Kessel, Kanne, Kochtopf
cacanus = caganus
cacatrix = *Fem. zu* cacator der Kacker
caccula Dohle
cacexicus = cachecticus (*griech.*) schwindsüchtig
cachectes (*griech.*) untüchtig
cachesis (*griech.*) schlechte Denkart, üble Gesinnung
cachexia (*griech.*) Schwindsucht
cachinnare aus vollem Halse lachen, laut auflachen

cachinnus schallendes Gelächter, lautes Lachen
cacodaemon (*griech.*) böser Geist; Götze
cacumen Spitze, Gipfel, Dach
cadaver Leiche; Körper (auch eines Lebenden!)
cadaverosus leichenähnlich, „der wandelnde Leichnam"
cadentia Fall
cadére fallen, unterliegen; abfallen von; causa cecidit die Sache ist verloren
cadmus (*griech.*) Drache, Schlange
caducus hinfällig; gestorben, tot; res caducae irdische Leben
cadus (*griech.*) irdener Krug; Faß, Tonne
caganus Khan (mongolischer Herrschertitel); der Avarenfürst
calafatae, arum (*griech.*) Schiffbauer
calamare schreiben
calamarium; calamare, is Tintenfaß; Ledertäschchen für das Schreibzeug
calamitosus unheilbringend; unglücklich

calamus (*griech.*) Rohr

calandra = charadrius (*griech.*) Regenpfeifer

calathus (*griech.*) Korb, korbähnliche Wiege

calceaneum; calcaneus Ferse

calcare mit Füßen treten, stampfen, verachten; wandeln; = calceare beschuhen

calcator Kelterer

calceamentum; calciamentum Fußbekleidung, Schuhwerk, Schuhe, Sandalen; Schuh

calceus Schuh; Schuhsohle

calciare = calceare beschuhen

calciarium Schuhkammer; Schuhgeld

calcifex, icis Schuster

calcina Kalk

calciola Schuh

calcitrare hinten ausschlagen; sich sträuben, sich auflehnen

calculare ausrechnen

calculatoria ars Rechenkunst

calculus Steinchen; Stimme; Berechnung

caldare, is; **caldaria; caldarium** Kochkessel

caleptra Eisenhut

calēre = calefacēre erwärmen

calibs = chalybs

calidus heiß; jähzornig

caliga Schuh, Stiefel; Hose

caligo, inis Finsternis, Dunkel

calix (*griech.*) Humpen; Abendmahlskelch

callēre Schwielen haben; erfahren sein, wissen; wandern

callis, is Pfad, Weg, Bahn; Gasse

callosa, orum Eiweiß

callum Schwiele; Gefühllosigkeit, Härte

calnosus schmutzig

calo, onis Troßknecht

cals = calx

calumnia Verleumdung; Anklage; calumniam generare einen Rechtsstreit anhängen

calumniari; calumniare ins Gerede bringen, verleumden, beschimpfen, schmähen; anklagen

calus (*griech.*) wacker

calvare leeren; calvatus kahl

calvaria Schädel; Schädelstätte (Übersetzung des hebr. Golgatha)

calvēre täuschen

calvitium Glatze

calvus kahl; Kahlkopf; schlau

1. **calx**, cis Ferse, Fuß; Schuh, Stiefel

2. **calx**, cis Kalk; Kreide zum Glätten des Pergaments

camba = gamba

cambialiter *Adv.* tauschweise, wechselweise

cambiare (*kelt.; frz.* changer) tauschen, wechseln

cambire = cambiare

cambissa (*ahd.* gamiza) Gemse

cambitor = cambiator Wechsler

cambium Tausch

cambuta; cambota (*gall.*) Krummstab

camena Engelchor; Dichtung, Gedicht

camera Gewölbe; Kammer, Gemach, Zimmer, Saal; Vorratskammer, Schatzkammer; Schatz; Kasse

mulier cameralis Kammerfrau

cameraria Kämmerei

camerarius Kämmerer, Kammerherr

cameratus kammer-, zellen-, höhlenreich

camerlengus (*germ.*) = camerarius

camerula Kämmerlein

camphora (*arab.*) Kampfer

caminata heizbares Gemach, Kemenate; Klause

caminus (*griech.*) Kamin, Ofen; Schornstein; Glut, Höllenfeuer

camirus = camurus (*gr.*) gewölbt, krumm

camisa = camisia

camisia Unterkleid, Hemd; Chorrock der Geistlichen, = alba; c. ferrea Panzerhemd

camisile (gewöhnlicher) Hemdenstoff

campagus Schnürstiefel

campana Glocke

campanarium Glockenturm

campanarius; campanator Glöckner

campanellus Glöcklein

campania Blachfeld, flache Land

campanile Glockenturm

campestre bellum Feldschlacht; campestria, ium Ebene, Gefilde; die Tiere des Feldes

campestratus mit einem Schurz versehen
campio (*germ.*) Gladiator, Preisboxer; Kämpe, Kämpfer
campsare umsegeln; ausweichen
campsor Wechsler
campus Gefilde, Schlachtfeld; Kampf; campos habere Ferien haben
camus (*griech.*) Zaum, Trense, Gebiß
canabeus = canapellus
canabis = cannabis (*griech.*) Hanf
cananeus Kananäer; Götzendiener
canapellus Hänfling
canava = cannabis Hanf
cancellaria Kanzlei
cancellarius Kanzler; Kanzleichef (bei den Karolingern); der ständige Gerichtsschreiber (im ripuarischen Recht)
cancelli, orum Gitter, Fenstergitter; Schranken; c. altaris der vom Schiff der Kirche durch ein Gitter getrennte Raum
cancratura Krebsfang
cancrinus krebsartig; langsam
candela Wachsschnur, Kerze, Licht, Fackel; candelarum missa Lichtmeß = 2. Febr.
candelabrum Leuchter; Vorderfuß (Y)
candēre weiß sein, glänzen; glühen
candidalus = candidulus hübsch weiß
candidatus weiß, glänzend
candidulatus lieblich weiß
caniclius; caniclinus = cancellarius
caninare beißen
caninus hündisch
caniparius Kellner
canis, is Hund; der schlechteste Wurf beim Würfeln; *Plur.* die Ungläubigen; canes portare = mhd. harmschar, eine Strafe im Mittelalter
canities, ei graue Farbe, graues Haar
canna (*wohl germ.*) Kanne
cannabis, is (*griech.*) Hanf, Hanfschnur
cannamella Zuckerrohr
cannetum Röhricht
canon, onis (*griech.*) Richtschnur; kirchl. Bestimmung; Lineal; canones ac decreta das geistliche Recht
canonicatus, us Domherrenstelle

canonicus nach kirchlichem Recht, kanonisch; Domherr, Stiftsherr; Domkapitular; Geistlicher an einer Bischofskirche; canonica = praebenda; canonicae horae Brevier; canonice electus rechtmäßig gewählt
canonista (*griech.*) Verteidiger, Anwalt; Vertreter des Kirchenrechts
canonizare (*griech.*) heilig sprechen
canopeum = conopeum (*griech.*) Mückenschleier, Vorhang, Tuch; Himmelbett
canor Klang, Melodie; Gesang
canosus wohltönend, harmonisch
cantabrum 1. Kleienmasse; Hundefraß; 2. Standarte
cantaria Kanterei (Gesangs- und Hilfsdienst bei der Messe)
cantarus = cantharus (*griech.*) Kanne, Humpen; Weinfaß
cantatio Gesang, Lied
cantatrix Sängerin; = mhd. spilwip
canticum Lied; c. Zachariae (Benedictus) = Luk. 1, 68—79; c. Mariae (Magnificat) = Luk. 1, 46—55; c. Simeonis (Nunc dimittis) = Luk. 2, 29—32; c. canticorum das Hohelied; c. malum Spottlied; c. novum = Psalm 96 und Psalm 98
canticus Choral
cantilena Lied, Märchen; Kirchengesang
cantio Gesang, Lied, Kanzone; Geleier
cantionarius zur Kanzone gehörig
cantiuncula Liedchen; Lied
cantizare = cantare singen, besingen
cantor Sänger, Singemeister
cantra (*griech.*) Kapsel, Kästchen
canus grau; uralt; Graukopf, Greis; *Plur.* cani = Greisenalter
capa = cappa
capacitas Fassungsfähigkeit, Geräumigkeit, Umfang, Größe
capax empfänglich; verständig
capedo, inis Fassungsvermögen
capella; capela Kapelle; die Geistlichkeit; Kappe, Mütze, Hut
capellanus Hilfspriester, Kaplan
capellina Mütze
capellula kleine Kapelle

capellus = cappellus Kapuze; Hut

capēre ergreifen; vernehmen; befreien; furto captus beim Diebstahl ertappt

capescĕre = capessere packen, ergreifen

capillatura Haarwuchs

capillatus gelockt, von langem Haar umwallt

capisterium = scaphisterium (*griech.*) ein kleines Gefäß, Milchnapf; Opferstock; ein kleines Schiff, Nachen; Wurfschaufel

capistrum Halfter, Zaum

capital, alis (*sc.* scelus) Kapital-, Todesverbrechen

capitale Kopf-, Ruhekissen; Kapital; Ersatz für gestohlenes Gut (*mhd.* houbetgelt)

capitalis den Kopf, das Leben betreffend; sententiam capitalem suscipere, subire den Tod erleiden

capitaneus durch Größe hervorragend; Anführer, höherer Lehnsmann; in Italien = 1. Graf; 2. Gemeindevorsteher; capitanea villa Hauptgut, Haupthof

capitatus mit einem Kopf versehen (bei Spangen oder Nägeln); = capito

capitellum Nagelkopf, Säulenkopf; Kapitäl

capitium = caputium

capito, onis Großkopf; Döbel (Seefisch)

capitolium = capitellum

capitulare abkapiteln, „abkanzeln", strafen

capitularis Haupt-; zum Domkapitel gehörig; capitulare, is die königliche Satzung, Verordnung (zur Zeit der Karolinger); capitulares litterae Initialen

capitulum Hauptpunkt, Hauptstück, Abschnitt aus der Bibel; Domkapitel; Kapitelhaus; c. dare alicui = capitulare; c. habere eine Versammlung des Domkapitels abhalten

capo, onis Kapaun; Eunuch

caponius kastriert

cappa Umhang, Mantel; geistliches Gewand, die Soutane, Weihrauchmantel; Tonsur; Kappe, Haube, Helm

cappana = cabanna Hütte

cappare 1. zum Mantel machen, mit einem Mantel versehen; 2. ⚊ coppare

cappella; cappellanus = capella; capellanus

cappifer Mantelträger

cappo, onis; **cappus** = capo

cappula Käppchen; Mäntelchen

capraritia Ziegenzucht; Ziegenherde

caprea Reh

capredus = capreolus

capreolus Reh, Rehbock; Gemse

capreus = caper Ziegenbock

capricornus Steinbock

caprigenum pecus Ziegenvieh

caprinus Ziegen-

capriolus = capreolus

capripes Ziegenfuß

capritus Ziegenbock

caprizare meckern; springen

capsa Behälter; Reliquienkästchen,Tabernakel; c. trium regum Schrein der hl. drei Könige

capsella = capsula Kästchen; Kapsel; Täschchen, Pilgertasche

capser = capsarius Badediener

capsidile = cassidile Säckchen, Reisetäschchen

captare = capere fassen, bemerken; c. auram Atem schöpfen; c. laudem Lob gewinnen; c. ventum (*sc.* naribus) „einziehen" oder „sich Kühlung fächeln"

captio Fangen; Fischfang; Fallstrick; Strick; Beute; Einnahme einer Stadt, Gefangennahme

captiosus auf Jagd bedacht; arglistig

captivare gefangen nehmen

captivitas Wegnahme, Verlust; die Gefangenen

captivus gefangen; elend, unglücklich

captor Fischer

captus, us Fassen; Fassungskraft, Begabung

capulare abschneiden, behauen

capulotenus *Adv.* bis zum Griff

capulum 1. = caputium; 2. = capulus

capulus Griff, Schwertknauf

capus Habicht; Jagdfalke

caput, itis Kopf, Oberhaupt; Burg; Hauptstadt; Kapitel; Scheitelpunkt; Anfang, ursprünglicher Wert, Schadenersatzbuße; c. ieiunii Aschermittwoch; in c. componere den vollen Wert ersetzen

caputium Öffnung in einem Mantel, durch die der Kopf gesteckt wird; Koller, Kragen; Kapuze

car . . . *oft* = char . . .

caragius Zauberer

carbasinus aus Batist

carca Last

carcare = carricare beladen, verladen

carcagium Last

carceralis Kerker-

carcerare einkerkern

carchesium (*griech.*) Trinkgeschirr; Mastkorb

carcophas Lastträger (= Esel)

cardiacus (*griech.*) den Magen betreffend

cardinalatus, us Kardinalswürde

cardinalis zu einer Hauptkirche gehörend; Kardinal; maßgebend; grex c. die Schar der Kardinäle; coetus cardinalium Kardinalskollegium

1. **cardo,** inis Türangel, Tür; Weltachse, Himmelspol; Gelenk; Hauptsache, Hauptpunkt; Anfang; c. summus Himmel; c. solis Morgenland (Hr.)

2. **cardo,** onis = carduus

carduelis, is Distelfink

carduus Distel, Kardendistel; Artischocke

careium Feldkümmel

carena die vierzigtägige Fastenzeit; Bußtag

carentia Nichthaben, Mangel; Verzicht auf; Bußübung mit Fasten

carigare = carricare

cariosus faul, morsch

carisma = charisma

caristia Teuerung

caritas Barmherzigkeit, Nächstenliebe; Gönnerschaft; Abendmahl

karitativus lieb, freundlich

caritudo, inis Teuerung

carmen Verszeile; Zauberformel, Zauberspruch; Vogelgesang

carminare bezaubern, besprechen

carminativus heilkräftig

carminator Zauberer

carnalis fleischlich; weltlich, sündlich; irdisch, vergänglich

carneus fleischern, aus Fleisch gemacht; fleischlich, irdisch

carnifex Fleischer; Mörder; Scharfrichter

carnisprivium Fastenzeit; der Sonntag Septuagesimä; carnisprivii dies Fastnacht

carnosus fleischig

caro, carnis Fleisch; Leib; sterbliche Überreste; die Tiere; nepotes carnis leibliche Enkel; carnis propinquus Blutsverwandter

carpa; carpo, onis (*wohl germ.*) Karpfen

carpentarius Stellmacher, Zimmermann

carpentum Karren, Wagen

carpĕre pflücken; jucken; verspotten; (eine Bahn) ziehen; einziehen, schlürfen

carpilio Räuber

carra = carrus

carrada; carrata Fuder, Wagenladung

carricare (*frz.* charger) beladen

carrina = carena

carrocerus = carrocium

carrocium (*ital.*) Bannerwagen der Langobarden

carruca (*gall.*) Karren, Wagen, Gespann; Reisewagen; Bannerwagen; Radpflug

carrucarius zum Wagen gehörig; Fuhrmann; Führer der carruca

carrum; carrus (*gall.*) der zweirädrige Geräte- u. Proviantwagen, Karren

cartallus (*griech.*) Körbchen

carus teuer, lieb; angenehm; zärtlich, liebend; Liebling, Freund

carvita = carota Karotte, Mohrrübe

carzimasium junger Eunuch (Liudp.)

casa Hütte, Haus, Palast; Gutshof; c. dei Kirche

casale, is Landsitz, Vorwerk

servus **casatus** Knecht, der auf einer Hufe des Herrn angesiedelt ist und ohne diese Hufe vom Herrn nicht veräußert werden kann = grundsässig

cascus uralt

casia; cassia (*griech.*) eine wohlriechende Pflanze, Seidelbast; das daraus bereitete Parfum

cassare für ungültig erklären; kassieren; c. aliquem vita des Lebens berauben

casses = cassis, idis Helm

cassidile Kober, Reisetasche

cassina; cassinum Landsitz

1. **cassus** leer, eitel, nichtig, unnütz; in cassum grundlos, zwecklos, fruchtlos

2. **cassus** alpinus Murmeltier

castanea (*griech.*) Kastanie

castanearius Kastanienbaum

castare = castificare

castellanus Burgvogt, Schloßvogt; Burgmann; castellana Kastellanin

castellare hausen

castellum (*frz.* château) Burg, Bollwerk; Belagerungsturm; kleine Stadt, Dorf

casticiare „Wehrbauten aufführen"

castificare reinigen

castigatio Züchtigung, Zucht

castigatus abgehärtet; tadelnswert; c. angustia durch die Not gestraft = geheilt

castimonia Keuschheit, Reinheit

castor Biber

castrametari = castra metari

castrenses, ium Begleiter des Königs, Hofleute

castrare entmannen; entschalen; kürzen, wegnehmen

castrum befestigter Ort, Burg, Kastell, Feste, Stadt; Belagerungsturm; c. Crescentii die Engelsburg in Rom; *Plur.* Lager; Heer; Burg; Quartier

castus rein, reinlich, keusch; frei von; = castor

casula Meßgewand; Mantel mit Kapuze

casus, us Fall; Schicksal; Unglück, Tod; Sonnenuntergang; c. nemorum Senkungen bewaldeter Berge

catabolensis; catabulensis Fuhrmann

cataclysmus (*griech.*) Überschwemmung, Sintflut

catalogus (*griech.*) Verzeichnis, Liste

cataplus (*griech.*) Hafen

catarrum (*griech.*) Katarrh, Schnupfen

catasta (*griech.*) Schaugerüst; Marterbrett, -rost

catechizare (*griech.*) im Christentum unterrichten

catechumenus (*griech.*) Katechumene, Glaubensschüler

catellus junger Hund

catenare fesseln; anketten (von Büchern)

catenula Kettchen

catervatim *Adv.* scharen-, haufenweise

cathedra(*griech.*)Armsessel; Bischofssitz, Bistum; cathedram habere herrschen

cathedralis zum Kirchensitz gehörig

cathegoria = categoria (*griech.*) Kategorie (in der Aristotelischen Logik)

cathegoricus zur Kategorie gehörig

cathereticus = catachreticus (*griech.*) mißbräuchlich

Katholicon, i ein von dem italienischen Dominikaner Johannes de Janua 1286 abgeschlossenes, im Mittelalter gern benutztes Lexikon

katholicus (*griech.*) allgemein, katholisch, christlich; Christ

Katho = dicta Catonis, eine im Mittelalter viel gelesene und oft angeführte Spruchsammlung

caticumenus; catecuminus = catechumenus

catigeta = catecheta (*griech.*) Lehrer, Katechet

catina; catinum Schüssel, Platte

catinus 1. = catina; 2. = cattinus Katzen-

catta (*wohl gall.*) Katze; Schutzwand, ein Belagerungsgerät; c. marina Meerkatze

catulus das Junge eines vierfüßigen Tieres; junger Hund; Hund

catus kundig

caucum (*griech.*) Schale

cauda Schwanz; Ende; c. piri Birnstiel

caudale der in den Nacken herabhängende Zipfel der Mitra

caudatenus *Adv.* bis zum Schwanz

caudatus geschwänzt; mit einem Zopf versehen

caudex = codex

caula Hürde, Gehege, Stall; *Plur.* Schafstall; Kloster

cauletum Kohlgarten

caulus Kohl

cauma, atis (*griech.*) Glut, Hitze, Brand, Verbrennung

caupo, onis 1. Wirt; 2. = capo Kapaun

caupona Schenke, Wirtshaus

caurus Nordwestwind; Wind

causa (*frz.* cause *u.* chose) Sache, Ding; Gepäck, Hinderungsgrund, Schuld; Tatsache, Hergang; Rechtshandel, Prozeß; Nutzen, Gewinn; causam supplere die Sache zu Ende bringen, causam regere einen Prozeß führen; in causam vor Gericht; in causam ponere in Anklagezustand versetzen; in causa esse schuld sein; in causa habere als Grund angeben; sine causa ohne Schuld; causa alicuius auf jem. Veranlassung

causare; causari verursachen; vorschützen; sich beklagen, Vorwürfe machen, schelten; anklagen, streiten um, prozessieren; nihil c. de nichts geben auf; causantes die streitenden Parteien

causidicus Sachwalter, Rechtsanwalt; Schöffe; Gesandter

cautela Vorsicht; Weisheit

cauteria Brandmal, Narbe

cauteriare mit glühendem Eisen brennen, brandmarken

cauteries *wohl* Brandmal

cauterium (*griech.*) Brenneisen, Glüheisen; Mittel

cauterizare (*griech.*) = cauteriare

cautes, is Fels, Kuppe, Riff

cautificare zur Vorsicht ermahnen

cautio Vorsicht; Bürgschaft; Schuldurkunde, Rechtsverbriefung

cautus vorsichtig, sorgfältig, wohlbedacht, weise; zuverlässig, ehrlich gemeint

cavallus = caballus

cavatura Höhlung; Wölbung

cavea Höhlung, Käfig, Stall; Hülle, Behälter; Zuschauerraum, Rang im Theater; Mine

cavēre de aliqua re Fürsorge tragen

cavernosus reich an Höhlen, voller Löcher

cavitas Höhlung, Hohlraum

cavum; cavus Loch; Schlund (Y.)

caecitas Blindheit; Unwissenheit

caecus blind; verstockt

caecutire geblendet sein, blind sein

ceda = scheda

caedēre scopis mit Ruten streichen

cedēre weichen, nachgeben, überlassen; einhergehen; c. alicui an jem. fallen; c. rei etwas abtreten; c. conflictu den Kampf verweigern; c. duello vom Kampf ablassen

cedo sage an! sprich!

cedria = citrea

cedula = schedula

1. **celare** verheimlichen, bedecken; heimlich beherbergen

2. **celare** = caelare ziselieren

caelatura erhabene Arbeit; Baukunst

celebris = celeber festlich; gefeiert, bekannt

celebritas Feier, Festtag; c. sanctorum Allerheiligen

caelebs, libis ehelos; heilig

celer, eris Eilbote

caeles, itis Himmelsbewohner = Gott

caelestis himmlisch; fromm; caelestia, ium Himmel

celeuma, atis = celeusma (*griech.*) Kommando; der (rhythmische) Matrosensang

celeumare kommandieren

caelia Gerstenbier, Bier; domus conficiendae caeliae Brauhaus

caelibatus, us Ehelosigkeit

caelicola; Gen. Plur. caelicolum Himmelsbewohner, Engel

caelicus himmlisch

celidrus = chelydrus

caeligenus himmelentstammt

caelipotens mächtig im Himmel

caelitus *Adv.* vom Himmel her

cella Zelle, Stube; Keller; Kloster

cellararius; cellarius = cellerarius

cellarium Keller, Speisekammer, Vorratsraum; Kellerei; c. civitatis Ratskeller

cellerarius Kellermeister

cellula Zelle, Kammer; Klause, Kloster

celsitonans der Hochdonnernde
celsitudo, inis Höhe; Erhabenheit; Hoheit; serenissima c. erlauchteste Erhabenheit
celticus welsch, unverständlich, ,,kauderwelsch"
celtis, is Meißel
caelum Himmel; Plur. caeli Himmel
caementarius Maurer, Steinmetz
caementarium opus Steinmetz- und Maurerarbeit
caementum Mauerstein, Kalkstein; Mörtel
cemetorium == coemetorium (griech.) Schlafstätte; Friedhof
1. cena Abendmahlzeit; c. domini, c. dominica Abendmahl; Gründonnerstag
2. cena = scena
cenaculum Speisesaal
cenobita = coenobita Mönch
cenobium = coenobium (griech.) Kloster
cenodoxia (griech.) eitle Ruhmsucht, eitles Gerede, Prahlerei, leerer Wahn; Starrsinn, Eigensinn
cenodoxus prahlend, großtuerisch
cenomia = coenomyia (griech.) Fliege
caenosus schmutzig, schlammig
censēre schätzen, der Meinung sein; bezeichnen; censeor vocabulo mir wird der Name beigelegt (O. v. F.)
censiva (terra) Zinsgut
censor Prüfer, Kritiker; Richter; Schultheiß
censualis abgabepflichtig, zinsbar; censuale Steuer
censum Zins, Abgabe; Ertrag
censura richterliche Erkenntnis, Strafgewalt; Aufsicht; Tadel, Strafe; c. sedis apostolicae Spruch des päpstlichen Stuhls
census, us Schätzung, Zählung, Volkszählung; Zins, Abgabe, Steuer des einzelnen; Vermögen, Reichtum, Hort, Schmuck; Morgengabe; c. Romanus Peterspfennig
centena Hundertschaft, Markgenossenschaft; = centenarium
centenarium; centenum Zentner

centenarius der (vom Volke gewählte) Hundertschaftsvorsteher; Zentner
centeni = centum hundert
centenus hundertfach
centissimus = centesimus der hundertste
cento, onis (griech.) Flick-, Lumpenwerk
centrum (griech.) Mittelpunkt; Zenit; Mund
centuplicare verhundertfachen
centuplus hundertfach
cepa; cepe (griech.) Zwiebel, Lauch
coepisse unternommen haben; c. m. Inf. oft nur Umschreibung des Verbs
cera Wachs; Wachs-, Schreibtafel
cerasa; cerasum; cerasium Kirsche
cerastes, ae (griech.) Hornschlange
cerdo, onis Gerber
cere == chere
cerebrum Gehirn, Verstand; arx cerebri ,,Oberstübchen"
cereifactor Kerzenmacher
ceres, eris Ceres, die Göttin der Feldfrüchte; Getreide, Brot, Speise
ceresarius Kirschbaum
cereus wächsern; Wachskerze
cerevisa; cerevisia = cervisia
cerevisarius Trinker
cerfolium = caerefolium (griech.) Kerbel
caerimonia religiöser Gebrauch
caerimoniari opfern
ceryx, ycis (griech.) Prediger
cernēre scheiden, sondern; sehen, wahrnehmen; auf die Probe stellen, bekämpfen; Pass. = videri scheinen
cernuus vorgebeugt, sich demütig neigend
cerocensualis wachszinsig
ceroferarius Wachskerzenträger
certamen Kampf; Todeskampf; certamine dimicare mit abwechselndem Erfolg kämpfen; locus certaminis Richtplatz
certare wetteifern; Pass. sich abmühen
certatim Adv. um die Wette
certator Wettkämpfer, Streiter
certificare bestimmen, anweisen; bezeugen; Pass. sich vergewissern
certiorare benachrichtigen, anzeigen; Pass. klüger werden; Gewißheit erlangen

certitudo, inis Gewißheit, Wahrheit
certitudinaliter *Adv.* gewiß, sicherlich
certitudinare versichern
certus *mit Inf. oder Gen.* einer Sache gewiß, bereit zu; korrekt
cerva Hindin
cervicalium = cervical, alis Kissen
cervicatus hartnäckig
cervicosus halsstarrig, unbezähmbar
cervinus aus Hirschleder
cervisa; cervisia (*wohl kelt.*) Bier
cervulus Hirsch
caesa Zaun, Verhau
caesar, aris Kaiser
caesareus kaiserlich
caesaries, ei halbverschnittenes Haupthaar; Haupthaar
caesio das Hauen; Rauferei
caesor Hauer; Henker
caesorium Haugerät, Beil
caespes, itis Rasen
caespitare straucheln, stolpern
cessare aufhören; feiern, untätig sein, faulenzen; zögern, ablassen, abstehen; a regimine scholarum c. das Lehramt aufgeben; fieri non cessant sie sind an der Tagesordnung
cestus, us = caestus Fausthandschuh
ceterus der übrige; de cetero in Zukunft; danach; ceteri *wie frz.* autres *in* „nous autres Français"
1. **cetus** (*griech.*) Meerungeheuer, Walfisch; Wels
2. **cetus** = coetus, us Zusammenkunft; antelucanus c. Frühmesse
ceu *Adv.* gleichwie, als ob; = seu oder
chacanus, chaganus = caganus
Chaldaeus chaldäisch; betrügerisch
chalybinus aus Stahl
chalybs, ybis (*griech.*) Stahl; Schwert
chalvaricum großer Lärm, Geschrei
chamelotinus = camelotinus aus camelotus gefertigt
chamelotus = camelotus ein meist aus Kamelhaaren verfertigter Stoff
chamus 1. Kragen, Kapuze; 2. = camus
Chananaei, orum Kananiter; die Verstoßenen, Verstockten

chaos (*griech.*) Chaos; Wirrwarr; ein Netz sich regellos kreuzender Linien (Y)
character, eris (*griech.*) Zeichen, Hausmarke; Geste; die charakteristischen Züge; Buchstabe; Amulett; per characterem bildlich; characteres nominis Namenszug
charadrius (*griech.*) Regenpfeifer
charaxare (*griech.*) ritzen; auslöschen, ausradieren; malen, schreiben
charaxatum Rasur; Schrift
charpho = carpo
charisma, atis (*griech.*) Geschenk; Gnadengabe
charistia = caristia
charta (*griech.*) Papier, Blatt (einer Handschrift), Brief, Urkunde, Schrift; c. damascena Papier aus Damaskus
chartophylacium (*griech.*) Archiv
chartula Papierchen, Briefchen; Urkunde
chartularium Kopialbuch; Urkundensammlung
chartularius Archivar; Geheimschreiber
chelandium (*spätgriech.*) Schiff, Barke
chelydrus (*griech.*) Schlange, Teufel
chelys (*griech.*) Schildkröte; Laute
chere (*griech.*) sei gegrüßt!
chiliarchus (*griech.*) Kriegshauptmann
chimera (*griech.*) junge Ziege; fabelhaftes, feuerspeiendes Untier; Hirngespinst
chirager = chiragricus (*griech.*) Handgicht habend
chirographarius Schreiber
chirographum (*griech.*) Handschrift; Vertrag, Urkunde
chiromantia (*griech.*) Handwahrsagekunst
chironomon, untis (*griech.*) Gaukler
chirotheca; cirotica (*griech.*) Handschuh; chirothecam porrigere jem. den Handschuh hinwerfen
chirurgicus (*griech.*) chirurgisch
chlamys, ydis (*griech.*) Umhang; Mantel, Obergewand; Schleier, Kopftuch
chlaena (*griech.*) Wintermantel
cholica (*griech.*) passio Gallenbrechruhr
chorda (*griech.*) Darm; Bogensehne, Saite; Strick, Seil, Tau; pulsus chordarum Saitenspiel

chorea (*griech.*) Reigentanz; Schar
choreutes Reigentänzer
chorizare tanzen
1. **chorus** (*griech.*) Reigen, Rundtanz;
Wirbel; Gemeinschaft, Rotte, Sänger-
schar, Chor, Mönchsschar, Klerus;
der der Geistlichkeit vorbehaltene
Raum der Kirche; in choro nach außen,
öffentlich; choros ducere einen Reigen
a) anführen, b) aufführen
2. **chorus** (*hebr.*) ein hebr. Maß, Wispel
chrisma, atis (*griech.*) Salbung, Salböl
chrismale Gefäß zur Aufbewahrung des
Salböls; Wachstuch auf dem Altar;
Taufmützchen
chrismare salben
chrismon 1. = chrisma; ☧
2. Monogramm Christi ☧
chrysocomus (*griech.*) goldlockig
chrysolithus (*griech.*) Chrysolith, Gold-
topas
christianitas Christentum; Christenheit
christianus christlich; der Christ
christicola Christusverehrer, Christ
christipara Gottesmutter = Maria
Christus (*griech.*) der Gesalbte, Christus;
der Christ; c. domini Geistlicher
chroma, atis (*griech.*) Lied
chronica, ae Chronik
chronographia (*griech.*) Chronographie,
Geschichtsschreibung
chrosina; chrusenna = crusina
cyaneus (*griech.*) dunkelblau
cyathus (*griech.*) Becher
cibalia, ium Verdauungsorgane
cibamen Speise; Leckerei
cibare füttern, speisen; *Pass.* cibari essen,
sich nähren
cibatus, us Atzung, Nahrung
ciborium (*griech.*) Kelch; Altarbaldachin
cibum = cibus Speise
cicatrix Narbe; Strieme, Mal
cicendula = cicindela Glühwürmchen
cicenus = cycnus Schwan
cicera; cicero; cicerum = cicer, eris
Kichererbse
cyclas, adis (*griech.*) langes Gewand
cyclus (*griech.*) Kreis; Kopfschmuck der

Frau, Reif; Osterzyklus; solaris c.
Sonnenzyklus, Zeitraum von 28 Jahren
ciconia Storch
cicurare zähmen
cicuta Wasserschierling; Rohrpfeife
cidaris, is (*griech.*) Turban, Hut
cydonia (*griech.*) (*sc.* mala) Quitte
cifra (*arab.*) Bemerkung, Tadel (T.)
ciphus = scyphus (*griech.*) Becher, Trinkschale
cygnus = cycnus (*griech.*) Schwan; Gans
cilicinus hären
cilicium (*griech.*) härenes Kleid; Trauer-
kleidung, Bußgewand; Decke, Teppich
cilium Augenbraue
cillēre bewegen
cymba (*griech.*) Kahn
cymbalum (*griech.*) Glöckchen, Tisch-
glocke; Schallbecken, Zymbel
cymbia = cymbium (*griech.*) Schale
cimelium; cimilium (*griech.*) Schatz
cimeterium; cimiterium = coemeterium
cimex, icis Wanze
cimimum = cumimum (*griech.*) Kreuz-
kümmel, Gartenkümmel
cinctorium Gurt; Lendenschurz
cinctura Belagerung
cinaedus (*griech.*) unzüchtig; Wollüstling
cinerosus aschig
cingula = cingulus Gürtel, Gurt
cingulum Gürtel; das Zingulum des
Priesters; c. militiae, c. militare Ritterstand, Ritterwürde, Kriegsdienst
cynicus (*griech.*) zum Hund gehörig, hündisch
cynifes = sciniphes, um (*griech.*) eine
Ameisenart, die die Feigen benagt
cinis, eris Asche; dies cinerum Aschermittwoch
cinyra (*griech.*) Harfe
cinnamum; cinnamomum (*griech.*) Zimt
cynocephalus (*griech.*) mit einem Hunds-
gesicht
cynomia (*griech.*) Hundsfliege
cynus (*griech.* χυνός als *Nom.*) Hund
cippaticus Ableger, Fechser
cippus Spitzsäule; Grabstein; Stock, Gefängnis

cyprum (*griech.*) Kupfer

cyprus (*griech.*) die Zyprusblume

cirager = chirager

1. **circa** die Runde; Wache, Nachtwache; Wachehalten; Visitator

2. **circa** *Präp. m. Akk.* um, nahe bei, neben; in bezug auf, betreffs. — *Adv.* ringsum, in der Umgebung

circada Besichtigung

circare(*frz.*chercher)prüfend umhergehen; besichtigen

circator der Rundenmacher, Wächter; Richter; *Spitzname*: der Herumschnüffler

circinare (*frz.* cerner) kreisförmig machen; umkreisen, umgeben

circinus Kreis

circio = circius Nordwesten

circuitio Kreis; Umweg, Umschweif

circuitus, us Umtanz, Reigen; Weitschweifigkeit; in circuitu, per circuitum ringsum, ringsumher

circulus Kreis, Kreislauf, Reif, Umkreis, Gegend; Verlauf; c. crinalis Diadem

circum- *häufiges Präfix* = um-

circumamictus ringsumhüllt, bekleidet

circumcapĕre umfassen

circumcellio Wandermönch, -priester

circumcidĕre beschneiden

circumcingĕre einen Kreis ziehen

circumcirca *Adv.* rund herum

circumcircinnare aliquem einen Kreis um jem. ziehen

circumcisio Beschneidung; c. Domini = 1. Januar

circumdare umgeben, umschlingen; sich verschaffen

circumferentia Umschrift

circumferre ringsherumtragen; anwenden, benutzen; pedem c. herumschweifen; c. digitos umklammern (W.)

circumflectĕre orbes den Kreislauf vollenden (W.)

circumfluĕre umströmen; von rings zusammenfließen

circumlatrare umbellen

circumquacumque *Adv.* ringsum, nach allen Seiten

circumquaque *Adv.* überall, ringsumher, an jeder Seite; per c. überallhin

circumsaeptus ringsum geschützt

circumscribĕre umgarnen, hintergehen

circumspectio *Anrede Ew.* Weisheit

circumspector Wächter; Zuschauer

circumvenire einschließen, verhindern

circumventio Täuschung; Verführung

circumvicinus benachbart

circus Kreis; Reif; Reigen

cire = cirē erwecken; anrufen

cirex = ceryx

kyrius (*griech.*) Herr, Gebieter; Kyrie eleïson Herr, erbarme dich

cyro . . . *s.* chiro . . .

cirogra = chiragra (*griech.*) Handgicht

cis *Präp. m. Akk.* diesseits; cis citraque hüben und drüben

cista (*griech.*) Kiste, Koffer; Kerker

citare nennen, vorladen; schnell errichten; *m. Inf.* sich beeilen; citatus schnell

citharista(*griech.*)Zitherspieler;Spielmann

citharoedus (*griech.*) Zitherspieler

citius *Adv. Komp.* = cito

cito *Adv.* schnell; quam cito sobald als; cito post haec bald darauf

citonia = cydonia

kitonitas, ae (*griech.*) Kammerdiener, Kämmerer

citra *Präp. m. Akk.* diesseits; dicht hinter, neben

citrea (*griech.*) Zitronenbaum; Zitrone

citreon; citreum Zitrone

citrinus gelb

citrullus Kürbis

civicare (als Bürger) leben

civilis bürgerlich, weltlich; friedlich; heimisch; Bürger

civilitas Bürgerrecht; Höflichkeit

civis Bürger, Einheimischer; *Plur.* Landsleute, Volksgenossen; c. iuratus Ratsherr; c. canonicus Weltgeistlicher

civissa Bürgerin

civitas Stadtgemeinde; Stadt, Hauptstadt, Bischofsstadt

civitatula Städtchen

clades, is Unglück, Schaden, Krankheit; c. Ungariorum Schrecken der Ungarn claffare (*germ.*) schwatzen

clamare beten; Beschwerde führen, klagen

clamator Kläger höherer Instanz, Reklamant, Beschwerdeführer

clamis = chlamys

clamodicus berüchtigt

clamor, oris Geschrei, Kriegsgeschrei, das „Gerüft"; Beschwerde, Klage

clamosus laut schreiend, jammernd

clanculus = clandestinus heimlich

clanga Glocke

clangēre erschallen, schmettern; ertönen lassen

clangulum = clanculum *Adv.* insgeheim

clarare erhellen; (den Wein) klären

claratum mit Gewürz oder Kräutern und Honig angemachter Wein, *mhd.* klârêt

clare *Adv.* rein, frei von Verbrechen

clarēre glänzen, berühmt sein

clarescēre klar werden, klar am Tage liegen, bekannt werden, sich auszeichnen

claretum = claratum

clarificare klären; verherrlichen, preisen

clariger berühmt, erlaucht

clariscēre = clarescere

claritas Glanz, Herrlichkeit; *als Anrede*: Erlaucht, Hoheit

clarus leuchtend; erlaucht; rein

classica = classicum Signal, Feldgeschrei, Kriegstrompete

classis, is Abteilung, Klasse; Flotte, Schiff

claudēre vivēre das Leben beschließen

claudicare hinken

claudus lahm; Krüppel

clausa Einsiedelei, Klause; Zelle; = clusa

claustralis klösterlich; claustralia, ium Kloster

claustricola Klosterinsasse

claustricus klösterlich

claustrum Verschluß, Schloß, Schranke Wall; Vorsichtsmaßregel, Zurückhaltung; Versteck; Kloster; der Klosterhof; *Plur.* claustra, orum Riegel, Paß; claustra monasterii die Umfriedung des Klosters, das Kloster in seiner Abgeschiedenheit

clausula Schluß, Ende; Zelle, Klausnerhäuschen; Engpaß

clausura Türschloß; Engpaß; Befestigung, Verschanzung, Burg; Landesgrenze; c. aeterna aliquid damnare für ewig etwas verbannen u. verbieten

clausus = obscurus dunkel

clava 1. Knüppel, Keule; 2. = manglavita vergoldete Peitsche

clavare verriegeln, verschließen; clavatus nägelstarrend (vom Igel gesagt)

clavicula Nagel

claviger Schlüsselträger; Schaffner; c. caeli = Petrus; = der Papst

clavis, is Schlüssel, Schloß; claves ecclesiae Schlüsselgewalt

clavus Nagel; Steuerruder; c. umbonis Griff des Schildes

clenodium (*germ.*) Kostbarkeit, Kleinod

clepsedra; clepsydra (*griech.*) Stechheber

cleptim *Adv.* (*griech.*) heimlich

clerica Tonsur

clericellus Domschüler

clericalis geistlich

clericatura = clericatus

clericatus, us der geistliche Stand

clericulus Geistlicher

clericus (*frz.* clerc) Geistlicher, Priester; Schreiber; Student, Schüler, der akademisch Gebildete; c. religiosus Ordensgeistlicher; c. saecularis Weltpriester

clerus (*griech.*) Losanteil; die Geistlichkeit, Klerus; der Geistliche

cleta Faschine

clibanus (*griech.*) Bratpfanne, Backform, Ofen

cliens, *Gen. Plur.* clientum Diener, Knappe, Lehnsmann; Lehrling

se clientare sich in einen Dienst begeben, dienen

clientela Oberherrschaft; das Ingesinde, Schützlinge, Gefolgschaft

clientulus; clientus Diener

clima, atis (*griech.*) Klima, Witterung; Gegend, Wohnsitze; Zone, Himmelsrichtung; climata mundi Erdzonen

clinicus (*griech.*) bettlägerig, krank, kränklich, leidend
clipeolus der kleine Schild
clitella = clitellae, arum Packsattel
cloaca Latrine; Grube tief unter der Erde
clobus (*germ.*) Kloben
clocca; cloccula (*germ.*) Glocke
clocerium Glockenhaus
clodus = claudus
clopio Knauser
cloppus lahm, hinkend
cluēre gefeiert werden; sich auszeichnen; beschirmen; **cluens** berühmt
cluna Schwanzfeder
clunis, is Hinterbacken, Hinterkeule
clusa Engpaß, Bergpaß; = clausa
clusinaria Klausnerin
clusor Schmied
coarcervare häufen
coactus zusammengetrieben, eng; innig; *Adv.* coacte in kurzer Zeit, bald
coadducēre zuführen, beimengen
coadiutor Mitarbeiter, Helfer; Stellvertreter eines Bischofs
coadunare versammeln; beilegen
coagulare gerinnen lassen; *Pass.* gerinnen
coangustare einengen, beschränken
coapostolicus Mitapostel
coaptare zusammenfügen, zusammenhalten; einfügen, anpassen
coartare in die Enge treiben; einschließen; nötigen, zwingen; herrisch verlangen; se c. sich zusammendrängen; *Pass.* müssen; sich ängstigen
coaxare quaken (vom Frosch)
coccinum Scharlachgewand
coccinus = coccus 1.
coccior mehr zum Kochen geeignet
1. **coccus** (*griech.*) = coccum Scharlachtuch; (rote) Beere; Kern
2. **coccus** (*frz.* coq) Hahn
cocytus (*griech.*) Unterwelt
coclea = cochlea (*griech.*) Schnecke; *Plur.* cochleae Wendeltreppe
coclear = cochlear Löffel
cocodrillus = crocodilus Krokodil
coctana = cottana
cocteria = cauteria

coctio Schelm
coctura Kochen; Gekochtes; = cauteria
coctus gekocht; gereift
cocuma = cucuma Kochtopf
cocus 1. = coquus Koch; 2. = coquens
codex Buch; Schrift, Handschrift; Bibel; Paulusbriefe
codicellus = codicillus kleines Schreiben, Büchlein, Heft, Brieflein
codrus = armer Dichter (*cf. Juvenal 3, 303*); unglücklicher
coemptio Kauf
coepiscopus Mitbischof
coaequalis gleich; Standesgenosse
coaequare gleichmachen, erreichen; vergelten
coequitare mit jem. reiten
coaequus gleich
coercitio Züchtigung; Regelung
coësse mit jem. zusammen sein
coaetaneus Altersgenosse
coaeternus (mit) ewig
coaevulus = coaevus
coaevus gleichalterig; Altersgenosse
cophinus (*griech.*) Korb; Kästchen, Schrein, Schrank
cogēre zusammenbringen; überwältigen; *Pass.* müssen; **cogens** dringend
coggo, onis (*rom.-ndl.*) Kogge
cogitabundus nachdenklich
cogitatio Denken, Gedankenflug, Sorge
cogitatus, us Gedanke, Einflüsterung
cognationabiliter *Adv.* verwandtschaftlich
cognatus verwandt; Geschwisterkind; Schwager
cognitor Kenner; Schiedsrichter, Untersuchungsrichter
cognitus guten Rufes, zuverlässig
cognoscēre zur Einsicht kommen, klug werden; zuerkennen; über jem. erkennen; wissen, kennen; „erkennen"
cognoscibilis erkenntlich, erkennbar; angesehen, vornehm
cohabitatio Zusammenwohnen; Kaserne
cohabitatrix Hausgenossin, Gattin
coheremicola Miteinsiedler
cohaerēri zusammenhängen, Halt machen, gezügelt werden

coheres, edis Miterbe, Miterbin
cohibēre 1. = conivēre zustimmen;
2. festhalten; c. extensam manum
den Arm im Schwunge aufhalten
cohitus = coitus Verkehr, Begattung
coicus = choicus (griech.) aus Erde
coincidentia Zusammenfallen
coinquinare besudeln; schänden
coinquinatio Besudelung, Befleckung
cola = colum Seihkorb
colaphisare; colaphizare (griech.) mit den
Fäusten schlagen, ohrfeigen; mißhandeln
colaphus (griech.) Faustschlag; Backenstreich, Ohrfeige
colēre latus die Seite glatt streichen (CB)
colica = cholica
collactaneus Milchbruder
1. collare, is Halsband
2. collare (griech.) culices Mücken seihen
collateralis angrenzend; Genosse, Freund,
Vertrauter, Grenznachbar
collatinus Mitlateiner (O. v. F.)
collatio das Zusammenbringen; Beitrag,
Beisteuer; Gaben; Imbiß; Erwägung,
Überlegung; Untersuchung; Besprechung, Aussprache, Gespräch; Gebet
collaudantes = collaudatores
collaudator Lobredner; Leumundszeuge
collecta Sammlung Geldsammlung,
Steuer, Beisteuer; Honorar, Kolleg-
geld; Versammlung, Schar; Sammel-
gebet, Gebet; c. de pectoribus Vieh-
steuer.
collectarium Kollektenbuch
collectarius Kassierer, Geldwechsler
collectim Adv. zusammen; gemeinschaftlich
collectio 1. Sammlung; 2. = colloquium
collecticius zusammengerafft
collector Steuererheber
collega Amtsbruder; Gesell
collegiata ecclesia Stiftskirche
collegium Gemeinschaft; Heer; c. militare
Ritterstand
collaetari sich freuen mit jem.
colliculus Hügelchen
collidēre zusammenstoßen, zerdrücken.

bedrängen; collisi racemi das Knarren
der Zweige
colligatio Verbindung; Verband (einer
Wunde)
colligēre zusammenlesen, einernten, an
sich nehmen, aufraffen; beherbergen,
bewirten; zusammenreimen; collectus
in gyrum zum Kreise geringelt
colliminare zusammenfügen
collyrida = collyris (griech.) Brötchen
collyrium (griech.) Augensalbe
collisio Zusammenstoß, Erschütterung;
Getöse, Klirren; Strandung
colloquium Unterredung, Besprechung;
öffentl. Versammlung; Sprache; Beredsamkeit
collotenus Adv. bis an den Hals
colluctarier = colluctari ringen, kämpfen
collumbar, aris Halseisen
colluminare völlig erleuchten
collus == collum Hals; Bergrücken
collusio heimliche Abmachung
collustrare erleuchten; besichtigen
collustratio Leuchtkraft, Glanz
colobium (griech.) Wams
colonia Anger, Hufe
colonobus = colonis (Dat. Plur.)
colonus der in königlicher oder kirchlicher
Schutzgewalt stehende Unfreie; Bauer;
Fremdling; coloni patrii Landsleute;
coloni Tartarei Dämonen
coloquentis = colocynthis, idis (griech.)
Koloquinthe
color Farbe; Vorwand
colorare färben, auffärben; coloratus
farbig, bunt; schamrot
colubra Schlange
columbatim Adv. nach Taubenart
columen = columna Pfeiler
colurnus aus Haselholz
colus, us Spinnrocken; Faden (der Parze)
coma (griech.) Haar
combenedictus miteingesegnet
combinare vereinigen, zusammenstellen
combullire zusammenwallen, Blasen
werfen
comburēre völlig verbrennen; einschmel-
zen

comburgensis Mitbürger, Mitbürgerin
combustio Verbrennen, Verbrennung
combustura Verbrennen
comedĕre essen, verzehren; subito comessurum bald zu essen (Cap.)
comoedus (*griech.*) Komödiendichter
comĕre das Haar ordnen, kämmen; (Geräte) putzen; sich erwerben
comes, itis (*frz.* conte) Begleiter, Begleitung, Gefolge, Vasall; Graf, Markgraf; c. palatii, c. palatinus Pfalzgraf; c. stabuli (*frz.* connétable) Stallmeister; Marschall
comessator = comissator Zechgenosse
comestabulus = comes stabuli
comestio Verzehren; Mittagessen
comestus, us Mahlzeit, Gastmahl
cometa; cometes, ae (*griech.*) Komet
cometia; cometissa s. comit . . .
comicus (*griech.*) komisch; Lustspieldichter; illud comicum jenes Wort des Lustspiels (Liudp.)
cominus = comminus *Adv.* in der Nähe; persönlich
comisatio = comissatio nächtliches Schwärmen, Schmauserei
comitantia Begleitung
comitare = comitari begleiten; comitatus begleitet; comitante vita wenn das Leben mir erhalten bleibt (W.)
comitari sich zum Vorbild nehmen
comitatus, us Begleitung, Gefolge, Mannschaft; Zug, Fahrt; Grafschaft; Stadtgebiet
comitia Grafschaft; Grafenamt; Stadtgebiet und dessen Gerichtsbezirk
comitissa; comitessa Gräfin
comitiva Gefolge, Gesellschaft
commanentia Beisammensein
commanēre sich aufhalten, wohnen, verkehren; commanentes Einwohner
commansio Aufenthalt; Gemeinschaft
commansor Mitbürger, Hausgenosse
commarcanus = commarchio
commarchio (*germ.*) Markgenosse; Grenznachbar
commater Gevatterin
commeare reisen, marschieren; mitreisen

commeatus, us Urlaub, Verabschiedung; Geleit, Wegzehrung
commedia = comoedia (*griech.*) Komödie
commendatio Hinweis
commemorari = commemorare sich erinnern; erwähnen
commemoratio Erwähnung; Gedächtnis, Andenken; c. omnium sanctorum Allerheiligen; c. animarum Allerseelen
commemoratorium Verzeichnis
commenda Ordenspfründe, Pfründengenuß
commendare anvertrauen, übergeben, anempfehlen; Gott befehlen, Lebewohl sagen; rühmen; aliquem commendare facere jem. zum Vasallen machen; commendatum dare zum besten geben
commendaticius empfehlend, ermahnend
commendator Vermittler; Komtur
commensalis, is Tischgenosse
commentare einüben; = commentari
commentari überdenken; erklären
commentator Erklärer; Schwindler
commentor Ersinner, Erfinder
commentum Erklärung, Glosse, Kommentar; Erdichtung, Lüge; Plan
commercium Handel, Tausch; Ware; Verkehr, Gemeinschaft, Umgang
commilitium Kriegskameradschaft
commilito Kamerad, Glaubensgenosse
comminare 1. zusammentreiben; 2. = comminari androhen; bedrohen
comminatorius bedrohend
comministrare mithelfen
commiscēre vermengen; *Pass.* ein Liebesverhältnis unterhalten
commissarius Beauftragter
commissio Auftrag
commissum Vergehen, Schuld
commissura Verbindung, Fuge; Flickstück
commistio = commixtio
committĕre übertragen; sich anvertrauen; vergleichen; bello c. bekriegen
commixtim *Adv.* vereint, durcheinander
commixtio Mischung; Vereinigung, Gemeinschaft; Ehe; Einmischung; sine commixtione viri ehelos

commodare herrichten; aushelfen, leihen, borgen

commoditas Bequemlichkeit, Annehmlichkeit, Vorteil

commodus angemessen; geschmackvoll; commodius sibi prospicere sich besser vorsehen

commonitare ermuntern; auffordern

commonitorium Erinnerungsschreiben

commonitrix Mahnerin; Verführerin

commoratio Verweilen, Aufenthalt

commori mitsterben

commorsus verbissen

commotio Erregung, Zorn; Anstiftung zu einem Vergehen

commotus *Part.* im Zorn

communicare kommunizieren, das Abendmahl empfangen; das Abendmahl reichen

communicator Teilnehmer; Kommunikant

communio Gemeinschaft, Vereinigung; Übereinstimmung; Abendmahl

communis gemeinschaftlich; commune Bürgerschaft; in commune im Chor, insgemein

communitas Gemeinschaft, Gemeinsamkeit; städtische Gemeinde

commutare umändern, tauschen; durch Tausch übernehmen; verkürzen

commutatio Veränderung; Geldwechsel, Tauschmittel, Kaufpreis

commutator Wechsler, Händler

compacare zum Frieden führen

compacisci übereinkommen

compactus allgemein bekannt; gedrungen

compagensis, is Gaugenosse

compages, is = compago; c. corporis Leib

compaginare zusammenfügen, einfügen

compago, inis Gefüge, Zusammenhalt, Bau

companium Gesellschaft, Genossenschaft

compar, paris gleichstehend; Gefährte, Gemahlin; *Plur.* Kämpferpaare

comparare 1. vergleichen; vergelten; 2. ein Buch anfertigen lassen gegen Geld (= procurare); erwerben; comparando emere kaufen

comparatus, us Kauf

comparēre erscheinen, sichtbar werden

compassio Mitgefühl, Mitleid

compassivus mitfühlend, voll Mitleid

compater Gevatter, geistl. Mitberater

compaternitas Gevatterschaft; Patenstelle

compati alicui *und* alicuius Mitleid haben mit jem.; compatiens mitempfindend; compassus aus Mitleid mit

compatibilis = compassibilis mitleidend

compatrianus = compatriota Landsmann

compedire fesseln

compeditio Fesselung

compellatio Vorwurf; Drohung

compellĕre zusammentreiben, in die Enge treiben, zwingen; schelten; verklagen

compendium Ersparnis, Vorteil; der kürzeste Weg, Richtweg; Auszug (eines Buches)

compendus = compendiosus kurz

compensare vergleichen; ersetzen

comperendinare Aufschub fordern

comperimēre mit zugrunde richten

comperto = postquam compertum est

compes, edis Fessel

compescĕre einzwängen; unterdrücken; beschwichtigen

competens passend, angemessen; eigen; zuständig, entsprechend, vorgeschrieben; schicklich, würdig

competentia Eignung

competĕre sich schicken, passen, zustehen; streben, wetteifern; kämpfen; zur Ehe begehren; competit = decet es ziemt sich

compilare ausplündern, ausbeuten; sich verschaffen, entlehnen

compiscator Mitfischer

compitum Kreuzweg; Straßenecke

complacentia Belieben

complacēre gefallen, wohlwollend sein; sibi c. in aliquo Wohlgefallen haben an jem.

complacitus gütig, gnädig

complanare bodengleich machen, ebnen; versöhnen

complectĕre; complecti umfassen; darstellen, schildern

complementum Ergänzung; Erfüllung, Erfolg

complenda = completorium

complēre ausfüllen; einen Auftrag ausführen; mit dem Schlußgebet beendigen, „die Komplet beten"

completa die letzte der 7 Gebetsübungen der Mönche, die Komplet

completorius die Feier beendend; completorium Schlußandacht, Vespergottesdienst; die Zeit gleich nach Sonnenuntergang

complex verbündet; Genosse, Gefährte

complexio Verknüpfung, Schlußfolgerung; Körperkonstitution

complexus dicht; geflochten

complodĕre zusammenschlagen; mitjubeln

compluĕre einregnen

componderare gleichsetzen

componĕre zusammensetzen; gestalten, abfassen, komponieren; ausführen, (den Acker) bestellen; beilegen, schlichten, ordnen, einen Vergleich schließen; büßen, als Strafe bezahlen; c. equum sella das Pferd satteln; se c. sich zur Ruhe begeben

compositio Beilegung, Vergleich; Schadenersatz, Strafe; Sühne, Buße; Schmuck

compositionalis versöhnend

compositor Ordner, Verfertiger; c. mundi Schöpfer; navium c. Schiffbauer

compositus wohlgeordnet; ausgestattet; composite conscriptus wohl stilisiert; composito in wohlgeordneter Darstellung; ex compósito geflissentlich

compotatio Gelage

compotus = computus

comprimĕre zusammendrücken; in Schranken halten, beschwichtigen; c. pedem den Fuß packen

comprobare erproben, beweisen; billigen

compromittĕre überweisen, ein Bündnis schließen; = promittere

comprovincialis Landsmann; Suffraganbischof

comptio = contio Versammlung (Nith.)

comptus gefällig, geschmückt; compte

faleratus prächtig gezäumt; *Adv. auch* comptim

compugnare handgemein werden

compulsare exequias zum Begräbnis läuten

compulsio Drängen, Zwang

compunctio Zerknirschung, Reue; Schmerz

compungĕre erschüttern, betrüben; *Pass.* compungi Reue empfinden; compunctus schmerzlich berührt, zerknirscht; getrieben vom Geiste Gottes

computare anrechnen, rechnen; erreichen

computrescĕre völlig verfaulen

computus Berechnung, Rechnung; Berechnung der Zeit, vor allem des Osterfestes; Handbuch zur Zeitberechnung

conamen Bemühung, Anstrengung

conari sich anstrengen, versuchen; vorhaben; conatur es wird versucht

conatus, us Versuch, Mühe; conatibus summis mit äußerster Kraft

concambiare umtauschen

concambium Geldwechsel, Tauschgeschäft, Tausch

concaptivus mitgefangen; Mitgefangener

concatenare zusammenketten, verknüpfen; loricae concatenatae Kettenpanzer

concatenatio Verkettung, Verbindung

concavum lignum Trog

concava, orum Höhlung, Flußbett

concedĕre auf etwas eingehen, sich fügen, bestätigen und verbriefen; beurlauben, freigeben, nachlassen; vitam c. das Leben schenken

concellaris Zellengenosse, Stubengenosse

concentus, us harmonischer Gesang, Chorgesang; Harmonie; Übereinstimmung, Einstimmigkeit

conceptio Empfängnis, c. Mariae = 8. Dez.

conceptum Meinung, Gedanke

concertare; concertari wetteifern; raufen

concha (*griech.*) Muschel; die Kogge (Transportschiff); Trinkhorn

conchristianus Mitchrist

conchus = concha Becher

concidĕre einstürzen, umfallen; vultus concidit die Miene verändert sich conciĕre in Bewegung, raschen Lauf setzen

conciliare zusammenbringen, vereinigen; freundlich stimmen, geneigt machen, versöhnen; ausgleichen, ersetzen

concilium Vereinigung, Konzil; c. sinodale Synode

concinĕre zusammensingen, einstimmen; singen; besingen; oft = concinnare

concinnare zusammenfügen, predigen; oft = concinĕre; concinnare et canere ,,singen und sagen‘‘

concipĕre empfangen; empfinden; planen

concisus kurz gefaßt; zerstückelt

concisum Einschnitt, Bahn

concitus erregt; schleunig, beschleunigt

concivis Mitbürger, Bürger, Landsmann

conclave Zimmer, Stube, Privatgemach; Schlafzimmer; Kardinalskollegium; c. Mariae = Christus

concludĕre alicui gegen jem. in der Disputation Sieger bleiben, jem. abführen

conclusio Einschließung, Gefangenschaft

concomitari mitbegleiten; te, tecum comitantes deine Begleiter, dein Gefolge

concordantia Übereinstimmung

concordare zur Eintracht bringen, versöhnen; einig werden, übereinstimmen, passen, entsprechen; klingen lassen, spielen; Pass. concordari cum aliquo sich einigen, sich vertragen, übereinkommen

concordatio Aussöhnung

concordatum Übereinkommen, Verabredung

concordinare; concoridare = concordare

concors, ordis einig, harmonisch

concreatus zugleich geschaffen, mitanerschaffen

concrepantia, ae Entsprechung

concrepĕre = concrepare stark tönen, erdröhnen; ertönen lassen; harmonieren

concretus angesammelt, hart

concubina Buhlerin, Kebsweib

concubitor Beischläfer, Buhle

conculcare treten, niedertreten, mißhandeln

concupiscentia Begierde; Plur. Gelüste

concupiscibilis begehrenswert, kostbar; begehrlich

concurrĕre zusammenlaufen; kämpfen; eintreten, stattfinden; seine Zuflucht nehmen; mitgehen, einverstanden sein; helfen

concursatio Zusammentreffen

concursus, us Zusammentreffen, Zusammenkunft; Wettstreit; concursu auf Antrag

concussio Erschütterung, Unheil

concutĕre erschüttern; aufrütteln; brandschatzen

condam = quondam

condecet = decet es ziemt sich

condelectari sich freuen an

condemnare verurteilen, verdammen

condĕre gründen, schaffen, gestalten; einstecken, verbergen; begraben

condescendĕre sich herablassen; willfahren, sich unterwerfen; helfen

condescensio Herablassung, Nachsicht, Gnade

condicĕre verabreden, festsetzen, ausmachen; schließen, sich absprechen

condicionabiliter Adv. bedingungsweise

condictio = condicio Stand; Eigenschaft, bestehender Zustand

condictus vereinbart; condictum Verabredung, Übereinkunft; Satzung, Vorschrift

condignus m. Gen. angemessen, würdig

condylus (griech.) Knoten

condimentum Würze, Gewürz

condirigĕre versorgen; bebauen, bestellen

condire würzen, zubereiten; einbalsamieren; weihen (bei der Taufe)

conditio Gründung, Stiftung, Schöpfung

conditorium Grabstätte, Grabmal

conditus bestattet

condolēre Schmerz empfinden, sehr leiden; c. alicui Mitleid haben mit jem.

condonare aliquem jem. beschenken; verleihen; c. culpam nachsehen

conducĕre vereinigen; geleiten; als Söldner mieten, werben

conducta = conductus Eingangslied

conducticius gemietet
conductus, us gemeinsame Führung;
Geleit; Eintrittsgesang; c. aquarum
Wasserleitung; ius c. Geleitrecht
condulcare süß machen
condunare vereinigen
conexio = connexio Verbindung
confabricare; confabricari herumbauen
confabulari schwatzen, plaudern
confabulatio Gespräch; Erzählung
confamiliaris Genosse
confectio Zubereitung; „Medizin"
confectionarius Apotheker
confoederare Bündnis schließen; vereinigen
confercire vollstopfen
conferre zusammentragen, mitbringen;
bringen, verleihen, geben; vergleichen;
victum c. zur Nahrung dienen; c. in
unum zusammen vorbringen; confert
es ist zuträglich
confertus in dichten Massen
confessare = confiteri beichten; die
Beichte abnehmen
confessio Geständnis, Bekenntnis, Beichte;
Lobpreis; Begräbnisstätte eines Heiligen, Märtyrerkirche; c. beati Petri
Bronzestandbild des Apostels über
seinem Grabe in der Peterskirche; con-
fessionem dare Beichte ablegen
confessionale Beichthandbuch
confessor Bekenner; Beichtvater
confestim Adv. unverzüglich, sogleich
confidentior = confidens seiner Sache
sicher, zuversichtlich
configere zusammenheften, anbringen
configurare gleichmachen, gleichgestal-
ten, anpassen; mitmachen
confingere bilden, verfertigen; erdichten,
andichten
confinia = confinium
confinium Nachbarschaft; Grenze, Mark;
c. mercale Standplatz der Verkäufer;
in confinio in der Nähe; inter confinia
an der Grenze (Wid.)
confirmare bestätigen, bekräftigen, versichern; einsegnen
confirmatio Bestätigung; Firmelung

confiteor indekl. Sündenbekenntnis
confitēre; confitēri eingestehen, bekennen,
beichten; ja sagen; preisen, danken
conflare anblasen; zusammenschmelzen,
gießen, schmieden
conflatilis gegossen; conflatile, is Götzenbild
conflatio Anfachen, Anschüren; Guß
conflator Erzgießer
conflatorium Schmelzofen
conflictatio Kampf, Zwist
conflictus, us Zusammenstoß, Kampf
confligere zusammenstoßen, kämpfen;
hacken; carnes conflictae gehacktes
Fleisch
confluentus, us Zusammenfluß
confluus zusammenfließend
confodere ausstreichen
conformare anpassen; se c. alicui sich
benehmen wie
conformis gleichförmig, gleichartig
conformitas Gleichartigkeit
confortare stark machen, stärken, trösten,
aufrichten, ermutigen; Pass. sich er-
mannen, stark sein; sich überheben
confortatio Stärkung, Mut
confovēre hegen, pflegen, fördern, begünstigen
confractio Bruch; Bresche
confragosus holperig, uneben
confrater Mitbruder; Mitchrist = frater
confraternitas Bruderschaft, Orden
confratria; confratrium Orden
confrontatus angrenzend, benachbart
confundere zusammenschütten; in Verwirrung bringen, zuschanden machen,
beschämen, vernichten; Pass. werden
confusio Erregung, Verwirrung, Verrücktheit; Beschämung, Schmach; Vergehen;
c. linguarum die babylonische Sprach-
verwirrung; civitas confusionis = Babel
confusus verwirrt; verstört, beklommen,
beschämt; in confuso wirr durcheinander
confutare niederschlagen; niederhalten,
zurückweisen, widerlegen; verdammen
congaudēre alicui sich freuen mit jem.
congelare völlig gefrieren machen; er-

starren lassen; *Pass.* gefrieren, einfrieren; untätig werden
congelascĕre zufrieren
congeneralis Geschlechtsgenosse, Anverwandter
congerĕre zusammentragen, erwerben
congeries, ei Anhäufung, Menge
congyrare sich scharen
conglobare zusammenballen, sammeln
conglomerare versammeln
conglorificare mitverherrlichen
conglutinare zusammenleimen; unlöslich vereinigen, in Verbindung bringen; *Pass.* sich anschließen
congrandis alicui ebenso groß wie
congratulari dankbar sein, jubeln
congredi zusammentreffen; kämpfen; eilen nach
congregati = universi insgesamt
congregatio Vereinigung, Gemeinschaft, Genossenschaft, Gemeinde, Versammlung; Ansammlung, Schar
congremiatio Einung
congremium Ort einer Zusammenkunft
congressio Zusammentreffen, Kampf
congruentissimus völlig übereinstimmend
congruitas Bedürfnis
congruus passend,geeignet;entsprechend, gebührend, vorschriftsmäßig; wohl abgewogen, weise; congruum est es schickt sich
coniactare gemeinschaftlich büßen
conicĕre zusammenwerfen, hinwerfen, stoßen; niederstoßen, treffen; erraten, berechnen
coniectare = coniectari vermuten
coniecturari Mutmaßungen machen
coniocare; coniocari scherzen
coniucundari sich mit freuen
coniudicare meinen
coniugium Vereinigung; Hochzeit
coniungere verbinden; zusammenzählen; c. ad aliquem kommen
coniurare sich eidlich verbinden; weihen
coniuratio Verschwörung; Eid
coniurator Eideshelfer
conivēre übereinstimmen, sich fügen

coni...*s. auch* coll...
conlaboratio; conlaboratus, us Wirtschaftsbetrieb, Ertrag
conlectio = colloquium
conliberius Nachbar
conlucrare zu Geld machen
conostabilis = comes stabuli (GF.)
conp...*s.* comp...
conquiniscĕre sich niederkauern; sich beugen, sich verneigen
conquisitio Nachspürung; Aushebung; Versammlung
conregnator Mitherrscher
conresurgĕre mit auferstehen
conresuscitare mit auferwecken
conrixari miteinander streiten
conrugare runzelig machen; *Pass.* Runzeln bekommen
consacerdos geistlicher Amtsbruder
consanguinitas Verwandtschaft
consarcinare zusammenflicken
considerare = considerare (Liudp.)
conscientia Gewissen; Gewissenhaftigkeit; c. sana gutes Gewissen
conscolaris = conscholaris Mitschüler
conscribĕre zuschreiben; niederschreiben
conscriptio Abfassung, Aufzeichnung; Urkunde; Werk, Schrift
consecrare weihen; heiligen; verwandeln; c. baptisma die Taufe vollziehen
consecretalis Vertrauter
consedēre mitsitzen; sich niedersetzen
consensus, us Übereinstimmung, Einwilligung; Beschluß
consentire übereinstimmen; (dem Manne) zu Willen sein; c. in sich einigen auf
consaeptum Zaun
consentaneus Genosse
consentiens zum Ausgleich bereit
consequenter *Adv.* angemessen, entsprechend; sachgemäß
consequentia Aufeinanderfolge, Verlauf
conserĕre manum cum gemeinschaftliche Sache machen mit
consergius = conservus Mitsklave; Hausmeister
conservamen = conservatio Rettung
conservatorium Archiv

consessus, us Sitzung, Versammlung; c. caveae die im Theater versammelten Zuschauer

consideratio Erwägung, Rücksicht

consideratus besonnen, behutsam

considĕre sich niederlassen; zu Gericht sitzen; in Besitz nehmen

consignare = signare; übergeben

consignatus besiegelt, richtig versehen mit; gesegnet

consignificare = significare anzeigen

consiliare einen Rat geben; *Pass.* einen Beschluß fassen, sich entscheiden

consiliarius Ratgeber; Rat des Königs

consilium Rat, Gutachten, Zustimmung; Anstiften, Zweck; Schutz; consilia conferre sich beraten; consilio perdito ratlos; ex consilio nach reiflicher Überlegung; c. mortis Anschlag auf das Leben

consimilis gleich, von gleicher Güte

consistĕre sich hinstellen; Halt machen; = esse

consistorium Versammlungsort, Versammlung, Standort; Thron; das innere Gemach, Sitzung der Kardinäle; Ratsversammlung, Rathaus

consobrinus (*frz.* cousin) Geschwisterkind; Verwandter

consocialis ebenbürtig; Genosse

consociatus innig verbunden

consocius vereinigt, verbunden; Genosse, Gehilfe

consodes, is Genosse, Kamerad

consolare trösten, helfen; *Pass.* Trost finden, sich freuen

consolator Tröster = Heiland, Hl. Geist

consolatus, us = consulatus Stadtrat

consolidare fest machen, sichern

consonare tönen; zusammentönen, im Einklang stehen, übereinstimmen; scripta consonantia Vertrag

consors, sortis gemeinsam, Anteil habend; Schicksalsgenosse, Verwandter (Bruder, Schwester, Gattin); consortem facĕre aliquem jem. teilnehmen lassen

consortium Gemeinschaft, Verkehr; Beistand; consortia carnis pati die Berührung eines andern dulden

conspargĕre = conspergere ausstreuen

conspectus, us Anblick, Blick; *Plur.* die Augen; ante conspectum angesichts; in conspectu bei, vor

conspersio Hinstreuen; Teig

conspicabilis sichtbar

conspicuus weithin sichtbar; sich auszeichnend, bedeutend

conspirare im Einklang stehen; sich vereinigen

constabilire befestigen, stützen; *Pass.* sich stützen

constabularius; constabulus = comes stabuli

constans stetig, hartnäckig, standhaft; habe pro constanti sei überzeugt!

constantia Standhaftigkeit; Ausgaben, Kosten

constare = esse; zusammenstehen; stillstehen; kosten; alicui victoria constat der Sieg wird jem. zuteil

consternĕre bedecken; pflastern; überbrücken

constipare zusammendrängen, umgeben

constipatio Gedränge

constipatus überfüllt, verstopft

constituĕre festsetzen, anordnen, einrichten, einsetzen; constitutus = *Part. Präs. v.* esse befindlich

constitutio Einrichtung, Schöpfung; Verordnung, Rat; Einsetzung, Investitur- c. pacis Landfriedensgesetz

constrictio Verschärfung, Bestrafung

constringĕre zusammenschnüren; binden, gürten; festhalten, verpflichten; *Pass.* zusammenfrieren; constrictus eng

consubsidĕre sich festsetzen

consubstantialis wesenseins

consuĕre flicken

consueto *Adv.* in gewohnter Weise

consuetudinarius üblich

consuetudo, inis Gewohnheit; Rechtsgewohnheit, Recht; Abgabe

consul Berater, Ratgeber, Ratsherr; Anführer, Vorsteher

consulatus, us Rat (einer Stadt)

consulens vorsichtig

consulĕre raten; beraten

consultum Ratschluß, Plan; ex maturitatis consulto infolge Geistesreife (O. v. F.)

consultus, us Beratung, Beschluß, Rat; Hilfe

consummare zusammenrechnen, abrechnen mit; numerieren, vollständig benennen; vollenden, vollbringen

consummatio Zusammenrechnung; Abschluß, der äußerste Grad, Vollkommenheit, Vollendung, Ende, Tod

consummatus vollkommen

consumptus erschöpft

consutor Schneider

consutus (*v.* consuĕre) zusammengenäht

contabescĕre hinschwinden, sich vor Ärger abzehren

contagio Ansteckung; Pest

contagiare anstecken; vor Gericht ziehen

contaminatio Befleckung; Berührung

contanter *Adv.* durchsuchend (D.)

contectalis unter demselben Dache lebend, Gemahlin; *Plur.* Hausgenossen, Ehegatten

contegĕre bedecken, überziehen; decken, schützen

contemnenter *Adv.* verächtlich

contemperare mischen, zubereiten; angleichen

contemplari betrachten, sehen; *auch passivisch*

contemplativus beschaulich; contemplativa vita Klosterleben

contemptibilis verächtlich; verachtet

contemptivus verachtend

contemptus 1. verachtet; 2. = contentus zufrieden

contenebrare verfinstern

contenebrescĕre stockfinster werden

contenta, orum Inhalt, Ladung

contentare 1. zufriedenstellen; 2. *Weiterbildung zu* contendere: zu einem Botendienst zwingen (Matth. 5, 41)

contentari sich begnügen, sich zufrieden geben

contentatus zufrieden

contentio Streit, Hader; Gewahrsam

contentiosus streitig; streitsüchtig, hartnäckig; contentiose agere einen Streit erheben

contentus zufrieden; befriedigend

conterĕre zerreiben, zerknirschen; *Pass.* Buße tun

conternare dreijährig sein

contestari bezeugen, beurkunden; eindringlich ermahnen

contestis = testis Zeuge

contexĕre orationem Erwähnung tun

conticescĕre verschweigen, schweigen

conticinium der erste Teil der Nacht

contiguitas Berührung, Nähe; Verwandtschaft

contiguus sich berührend, anschließend, nahe

continentia Zusammenhang, Inhalt

continēre zusammenhalten; innehaben, besitzen; c. aures die Ohren verschlossen halten; *Part.* contentus befangen

contingere visu sehen; contingit es passiert, es stößt zu

continuari sich unmittelbar anreihen; zusammenhängen; continuatus benachbart; hebdomadarum continuatis ieiuniis durch wochenlanges Fasten (VS.)

continuus ununterbrochen, gewöhnlich

contio Versammlung, Konvent; Predigt

contionari sich öffentlich hören lassen; zu Gericht sitzen, predigen

contorquēre schleudern; wenden

contra *Präp. m. Akk.* gegenüber; in Gegenwart, vor

contractatio Berührung

contractio Zusammenziehung; Naht

1. **contractus** zusammengezogen; eng, schmal, zusammengeschmiegt; verkleinert, lahm; beschränkt; sparsam

2. **contractus,** us Vertrag

contradĕre zurückgeben; übergeben

contradicĕre widersprechen, vor Gericht Widerspruch erheben; widerrufen; verbieten; aufsagen

contradictoria Fehdeansage

illicita **contrahĕre** unerlaubten Handel schließen (O. v. F.)

contraire entgegengehen; übertreten

contraluctari widerstreben, sich widersetzen, „löcken"

contraniti sich widersetzen

contrapondus, eris Gegengewicht

contrapositio Gegenaussage; Gegensatz

contraria, orum was sich nicht ziemt; rechtswidrig

contrariari entgegen sein

contrarietas Gegensatz, Einwand, Widerspruch

contrectare berühren, befühlen

contribulare zermalmen, zerstoßen; zerknirschen

contribulis Gaugenosse; Verwandter

contristare verdüstern, betrüben, bekümmern; trauern; *Pass.* traurig werden; sich entrüsten, streng behandeln

contritio Zerknirschung, Reue; Elend, Kummer

contritus zerrieben, zerknirscht

contubernalis Zeltgenosse, Freund

contubernio Wohnung

contubernium Zeltgenossenschaft, Rotte, Tischgenossenschaft, wilde Ehe; Spital; das Zusammensein, Gesellschaft

contueri gewahr werden, überschauen

contulus Speer

contumacia Halsstarrigkeit, Trotz

contumax eigensinnig, starrköpfig, verstockt

contumeliosus ehrenrührig, schmachvoll; c. sonus böses Wort

contumulare aliquem alicui jem. mit jem. zusammen begraben

contundĕre zerstoßen; zum Brechen voll machen

conturbare verwirren, stören

contus (*griech.*) Stange; Wurfkeule, Wurfspeer, langer Spieß; *Plur.* die Waffen

contutari versteckt halten; schützen; sichern

conuba Gattin, Ehefrau

conucula Spindel, Kunkel

convalĕre = valēre

convalescĕre erwachsen, heranwachsen

convallis, is Tal, Talniederung; Flur

convasare zusammenpacken; stehlen

convellĕre aufreißen; unwirksam machen

convenientia Zusammenkunft; Übereinstimmung, Zustimmung; Harmonie; Vertrag; Gunst der Umstände

convenire m. Akk. jem. aufsuchen, anreden; gerichtlich belangen; in Verbindung treten, verhandeln mit; *mit Dat.* jem. eigen sein; sich treffen mit jem.

conventiculum Zusammenkunft, Versammlung, Gemeinde, Haufe

conventio Zusammenkunft; Übereinkunft, Vertrag; Termin; c. tergorum = omnia tergora

conventus, us Zusammenkunft, Anwesenheit; Versammlung, Verein; Klostergemeinde, Konzil, Synode, Reichstag; Lehrkörper der Universität; = conventualis Ordensbruder; iuniorum c. die bei dem Altare aufwartenden Chorschüler

conversari Umgang haben, verkehren, leben, wandeln, sich aufhalten; Mönch werden

conversatio Verkehr, Lebensweise, Lebenswandel, gottesfürchtiger Wandel, Aufenthalt im Kloster; = conversio Sinnesumkehr; sancta c. Gottesdienst; vita et c. das öffentliche und häusliche Leben; conversationis sanctae habitum accipere ins Kloster gehen

conversim *Adv.* umgekehrt

conversio Sinnesänderung, Bekehrung, Eintritt ins Kloster; Lebens- und Umgangsweise; c. Pauli = 25. Januar

conversus sich umwendend; eingetreten; bekehrt; Novize, Laienbruder; e converso im Gegenteil

convertĕre umkehren, bekehren; sich bekehren, ins Kloster gehen; übertragen; *Pass.* sich wenden; in opus c. nachbilden; c. gladium das Schwert in die Scheide stecken

convescĕre = convesci mit jem. zusammen speisen

convexus steil, jäh

conviator Gefährte; Führer

convices die Nachbarn
conviciare = conviciari schelten, schmähen, lästern
convicinium Nachbarschaft
convicinus Nachbar
convicium Zurechtweisung, Verlästerung, Schmähung, Schimpfwort
convictus, us = victus
convincĕre überführen, beweisen
convincire zusammenbinden
convinculare fesseln; vereinigen
conviva Gast, Tischgenosse; die Gäste
convivari zusammenspeisen; ein Gastmahl geben
convivaria Tischgenossin
convocus = aequivocus
cooperari mitarbeiten, helfen
coopertor Dachdecker
coopertorium Decke
copia fit es bietet sich die Gelegenheit
copiosus reichlich; zahlreich
coppa 1. = cupa; 2. = cappa
coppare = cappare abschneiden, abhauen, scheren
copula Band; Vermählung, Eheband; *Plur.* die Bande
copulare verbinden, hinzufügen; vermählen
coquĕre kochen; mit glühendem Eisen brennen, brandmarken; quälen, martern
coquina Küche
coquus Koch
cor, cordis Herz; ex corde auswendig; in corde maris mitten im Meer
corada = corata (*frz.* courée) Eingeweide
coram *Präp. m. Abl.* in Gegenwart von, vor. — coram se vor sich
corban (*indekl., hebr.*) Opfergabe; Gabe, Opfer; *vgl.* Marc. 7, 11.
corbanum; corbona Opferkasten, Opferstock; Schrein, Schrank; Schatzkammer, Kasse
corbita Transportschiff
corbus = corbis, is Korb; ein Getreidemaß
corda = chorda
cordatus beherzt, mutig
cordetenus *Adv.* von Herzen; auswendig

cordialis herzlich
cordicitus = cordacitus *Adv.* von Herzen
coriandrum (*griech.*) Koriander (eine Gewürzpflanze)
coriarius Gerber
corilinus = corulinus haseln
corium (*griech.*) Haut, Leder, Tierfell, Schlauch
cornarius Hahnrei
cornicari krächzen
cornicen, cinis Hornist
cornicinari = cornicinare das Horn blasen, verkünden
cornicula Krähe
corniger gehörnt, Geweih tragend; Hirt
cornipes, pedis Roß
corniseca Hornzerschneider
cornix Krähe
cornu, us Horn, Trinkhorn, Becher; Horn zum Aufbewahren der Tinte; Kraft, Übermut, Amt; Gewandzipfel; *Plur.* cornua Mantelsaum; die beiden Spitzen der Mitra; c. extollere, sumere sich widersetzen, stolz sein; cornua sumere Mut fassen
cornum Kornelkirsche; Lanzenschaft, Lanze, Wurfspieß
cornupeta mit dem Horn stoßend, stößig
cornus = cornum
cornutus gehörnt; der sich die Hörner noch nicht abgelaufen hat; liber c. das „gepfefferte" Buch; cornuto capite im Schmuck der Bischofsmütze
corolla Kränzlein
corona Kranz, Kreis, Krone; Tonsur; Schar; c. capitis, c. clericalis, c. rasa die Tonsur
coronare bekränzen, krönen, zum König erheben (auch ohne Krönung), mit der Märtyrerkrone krönen; *Pass.* die Krone tragen
coronaria (*sc.* domus) Krönungssaal
coronella Brötchen in Kringelform
coropalatus = coropolates (*griech.*) Hofmarschall
corporalis leiblich, körperlich, fleischlich; *Adv.* wirklich; corporale, is das Korporale (weißes Leinentüchlein, das bei

der Messe als Unterlage für die Hostie benutzt wird)

corporare mit Initialen schmücken; *Pass.* Mensch werden

corporeitas Wuchs, Statur, körperliche Beschaffenheit

corporeus körperlich, leiblich, irdisch

corpus Körper, Leichnam; Hostie; c. venerabile die geweihte Hostie

corpusculum zarter Körper; Leichnam

corradēre zusammenscharren, seine Habseligkeiten mühselig zusammenbringen

corratarius; correctarius Makler

correctio Berichtigung, Besserung; Bekehrung

correptio Tadel, Verweis, Strafe, Züchtigung

corresurgēre mitauferstehen

corridēre mitlachen

corrigēre gerade machen; verbessern, zurechtweisen, verkürzen; sich bessern

corrigia Riemen; Schuhriemen, Streichriemen des Barbiers; Ledergürtel

corripēre anpacken; zurechtweisen, belangen, in Beschlag nehmen, in Schranken halten; vergreifen; *Pass.* corripi Schläge bekommen

corroborare stärken; bestätigen

corrodēre = corradere zusammenraffen

corrogatio Versammlung

corrugare runzelig machen

corrumpēre verderben; schlecht machen; fidem c. Treue brechen

corruptela Verderben; Schändung, Ehebruch

corruptibilis vergänglich, verweslich

corruptio Verführung, Bestechung; Versehrung, Entweihung; Verwesung, Zerstörung; corruptiones carnales fleischliche Verirrungen

corruptivus zerstörbar, vergänglich

cortagium Maklergeld

corticeus aus Kork, aus Rinde

cortina 1. Gefäß; 2. Vorhang, Gardine, Wandteppich; 3. Kurtine, Teil der Ringmauer

cortis = curtis

1. **corus** = caurus

2. **corus** (*hebr.*) ein hebr. Hohlmaß = 40 l; Getreidemaß

coruscare schnell hin und her bewegen, wirbeln; glänzen, blitzen

coruscatio Blitzen, Blitz

coruscus schimmernd, glänzend, leuchtend

corvadae, arum ungemessene, persönlich zu leistende Frondienste verschiedener Art

corvinus miles = böser Geist (Hr.)

cos, cotis Schleifstein

cosmocrator (*griech.*) Weltbeherrscher

cosmus; cosmos, i (*griech.*) Welt

costa Rippe, Seite; Abhang eines Hügels; Küste

costera Küste

costum; costus (*griech.*) Kostwurz, eine Arzneipflanze

costurarius Küster

cota; cotta (*germ.*) wollener Rock; langes Oberkleid, Mönchskutte

cotes = cautes

cothurnus (*griech.*) Stiefel, Schuh

cotidie *Adv.* täglich; immer

cotonarius; cotoniarius Quittenbaum

cottana, orum (*griech.*) kleine, getrocknete Feigen

cottus = cota

coturnix Wachtel

couti mit jem. Umgang haben

coxa Hüfte

coxinus Kissen, Polster

cramaculus Kesselhaken, Kramme

crandis = grandis

crapula (*griech.*) Unmäßigkeit im Essen, Völlerei; Weinrausch

crapulatus berauscht

cras (*Adv. u. Subst.*) morgen; der Morgen; in cras auf Morgen; post cras übermorgen

crassare verdicken; *Pass.* sich verdichten

crassiloquus derb im Ausdruck

crastinus morgend, morgig; in crastino am folgenden Tage

cratera = crater, teris (*griech.*) Becher, Schale

craticula kleiner Rost, kleines Flechtwerk, Reisig

cratis, is Flechtwerk, Hürde, Faschine

cratus = crater

craxare = charaxare

creagra (*griech.*) Fleischgabel

creantare sich verbürgen

creatio Schöpfung

creatura Schöpfung, Welt; Geschöpf

credentia Vertrauen; Speisentischchen

credĕre vertrauen, anvertrauen; gläubig sein; halten für, zuschreiben

bene **creditus** zuverlässig

credibilitas Glaubwürdigkeit

creditor Geldgeber

credulitas Zutrauen, Glaube; die christl. Religion; credulitatem dare bestätigen

credulus vertrauend, gläubig, glaubhaft, abergläubisch; Christ

cremacula = cramaculus

cremare aliquem das Haus jem. verbrennen

cremax leicht entzündbar

cremium Reisig, dürres Holz

crepare krachen, rauschen; brechen, bersten; verenden

crepatus geplatzt, geborsten

crepĕre = crepare dröhnen; bersten, zerrissen werden

creperus dunkel; zweifelhaft

crepido, inis (*griech.*) Vorsprung, Rand, Spitze, Ende

crepitare klirren, rauschen, prasseln; terrae c. bis auf die Erde reichen

crepundia, iorum Kinderklapper; Spiel

crepusculum Dämmerung, Dunkel, Finsternis

creta Kreide

creticus = criticus entscheidend, kritisch

cribrare sieben, durchbeuteln

cribrum Sieb

crimen Beschuldigung, Sündenschuld, Sünde; crimina veteris sordis die Erbsünde

criminare = criminari beschuldigen

criminatio Anklage

criminatrix Beschuldigerin, Verleumderin

criminosus Verbrecher

crinalis behaart

crinitus langgelockt, mit langem Haar

crypta (*griech.*) Gewölbe, Gruft; Gruftkirche

cryptum (*griech.*) Geheimnis

crisis, is (*griech.*) Gericht; Krisis

crism . . . s. chrism . . .

crispare kräuseln; trillern; schwingen

crispatus gekräuselt, wellenförmig

crista Kamm; Helmbusch; Helm

crystallus (*griech.*) Eis; Hagelkorn, Hagel

cristatus mit einem Kamm versehen; behelmt

cristiger einen Kamm tragend

crisus = griseus grau

croceus safranfarbig; crocea (*sc.* vestimenta) Seidenkleider; in croceis vivere in Saus u. Braus leben

crociatus = crocatus safrangelb

crocitare krächzen

crocum; crocus (*griech.*) Safran

crucia (*germ.*) Krücke; Bischofsstab

cruciamen Marter, Qual, Bedrängnis, Gefahr; c. pendere Strafe erleiden, büßen

cruciata Kreuzzug

cruciatio Kreuzigung; Qual, Heimsuchung

crucibulum Nachtlicht

crucicula Kreuzchen

crucifer, Kreuzträger; *Plur.* cruciferi de domo Theutonica Deutschordensritter

crucifigĕre kreuzigen

crudescĕre wiederaufbrechen, eitern (von Wunden)

crudus roh, frisch, blutig

cruentare blutig machen; verletzen

cruentatus blutbefleckt, blutgierig

crumena = crumina Geldbeutel, Börse

crumenare = cruminare füllen

crumera Weinkeller

crundula (*germ.*) Gründling

cruor Blut

crupitare den Rücken krümmen

crus, cruris Unterschenkel, Lende, Bein

crusenna = crusina

cruselinum Krug

crusibulum; crusibulus Krug

crusina langes Pelzgewand, Pelzmantel

crusta Kruste, Rinde; Zierat, eingelegte Arbeit, Mosaik

crustatim *Adv.* schichtweise, stückweise

crustula; crustulum Backwerk, Zuckerwerk, Kuchen; Brotkruste

crutialis = cruciabilis martervoll

crux Kreuz; Galgen; Kruzifix; Kreuzestod; Unglück; signum crucis das rote Kreuz auf der rechten Schulter der Kreuzfahrer; iudicium crucis die Kreuzprobe; in cruce levare an den Galgen hängen; c. commissa Krücke in T-Form

cuba; cubba = cupa

cubicularius Kämmerer

cubiculum Schlafgemach, Kämmerlein

cubile Lagerstätte; Schlaf-, Wohn-, Empfangsgemach

cubitale Polster, Kissen

cubitus; cubitum Ellbogen, Elle; medii cubiti longus eine halbe Elle lang

Cucania Schlaraffenland

cukerella Bastard (Hahnrei?)

cuculare ,,Kuckuck" rufen

cuculla Mönchsgewand, Kutte, Mönchskutte; Kapuze am Mantel; Käppchen

cucullatus mit einer cuculla bedeckt

cucullifer Kuttenträger

cucullus Kapuze, Kappe

cuculus Kuckuck; = curruca Hahnrei; Bastard (FR.)

cucumerarium Gurkenfeld

cucumis, meris Gurke

cucurbita Kürbis; Schröpfkopf; Hahnrei

cucurra; cucurum (*germ.*) Köcher

cudare = cudĕre schlagen; schmieden, prägen; anfertigen

cuias, atis was für ein Landsmann? wo gebürtig?

culcitra = culcita Kissen, Matratze, Polster; Decke, Kolter

culeus; culius (*griech.*) Sack, Beutel, Schlauch

culmen Gipfel; Dachfirst, Dach, Haus; Würde, hohe Stellung; c. altum Himmel; c. palmitum Baumkrone

culmus Halm, Stroh

culpa Schuld; Fehltritt; Weg zur Sünde

culpare tadeln, schelten; beschuldigen; c. alicui freveln an

culpatus = culpabilis schuldig

cultellatus zerschnitten; geschlitzt

cultellum; cultellus Messer, Radiermesser, Dolch, der ,,sahs"

cultivare anbauen, bebauen

cultor Landmann; Bewohner; Verehrer

cultricus Messer

cultura Pflege, Anbau, Ackerbau; Rodung, Pflanzung; Verehrung, Götzendienst; Religion, Gottesdienst; c. ydolorum Götzendienst

1. **cultus,** us Sitte, Brauch; Schmuck, ,,Tracht und Bewaffnung"; Religionsübung, Kult; regius c. Abzeichen der königlichen Würde

2. **cultus** bevölkert; gepflegt; *Adv.* culte nach der Religionsvorschrift, kultgerecht

culus der Hintere, das Loch

1. **cum** *Präp. m. Abl.* — *Oft auch = abl. instr.*; = et und: servus cum serva coeuntes. — pariter cum ebenso wie

2. **cum** *Konj.* (*oft m. Ind.*) als, nachdem; da, weil; solange, wenn; obwohl; cum tamen obwohl

cumba Schiffsboden; Kahn (= cymba)

cuminum (*griech.*) Kümmel

cumulus Haufen, Gipfel; die Summe (der Zahlen); c. condemnationis die ewige Verdammnis

cuna = cunae, arum Wiege; Nest

cunabula, orum Wiege; Ursprung; a cunabulis von Kindesbeinen an

cunagium Münzstempel, Gepräge

cuncticolor buntfarbig

cunctigenus von aller Art

cunctipotens allmächtig

cunctus = omnis ein jeder

cuneus Keil; Heerschar, Menge; Weizenbrötchen (in Keilform), Weck

cuniada = cuneata Axt, Spickhacke

cuniculus (*lat.-iberisch*) Kaninchen; Mine

cunti = cuncti alle

cupa (*griech.*) Kufe, Kübel, Tonne, Zisterne; Weinfaß, Becher

cupedinarius Krämer, Delikatessenhändler

cuperculum = cooperculum Überzug, Decke; Deckel

cupidineus lüstern, liebesgewandt
cuprum = cyprum Kupfer
cur *Adv.* = quia weil
cura Sorge, Fürsorge, Sehnsucht, Wunsch; Amt; c. cathedrae der Bischof; sub c. ängstlich
curagulus besorgt
curare sich kümmern um, sich sorgen; heilen; schätzen; *mit Inf.* = suchen
curatela Pflegschaft
curator Wärter, Vormund; Arzt
curatus (*frz.* curé) Seelsorger
curduanelli, orum Schuhe aus Korduan
curia Hof, Palast; Meierhof; Fürsten-, Kaiserhof, die Kurie; Reichstag, Hoftag, die Gesamtheit der sich um den König scharenden Großen; Gerichtshof; c. coeli Himmelssaal; c. tabernalis Weinschenke; villae c. Dorfkneipe
curialis höfisch, fein, gebildet, höflich, manierlich, gesellig, zuverlässig; vir c. = *mhd.* hövischman, spilman; curiale colloquium Hoftag
curialitas höfisches Wesen; Höflichkeit; Hofleben
curiositas Neugierde, Wißbegierde
curiosus sorgfältig, streng, eifrig; neugierig, voll Interesse, wißbegierig
currax schnell, eilig
currĕre laufen; sich ergehen
currerius Eilbote
curribilis gangbar
curriculum Lauf, Verlauf
currilis zum Wagen gehörig; certamina currilia Wettrennen

curruca Hahnrei
cursim *Adv.* eilends, schnell, in Kürze
cursitare rennen, jagen, anstürmen
cursivus laufend
cursores = exploratores „die Ulanen des Kreuzheeres" (GF.)
cursus, us Lauf; Pfad; Satzschluß; Gottesdienst, die einzelnen kirchlichen Tagzeiten
curta = curtis
curtare verkürzen
1. **curtis** = cohors Hof, fürstliche Hofhaltung, Pfalz; Gehöft; comes curtis Anführer der Leibwache
2. **curtis** = curtus
curtisanus zum Hofe gehörend
curtus kurz; gestutzt, verstümmelt
curvare krümmen, biegen, beugen
curvisare abbiegen (vom rechten Wege)
cusire = consuĕre (*frz.* coudre) nähen
cuspis, idis Lanze; Griff
cussinus Kissen
custodia Wache, Nachhut; Gefängnis, Haft; Küsteramt
custodire bewachen; beobachten; beachten, folgen
custor = custos
custos, odis Wächter; Küster, Küsterin; c. palatii = apocrisiarius; *Plur.* Feldwachen
custuma Zoll
custumare Zoll entrichten
custus, uum die Kosten
cutis, is (*griech.*) Haut, Fell; die äußere Schale

D

daca; daga Dolch, Sense
dactylicum Dattel
dactylus (*griech.*) Dattel; Daktylus
daggarius; daggerius Messer mit Handschutz, Dolch
dalmatica; dalmatices liturgisches Gewand des Diakons, die Dalmatika
dama 1. = damma; 2. = domina
damicella = domicella
damma Hirschkuh; Reh; *selten* = Dachs

dammula Reh; Damhirsch
damnabilis verdammenswert
damnare verdammen, bestrafen, peinigen, beschädigen; bereuen; zurückweisen, aussperren, bannen; damnari in bestraft werden an; damnatus geschädigt
damnatio Verurteilung; Verdammnis
damnietas Schaden
damnificare schädigen
damnosus schädlich, verderblich

damnum Schaden, Verlust; Zins und Zinseszins; Verdammnis
damus Damhirsch
dapifer, Aufwärter, Oberkoch, Truchseß;
Bannerträger, Drost
daps, dapis Speise, Mahl; *Plur.* Genüsse
überhaupt; Güter
dapsilis reichlich, reichlich versehen
dapsilitas Reichlichkeit, Freigebigkeit
dare geben; zuschreiben; machen, machen
zu; datur = dicitur es heißt; d. dicta
sagen; immunem necis d. unsterblich
machen
data (*sc.* littera) Datum
datarius erster Beamter der päpstlichen
Kanzlei
datia; datio; datium Gabe; Tribut
dativus Gebefall; Spender; der be-
stechende Angeklagte; Geldbeutel
dator almus der Heilige Geist
datus Würfel
Davus antiker Sklavenname; Spitzbube,
Lump
de- *Präfix oft* = di- (dis-)
de *Präp. m. Abl.* (*selten Akk.*) von — her-
ab; von — her; von (*auch beim Passiv*).
— *Oft auch* = *Genetiv:* pellis de lepore
Hasenfell; = *abl. instr.:* radere de teste
mit einer Scherbe abkratzen; = *abl.*
comp.: amplius de mehr als; = *ex* aus;
infolge: laesus de vulnere. — de facili
mit Leichtigkeit; de iure von Rechts
wegen; de re tatsächlich
dealbare bleichen; weiß waschen; verdecken, übertünchen
deambulatio Spaziergang
deambulatorium Säulengang, Wandel-
halle
deargentatus versilbert, silberglänzend
dearrestare freigeben
deastare abfallen
deaurare vergolden
debacchari wüten, lärmen und toben
debata, ae = debatum Streit
debēre schuldig sein; sollen, müssen; *oft*
= *Futurum:* debes esse = eris
debibēre trinken, vertrinken
debilis gebrechlich; billig

debilitas Schwäche
debilitatio Lähmung, Verkrüppelung
debitor Schuldner; Sünder; Gläubiger
debitum Verpflichtung, Schuldigkeit,
Pflicht; *Plur.* Schulden; Sünden; ex
debito pflichtgemäß, pflichtschuldigst
debitus schuldig, recht; verpflichtet
debriare stark berauschen; debriatus berauscht, ganz erfüllt
debrius = ebrius trunken
decarchordus (*griech.*) zehnsaitig; de-
cachordum psalterium die 10 Gebote
decada = decas
decaenneacubita die 19 Ellen fassende
decalogus (*griech.*) die zehn Gebote
decalvare kahl machen, die Haare ausraufen; vates decalvatus = Jonas
decanatus Amt, Würde eines Dekans
decanēre besingen; deklamieren
decania zehn Mönche unter einem Vorsteher, Dekanie; Dekanatsgebiet
decantare singen; feierlich verkünden;
officia d. Gottesdienst halten
decanus Dekan, Propst; Oberaufseher
einer königl. Domäne, Vogt
decapenta (*griech.*) fünfzehn
decapillare zur Strafe die Haare abscheren
decapitare enthaupten
decas, adis (*griech.*) eine Anzahl von zehn
decasyllabus (*griech.*) zehnsilbig
decauratus verziert
decennalis zehnjährig
decennis zehnjährig; mit 10 Jahren
decens schicklich; anmutig, wohlgestaltet;
edel
deceptio; deceptorium Täuschung, Trug
deceptor Betrüger, Verführer; d. homi-
num Teufel
deceptus ertappt; verblendet
decerpēre abpflücken, abreißen, abhauen
decertare wetteifern; aburteilen
decessor Vorgänger
decessus, us Weggehen; Tod; Abstieg
decet (*auch m. Dativ*) es schickt sich; es
trifft sich recht
decianus zum Würfel gehörig; Spieler
decibare die Speisen abtragen
decibilis geziemend, schicklich

decidĕre 1. zu Boden fallen; zufallen; sterben; 2. entscheiden

decima (*sc.* pars) der Zehnte

decimare verzehnten, den Zehnten nehmen; Zins zahlen, opfern

decimatio Darbringung des Zehnten; der Zehnte

decimatus, us Alter von 10 Jahren

decimononus der neunzehnte

decimoquintus der fünfzehnte

decio = decius

decipula Schlinge; Fallstrick, Fangnetz; Täuschung

decius der Gott des Würfelspiels; Würfel

declamare verkündigen, predigen

declarare deutlich offenbaren; kennzeichnen; erläutern; aufzeichnen

declinare abbiegen; ausweichen; sich lossagen, sich zurückziehen, meiden; hinabsteigen, sich hinwenden zu; d. in partes orientis im Osten untergehen

declinatio Nachlassen, Entkräftung, Hinfälligkeit

declinus sich neigend

declivis pars = Westen

decoctio das Backen

decollare enthaupten

decolor mißfarben; getrübt

decoquĕre gar kochen; verbrühen

decoramen Zierde, Schmuck

decorare ehren, hochhalten; schmücken

decoriare der Haut berauben; tüchtig durchprügeln; bis aufs Blut stäupen

decorticatio Abschälen der Rinde

decrepitus abgelebt, siech, altersschwach,

decrescĕre abnehmen

decretalis (*sc.* constitutio) Verfügung

decretista Jurist; Richter

decuplare verzehnfachen

decurrĕre umlaufen; zurücklegen, vollenden; heruntersingen

1. **decursus** abgelaufen, geschehen

2. **decursus, us** Herablaufen; Lauf (eines Flusses); Zufuhr, Hilfe

decus, oris Zierde; Lohn

crux **decussata** das Andreaskreuz

dedalius = Daedaleus zu Dädalus gehörig; erfinderisch

daedalus (*griech.*) kunstfertig; Künstler

dedecorosus entehrend

dedicare ecclesiam eine Kirche einweihen

dedicativus bejahend

dedicĕre leugnen; Fehde ansagen

dedicius = dediticius

dedictio Absage

dedignanter *Adv.* unwillig

dedignari unter seiner Würde halten; abschlagen, verschmähen, mißachten; vorwerfen

deditare arm machen

dediticius der sich auf Gnade und Ungnade ergeben hat

dedocĕre abbringen von

deducĕre verführen; nequiter se d. sich schlecht aufführen

deductio Fortführen, Geleit; Erholung

deductor Herbringer, Begleiter

deesse = abesse; verfehlen; modicum deest quin nur wenig fehlt, daß

defalcare abrechnen, abziehen von etwas

defatigare ermüden; abbringen von

defatuatio Verrücktheit

defaecare reinigen (von der Hefe), klären, entleeren

defectio Abfall; Mangel; Mattigkeit; Verfinsterung

defectivus mangelhaft, endlich (Gegensatz: aeternus)

defectuosus mangelhaft, schadhaft

defectus, us Abfall; Mangel; Unvollkommenheit; Erschlaffung, Schwäche, Hinfälligkeit, Schwinden der Kräfte im Tode; Fehler, mangelhafte Pflichterfüllung; d. animae Ohnmachtsanfall; d. mentis Maßlosigkeit; Unvernunft

defoedare verunreinigen, verunstalten

defendĕre abwehren; bewahren vor, rächen; defensus verboten

defensaculum Schutzwehr, Verteidigungsort

defensamen Verteidigung

defensare = defendere verteidigen

defensio Verteidigung; Vogtei

defensor Verteidiger; Anwalt; Vormund

defensum Bannwald des Königs

deferbescere = defervescere

deferre herabtragen, bringen, übertragen; jem. Ehre erweisen, fördern; anbieten, darreichen; verklagen; d. grates = gratias agere

defervēre aufkochen; verkochen

defervescēre verbrausen, sich abkühlen

deficēre sich losmachen, im Stich lassen, ausgehen, versagen, fehlen, aussterben; sich zerstreuen, nicht erfassen, die Besinnung verlieren; darben, ermatten, erliegen, sterben; *Part.* defectus einer, der abgefallen ist (Nith.)

deflectēre herabbeugen, hinlenken; habenas d. die Zügel lenken, den Marsch richten

deflēre beweinen; herunterweinen

deflorare des Glanzes berauben; entjungfern

defluus herabfließend, verrinnend, abnehmend; deflua fontis = fons defluens; defluus humor Regen

defluxus halb verwest

deforis *Adv.* von außen; außen

deformis entstellt, häßlich

defraglascēre = defragrascere den Geruch verlieren (Y.)

defraudare betrügen

defrustare zerfetzen, zerstückeln

defunctio Ableben, Tod

defunctus der Tote

defungi sich entledigen; sterben

defuntus = defunctus (Liudp.)

degenerare ausarten, entarten, schlechter werden, verarmen, verderben; entarten lassen

degēre zubringen, verbringen; leben; *m. Akk.* bewohnen

degerēre = digerere

degestare = digestare ausführen, darstellen

deglomerare abwickeln

degloriare zu Ende prahlen; gloria degloriavit der Ruhm schwand dahin

deglutire hinunterschlingen, -schlucken, -gießen

degradare herabsetzen, degradieren

degravatus beschwert, belästigt

degustari = degustare kosten

deguttare herabtröpfeln lassen (R)

dehabēre = debere nicht haben, entbehren, vermissen

dehiscēre sich spalten; aufsperren

dehonestamentum Schimpf, Schande

dehonestare entehren, beschimpfen

dehonestas Schmach, Schimpf, Schande

dehonoratio respektwidrige Behandlung

dehortatus, us Abmahnen, Warnung

deicere niederwerfen; senken; einwerfen

deicus göttlich, himmlisch

deiectio Herabwerfen; Demütigung, Niedergeschlagenheit; Verworfenheit

deierare sich vermessen; einen Meineid schwören

deifer Gott in sich tragend

deificare zum Gott machen

deificus gottgewirkt, göttlich

deinceps *Adv.* hiernach, später

deintus *Adv.* von innen; inwendig

deitas Gottheit, Göttlichkeit

deiugis abwärts geneigt, bergab

deizare wie Gott handeln (R)

delabi fuga heimlich abziehen

delatura Anklage; üble Nachrede

delectabilis wohlschmeckend, lecker; ergötzlich, anziehend, schön

delectari *mit Dat.* Lust haben

delectio Auswahl; Freude, Vergnügen

delegare beauftragen; melden; vermachen

delibare hinwegnehmen, kosten; opfern; eine Probe geben, schildern

delibatio Verminderung; Probe, Kostprobe; Erstling

deliberare 1. im Gleichgewicht halten; reiflich überlegen; beschließen; 2. freigeben

delibuēre benetzen; salben; bestreichen; delibutus bezecht

delibutio Bestreichung; Salbung

delicatus üppig; verwöhnt, zart, zierlich; erquickend; *Adv.* sorgsam

delicia = deliciae

deliciari fröhlich sein, sich ergötzen

deliciae Wonne, Vergnügen; Üppigkeit, Leckerbissen; Weichling; hortus deliciarum Lustgarten; regiae d. die Freuden des königlichen Mahles

deliciolae Liebling

deliciosus verwöhnt, weichlich; köstlich; schmeichlerisch

delinire = delenire besänftigen, gewinnen

delinquĕre zurücklassen; aufhören, verschmelzen, zugrunde gehen, sündigen; d. deum von Gott abfallen

deliramentum sinnloses Gerede, albernes Geschwätz, Märchen

delitescĕre sich verbergen, sich decken; verborgen sein

delocupletare arm machen

delongaris Führer der Seemacht, Admiral (im oström. Reich) (Liudp.)

delta (*griech.*) das Delta

delubrum Tempel, Heiligtum

deludĕre verspielen; sein Spiel treiben; äffen, betrügen um; vereiteln, zur Seite schlagen; nisu deluderis mit deinem Widerstand ist es nichts (W.)

delusor Spötter, Fopper

demandamen Bestellung

demandare anvertrauen, übergeben; auftragen, vorschreiben, sagen lassen; entbieten, anbieten; zu sagen haben, fordern, wünschen

demasculare entmannen

demembrare zergliedern, zerstückeln

dementare berücken, betören

demercatus fett, feist

demerdare beschmutzen

demĕre hinwegnehmen, abschneiden, abhauen

demerēre sich vergehen; gewinnen

demeritum Verbrechen, Schuld

deminoratio Herabsetzung

deminutive *Adv.* verkleinernd

demissus abgestiegen, abgesessen

demittĕre hinterlassen

demolire = demoliri niederreißen, zerstören

daemon, onis (*griech.*) böser Geist, Unhold; Götze; Teufel

daemoniacus teuflisch; Teufelskreatur

daemonicus teuflisch

daemoniosus vom Bösen besessen, teuflisch

daemonium; daemonius = daemon

demorari lange sich aufhalten, verweilen; hinhalten

demulcēre liebkosen; erfreuen; versöhnen, besänftigen

demum *Adv.* endlich, schließlich; dann

denarius Geldstück (= ein Zwölftel solidus), Pfennig, Groschen; d. numerus die Zahl zehn

denaturare naturalia die Natur auf den Kopf stellen; denaturari entarten

denegare verweigern, abschlagen

denigrare ganz schwarz machen; verdunkeln; entwerten

denigrator Verleumder

denique *Adv.* endlich, schließlich; ja sogar, kurz, mit einem Worte

denodare „abknöpfen", wegnehmen, stehlen; losknoten

denominatio Angabe; Multiplikator

denominative *Adv.* durch Namenableitung

denotare bezeichnen, bezichtigen; erspähen

denotatio Bezeichnung; übler Ruf

densitas die Dichte

densus dicht, voll; häufig

denticulus Zähnchen; Zäckchen

denudatio Enthüllung; Aufdeckung

denuntiare androhen; übertragen, befehlen

denus der zehnte

deorsum *Adv.* abwärts; unterhalb, unten; ad. d. = deorsum; usque d. bis unten

deosculari abküssen

deossare bis auf die Knochen verzehren

depactare das Lösegeld festsetzen

depactatio Kriegsschatzung

depascĕre aliquem ernähren

depauperatus arm gemacht, erschöpft

depecuniare des Geldes berauben

depictus bunt, gestickt

depilare enthaaren, rupfen

deploratus jammervoll, beklagenswert

depluĕre herabregnen

deplumatus federlos (R)

depompare entehren, des Nimbus entkleiden

deponĕre herabsetzen, herabnehmen; beiseite legen; abschaffen, absetzen; be-

statten; hineinlegen, ruinieren; einen
Gewinn setzen beim Spiel; d. manus
die Hände sinken lassen; d. quaeri-
moniam eine Klage anhängig machen;
d. vela Segel reffen

depopulare = depopulari verheeren, ausplündern

deportare wegschaffen; verbannen

deposcĕre aliquem dringend bitten, anflehen; erflehen

depositio Niederlegen; Absetzung; Bei-
setzung; Todestag; d. mercium Niederlage

depositor Vertrauter; „Leibbursch"

depravare verdrehen, entstellen; tadeln

depravatum Fehler

deprecabilis durch Bitten erweichbar

deprecari aliquem jem. bitten

deprecatorius fürbittend

depraedare; depraedari ausplündern, berauben

depraedatio Ausplünderung, Beutezug

deprehendĕre ergreifen, festhalten; über-
raschen, entdecken, finden; wahrnehmen, erkennen, bemerken

depromĕre hervorholen; mitteilen; sententiam d. ein Urteil fällen

deprope *Adv.* sofort, danach; fern

depurare läutern

deputare abhauen, schlachten; abordnen,
abschätzen; bestimmen für, zuweisen, zuschreiben, anrechnen; geringschätzen, verschmähen; beschuldigen;
exilio d. in die Verbannung schicken

deputatum Abgabe; deputatus Höriger

derasus kahl geschoren

derelicta Witwe

derelinquĕre verlassen; = delinquere

deremitare entheiligen

deridĕre auslachen, verspotten; täuschen

derisio = derisus, us Spott, Gespött

derivare ableiten, verzweigen; *Pass.*
übergehen von . . . zu

derobare (der Kleider) berauben, plündern

derogare entziehen; jem. etwas absprechen; tadeln

derogator Verminderer, Verleumder,
Tadler

derosare „entrosen", entblättern

derosulare = derosare

descendĕre absteigen (vom Pferde); sich
herabsenken, sterben; abstammen

descire der Vergessenheit preisgeben

describĕre abschreiben; niederschreiben,
zusammenstellen, einteilen; ordnen,
festsetzen

desentia Abwesenheit

desepelire wieder ausgraben

deserĕre im Stich lassen; verleugnen

desertio Abfall

desertum Wüste

deservire eifrig dienen; verdienen; durch
Dienste vergelten

desaevire wüten

desiccare ab-, austrocknen; einen Ort
trockenlegen

desiderabilis begehrenswert, ersehnt, lieb

desiderantissimus sehr verlangend

desiderius voll Sehnsucht, verlangend

desidiare müßig sein, träge sein

designare bezeichnen, ernennen, zuweisen, verabreden; entsiegeln

desinentia, ae Ausgang, Ende

desipĕre töricht sein, schwärmen

desolacium Trostlosigkeit

desolare verlassen; verwüsten

desolatio Verödung; Einöde, Wüste

desolatorius vereinsamend, verwüstend

desolatus verwaist, beraubt

despectabilis verächtlich

despectus, us Herabsetzung, Kränkung

desperabilis verzweifelt, hoffnungslos

desperatio Aussichtslosigkeit

despicabilis unansehnlich, geringfügig,
verächtlich

despicabundus verachtend, mit Verachtung

desponsare verloben; vermählen

desternĕre absatteln; niederwerfen

destillare herabträufeln

destinare festbinden; bestimmen, abordnen, schicken; übermitteln; d. hastam
die Lanze entsenden; exilio d. in die
Verbannung schicken

destituĕre im Stiche lassen; ablassen;
absetzen

destitutio das Im-Stiche-Lassen; Verlassenheit; Vernichtung

destitutus vereinsamt, hilflos, betrogen

destrictus scharf, streng, entschieden

destruĕre niederreißen; auflösen, zunichte machen

destructio Zerstörung; Niederwerfung

desub *Präp. m. Abl.* unter . . . weg, unter

desubtus von unterhalb; unter; per d. transire darunter weg ziehen

desudare schwitzen, sich abarbeiten, mit Mühe vollbringen

desuetudo, inis Abgewöhnung; Ungewohntheit

desultorius schwankend

desuper 1. *Adv.* darüber; von einer höheren Stelle; 2. *Präp. m. Akk.* über

detaliare Gefangenen für ihre Freilassung ein Lösegeld auferlegen

detaliatio Lösegeld

detentio Zurückbehalten, Aufhalten; Aufenthalt, Haft

deterĕre abreiben, verwischen; schlechter werden

detergēre = detergĕre abwischen

deteriorare verschlechtern; schlechter werden

deterire = deteriorare

detinēre festhalten, fesseln, in Haft halten; beschäftigen, hindern

detitulare entwerten

detondēre zum Mönch machen

detractio Verkleinerung, Herabsetzung, Verleumdung, üble Nachrede

detrahĕre herabziehen, erniedrigen; alicui verleumden, lästern, schmähen; d. in aliquem hinterrücks auf jem. schelten

detrans *Präp. m. Akk., seltener Abl.* von jenseits; jenseits

detrectare ablehnen, verschmähen; entziehen

detrimentum Verlust, das Schwinden, Tod

detriumphare aliquem besiegen

detrudĕre hinabstoßen, niederreißen; verstoßen, vertreiben

detruncare abhauen, abschneiden; zusammenhauen

detunicare enthüllen, ans Licht bringen

deturbare verstören

deturpatio Verunstaltung

deuteronomia = deuteronomium (griech.) das zweite Gesetz = das Neue Testament; *vgl.* nomia

devenire dahin kommen; begegnen; werden; entkommen; d. imperium dem Reiche zufallen

deverberare = diverberare verbläuen

deversorium Herberge, Gasthaus, Quartier; Einkehr

devetare verbieten

devexio Abhang

deviare vom Wege abweichen, sündigen; in die Irre führen

se **devincire** sich anschließen; devinctus ganz ergeben; = convinctus

devirare entmannen; deviratus weibisch, weichlich

devitare vermeiden, meiden

devius abwegig, abseits

devolitare herabfliegen, herabstürzen

devolvĕre herabwälzen; *Pass.* herabsinken, geraten in

devorator Verschlinger, Fresser

devotatio Verwünschung, Verfluchung

devotio Aufopferung; Ehrerbietung, Andacht, Frömmigkeit; Verehrung, Ergebenheit, Herablassung, Bitte

devotus gottergeben, andächtig, fromm; einfältig; Frömmler, Scheinheiliger

devulgare = divulgare bekanntmachen

dextrae Handschlag, Zusage, Vertrag, Bündnis; dextras petere um Frieden bitten; dextras dare Gnade gewähren

dextrale (*sc.* ornamentum) Armreif, Armband

dextraliolum (kleines) Armband, Armspange

dextrare mit der rechten Hand ergreifen

dextrariatus beritten

dextrarius Reitpferd, Streitroß, Handpferd

dextrim *Adv.* auf der rechten Seite

dextrorsum *Adv.* nach rechts = aufs Rechte; d. sensum porrige versteh mich recht (W.)

di ... *oft* = de ...

diabolicus (*griech.*) teuflisch, vom Teufel besessen

diabolizare vom Teufel besessen sein

diabolus; diabulus (*griech.*) Widersacher, Teufel

diacedrinus orange-, zitronenfarbig

diacon, onis = diaconus (*griech.*) Diakon

diaconissa Diakonisse

diadema, atis (*griech.*) Stirnbinde; Krone

diaphragma, atis (*griech.*) Zwerchfell

dialecticus (*griech.*) zum Disputieren gehörig, dialektisch; ars dialectica Dialektik, Unterredungs-, Disputierkunst

diamargariton (*griech.*) Mittel gegen Herzkrankheit

diamas, antis (*aus* adamas) Diamant

diapason (*griech.*) die Oktave in der Musik

diapente (*griech.*) die Quinte in der Musik

dyas, adis (*griech.*) Zweiheit; Zwietracht

diasynaxis (*griech.*) Gottesdienst; fortwährendes Beten

diasostes, is (*griech.*) Führer, Leiter

diastema, atis (*griech.*) Intervall

diatessera; diatessaron (*griech.*) die Quarte

diatim *Adv.* täglich

dibachari = debacchari schwelgen; wüten

dibachatio = debacchatio Trinkgelage

dica (*griech.*) Prozeß, Rechtshandel; Brief

dicaculus naseweis; witzig, sarkastisch; gesprächig, geschwätzig

dicare feierlich verkündigen, weihen, segnen, preisen; vorher verkünden, prophezeien

dicatio Lobpreisung; Weihung

dice = dica Brief (R.)

dicĕre sagen; zur Anzeige bringen; fordern; d. verbis eidlich bekräftigen

dictamen Schulpensum, Schulaufgabe, Diktat; Stil, Darstellung; Gedicht, Lied

dictare wiederholt sagen; diktieren, vorschreiben, bestimmen; lehren; fordern; verfassen, Briefe schreiben, ersinnen, dichten; sich beraten; verleihen; ars dictandi Briefschreibekunst, Kunst des Dichtens; iura dictare Recht sprechen

dictator Befehlshaber, Ordner einer Pilgerschar; Lehrer der Briefschreibekunst; Verfasser

ars **dictatoria** Kunst, Lehre des Briefstiles

dictatiuncula Ausdrucksweise

dictatus, us Führung, Leitung

dictica = diptica

dictio Vortrag; Lesung; Aussage

dictum Sprichwort; Vorschrift, Befehl; dicto citius unbeschreiblich schnell

didascalus (*griech.*) Lehrer

Didymus (*griech.*) Zwillingsbruder; der ungläubige Thomas

**didrachmum; didrachma, atis; (*griech.*) Doppeldrachme

digamus (*griech.*) zum 2. Mal verheiratet

dioecesanus zur Diözese gehörig; Bewohner eines Kirchensprengels, Insasse

dioecesis, is (*griech.*) Kirchensprengel, Bistum

diecula kurze Frist, ein paar Stunden; Tag

dies, ei Tag; Himmel; d. cinericus, cineris et cilicii, cinerum Aschermittwoch; d. dominica Sonntag; d. infantum Tag der unschuldigen Kindlein (= 28. Dezember); d. rogationum Bittag; d. sabbati Sonnabend; d. sanctorum apostolorum Peter und Paul (29. Juni); d. scholarium Schulfeiertag; d. votorum Hochzeitstag; de die in diem von Tag zu Tag

diescĕre Tag werden, hell werden; funkeln

diesis, is (*griech.*) Abwandlung der Tonart; Zwischenspiel (D.)

dieta 1. Tagereise; Tagung; 2. = diaeta

diaeta (*griech.*) Lebensweise; Wohnung, Zimmer; Speise

diaetare haltmachen, rasten

diff ... *auch* = def ...

diffamare weithin bekanntmachen, berichten; in üblen Ruf bringen, verleumden; preisen, feiern

differre zerstreuen, fortschaffen

diffibulare aufhefteln; (den Stoß) ablenken

diffidare aliquem jem. die Fehde ansagen

diffidatio Ankündigung der Fehde

diffidentia Mißtrauen, Unglaube

diffidĕre aliquem = diffidare

diffidus mißtrauisch

diffingĕre umschaffen, ändern

diffinire = definire näher bestimmen, bestimmte Aussage machen; entscheiden, gerichtlich entscheiden

diffinite = definite bestimmt, mit Entschiedenheit, mit Überzeugung

diffinitio = definitio Bestimmung, Erklärung; Satzung

diffinitor = definitor Beisitzer des Dominikanerordensgenerals (H. v. H.)

diffinitorium = definitorium Gesamtheit der diffinitores

diffluitare wegfließen

difformare = deformare verunstalten

diffringere spalten

diffugere sich zerstreuen; sich flüchten, ausweichen, meiden

diffusus ausgebreitet, sich weit erstreckend, weit

digamma (*griech.*) Doppelgamma = v

digenus zweiartig

diger bedürftig, entehrend

digerĕre zerteilen, auseinanderreißen; aufzeichnen, nach der Ordnung erzählen, darlegen, ordnen

digestim *Adv.* geordnet; numeros d. disponere sämtliche Faktoren einer Zahl in Kettenform hintereinander ordnen

digestio Verdauung

digitalis fingerdick, eine Fingerbreite lang; Fingerring

digitus Finger (1. pollex 2. index 3. medianus; impudicus 4. medicus; anularis 5. minimus)

digladiare durchbohren; *Pass.* sich herumschlagen

dignanter *Adv.* gnädig

dignare; dignari wollen; erlauben, sich herablassen; sich würdig zeigen; non d. sich nicht begnügen

digne *Adv.* geziemend, höflich

dignitarius Würdenträger

dignitas Würde; Zierde; Amt, Gebiet eines Prälaten; d. potestatis et principatus Würdenträger und Fürsten; *Plur.* hohe Würden

dignoscĕre unterscheiden; kennen lernen, genau erkennen

digredi auseinandergehen; aufbrechen

diiudicare ein Urteil fällen, entscheiden, erklären; verurteilen

dilabi auseinanderfallen, vergehen

dilaceratio Zerfleischung, Gewalttätigkeit

dilapidare verschleudern, verschwenden; zerstreuen

dilatare verbreitern, vermehren; entfalten, verbreiten; aufschieben

dilatatio Ausdehnung, Erweiterung; Übermut; Zögern

dilatio Zaudern, Aufschub

dilatire aufschieben

dilectio Liebe, Fürsorge; Hochachtung

sine **dilectu** ohne Unterschied; wahllos

dilectus treu ergeben; Freund, Geliebter

diliculum = diluculum

diligentia Sorgfalt; Fürsorge

diluculum Tagesanbruch, Morgengrauen, Morgenröte; diluculo, diluculum früh morgens, bei Anbruch des Tages

diludia, orum mannigfache Spieltouren

diluĕre auflösen; abwaschen, ausstreichen; d. iram versöhnen

diluvium Sintflut

dimensio Ausdehnung; Abstand

dimergĕre = demergere hinabsenken

dimetiri durchmessen; *auch Pass.* = ausgemessen werden

dimidiare halbieren

dimidietas = dimidium Hälfte

diminutivum Verkleinerungswort

dimittĕre loslassen, fahren lassen, verlassen, allein lassen, zurücklassen, hinterlegen; nachlassen, verzeihen; überlassen, gestalten, übertragen

dimovĕre aliquem entsetzen, absetzen

dynamis, is (*griech.*) Menge; Kraft

dinoscĕre = dignoscĕre

dinumerare aufzählen, berechnen, erfassen

dindymum (*griech.*) Geheimnis

dioces ... *s.* dioeces ...

Dione, es (*griech.*) Diona, eine Titanin,
von Zeus Mutter der Venus; *auch* =
Venus; lar Diones Haus der Venus

Dioneus zur Venus gehörig; D. lar Haus
der Liebe (CB.)

Dionysia, orum Orgien

dioryx (*griech.*) Durchstich, Ableitungs-
kanal

diplois, idis (*griech.*) Mantel

dipsas, adis (*griech.*) Giftschlange, deren
Biß heftigen Durst verursacht

diptamnum Weißwurz

dipthongus = diphthongus Doppellaut

diptica; diptycum = diptychum (*griech.*)
Schreibtafel; Verzeichnis

diptitiae Diptychon; Totentafel, Totenverzeichnis

diptitius Nekrologium, Totenverzeichnis

diptoton (*griech.*) mit doppelten Kasus-
endungen

directanĕus = directus

directim *Adv.* gerade, in einer Reihe

directus gerade; directum Recht, Gerechtigkeit; in directum loqui ohne
Umschweife reden

dirigĕre gerade machen, entgegenhalten;
zusenden, schicken, abordnen; bekräftigen; richtig, rechtschaffen sein

dirigiscĕre = derigescere ganz erstarren

dirimĕre trennen, auflösen, fortreißen;
litem d. den Streit schlichten; proelium d. den Kampf beenden; causam
d. einen Rechtshandel beilegen

diripĕre zerreißen, rauben; d. spolia Beute
machen

dirupare niederreißen

dirus grauenhaft, grausam; d. hostis
= Teufel

1. **Dis,** Ditis Pluto, der Jupiter der Unterwelt; Teufel, Antichrist

2. **dis,** ditis = dives reich

discalceare; discalciare entschuhen, die
Schuhe ausziehen, barfuß gehen

discalceatus unbeschuht, barfuß

discalcire = discalceare

discalcius unbeschuht

se **discaligare** sich entschuhen

discantor = cantor

discantus, us mehrstimmiger Gesang;
Oberstimme

discedĕre auseinandergehen; fortgehen;
sterben; armis d. die Waffen niederlegen

disceptare untersuchen; streiten, kämpfen

disceptatio Besprechung, Debatte, Erörterung; Streitgedicht; disceptatio-
nem dimittere die Aussprache abbrechen

disceptator Schiedsrichter

discĕre lernen, kennenlernen, verstehen
lernen; lehren

discernĕre trennen, unterscheiden; d. et
temperare das rechte Maß halten

discerpĕre zerpflücken, zerreißen

discertatio Streit, Zwist

discessio Auseinandergehen, Weggang,
Abzug; Rücktritt, Verzicht

discessus, us = decessus Hinscheiden

discidium Trennung, Scheiden

disciplina Lehre, Wissenschaft, Methode;
Zucht, Benehmen; Verfahren gegen
jem., Schläge, Geißelung; Prüfung;
geistliche Herrschaft; d. claustralis
klösterliche Zucht; d. corporalis Kör-
perstrafe

disciplinaliter corrigere mit Ruten schlagen

se **disciplinare** sich kasteien; sich geißeln

disciplinatus geschult; züchtig; verständig, gebildet

discipulatus, us Stand eines Schülers; die
Schülerschaft, Schule

discipulina = disciplina

disciscĕre = desciscere sich lossagen,
untreu werden

discophorus (*griech.*) Schüsselträger,
Truchseß

dyscolia dem Mönchsleben abgewandter
Sinn

discolor buntfarbig; grau gesprenkelt

dyscolus (*griech.*) unfreundlich, mürrisch,
unzufrieden; ein Mönch, „der mit Regel
und Schule verfallen ist"

disconvenit es paßt sich nicht

discooperire; discoperire enthüllen, entblößen, abdecken (ein Dach)

discordantia Widerspruch

discordare in Zwietracht bringen

dyscrasiari (v. *griech.* dyscrasia) unpäßlich werden

discredĕre nicht glauben, zweifeln

discrepare nicht übereinstimmen, widersprechen, abweichen

discretim *Adv.* gesondert, ,,diskret" (R)

discretio Unterscheidung; peinliches Gericht, Urteil; Bestimmung, Gutdünken; Weisheit, Scharfsinn, Klugheit; Mäßigung, Bescheidenheit; *ehrenvolle Anrede wie* Ew. Weisheit; sine discretione nach Belieben

discretor Absonderer, Richter; Prüfstein

discretum = discretio

discretus unterschieden; unterscheidend; besonnen, verständig, weise, klug; höflich, bescheiden; erlaucht, vornehm

discribĕre = describere

discrimen Entscheidung; Verlegenheit, Gefahr; Fehler; Mitte

discubitus, us das Sichhinlegen; Platz bei Tische, Polster

discursio Ausflug, Reise

discursus, us Auseinanderlaufen; Lauf (der Gestirne); Depesche

discus (*griech.*) runde Scheibe; Schüssel, Teller, Platte, Präsentierbrett; Tisch

discussio Untersuchung, Prüfung, Rechenschaft, Streit

discutĕre zerschlagen, zerschmettern, umwerfen; vertreiben, wegstoßen, ausschlagen; diagnostizieren, untersuchen, erforschen, auf Herz und Nieren prüfen; bestimmen, entscheiden

disertitudo, inis Beredsamkeit

disicere auseinanderjagen, trennen; *Pass.* auseinandergehen

disis = paradisus

disiunctim *Adv.* getrennt, entfernt

disligare aufbinden

dislocatio = delocatio Verrenkung

disloqui irre reden

disnare (*frz.* dîner) frühstücken

dispactare auspacken

dispalari umherziehen

disparĕre verschwinden

dispendium Aufwand, Auslagen, Kostenberechnung, Schaden, Verlust; Übel, Beschwerlichkeit; d. lucri schädlicher Gewinn

dispensa Ausgabe, Kosten, Aufwand; Unterhalt, Speise

dispensare verteilen, spenden, aufwenden, besorgen; ausspannen, in öffentliche Verwaltung nehmen; befreien, dispensieren; erlauben; verzeihen

dispensatio genaue Einteilung, Einrichtung, Verwaltung; geistliche Amtsverrichtung; Anordnung, Fügung, Ratschluß; Erlaubnis, Dispens; Sündenerlaß

dispensator Hausverwalter

disperdĕre abtun; weggeben

dispersus, us = dispersio Zerstreuung

dispertire verteilen

displanare breitschlagen; zerstören, vernichten

displodĕre auseinanderspreizen; zersprengen

dispoliatio Ausplünderung

disponĕre hier und da aufstellen; überlegen, sich vornehmen, gedenken, wollen, beschließen; sich vorbehalten; anlegen (ein Buch); *m. Dativ* ordnen, sorgen für

disponibilis verfügbar

disponsare = desponsare

dispositio Einteilung, Anordnung, Fügung, Vereinbarung, Verfassung; Leitung, Verwaltung; d. curialis Hofordnung

dispudet, duit, ēre sich schämen

dispunctio Prüfung

disputare erörtern, disputieren; predigen

disputatio Erörterung; Streitgedicht

disrumpĕre = dirumpĕre zerreißen; (die Verlobung) aufheben

dissecare zerschneiden; dissecari in bivium in einen innern Zwiespalt

dissedĕre = dissidere

dissensio Nichtübereinstimmen; abweichende Meinung

dissenteria = dysenteria (*griech.*) Dysenterie, Durchfall, Ruhr

dissertare oft besprechen, nennen, auslegen

dissidentia Widerspruch; klaffender Riß

dissidēre sich wegsetzen; anders denken; sich unterscheiden

dissilire zerspringen, abspringen, zur Seite springen

dissimilare = dissimulare

dissimulanter *Adv.* insgeheim

dissimulare unähnlich machen; unbeachtet lassen, übersehen, vernachlässigen, versäumen, verleugnen

dissimulatio Duldung, Toleranz

dissinteria = dysenteria Dysenterie

dissipare auseinanderwerfen; trennen; verschwenden; zuschanden machen

dissipatrix, icis Verschwenderin

dissolutio Auflösung, Schwäche, Ende

dissolutorie *Adv.* bewegungsunfähig, gelähmt

dissolutus aufgelöst, aufgesperrt; zügellos, ausgelassen; d. animis entmutigt

dissolvĕre auflösen; bewegungsunfähig machen; d. aliquem von jem. abfallen

dissonantia Uneinigkeit, Widerspruch

dissonus uneinig, abweichend

dissuasorius abratend

dissuetus entwöhnt

distare entfernt sein

distemperantia Schwäche

distemperare Speise einrühren, anrühren

distemperatus ungleich temperiert

distendĕre auseinanderspannen; vervielfältigen; foltern

distentio Ausdehnung, Verzerrung; Sorge

distentus aufgebläht, rundlich, aufgelöst

disterminare scheiden, trennen, einteilen; zu Ende bringen; entstellen

disticon = distichum (*griech.*) Abstand; Distichon

distillatio imbrium Regengüsse

distinctio Unterscheidung, Absonderung; Abgrenzung, Grenze; Abschnitt

distinctus deutlich, klar; bunt verziert

distortus verdreht, verkehrt

distractio Verkauf; Verschleuderung; Plünderung

distrahĕre auseinanderziehen; verschleu-

dern, verkaufen; abziehen, ablassen; in Anspruch nehmen

districtio Schärfe, Strenge; hartes Gericht, strenge Entscheidung; Bestrafung; Schwierigkeit, Ärger

1. **districtus**, us Bannbezirk, Bezirk
2. **districtus** beeinflußt; = destrictus

distringĕre auseinanderziehen; zwingen, nötigen; belangen, vorladen; distinctius d. die Zügel fester anziehen

disturbium Unordnung, Ruhestörung

ditare bereichern; *Pass.* reich werden

ditescĕre reich werden; bereichern

dithalassus = bithalassus

ditio = dicio Gewalt, Botmäßigkeit, Herrschaftsgebiet

diu *Adv.* lange; = die; diu nocteque bei Tag und Nacht; diu longe seit langem

diurnalis ein Feldmaß: ein Morgen

diurnatim *Adv.* täglich

diurnus = diutinus

diutinus langandauernd, langwierig

diuturnare verlängern

diuturnitas lange Dauer; amor diuturnitatis Wunsch nach bleibender Erinnerung

divalis = divinus; sub divali loco unter freiem Himmel (O. v. F.)

divaricare auseinanderspreizen; verzerren

divehĕre = devehĕre herabschaffen, bringen

divellĕre zerreißen, trennen; abschütteln; verrücken

diversicolor, oris verschiedenfarbig

diversificare verteilen

diversimode *Adv.* verschiedenartig

diversorium = deversorium

diversus verschieden; zahlreich; e diverso umgekehrt; diversi diverse = alii aliter; pars diversa die Gegenpartei im Prozeß

divertĕre = devertĕre sich abwenden, zurückweichen; abwendig machen, seitwärts lenken

divestire seiner Würde entkleiden; aus dem Besitz einer Sache bringen

dividĕre verteilen, zuteilen

divinalis gottartig

divinare prophezeien

divinitas Göttlichkeit, Gottheit; Theologie
divinitus *Adv.* durch göttliche Fügung
divinus göttlich; Prophet, Seher; heidnischer Priester, Zauberer; Theologe; divina, orum die göttlichen Dinge; Gottesdienst; divinae litterae Theologie; Bibel; divini die Heiligen
divisim *Adv.* getrennt, geteilt
per **divisum** nach seiner Eigenart (O. v.F.)
divolvĕre hin- und herwälzen; divolvi = devolvi herabsinken
divortium Trennung, Scheiden; Ausweg
divulgare verbreiten
divulsus (*v.* divellĕre) herausgeschüttelt
divus göttlich; heilig; Gott; Götze
docibilis gelehrig
docivus belehrend; belehrbar
doctiloquax gern gelehrt redend
doctiloquus gelehrt redend; Ratgeber
1. **doctor** Gelehrter, Schriftsteller, Dichter; d. gentium der Lehrer der Heiden = Paulus; quatuor doctores = Ambrosius, Augustin, Gregor I. und Hieronymus
2. **doctor** = ductor Herzog
doctrina Lehre, Unterweisung; Grundsatz; d. sapientiae gelehrte Bildung
doctrinale, is das Doktrinale, das Schulbuch des späteren Mittelalters, verfaßt um 1200 von Alexander de Villa Dei
doctrinare lehren, bilden, schulen
documentum Beispiel; Unterweisung, (wissenschaftliches) System, Lehre, Glaube; Urkunde; antiquum d. das Alte Testament
dodrans, tis 3 Viertel oder 9 Zwölftel des römischen as
dogma, atis (*griech.*) (philosophischer) Grundsatz; Glaubenswahrheit, Glaubenssatz, -lehre, Glaube; Unterweisung
dogmatistes, ae (*griech.*) Lehrer
dolabrum = dolabra Brechaxt, Picke
dolare bearbeiten, behauen; glätten
dolatura Streitaxt mit kurzem Stil, Hobeleisen; Schnitzmesser
dolaturium Axt zum Behauen
dolatus abgeglättet
dolendus schmerzlich

dolēre Schmerzen haben; betrauern, bedauern, Mitleid haben
dolescĕre = dolere
dolium Faß; Gefäß, Behälter; d. Saturni Höllenschlund, Hexensabbat
dolorosus schmerzensreich
dolositas Verschlagenheit, Falschheit
dolus 1. List; 2. = dolor Schmerz
doma, atis (*griech.*) Dach; Haus, Hütte; Vogelbauer; ad doma nach Hause
domatus = domitus gezähmt, bezwungen
domesticare zähmen
domesticus häuslich, vertraulich; Verwalter der königlichen Domänen (zur Zeit der Merowinger); cervus d. ein gezähmter Hirsch
domi in der inneren Politik (*Gegensatz:* foris)
1. **domicella** Häuschen
2. **domicella** = dominicella (*frz.* demoiselle) Mädchen, Schätzchen; Ritterfräulein (*mhd.* vrouwelin)
domicellus Knappe, Junker
domina (*Dat. Plur.* dominabus) Hausherrin; Dame; Königin im Schachspiel
dominari *mit Gen. oder Abl.* sich bemächtigen; *mit Dat.* herrschen, gebieten, befehlen; *als Anrede:* Ew. Herrlichkeit
dominatio Herrschaft; Eigentum; Engelchor
dominatus, us Herrschaft, Botmäßigkeit
dominella Fräulein
dominicus dem Herrn gehörig; königlich; dominica (*sc.* dies) Sonntag; dominica *sc.* curtis) Haupthof; dominica in palmis Palmsonntag; coena dominica Abendmahl; oratio dominica Vaterunser; corpus dominicum Hostie
dominium Herrschaft, Eigentum; Gewalt
dominus Gott der Herr; Lehnsherr, Herr, Baron; d. apostolicus Papst; terrenus d. Lehnsherr
domnus = dominus; meist der irdische Herr; domna = domina
domuncula Häuschen; Haus
domus, us Haus, Wohnung, Gemach; Kirche; Gut, Besitzung, Vermögen; Geschlecht

donare geben; verzeihen

donarium Gabe, Geschenk; Schatz-kammer

donatio Schenkungsurkunde

donatium = donatio Schenkung, Ver-leihung

donativum Gnadengeschenk; Lehen

dorca (*griech.*) Reh

dormire schlafen; einschlafen, sterben

dormitans, antis schlafmüde

dormitatio Schlafen

dormitio Schlummer; Tod; d. Mariae = 15. August

dormitorium Schlafsaal, Schlafhaus der Mönche

dorsale, is Wandteppich, Wandumhang

dorsiloquium Afterrede, Verleumdung

dorsum Rücken; dorsa dare fliehen; dorso componere die Strafe der Geiße-lung erfahren

dorsus = dorsum

dorum (*griech.*) Gabe, Geschenk

dos, dotis Heiratsgut des Mannes, Morgengabe; Wittum; Gabe

dosinus aschgrau

dotalicium Gabe, Heiratsgut

dotare ausstatten

dotarius die Mitgift betreffend

dova Faßdaube

doxa (*griech.*) Glanz, Ruhm

draco, onis; *Abl. Sg.* draconta (*griech.*) Schlange; Teufel

draganteum Estragon, Kaisersalat

1. **dragma** (*griech.*) ein Gewicht; Drachme, Münze; Belohnung

2. **dragma,** atis Handlung; Geschichte, Gedicht, Psalm; Untersuchung

dramones = dromones schnellfahrende Schiffe (H. v. H.)

drappus Tuch, Lappen; d. ad discum Tischtuch

drasca; drascus (*wohl gall.*) Darrmalz

dri — tus — es drei — zwei — eins

dromedarius Dromedar

drungus (*germ.*) Kriegsschar

dubietas Zweifel; Ungläubigkeit

dubitare fürchten

dubium Furcht; sine dubio selbstver-ständlich; procul dubio ohne jeden Zweifel

ducalis herzoglich

1. **ducatus,** i mittelalterliche Goldmünze von verschiedenem Werte, Dukaten

2. **ducatus,** us Geleit, Führung, Führer-schaft; Führerstelle; Herzogtum, Her-zogsamt

ducellare zapfen

ducellum; ducellus Zapfen

ducenses die Herzoglichen

ducĕre führen; mitbringen; abrichten; verbringen

duciculus Zapfen, Spundpfropfen, Hahn

ducissa Herzogin

ductilis dehnbar, geschmeidig

ductor Führer, Heerfürst; Herzog

ductrix porcorum Mutterschwein

ductus, us Führung; Zugkraft

duculus = dux

dudum *Adv.* vor kurzem, einst; iam d. vorhin

duellis feindlich

duellum Zweikampf; Krieg

dulcamen Süßigkeit; Naschwerk

dulcare versüßen, erfreuen

dulcedo, inis Süßigkeit; Würze; d. Christi = Johannes, der Lieblingsjünger des Herrn

dulcēre = dulcescere süß werden; ver-süßen

dulciamen = dulcamen

dulcifer süß

dulcifluus süßfließend

dulcisonus lieblich klingend

dulcor die Süße, Süßigkeit; süße Flüssig-keit; würziger Duft; per dulzor (*frz.* par douceur) zur Lust — ein Trink-spruch wie unser ,,Zum Wohle" (CB.)

dulcorare versüßen, schmackhaft machen; wieder gut machen; geschmackvoll dar-stellen

dulia (*griech.*) Dienst; Anbetung

dulus (*griech.*) Sklave, Knecht, Diener

dum *Konj. mit Kj. u. Ind.* solange bis; wenn, wofern; sintemal, weil ja; wäh-rend doch; = cum. dum — dum = sive — sive

dumetum Dickicht
dumtaxat *Adv.* wenigstens, nur, nämlich
dunus (*germ.*) Düne
duodenarius numerus die Zahl zwölf
duodennis = duodecennis zwölfjährig
duodenus der zwölfte; duodeni zwölf
duplare = duplicare verdoppeln
festum **duplex** Festtag höherer Ordnung
duplicior mehr als doppelt
duplus = duplex doppelt
durare härten; stählen; fortbestehen

duratio Dauer
durescĕre hart werden; verweilen
duritia Härte, Hartherzigkeit, Verstocktheit
duropalus Türpfahl, Schwelle
durus; *Adv.* duriter hart, steif; streng; ungestüm, plump
duum = duorum
dux, ducis Führer, Herrscher, Graf, Herzog; Anstifter(in); *Plur.* die Großen des Reiches

E (AE; OE)

eapropter *Adv.* deswegen
ebdom . . . *s.* hebdom . . .
ebeninus (*griech.*) aus Ebenholz
ebes = hebes
ebibĕre austrinken, aussaugen
ebriatus trunken
ebrietas Trunkenheit; berauschendes Getränk; Trinkgelage
ebullire heraussprudeln; im Sinnestaumel überschäumen
ebullitio Hervorsprudeln, Überschwemmung
ebur, oris Elfenbein; elfenbeinerner Griff
ecatontarchus = hecatontarchus
ecce *Adv.* anbei
ecclesia; ecclisia (*griech.*) Versammlung, Kirche (die christliche Gemeinde, das Kirchengebäude); e. maior Hauptkirche, Dom
ecclesialis zur Kirche gehörig, kirchlich
ecclesiastes Prediger; als Buchtitel: der Prediger Salomo
ecclesiasticus zur Kirche gehörig, kirchlich, geistlich; (als Buchtitel) d. Buch Sirach
ecclesiuncula kleine Kirche
eccum (am) da ist er (sie)!
echo; *Akk.* echon (*griech.*) Echo, Widerhall
eclipsis, is (*griech.*) Ausbleiben, Verschwinden, Untergang, Finsternis (der Sonne, des Mondes); Verminderung
ecliptio = eclipsis
ecloga (*griech.*) Hirtenlied, Ekloge
eco = echo
oeconomia Verwaltung

oeconomus (*griech.*) Verwalter, Schaffner
econtra *Adv.* gegenüber, in bezug auf; anderseits, im Gegenteil, dagegen, hingegen, wiederum
eculcĕre nach hinten ausschlagen; störrisch sein
eculeus = equuleus Pferdchen (Marterinstrument), Streckbank
oecumenicus (*griech.*) die ganze bewohnte Erde betreffend
edax, acis gefräßig; zerstörend
edentulus zahnlos, alt
edepol (beim Pollux) = wahrlich
edĕre sagen, reden
aedes, is; **aedis** Haus, Kirche, Kapelle; Gemach, Kammer; das „Gehäuse", Schwertscheide; a. sacra Gotteshaus; aedem vacuare das Schwert ziehen (W.)
edhlingi (*germ.*) = nobiles die Edelen bei den Sachsen (Nith.)
edicĕre festsetzen; sagen, rufen, mitteilen
aedificare (geistlich) erbauen
aedificatio Bau, Gebäude; Erbauung
aedificatorium Erbauungsmittel
edigma, atis Wappen
edisserĕre eifrig erörtern, ausführlich vortragen, aufzählen
edissertare auseinandersetzen
editus entsprossen, geboren; Sproß; nuper e. neugeboren (Hr.)
aedituus Mesner, Glöckner, Küster
edoctus eingelernt
edomare in *m. Abl.* gewöhnen an, abrichten; bezwingen, bändigen

edonare die Ausfuhr gestatten
educare erziehen, züchten
educēre aus der Scheide ziehen; se e. sich von einem Verdacht reinigen
edulcorare versüßen
edulium Nahrung, Speise, Leckerbissen
edus = haedus
ephebia (*griech.*) das erste Jünglingsalter
ephebus (*griech.*) mannbarer Jüngling
effatus, us Ausdrucksweise, Stil
effector Hersteller; Vollstrecker
effectuare wirksam machen, verwirklichen
effectus, us Ausführung; effectu durch die Tat; *Plur.* Wirkungen
efferre forttragen; hervorbringen, gebären; erheben; voce elata mit erhobener Stimme; e. gressum acrem rüstig ausschreiten
efferus wild, roh; streng
effervescēre überkochen, zunehmen
effestucare unter feierlichem Halmwurf sich lossagen von etwas, etwas aufgeben; jem. entlassen
efficacia Wirksamkeit, Tätigkeit; Wirkung, Erfolg; e. posse die Kraft des Könnens (Hr.)
efficēre machen; *Pass.* werden
effigiare nachbilden, abbilden; darstellen
effigies, ei Bild, Gestalt
effimerus (*griech.*) einen Tag dauernd, kurz dauernd; tückisch
effingēre nachbilden, vortäuschen; speciem domini e. sich den Schein eines Herrschers geben
efflagitare dringend fordern
efflare herausblasen; durch Blasen etwas von seiner Stelle losreißen; ablassen; ausposaunen
efflorēre aufblühen
effluentia Schwall
effluēre herausfließen; Überfluß haben
effractor Einbrecher; e. legis Gesetzübertreter
effractura Einbruch
effremiscēre lostoben
effrenis ungezügelt, nicht rechtzeitig angehalten

effrons unverschämt, verwegen
effugare in die Flucht schlagen, vertreiben
effugitare = effugēre entfliehen
effugium Flucht
effundēre ausschütten; *Pass.* sich gehen lassen, schwelgen; träufeln
effusio Ausgießen, Vergießen; Austreibung, Geburt
effusitivus ausströmend
effutire in den Tag hinein schwatzen
ephippium (*griech.*) Sattel
ephot (*hebr.*) ein priesterliches Kleiderstück bei den Juden; das priesterliche Gewand überhaupt; das Superhumerale
ephron (*griech.*) von Sinnen, unverständig
egenus, arm; arm an
aeger krank, erschöpft; aegre attritus arg mitgenommen
egerēre herausführen, ausschaufeln, entfernen; von sich geben, verdauen
aegyptiacae dies Unglückstage
eglega; eglga = ecloga
egredi *m. Akk.* verlassen
egressus, us Ausmarsch, Landung
aegritudo, inis Krankheit, Heftigkeit
egumenus (*griech.*) Führer; Abt
ehe hallo!
ei mihi weh mir!
eia wohlan! o, ach!
eicēre herauswerfen, umwerfen; e. de campo aus dem Felde schlagen, besiegen; fossas e. Gräben aufwerfen
eiulare heulen, jammern
elabescēre entgleiten, entrinnen
elaborare sich abmühen; erarbeiten, erringen
elaces (*germ.*) = alces Elche
elambēre ablecken; lecken; austrocknen
elargiri spenden
elata; elate (*griech.*) Dattelpalme; Wedel
elatio Hinaustragen; Hebung, Aufhebung; Übermut, Stolz
elatus hoch, überragend an Größe
electare 1. ausforschen; 2. auswählen
electarium Latwerge
electio Wahl, Kur; Königswahl, kirchl. Wahl; die Auserwählten

elector Wähler; Kurfürst

electrix Wählerin

electrum (*griech.*) eine Metallmischung, Messing

electuarium = electarium

electus erwählt, zur Weihe kommend (vom Bischof, der noch nicht ordiniert ist, vom Kaiser, solange ihm nicht das letzte Kaiserzeichen überreicht ist, gesagt)

eleemosyna (*griech.*) Almosen; Geschenk; Speisung

eleemosynarius Almosengeber; der Mönch, der aedi eleemosynariae vorsteht und die Almosen an die Armen verteilt

elefantiosus mit der Elefantiasis behaftet

elegus Wehklagen, Trauer; *Plur.* elegische Verse, Klagelied

elegiacum metrum elegisches Versmaß

elegicus; eleicus traurig

eleison (*griech.*) erbarme dich!

eleimosyna; elemosyna; elimosyna = eleemosyna

leve elementum Staub

elenchus (*griech.*) Prüfung; Widerlegung

elevare emporheben; e. mensam die Tafel aufheben

elevatio Thronerhebung (zur Zeit der Merowinger)

elevator Beschützer

elicĕre herauslocken; erschmei heln, er- schleichen; herausreißen

eligĕre herauslesen; auswählen, wählen; vorziehen, lieber wollen

elimare ausarbeiten, gehörig ausbilden

eliminare hinausstoßen, vertreiben; her- ausholen

elingere auslecken

elintres = lintres (H. v. H.)

eliquare klar machen; läutern; kund tun

elixus gesotten

ellinicus = hellinicus des Griechischen kundig

elluo = heluo Prasser

elogium 1. = eloquium. 2. Vorschrift, Verordnung; Friedensspruch

Eloy = Eloi (*hebr.* = mein Gott) Gott

Eloim (*hebr.*) Gott

elongare entfernen, fern halten; *Pass.* sich entfernen, fern bleiben

eloquentia Sprache, Aussprache; die An- wendung der Sprache in Kunstrede und Dichtung, Rede, Wort; Gebot; vulgaris e. das Dichten in der Mutter- sprache (D.)

eloquium Rede, Ausspruch, Zusage, Ver- heißung, Predigt; e. divinum Gottes- wort; e. securum offene, feste Sprache

elucescĕre hervorleuchten; hell werden; sich zeigen

elucidare in helles Licht setzen

elucubrare (bei Licht) ausarbeiten, ans Licht ziehen

eludĕre verspotten, necken; beim Fechten ausweichen, parieren

elumbis lendenlahm, matt

elusor Spötter, Betrüger

elusorius betrügerisch, trügend

emanare herausfließen; ausgießen

emanatio Ausfluß

emasculare verweichlichen

emax kauflustig

emblema, atis (*griech.*) Einschiebsel; Mosaikarbeit

1. **emenda** Buße, Genugtuung, Geldstrafe

2. **emenda, orum** Waren

emendabilis sühnbar, verbesserlich

emendare flicken, wieder gutmachen, sühnen, büßen (eine Schuld); körper- lich züchtigen; sich bessern

emendatio Besserung; = emenda 1.; emendationem subministrare bessern

emensio Ausführung

emensus (*v.* emetiri) abgelaufen

emergĕre emportauchen; anbrechen

emeritus ausgedient, der Ruhe pflegend; vergangen, glücklich beendet

emetiri ausmessen; ermessen; durch- wandern, zurücklegen

emicare hervorleuchten; losfliegen (v. d. Lanze); emporspringen

emigrare auswandern; vertreiben

emina vini = hemina

de eminentiŏribus von oben

eminentia, ae Erhöhung, Höhe; Erhaben- heit, Hoheit

eminulus ein wenig hervorragend
emiol . . . s. hemiol . . .
emisperium = hemisphaerium
equus **emissarius** Hengst
emissio Gebären; Sprößling; Pest
emoliri herausschaffen; sich entfernen
emollire erweichen; mürbe machen, schwächen
emologare = homologare (*griech.*) übereinstimmen; übereinkommen, zusagen; eingestehen
emologidare anerkennen; Buße zahlen
emolumentum das Erwirkte; Fortschritt, Vorteil; *Plur.* Einnahmen
emonēre mahnen; einfordern
emori rasch dahinsterben; sterben
empicus (*griech.*) lungenkrank
emplastrare vulnus eine Wunde zupflastern
emplastrum (*griech.*) Pflaster auf Wunden
emporium (*griech.*) Markt, Messe
empticius gekauft, käuflich, feil; ein gekaufter Knecht
empticus gekauft, käuflich
emptor Kaufmann
aemulari nacheifern; sich bemühen um
aemulatio Wetteifer; Eifersucht; Streit; aemulatione auf Betreiben
aemulus nacheifernd, begierig, gierig; Nacheiferer, Anhänger; Neider, Nebenbuhler, Konkurrent, Gegner, Feind
emunctorium Lichtputze, Lichtschere
emundare völlig reinigen, säubern, tilgen
emundator Schwertfeger
emungēre beschummeln, prellen
emunitas; emmunitas = immunitas
emutare ändern
en siehe; da ist; jetzt; anbei; en tibi da hast du
enarithmus (*griech.*) die in einer andern enthaltene Zahl; das Miteinbegriffene
enbipedare auf beiden Füßen hinken; schwanken (T.)
encaenia (*griech.*) Tempelweihe; Einweihung einer neuen Kirche
enceniare 1. = encaeniare einweihen; 2. viel essen
encenium = enxenium = xenium

encheridion = enchiridion (*griech.*) Handbuch
encomium (*griech.*) Lob, Lobrede
endeca . . . s. hendeca . . .
endroma, adis; endromis, idis (*griech.*) Überwurf, Überwurfkleid; Rock
energimum (*griech.*) Wirkung
energuminus = energumenus (*griech.*) (vom Teufel) besessen; gelähmt
enervare entnerven, entkräften, schwächen
enervus = enervis kraftlos, schwach, matt
aenesis (*griech.*) Beistimmung, Zustimmung
eneta = aneta Ente
aenigma, atis (*griech.*) Rätsel; Abbild; Züge (Gesicht)
enim Konj. *oft zur bloßen Versfüllung oder Satzverbindung;* = autem
enimvero Adv. allerdings, fürwahr
eniti sich herausarbeiten; gebären
enixus angestrengt; Adv. Komp. enixius inständig; voll Eifer
enodatus deutlich gemacht; enodatissime ganz deutlich
oenophorum (*sc.* vas) (*griech.*) Weingeschirr, Flaschenkorb
enormis regelwidrig, gottlos, verbrecherisch
enormium Unrecht
enotare auslegen, erklären
ensipotens schwertgewaltig
entheca (*griech.*) Behältnis für Geld u dgl.; Reisesack
enthymema (*griech.*) Gedanke; Schluß, Folgerung
entitas Wesenheit
enuchizare = eunuchizare
enucleare auskernen, öffnen; erklären
enucleatio Auslegung; Klarheit
enucleatus klar, deutlich
enutrire nähren
enxenium = exenium
eo Adv. deshalb; eo quod deshalb; weil
eodem Adv. = ibidem ebenda
eohe = eheu o! ach!
Eōus (*griech.*) Morgenstern; morgendlich; östlich

epar; epaticus *s.* **hepar; hepaticus**

eparchus (*griech.*) Kommandant

epicyclus (*griech.*) Nebenkreis

epicrocus dünn, morsch

epiphania, ae u. **orum** (*griech.*) Erscheinung; Dreikönigstag, Epiphanienfest

epiphiare = **ephippiare** (*griech.*) satteln

epinicion (*griech.*) Loblied; epinicia, orum Siegesfest

episcopium = episcopatus, us Bischofswürde, Bischofsamt, Bistum

episcopus (*griech.*) Bischof; e. comes Fürstbischof

epistola = epistula Brief; Briefaufsatz; Urkunde; Verzeichnis

epistolarius Geistlicher, der die Epistel verliest, Lektor

epistulare Briefsammlung

epythapium = epitaphium (*griech.*) Grabschrift, Grabstein, Grabmal

epithalamium (*griech.*) Brautlied

epitritus (*griech.*) das Verhältnis 4 : 3 einhaltend; epytrita vox die Quarte (Y.)

epotare austrinken, einsaugen

epothous = epogdous zum Verhältnis 9 : 8 gehörig (Hr.)

eptaticus = heptateuchus

epulare = epulari speisen; kosten

aequalis gleich, gleichlautend

aequalitas Gleichheit, Gleichmäßigkeit; Ebenmaß

aequanimiter *Adv.* gleichmütig, ruhig

aequare gleichmachen; gleichkommen; gleichmäßig einteilen

aeque *Adv. auch* = acque

eques, itis Ritter; = equus Roß; Springer (im Schachspiel)

equester, stris, stre beritten; Reiter, Reisige.

aequicolor gleichfarbig

equinus zum Pferd gehörig, Pferde-

aequipar völlig gleich

aequipedans = aequipedus gleichfüßig

aequiperare gleich machen, ebnen; ae. aliquem gleichkommen; gerecht werden

aequipollens gleich viel geltend, gleichwertig

aequisonus gleichklingend

aequitas Gleichmaß, Gleichheit; *Plur.* Rechtschaffenheit, alles was billig ist

equitarius Berittener, Reiter

equitatura Ritterwürde

aequivocare nennen, heißen

aequivocus gleich betitelt, gleichnamig; doppelsinnig, mehrdeutig

aequivox Namensvetter; Rufname

aequa manu ohne Entscheidung; ad aequum zugleich; ex aequo zu gleichen Teilen

aera Epoche; Jahr der Thronbesteigung

eradere abkratzen; vollständig vertilgen

eradicare entwurzeln, völlig vertilgen

eradicatio Ausreuten; Verwüstung

aeramentum Erz, Gebilde aus Erz, Glocke

aerarium Staatskasse, Fiskus; Schatzkammer

aeratus mit Erz beschlagen, erzbehelmt

erebus (*griech.*) Hölle

eremita (*griech.*) Einsiedler, Klausner

eremitare zum Einsiedler machen, heiligen

eremitorium Klause eines Einsiedlers

eremus (*griech.*) Einsamkeit, Einöde, Wüste, Wildnis; alles Land, das nicht im Besitz von Gemeinden oder Privaten war, Königsgut

aereus erz-, kupferbeschlagen, ehern

ergalium (*griech.*) Werkzeug; vertibile e. Winde

ergastulum Arbeitshaus, Gefängnis, Kerker; mundi e. irdisches Jammertal

ergasterium (*griech.*) Werkstatt; e. carnis Körper, Leib

ergo *Adv. oft bloß* versüllend; ja (Ausdruck der Überraschung), nämlich; *m. vorangestelltem Gen.* = zufolge, halber: obsidis ergo als Geisel (W.)

ericius Igel; eine Belagerungsmaschine

erilis = herilis dem Herrn gehörig; Herr, Herrin

erinacius = ericius

erini (*griech.*) Friede (LB.)

erogare verausgaben, verkaufen, verteilen, spenden; erbitten

eroes = heroes

erogator Ausgeber, Spender; Helfer; Testamentsvollstrecker

erpex = herpex Egge
erraneus irrend, irrtümlich
erraticus umherirrend; trügerisch
erro, onis Vagabund; Schwarmgeist, Teufel
erroneus = erraneus
error Irrfahrt; Irrlehre
errovagari umherirren; beim Reden abschweifen
errovagus umherirrend; umschweifig
erubescĕre vultum erröten
eruca alba Gartenrauke
eructare; eructuare hervorströmen lassen, ausspeien; herausgrölen, sagen
eructuatio Auswurf
eruditor Lehrer, Erzieher
eruĕre herausgraben, roden, ausreißen; ausladen; erlösen
aeruginare rosten
aerumna Plackerei; Drangsal, Not, Trübsal; *Plur.* Jammer
aerumnosus mühselig, jammervoll, trübselig; niederdrückend
erumpĕre herausbrechen, anbrechen; cras erumpit der Morgen bricht an
eruncare ausjäten
es *indekl.* die Eins des Würfels
aes, acris Erz; Geld, Münze; Glocke
1. **esca** (*zu* edere) Speise, Essen
2. **aesca** Äsche, ein Bodenseefisch
escamen Speise, Essen
escula Speise, Bissen; Verspeisen
esculentum Speise
esox Hecht; Salm, Lachs
esperiolus = speriolus Eichhörnchen
esse *m. Gen.* zeugen von; *m. Inf.* möglich sein, erlaubt sein
essentia Wesenheit, innere Beschaffenheit, Natur, Wesen
essentialis wesentlich
esterlingus (*germ.*) Osterling = engl. Silberpfennig (*mhd.* sterling)
estimare = aestimare abschätzen; denken, meinen, vermuten
aestimatio Abschätzung, Berechnung; Preis, Gehalt, Wert; Ertrag
aestivalis sommerlich
aestivari sich des Sommers freuen

aestivus sommerlich
aestuare; aestuari heiß sein, schwitzen, versengt werden; innerlich glühen, erglühen, vor Begierde brennen; unruhig sein, hin und her schwanken, sich ängstigen
aestuarium heizbarer Raum, Stube, Laube
aestuatio Unruhe des Gemüts
aestus, us Glut; Liebesglut; a. maris die Gezeiten des Meeres
esula Wolfsmilch
esuria Nahrungsmittel
esuries, ei Hunger
esurire Hunger leiden
esurpare entziehen, entreißen
esus, us Essen, Verschlingen; Speise
et = etiam auch
aetatula = aetas Zeitalter; Alter
etenim *Konj.* nämlich, denn; auch
etenimvero *Konj.* gewiß
aether, eris; *Akk. Sing.* aethra *u.* aethera (*griech.*) Himmel; *Plur.* aethera Gestirne
aethera = aether
aethereus = aetherius himmlisch
aeternalis ewig; *Adv.* im Jenseits
aeternitas ewiges Leben
aeternus ignis Höllenfeuer
etesius (*griech.*) jährlich
ethica (*griech.*) Sittenlehre
ethnicus (*griech.*) heidnisch; Heide
aethralis himmlisch
etiamtum – quamque et sowohl – als auch
etymologia (*griech.*) Etymologie, Wortableitung; ethymologiam habere a den Namen haben von
eu *Interj.* (*griech.*) schön! wohlan! o weh!
eu vôhé der Bacchantenruf
euangel . . . s. evangel . . .
euax herrlich, juchhei, hurra!
eucharis (*griech.*) holdselig, freundlich
eucharistia (*griech.*) Danksagung; heiliges Abendmahl; Hostie
euphonia (*griech.*) Wohlklang; Gesang
euge = eu
eulogia (*griech.*) Geschenk, Gabe; Segen
eulogium (*griech.*) Gabe, Geschenk; treffende Antwort, geistreiches Wort

euloin (*verstümmelt a. d. Griech.*) segnen
eunuchizare (*griech.*) entmannen
eunuchos (*griech.*) Verschnittener; Kämmerling
eusebius (*griech.*) fromm
eutyches (*griech.*) glücklich
evacuare auslernen, leeren; abschaffen, vernichten, wertlos machen, für ungültig erklären; fidem e. sein Wort brechen
evagari abschweifen
evaginare aus der Scheide ziehen
evanescĕre vergehen, verschwinden, zugrunde gehen
evangeliarium Evangelienbuch, Evangeliensammlung
evangelicus (*griech.*) zum Evangelium gehörig; lectio evangelica Lesung aus dem Evangelium
evangelista (*griech.*) Evangelist; Prediger
evangelium (*griech.*) Evangelium, christl. Lehre; das Evangelienbuch
evangelizare (*griech.*) das Evangelium verkünden, frohe Botschaft bringen
evasio Entrinnen
evax = euax *Interj.*
evectio Ausfuhr, Handel
evenire herauskommen; werden; = pervenire gelangen zu
eventare erörtern, kritisieren
eventio Begebenheit; Erfolg
eventus, us Erfolg, Ausgang; Mißgeschick; Hergang; Ankunft
everrĕre ausfegen, reinigen; e. de sura gebären
eversor Zerstörer; Störenfried; Verschwender; Verführer
evidens ersichtlich; *Adv. Komp.* evidentius ganz offensichtlich
evigilare erwachen
evigorare entkräften
evincire fesseln
evindicare besetzen, einnehmen; = vindicare
eviscerare ausweiden, entleeren
evocare herausholen; töten
evocatio Herausrufen; e. divina Gnadenruf Gottes

evocaturia Einladung
evolvĕre herauswälzen; entwickeln; annus evolvitur das Jahr läuft ab
evomĕre ausspeien
aevum Ewigkeit; Lebensalter; Zeit; Welt; ab aevo von Anfang an; per aevum, in aevum in alle Zukunft, für immer, in Ewigkeit, zur ewigen Seligkeit
ewa (*germ.*) Band; Gesetz; Ehe
ex *Präp. m. Abl.*: aus, aus — heraus; infolge. — Auch oft = a: ex omni parte überall; = de: ex facto tatsächlich; = per: ex baptismo durch die Taufe; ex se an sich; = abl. instr.: ex opere peccare durch die Tat sündigen. — ex toto vollkommen; ex quo weil; sobald
exacerare durchsieben
exacerbatio Erbitterung
exacerbatus aufgebracht, erbittert
exactare eintreiben (vom Zins)
exactio Beitreibung, Einziehen von Geldern und Steuern; Steuer, Auflage; Zwangsdienst (= angaria)
exactor Vollstrecker, Mahner, Aufseher; Eiferer
exactorare = exauctorare
exagĕre = exigere beitreiben
exagitare aufjagen; verfolgen; belästigen
exaltare erhöhen; erheben; hoch und sicher stellen; *Pass.* sich erhöhen
exaltatio Erhöhung; Lobpreis; Überhebung
examen Schwarm, Menge; Untersuchung, Verhör, Gericht, Prüfung, Kritik; Gottesurteil, Urteil; ultimum e. das Jüngste Gericht
exametum; examitum = hexamitum (*mgriech.*) Seidenstoff, Samt
examinare untersuchen, prüfen; zur Rede stellen; synodalia e. die Untersuchung im geistlichen Gericht führen; e. ad crucem sich der Kreuzprobe unterwerfen
examinatio Untersuchung; e. ecclesiastica kirchl. Verfahren; examinationis iudicium Gottesurteil
examussim *Adv.* genau, vollkommen
exancillari ganz sklavisch dienen

exaperire völlig auflösen; deutlich ausdrücken

exarare durchfurchen; ausreuten, schreiben, beschreiben

exarēre trocken sein, verwelken

exasperare wildmachen, aufreizen, erbittern; wild werden

exauctorare absetzen; entlassen

exauditor Erhörer, Erbarmer; gütig

excalciare aliquem j. d. Schuhe ausziehen

excaecare blenden, verblenden

excedere herausgehen, fortgehen, ausziehen; überragen, das Maß überschreiten; einen Fehler begehen, sündigen; e. vitam aus dem Leben scheiden; numerum excedens zahllos

excellentia Vortrefflichkeit, Erhabenheit; hohe Stellung; e. vestra Ew. Hoheit

excellēre hervorragen; *trans.* übertreffen

excelsus hoch, erhaben, hervorragend; ausgezeichnet; laut; excelsum Berghöhe

excepto ausgenommen; *auch m. Abl. Plur.* e. his qui mit Ausnahme derer, welche; e. si es sei denn daß

exceptorium Behälter, Reservoir

excerebrare enthirnen, abschlachten; sinnlos machen, betäuben

excessus, us Ausgang, Fortgang, Auszug zum Kampf, Feldzug; Ausschreitung, Vergehen, Fehler, Frevel, Sünde; Strafgebühr; e. mentis Ekstase; Gesicht, Vision

excire hervorlocken; wecken

excisus gebildet

excitare hervorrufen; e. ad vitam wiedererwecken von den Toten

excitatorius ermahnend, ermunternd

excludēre ausschließen; auskriechen; e. vitium den Vorwurf der Lasterhaftigkeit, des Verbrechens entkräften

exclusa Schleuse

excolare durchseihen

excommunicamen = excommunicatio Kirchenbann, Exkommunikation

excommunicare ausstoßen, ausschließen (aus einer Gemeinschaft), in den Bann tun; excommunicans Gebannter

excoquēre ad purum klarkochen, läutern

excoriare abhäuten, beschneiden; schinden; geißeln, tüchtig durchprügeln

excreare = exsecreare sich räuspern, ausspucken

excrecio = exsecretio Ausscheidung

excredicio Kreditierung

excrementum Abfall, Auswurf

excribrare aussieben

excruciare quälen, martern

excuba Wächter

excubare wachen, bewachen; besorgt sein; die Vigilien (im Kloster) halten; von Hause fort sein

excubiae Wachtposten; excubias celebrare die Totenwache halten

excudēre herausschlagen; abjagen

exculpēre = exsculpēre

excursus, us Entwicklung; Tränenfluß

excusare entschuldigen; freischwören; ablösen; *Pass.* sich entziehen

excusator Entschuldiger; Beklagter

excusatorius rechtfertigend; excusatoriae litterae Entschuldigungsschreiben

excusatus, us Entschuldigung

excussus, us aufgerüttelt; geprüft, kraftvoll, laut

excutare pfänden

excutēre losreißen, wegraffen, abjagen, abfangen; e. somno aus dem Schlafe rütteln; se e. emporschnellen; *Pass.* excuti abprallen

exe . . . s. auch exce . . . *und* exse . . .

exemplar, aris Abschrift, Kodex; Vorlage

exemplare als Beispiel anführen; nachbilden, abschreiben; *Pass.* nachahmen

exemplum Vorbild; Predigtbeispiel, Gleichnis, Fabel, Geschichte, Sprichwort; sine exemplo ohnegleichen

exenium = xenium

exenodochium = xenodochium

exenterare ausweiden, ausnehmen

exaequare völlig gleichmachen, ein völlig gleiches Bild machen

exercēre handhaben, gebrauchen, pflegen; bestellen; heimsuchen

exercitaliter ire eine Heerfahrt unternehmen

exercitare Heeresdienste tun; ein Heer führen

exercitatus erprobt, bewandert; hart geprüft

exercitium Beschäftigung, Treiben; Bußübung; Prüfung; Werk, Gedicht

exĕre = ejicĕre herauswerfen

exerrare abirren

exestimare = existimare

exaestuare überwallen; schmachten

exesus mager, dürr

exfestucare = effestucare

exhac = posthac nachher, später

exhalare aushauchen, ausströmen, ausdünsten; sterben

exhereditare enterben; um das Erbe bringen

exhibĕre beschaffen, darbringen, überreichen, erweisen, gewähren, ausliefern, zeigen; ausüben; Unterhalt gewähren, verpflegen

exhibitio Leistung

exhilarare aufheitern

exhilarescĕre heiter werden, sich wieder erheitern

exhinc *Adv.* seither

exhomologesis (*griech.*) öffentl. Bekenntnis; Buße

exhonorare entehren

exhortari pro ermahnen zu

exhortamen Mahnung

exhumare ausgraben

exigentia, ae Notwendigkeit

exigĕre herausholen; fordern; prüfen, aufpassen

exiguitas mea „meine Wenigkeit"

exi . . . s. *auch* exci . . . *und* exsi . . .

exin = exinde

exinanire ausleeren, berauben; se e. sich selbst entäußern

exinanitio Ausleerung, Entblößung, Erniedrigung

exinde *Adv.* darauf, dadurch, dabei

exire herausgehen; davonkommen; (das Grundstück) räumen; sterben; hominem e. = sterben

existimare meinen, glauben; beurteilen; fassen, begreifen

exitium Verderben, Unheil, Untergang

exitus, us Ausgang, Lebensende; Sterbegeld; Flurgrenze

exoccupare außer Beschäftigung setzen

exoculare der Augen berauben

exonerare entlasten; münden

exoptatus erwünscht

exorabilis nachgiebig, Bitten zugänglich

exorare (inständig) bitten, beschwören; beten; *Pass.* sich erbitten lassen

exorator Erbitter, Fürsprecher

exorbare blenden

exorbitare aus dem Geleise bringen; abweichen, sich entfernen

exorcismus (*griech.*) Teufelbeschwörung

exorcista Zauberer, Teufelsbeschwörer

exorcizare aliquem (*griech.*) aus jem. die bösen Geister austreiben, die Geister beschwören

exordinatio Unordnung

exormiston, i (*griech.*) eine Muränenart

exorsa, orum Einleitungen

exortus, us Ursprung; Quelle

exosor Hasser

exossare bis auf die Knochen aufzehren

exosus hassend, erbost; verhaßt; exosum habere hassen

exp . . . s. *auch* exsp . . . .

expandare verpfänden

expandĕre ausspannen, ausbreiten, aufschlagen

expatriare aus der Heimat fortgehen

expavefacĕre scheu machen

expectantia = exspectantia Erwartung

expedire entfesseln; besorgen; darlegen; expedit es ist förderlich; es ist besser; es hat keinen Zweck

expeditio imperialis Reichsheerfahrt

expeditus unbehindert, flink, gewandt, schlagfertig, gerüstet; rüstig, stattlich; ausgedient

expendĕre abwägen, auszahlen, aufwenden, verwenden

expendium Plünderung, Verwüstung

expensa (*sc. pecunia*) Ausgabe, Aufwand, Unterhalt, Fourage; *Plur.* expensae Vorräte; expensae in pauperes Mildtätigkeit

expensio Auszahlung; Kosten

expensum = expensa

expergefacere erwecken

experiens durch eine Probe versuchend; geschäftig; deutlich; sich bewährend

experimentum Versuch, Probe; Erfahrung, Wahrnehmung; Beweis

experiri versuchen, erproben; hören, erfahren, lernen; erprobt werden; e. adversus aliquem klagen

expers honoris ohne Wert

expetĕre begehren, verlangen; mit Bitten angehen

expiare sühnen, reinigen

expilare die Haare ausraufen; ausplündern

expingere (expegi, expactum) = expellĕre herausstoßen (Y.)

explanare ausbreiten, einebnen; erklären, klarstellen

expletio Sättigung; Erfüllung, Vollendung

explicare entfalten, ausleeren; erklären

explicit (liber) das Buch ist zu Ende — die stehende Formel am Schlusse der Handschriften

explumare der Federn berauben, rupfen

expolitus glatt und blank; fein und geistreich

exponĕre (das Schwert) ziehen; landen; bezahlen, Ersatz geben, verpfänden; = deponere ablegen; se e. ausfallen (W.)

exporgĕre = exporrigĕre ausstrecken; exporge frontem sei freundlich!

exposcĕre dringend fordern

expositio Auslegung, Erklärung

expostulare ab aliquo aliquid zur Rechenschaft ziehen wegen

expotare austrinken

expressare = exprimere

expresse Adv. ausdrücklich, deutlich

exprimĕre herausdrücken, auspressen; deutlich zum Ausdruck bringen; aussprechen

exprobrabilis schmähsüchtig; verächtlich

exprobrare zum Vorwurf machen; richten, strafen; beschimpfen

expropratio = exprobratio Vorwerfen, Tadel

expugnare bezwingen, besiegen; nachstürmen, verfolgen, vor sich hertreiben; angreifen, bestürmen, belagern

expugnatio = oppugnatio Bestürmung; Verfolgung

expurgare reinigen, auskehren; rechtfertigen; kritisieren, Vorschläge zur Besserung machen

exquisitio Erfindung; Untersuchung

exquisitor Erforscher

exscribĕre abschreiben

exsculpĕre ausmeißeln; ans Tageslicht bringen, ausfindig machen

exsecramentum die fluchende Beteuerung

exsecrare = exsecrari verwünschen, verfluchen

exsecratio Verfluchung, Bann

exsecutio Ausführung; tätige Führung

exseniolum = exeniolum = xeniolum

exseparare aus Brot und Pflicht tun

exsequi nachfolgen; im Auge behalten

exsequiae, arum Totengeleit; Totenfeier, Totenmesse; exsequias alicuius celebrare ein feierliches Leichenbegängnis für jem. veranstalten

exserĕre herausstrecken; ausstrecken, entfalten; entblößen; iram e. zürnen

exsiccare austrocknen; erfrieren

exsiliare verbannen; exsiliari in die Verbannung gehen, in d. Verbannung leben

exsilium Verbannung, Ausland, Fremde; Elend (*mhd.* ellende)

exsistĕre hervortreten; = esse

vocem **exsolvĕre** die Stimme verlieren

exspectare wollen

exspirare aushauchen; sterben

exspoliare (gewaltsam) entkleiden

exspoliatio Beraubung

exspuĕre ausspeien

exstare hervorstehen; = esse

exstasis, is (*griech.*) Außersichsein, Verzückung; Bestürzung, Schrecken

exstinctus ausgelöscht; verstorben

exstirpare ausrotten

bene **exstructus** wohlgerüstet

exsufflare fortblasen; anhauchen; verwerfen, beseitigen; Teufel austreiben; entsenden

exsul, exsulis heimatfern, verbannt; arm, elend; ausgeschlossen von; der Fahrende

exsulare aus der Heimat verjagen; fern von der Heimat, im Ausland leben, eine Auslandreise machen; heimatlos sein

exsulari = exsulare

exsultare aufspringen, sich tummeln

exsultatio Jubel

exsuperare übertreffen

exsurgĕre sich erheben

ext . . . s. auch exst . . .

exta, orum Eingeweide, Gedärme

extabescĕre gänzlich schwinden; umkommen

extemplo Adv. sofort, auf der Stelle; alsbald

extensio Ausdehnung, Ausbreitung

extensor Folterknecht

extenuare schwächen

exterius Adv. Komp. von extra: von außen

exterminare vertreiben; vertilgen, ausrotten; entstellen

exterminium Vertreibung, Zerstörung

externus fremd; Fremdling; externa, orum fremdes Gut

extimare = existimare

extimĕre sehr fürchten

extimplo = extemplo

extimus der letzte

extinctivus Löschung bringend

extollentia Überhebung, Stolz, Frechheit

extolli sich rühmen, übermütig sein

extolneare Zoll bezahlen

extorquĕre ausreißen, erzwingen, erpressen

extorris herumschweifend, heimatlos; ledig, bar; e. a regno factus abgesetzt

extra Adv. u. Praep. m. Akk. außerhalb, außer; jenseits; extra quod abgesehen davon, daß

extrahĕre tempus die Zeit verbringen

extraneus widersprechend; Ausländer

extravagantia Verschwendung; Übertreibung

extravagari unstet sein

extremitas das Äußerste, das Geringste; Ende; Landspitze

extremum das Ende, Tod; extrema cauda das Ende des Schwanzes; extrema dies Todestag

extricatus geschmeidig

extringĕre = stringere zusammenhalten

extrinsecus Adv. aus der Heimat vertrieben

extrorsum Adv. auswärts, nach außen

extrudĕre herausstoßen; auspfänden

extumĕre anschwellen, aufblähen

extumescĕre anschwellen; sich aufblähen

extunc Adv. von da ab, seit dieser Zeit; = tunc damals, darauf; schon

exuberans überströmend, außerordentlich

exuĕre herausziehen; se e. sich entziehen

exu . . . s. exsu . . .

exundare herausfluten, über die Ufer treten

exuviae, arum Kleider; Reliquien; e. animae = Leib

F (PH)

faba Bohne; f. maior Saubohne; dicere fabas Possen (Unsinn) treiben; fabae nudae geschälte Bohnen

fabella Böhnchen

faber, bri Schmied; Goldschmied; f. ferramentorum Grobschmied

fabrefacĕre schmieden, künstlich verfertigen

fabrica Werkstätte, Schmiede, Bauhütte; Bau; (Schmiede-) Werk; f. ecclesiae Domfabrik, Bauhütte

fabricatus kunstvoll gearbeitet

fabrilia, ium Handwerksarbeit

fabula Sage, Märchen; Gerede

fabulari plaudern, schwatzen

fabulatio Erzählung, Gespräch, Geschwätz

fabulator Erfinder; Schwätzer; der (berufsmäßige) Märchenerzähler

facĕre aliquid sich mit etwas zu schaffen machen; f. alicui verleihen; m. Inf. lassen; male f. den Frieden brechen

facetia Schwank; Rednergabe, feiner Geist; f. mensae gutes Benehmen bei Tisch

1. **facetus** wohlgestaltet, nett, fein, beredt, witzig

2. **Facetus** Titel eines im Mittelalter weit verbreiteten Schulbuches über Anstandsregeln

facies, ei Anblick, Aussehen; Angesicht; a facie alicuius von, vor jem.; ante faciem, in facie vor jem.; contra faciem gegenüber, entgegen; super faciem auf, oberhalb; nova rerum f. die veränderte Sachlage; faciem abscondere das Antlitz verbergen = die Hilfe entziehen

facilis ad zugänglich, leicht empfänglich, bereitwillig; facile ut vielleicht, daß

factio das (boshafte) Treiben, Übeltat; Rotte; Partei; Verschwörung, Aufstand; Anstiften

factitare (oft) tun

de **facto** in Wirklichkeit

factor Schöpfer = Gott

factura das Tun; Bau, Bauweise; Schöpfung; Geschöpf; Mensch

facula Fackel; Lichtmeteor, Sternschnuppe

facultare ermöglichen

facultas, atis Vorrat, Ware, Hilfsmittel, Heeresmacht; Kraft; Disziplin; Recht; Fakultät; *Plur.* Habe, Vermögen

facundia überzeugende Redeweise, Schwung, Eleganz; Rede

facundus beredt

faga = phaga (*griech.*) das Nahrungsmittel schlechthin

fagifacetus = phagifacetus manierlich speisend; Titel eines vielgelesenen Schulbuches über Anstandsregeln bei Tisch

faida (*germ.*) Fehde; faidam levare, deponere eine Fehde beginnen, einstellen

faidosus fehdetragend

faila (*mhd.* faile) Mantel

phalanga (*griech.*) Knüppel, Stock; = phalanx

phalanx, gis (*griech.*) Schlachtlinie; Schar, Menge, Heer; Gefolgschaft; *Plur.* Dienstmannen

falcare; **falcastrare** mähen; beschneiden

falcastrum = falx Sense

falcho = falco, onis (*wohl nicht germ.*) Falke

falcona Falkaune, ein Geschütz

falconarius Falkner

falcus = falco Falke

faldao, onis (*germ.*) Armstuhl

faldo, onis (*germ.*) langes, wollenes Frauenkleid

falera = phalera (*griech.*) Metallbuckel; äußerliche Aufmachung, leerer Aufputz; *Plur.* (*Abl. auch* faleribus) Pferdeschmuck, Zaumzeug

phaleramenta, orum Brustschmuck

phalerare ein Pferd aufzäumen, mit Stirn- u. Brustschmuck versehen, schmücken; phaleratus prächtig aufgezäumt; geharnischt, waffentragend

phalernum = Falernum vinum Falernerwein; jeder gute Wein

fallacium Betrug, Spott

fallare = fallere täuschen, überlisten

fallax betrügerisch, lügenhaft; Betrüger, Fälscher

falli sich irren, Fehler machen

falsare verfälschen

falsarius Fälscher

falsidicus lügenhaft, lügnerisch, falsch

falsificare für falsch erklären

falsiloquus lügenhaft

falsitas Falschheit, Unwahrheit, Irrtum, Irrglaube

falsogravius (*germ.*) Pfalzgraf

faluppa Abfall, Strohabfall, Spänchen

falvus (*germ.*) falb, rötlichgrau

fama Gerede, Gerücht; Rede, Gebet

famare berühmt machen, loben, empfehlen

famelicus ausgehungert, abgezehrt, hungrig

famella Dienerin

famellus = famulus Diener

famen Rede, Wort; Gerede, Leumund; f. divinum Gebet

famidicus schwatzhaft; Schwätzer

famiger kündend; rühmlich, anerkennend

familia Gesinde, Hofstaat; Schwarm; f. Christi die christliche Gemeinschaft; minor f. die Hörigen

familiaris vertraulich, geläufig, vertraut, zuverlässig; f. locus Lieblingsort; *Plur.* das Gesinde

famulamen Dienst, Bedienung

famulare knechten; famulari dienen, dienstbar sein; famulari ad dienen zu

famulatus, us Dienstbarkeit, Knechtschaft; Bedienung, Dienst, Heeresfolge

famulentus hungernd, hungrig

famulitium Gefolgschaft

fanaticus begeistert; Tempeldiener

fano (*germ.*) Tuch; Fahne

phantasia (*griech.*) Gedanke, Einbildung; Sinnesbild, Halluzination

phantasma, atis (*griech.*) Erscheinung, Trugbild, Sinnestäuschung, Gespenst; Bild, Vorstellung

phantasmaticus auf Einbildung beruhend, trügerisch

phantasticus nur in der Phantasie bestehend

fanum Tempel; Kapelle

far, farris Spelt; Mehl, Brot, Mehlbrei

fara (*germ.*) Geschlecht (PD.)

pharetra (*griech.*) Köcher

pharetratus Köcher tragend, mit Köcher und Bogen

fari = dici, referri

farina Mehl

farinarius Mehlmühle; Müller

farinula eine Handvoll Mehl; (feines) Mehl

phariseare trennen

phariseus pharisäisch; getrennt; Pharisäer; Scheinheiliger, Heuchler

farmatia (*griech.*) Arznei, Heilmittel

farrago, inis Mengfutter; Bagatelle; Schüler

pharus (*griech.*) Insel bei Alexandrien; Leuchtturm, Leuchtfeuer; Licht; Meerenge

fartor Wurstmacher

fartus (*v.* farcire) gestopft

fasanus = phaseanus Fasan

fasceola = fasciola

fascia Binde, Wickelband; Windel

fasciare Ruten binden; umwickeln, verbinden; fasciatus mit Windeln

fasciculus Bündel, Büschel

fascinare behexen, betören, verführen

fasciola; fasciolum Binde, Band; Schuhriemen; Gamasche

fascis, is Bündel, Last, Garbe; Macht, Gewalt; *Plur.* Rutenbündel; Ehrenerweisung, Ehrungen

phase (*griech.*) Erscheinung

phaselus (*griech.*) Bohne; leichtes Fahrzeug, Boot

phasiana; phasianus Fasan

fasiolus = phaseolus Faseole, Gartenbohne

fassio, onis Anerkennung

phasma, atis (*griech.*) Erscheinung, Gespenst

fastidire sich ekeln, zurückweisen; fastiditus wählerisch

fastiduum Ekel, Überdruß; Langeweile

fastigiatus mit einem Giebel versehen

fastigiosus gehoben (D.)

fastigium Spitze, Gipfel, Thron; oberste Würde

1. **fastus** eingebildet, hochmütig; töricht; = faustus

2. **fastus,** us Hochmut, Hoffart, Stolz; Würde; f. regius königl. Hochsinn

fatare prophezeien; fatatus sum mir ist vom Schicksal verhängt

fatens = fatiscens ermattend, müde

fatēri gestehen; offen hervortreten, offenbaren

fatidicus Weissager

fatiga Mühe, Anstrengung

fatigare belästigen, überlaufen; se f. aliquo sich irgendwohin bemühen

fatigatio Ermüdung; Heimsuchung, Notlage; Bemühung

fatiscĕre unschlüssig sein; ermatten

fatoclus dummer Bauer

fatuitas Albernheit, Einfalt, Dummheit; fatuitates terpentes albernes und laues Zeug

fatum Spruch; Schicksal; Tod. fata vulnerum Todesstreich; in fata collabi sterben

fatuus albern, geschmacklos, nüchtern; Tor, Narr

fauces, ium Schlund; Mündung

fauctor = fautor

faunus Waldschrat

faustus beneidenswert, glücklich; =fastus

fautor Gönner; Anhänger, Mitschuldiger

fautoria Gunst, Zustimmung

favellus = falvus

favēre begünstigen; huldigen; sich freuen; f. alicui de jem. etwas gönnen

favilla Asche

favor Begünstigung; Gefälligkeit, Anhänglichkeit; Beifall, Jubel

favus Wabe, Wachs; Holzscheibe; f. melleus Honigkuchen

faxo (*archaist. Fut. exakt.*) = fecero

Phebea (= Phoebea) lux Licht des Apollo

febrifugia Tausendgüldenkraut

febricare fiebern

febricitare im Fieber liegen

Februus = Februarius Februar

faecula Weinstein, Weinsteinsalz

faeculentus schmutzig, scheußlich, gemein

fecundare fruchtbar machen, schwängern; züchten

fecundus fruchtbar, ergiebig; schwanger; fecundus filiorum kinderreich

fedalis = feudalis

fedare = foedare verunstalten, entstellen, schänden; foedatus blutbefleckt

foederari sich verbünden

1. **foedus,** eris Bündnis, Bund; Sühne; f. transigere Vergleich schließen

2. **fedus** = foedus (*Adv.* foediter) unrein, widrig, schmachvoll

feltrum = filtrum

femen = femur

feminalia, ium Binden um die Oberschenkel; Unterhosen, Beinkleider

feminare in ein Weib verwandeln

femineus weiblich

femur, femoris Oberschenkel

femoralia, ium Beinkleid, Hose um Hüfte und Oberschenkel (*mhd.* bruoch)

fenestella; fenestra Fenster, Vertiefung

feneus aus Heu; welkend; nichtig

fenicolum = feniculum Fenchel

fenifer Spucknapf

fenigraecum = fenum graecum Hornklee, Steinklee,

fenile, is Heuboden; Heubündel, Heuhaufen

phoenix (*griech.*) Laute

fenum Heu

fenus, oris Ertrag, Zinsen; Gewinn; Wucher

feodalis; feodum = feudalis; feudum

feodotarius ein Belehnter

fera Wild; f. domorum Haustier

1. **feralis** wild, bösartig; equus f. Wildpferd; f. hostis Teufel

2. **feralis** todbringend; Leichen-, Totenferamen Wild; *Plur.* Wildbestand

ferarium Wildpark

fercia (*pers.*) Königin im Schachspiel

ferculum Auftragebrett für Speisen, Schüssel; Gericht, Gang; Speise

fere *Adv.* fast, beinahe; kaum

feretrum Bahre; Heiligenschrein

Ferezeus = Pharisеus

feria (*frz.* foire) Markt, Wochentag, Gebetsfeiertag; f. secunda usw. Montag usw.; f. secunda der 2. Feiertag

ferialis täglich; festlich; f. dies Wochentag

feriari feiern, müßig sein

feriatio Fest

feriatus feiernd, müßig; festlich

ferica = fercia

ferinus von wilden Tieren; wild, grimmig; ferina Wildbret

ferire schlagen; treffen

ferita Schlag, Hieb

feritas Wildheit

ferme = fere ungefähr

fermentum Gärstoff; Sauerteig

ferocire wüten, toben

ferramentum Werkzeug; Hufbeschlag; eiserne Spitzen, Stacheln; *Plur.* die eisernen Geräte, Waffen

ferrare mit Eisen beschlagen

fossa **ferraricia** Eisenbergwerk, Hütte

ferrarium Eisenhammer, Schmiedewerkstatt, Eisenhütte

ferre tragen, ertragen, bringen, hintun; antun; davontragen; entreißen, wegnehmen; verkünden; *Pass.* schleichen über; graviter f. übel vermerken; fertur = dicitur; sententia fert ein Gerücht geht

ferripileus Eisenhut

ferrugo, inis die braune Farbe

ferrum Messer, Schere, Schwert; f. candens Gottesurteil des glühenden Eisens

ferto, onis ,,Vierding'', der 4. Teil einer Mark

ferula Rute, Magisterrute, Hirtenstab, Bischofsstab

fervēre sieden, dampfen; strahlen; darauf brennen; ferventi aestu bei günstigem Winde

festinabundus eilig

festinantia Eile, Hast

festinare beschleunigen; sich beeilen; sich befleißigen

festinato *Adv.* eilig

festinus eilend, eilig, rasch

festivare festlich machen, schmücken

festivitas Festlichkeit, Festtag; f. praecipua hohe Fest, Weihnachten

festuca Halm; Splitter, Stäbchen

festus festlich, feierlich; dies festa Festtag; Sonntag; festum Feiertag, Fest

fetare befruchten; brüten; säugen; *Pass.* voll sein

foetidus übelriechend, stinkend, räudig

fetilus fruchtbar

foetor Gestank, Modergeruch

fetosus fruchtbar

fetura Zucht; Nachwuchs, Nachkommenschaft; Geschöpf; extrema f. = der Mensch

1. **fetus,** us Befruchtung; Wachstum; Nachkommenschaft, die Jungen
2. **fetus** schwanger, trächtig; voll von

feudagium Lehenschaft, Lehensvertrag

feudalis zum Lehen gehörig; Vasall; feudalia bona Lehensgüter

feudare belehnen

feudum (*germ.*) Dienst; Lehen

faex, faecis Bodensatz; Hefe, Auswurf; Roheit; f. vini Weinstein

phiala (*griech.*) Trinkschale, Becher

fiber, bri Biber

fibex Weißbirke

fibra Faser; Sehne; Wurzel; *Plur.* Stimmbänder

fibula Nadel, Agraffe

fibulatus mit Spangen versehen

ficedula Feigenesser; Grasmücke

ficetum Feigenpflanzung

ficticius erdichtet, erlogen

fictilis irden, aus Ton

fictor Bildhauer; Schöpfer, Urheber; Betrüger, Heuchler

fictus (*v.* fingĕre) angenommen; erdichtet, erlogen; nicht aufrichtig; non f. unverfälscht

ficulnea (*sc.* arbor) Feigenbaum

ficus, i. u. us Feige, Feigenbaum

fidedicĕre aliquem für jem. gutsagen

fidedignus glaubwürdig

fideiussio Bürgschaft

fideiussor Bürge; Glaubenslehrer

fidelis treu, ergeben; gläubig, rechtgläubig; der Christ; Untertan, Vasall; *Plur.* Umgebung

fidelitas Treue, Lehnstreue; Treueid; fidelitatis ius, sacramentum Treueid

fidenter *Adv.* getrost, zuversichtlich

1. **fides,** ei Vertrauen, Treue, Zuverlässigkeit, Bürgschaft, Sicherheit, Schutz; der christliche Glaube, Glaubensbekenntnis; f. publica freies Geleit; bona fide gewissenhaft
2. **fides,** is Saite; Saiteninstrument

fidetenus *Adv.* mit Handschlag

fidicen, inis Saitenspieler

fiducia Zuversicht; Unschuld; Schutzabkommen; ex f. im Vertrauen auf

fiducialiter *Adv.* zuversichtlich, frei

1. **fidus** vertraulich mitgeteilt, geheim; = fidelis; f. de spe zuversichtlich
2. **fidus** = foedus 1.

figmen Bildung

figmentum Gebilde, Geschöpf; Erfindung, Dichtung, Erdichtung; Lüge, Hirngespinst; Trugschluß

figulus Töpfer; Verfertiger, Arbeiter
figura Gestalt; Buchstabe; Sinnbild, Trugbild, Verhüllung
figurare bilden, gestalten; schmücken
figurate *Adv.* bildlich
figuratio Gestaltung, Darstellung
figurative *Adv.* bildlich, allegorisch
phylacterium (*griech.*) Amulett; Liebestrank
philanthropos (*griech.*) Menschenfreund
filare spinnen
philargyria (*griech.*) Geldgier, Habsucht
philax fett, dick
filectum = filictum
filetum Garn
filex = filix, licis Farnkraut
filia Babylonis Einwohnerschaft Babylons
filialis kindlich
filiastina dilectio väterliche Liebe zu den Kindern
filiastra Stieftochter
filiatio Sohnschaft
filictum Gruppe von Farnkräutern, ein mit Farnkräutern bewachsener Ort
filietas Sohnschaft; Abstammung des Sohnes vom Vater
filiolus Söhnchen; Täufling
filius mulieris = Mensch
fillo, onis Schlingel, Spitzbube, Schurke
philocopus (*griech.*) gern prahlend
philomena = philomela Nachtigall
philomenare lieblich singen
philosophari in aliquo an jem. die Kraft seines Geistes zeigen (Helm.)
philosophus (*griech.*) Gelehrte
domus **filtrina** Zelt (H. v. H.)
1. **philtrum** (*griech.*) Liebestrank
2. **filtrum** (*germ.*) härenes Tuch, Wolldecke, Filz; Matratze; Seihtuch, Filter
filum Faden, Garn; Lebensfaden; feines Gewebe; fila trahere spinnen; inter fila beim Spinnen
fimare düngen, misten
fimbria Troddel, Franse, Saum; Besatz
fimus Dünger, Mist
finalis am Ende befindlich; endgültig; *Adv.* finaliter bis ans Ende
finetenus *Adv.* bis ans Ende

fingere bilden; erheucheln; aures asini f. Eselsohren machen (Spottgebärde); canem f. die Zunge herausstecken
finipolis, is Grenzstadt
finis, is Ende, Enderfolg; Schlußgesang
finitivus endgültig
finitus benachbart
finsare zwitschern (von der Schwalbe)
firmamentum Befestigung, Himmelsgewölbc
firmare befestigen, bestätigen, abschließen; fest behaupten; wetten
firmatio Bürgschaft, Versprechen; Wette
firmitas Festigkeit; Gültigkeit; Befestigung; Sicherheit, Versprechen, Vertrag
fiscalinus Gutsuntertan
fiscalis der Krone gehörig, staatlich
fiscare konfiszieren
fiscatus Höriger
fiscella Körbchen
fiscus Korb; Geldka se, Staatskasse, Staat; Eigentum; die königliche Domäne, Lehen
physica (*griech.*) Naturlehre, Physik, Medizin; Philosophie (*Gegensatz:* Theologie); Arznei
physicus (*griech.*) Naturforscher; Arzt
physiologicus naturwissenschaftlich
physis, is (*griech.*) Natur
fissilis spaltbar
fistuca = festuca
fistula Röhre; Panflöte, Pfeife
phitonissa = pythonissa (LB.)
fixura Einschlagen, Heften; f. clavorum Nägelmal
fixus fest, fest eingestoßen
flabellum Fächer, Wedel; Blasebalg
flaccēre schlaff sein
flaccescēre schlaff werden
flado, onis (*germ.*) breiter Kuchen, Fladen
flagellarius; flagellator Geißlerbruder
flagellum Geißel, Geißelhieb; Strafe; *Plur.* Plagen, Unglücksfälle; Folterqualen
flagitare dringend bitten, anflehen
flagrantia = fragrantia
flagrum Geißel, Peitsche
flamen Windhauch; Herausstoßen des Atems; der Heilige Geist; Priester

flamma Flamme, Glut; Siedehitze

flammatus zornig

flammivomus feuerspeiend, funkensprühend, flammend

flare blasen, wehen; mit dem Mund blasen; „psten", „bsten"

flasca; flasco, onis (*germ.*) Weinkrug, Flasche für Wein

flatrix Blasinstrument, Trompete

flatus, us Wind; geistiger Hauch; Lebensodem, Seele, Geist; der Heilige Geist

flavescēre goldgelb werden

flavicomans gelbhaarig = aus Kamelhaar

flebotomare = phlebotomare (*griech.*) die Ader öffnen, zur Ader lassen

flebotomia = phlebotomia Aderlassen

flebothomus; phlebotomum Aderlassen; Aderlaßeisen, Lanzette

flectare = flectĕre biegen; lenken

phlegma, atis (*griech.*) Schleim

flēre weinen; bekümmert sein

flexus (*v.* flectĕre) sich zusammenschmiegend, sich duckend

floccus Flocke, Faser; flocci pendere; putare, facere für nichts achten, geringschätzen

florenus; florinus Gulden

floridus blühend, frisch; geschmückt

flos, floris Blume; blühendes Aussehen

flosculus Blüte

fluctivagus die Fluten durchstreifend

fluctuabundus schwankend; ängstlich

fluctuare treiben (vom Schiff); schwanken

fluctuatio Schwankung

fluens feucht

fluentum Strömung, Strom

fluĕre fließen; hin- u. herwogen, schleichen

fluidus fließend; vergossen

fluitare dahinfließen, schwimmen

fluor Strömung, Fluß; Flüssigkeit

fluxibilis = fluxilis flüssig, schwankend

foca (*griech.*) Seehund

focaria Küchenmädchen, Köchin

focarius Heizer, Küchenjunge

focum = focus Feuerstelle, Herd; Feuer

fodina Grube, Bergwerk

fodire; fodēre graben, aufwühlen

fodrare (Kleider) abfüttern

fodratura Pelzfutter (in Kleidern)

fodrum (*germ.*) Futter, Futterlieferung; die außerordentliche Steuer bei Feldzügen des Königs

folium Blatt; Laub; Blatt eines Buches

folliculus testiculorum Hodensack, Gemächt

follis 1. Schlauch; Blasebalg; Balg, Magen; f. testiculi Hodensack; 2. = follus

follus Narr, Tor, Windbeutel

fomentum Erhitzung, Reiz; Zunder; f. ignis Feuerung

fomes, itis Zunder; Nahrung des Feuers, Reisig; Wärme, Glut, Funke, Feuer; Nahrung, Fütterung

phonicus (*griech.*) Sänger

fons Quelle; Taufe; f. vivus Jungbrunnen, Quelle des ewigen Lebens; fontes capitales die (7) Hauptsünden

fontanā Quelle

fontifer wasserspendend

foramen Öffnung, Loch

foraminulum kleine Öffnung

foraneus außen befindlich, ländlich

forari = forare durchbohren

foras 1. *Adv.* nach außen, hinaus. 2. *Präp. m. Akk.* außerhalb; f. mittere vertreiben; f. exire an die Öffentlichkeit treten

forasticus außerhalb befindlich; fremd

forbannire = forisbannire verbieten; ächten

forceps, cipis Zange, Schere

forconsiliare = forisconsiliare sich verschwören

forefacēre = forisfacere

forensis draußen befindlich; Markt-; forense = forum

foresta; forestum = forestis

forestarius Forstbewohner; Forstbeamter

forestis, is die Forst, Jagdwald des Königs; = forensis

forfex, ficis Schere

forinsecus *Adv.* von außen, im Freien; auswendig. *Auch Adj.* forinseca bella auswärtige Kriege

1. **foris,** is Türflügel, Tür
2. **foris** 1. *Adv.* draußen; in der äußeren Politik; nach außen; 2. *Präp. m. Akk.* außerhalb

forisfacĕre außerhalb des Rechtes, der Befugnis handeln, sich vergehen, übeltun, Schaden zufügen

forisfamiliare aus Brot und Pflicht tun

forisiurare etwas abschwören

forma Form; Wortlaut, Formel, Norm, Ordnung; Geschöpf; f. peccati Kleid der Sünde = der Leib; sub forma mit dem Schein

formare bilden, gestalten; unterrichten, unterweisen

formaticum; formaticus Käse

formatio Schöpfung

formatus geformt; kanonisch; organisiert

formidare in Angst sein, erschrecken vor; sich scheuen

formido, inis Grausen, Schrecknis

formidolosus zaghaft; grausig

formosulus hübsch

formula Gestalt, Art; Verfahren; Regel, Vorschrift; Glaubensformel

formularius Formelbuch

fornacula; fornaculum Ofen, Herd

fornax Ofen, Backofen, Schmelzofen; f. Erebi Höllenfeuer, -glut

fornicare; fornicari huren; fornicatus daemon unreiner Geist

fornicatio Hurerei, Unzucht

fornicator Hurer, Lüstling, Lotterbube

fornix Gewölbe; Bordell

forpex, icis Feuerzange

forrare = fodrare

1. **fors** Glücksfall; Mißgeschick; *Abl.* forte = aliquando einmal
2. **fors** etwa, vielleicht, vermutlich

forsan *Adv.* = forsitan vielleicht

fortalicium Befestigungswerk, Festung

fortia, ae, Tapferkeit, Macht, Kraft, Stärke; Gewalttätigkeit

fortilitia = fortalicium

fortis fest, tüchtig, stark, kräftig; lang; Held; fortior aetas das reifere Alter; *Adv. auch* forte

fortiter sehr, völlig, nachdrücklich, ganz und gar; *Komp.* fortius allzusehr

fortitudo, inis Tüchtigkeit, Tapferkeit; Befehlsgewalt, Streitmacht; Befestigung, Festung; f. exercitus Kern des Heeres; fortitudinem dare zu Hilfe kommen

fortuito *Adv.* durch Zufall, durch ein glücklich Geschick

fortuna Sturm

fortunata, orum Glück

fortunium Geschick; Wagnis und Gefahr, Turnier, Abenteuer; Glück; Wurf, Schwung

fortunius glücklich, schön und gut

forulus Geldkiste, Börse; Bücherschrank

forum Platz, Marktplatz, Gerichtsort; Marktflecken

forus Uferrand; Theater; = forum

phosforeus licht, himmlisch

phosforus (*griech.*) Morgenstern

fossa Graben; Grube; Bergwerk; Grab

fossare = fodĕre graben

fossatum Grab, Graben; Wall

fossio Graben; Grube; Bergwerk

fossisicius ausgegraben

fossorium Grabscheit; Hacke

fossor = fossarius Gräber, Totengräber

fotor Pfleger

fovea Grube, Vorratsgrube; unterirdischer Gang; ein in der Erde gefundener Schatz

fovēre wärmen; sich laben; hegen, in sich tragen; f. gremio auf dem Schoße halten

1. **fracta** Zaun, Gehege
2. **fracta,** orum Bruch

fractio; fractura Zerbrechen; Bruch

fragantia = fragrantia

fragilis zerbrechlich, gebrechlich

fraglamen = fragrantia

fraglare = fragrare

fragmen Bruch, Bruchstück; *Plur.* Überreste, Gebeine

fragmentum Bruchstück; . Überrest

fragor Krachen, Getöse, Brausen

fragrantia Glut; Räucherduft, Wohlgeruch; Begeisterung

fragrare duften, riechen; wittern

fragum Erdbeere

framea (*germ.*) fränkische Lanze; Speer; Schwert

Francigena Sohn Frankreichs; Franzose

francigenus aus Frankreich stammend, französisch

francisca fränkische Streitaxt

francus der Freie; frz. Goldmünze

franius dem Herrn (*mhd.* vrône), dem König gehörig

frascia Krug, Flasche

frater Bruder; Vetter, Verwandter, Mitchrist; Mönch, Ordensbruder; *in der Anrede* = lieber Freund; fratres die Klosterbrüder; fratres minores die Minoriten, Franziskaner; fratres praedicatores Predigermönche

fraternalis = fraternus brüderlich; dem Mönche geziemend

fratricidium Brudermord

fratruelis, is; fatruus Bruderssohn

frauda = fredum

fraudare betrügen, berauben, schmälern; vorenthalten

fraudulenter *Adv.* betrügerisch

fraudulentia Betrug, Betrügerei, Schurkerei

fraudulentus prahlerisch; gaunerisch

fraus, fraudis Betrug; Beschädigung, absichtliche Schadenzufügung; Teufel

fraxinus Esche

fredare die Strafsumme einfordern; belästigen

fredum (*germ.*) Friedensgeld, Strafbuße

fredus = fredum

fremēre dumpf tosen, lärmen; laut verlangen nach

frenare zügeln, bezähmen

frendēre mit den Zähnen knirschen, fauchen, grunzen; Zähne fletschen

frendescēre = frendēre

frendor Knirschen

phrenesia = phrenesis (*griech.*) Wahnsinn

freneticus = phreneticus wahnwitzig

frequentare vermehren; häufig anwenden; feiern; dedicationes f. nacheinander

hingeben; laudes f. immer von neuem das Lob jem. singen

frequentatio Besuch

frequentia große Menge

frequentius *Adv. Kompar.* = frequenter in Menge; oft

fresum = frisum

fretum Flut des Meeres, Meerenge; ponti freta Meerestiefen

fretus durchwandert, durchschifft

fribolus = frivolus

fridus = fredus

frigerare kühlen

frigēre kalt sein; erkalten

frigiditas Kälte

frigoreus = frigidus kalt

frilingi, orum (*germ.*) die Freien bei den Sachsen

fringellus = frigellus Fink

friskinga (*germ.*) Frischling

frissingus = friskinga

frisum; frisium (*germ.*) Franse, Zipfel; Kleiderbesatz (*mhd.* borte)

fritinnire zwitschern; quietschen (von den Rädern)

frivolus zerbrechlich, wertlos, fade; nichtsnutzig, anmaßend; lustig; frivolum ein kleiner Makel; frivola, orum dummes Zeug

frixuria Tiegel

frixus 1. (*v.* frigēre) geröstet; 2. (*v.* fricare) gerieben

frondēre Laub haben; sich belauben

frondifer belaubt

fronesis = phronesis (*griech.*) Einsicht, Klugheit

frons (*auch masc.*) Stirn; Gesicht, Antlitz; Überschrift, Anrede; sine fronte ohne Scham; zaghaft

fronticula = frons

frontosus dreist

fructa, orum die Gutserzeugnisse

fructificare Frucht tragen, fruchtbar sein

fructuarius Nutznießer

fructus, us Frucht, Gewinn; Schiffslast; *Plur.* Einkünfte

frudare = fraudare

frugalitas Wirtschaftlichkeit, Sparsamkeit, Mäßigkeit

frui congesta das Erworbene genießen

frumen = frumentum

frustare zerfetzen; geißeln

frustatim *Adv.* stückweise

frusticulum = frustulum ein bißchen

frustra *Adv.* ohne Ursache, unrechtmäßig, leichtfertig

frustrare; frustrari umsonst tun; täuschen; vereiteln, parieren; hinhalten; fidem **f.** Eid brechen

frustratorius zwecklos

frustum Stückchen, Brocken, Stück

frutectum Gebüsch, Strauchwerk

frutex Strauch, Gesträuch

fruticosus voll Gebüsch

phthisis (*griech.*) Schwindsucht

fucare versetzen (vom Wein)

fucus Drohne

fuga Flucht; Abschied, Abreise

fugire = fugere fliehen

fugitivus Ausreißer; abreisend

fulcire(*Perf.*fulcii; *Part.*fulcitus) stützen, befestigen, verstärken

fulcrum Stütze, Gestell; Bett(stelle)

fulgetra = fulgetrum Blitz

fulgidus glänzend

fulgur, uris = fulgor das Blitzen, Blitz

fulica Bläßhuhn

fuligo, inis Ruß

fulina Küche

fullo; fulo, onis Walker, Tuchbereiter

fulminare blitzen und donnern, losdonnern

fultus (*v.* fulcire) ausgestattet, geziert

fumaria = fumarium Rauchfang

fumigabundus rauchend

fumigare rauchen, dampfen; räuchern

functio Verrichtung; Zahlung

functus gestorben, tot

funda Wurfnetz; Beutel, Geldtasche; Schlag, Ohrfeige

fundamen der Grund

fundare bauen; gründen

retro **fundēre** rücklings niederwerfen

fundator Gründer, Stifter

littera **fundatoria** Stiftungsurkunde

fundibularius Schleuderer

fundibulum Schleuder

fundicolus grundbewohnend

fundicus Bauplatz, Hof; = fundus

fundum Wurfgeschoß

fundus Grund und Boden, Acker, Erde; Lehm; de fundo gründlich

funestus mit Blut befleckt, verderbenbringend

fungi gebrauchen, genießen, essen; in Ehren halten; f. die = sterben

fungus = *griech.* spongus Schwamm, Pilz

funiculus Schnur, Seil; Meßschnur; Anteil; Weg, Pfad; Meeresküste

funis Seil, Strick, Tau; Anteil

funus, eris Leichenbegängnis, Leiche; Tod

furare; furari stehlen

furatura = fodratura

furca Gabel; Galgen; Gestell; *vielleicht* Krückstock (R); Wegteilung

furcula Geweih; ein zweizackiges Horn beim Bock (Y)

furfur, ris Kleie

furfurare (mit Kleie) weißen

furibundus wütend

furnus Ofen, Kamin; Warmbad

furo = fur, furis Dieb

furonia Diebsweib

furrare = forrare

furtim *Adv.* verstohlen, unbemerkt

furtivus gestohlen; heimlich; furtivo vulnere laesus hinterlistig verwundet

furtum Diebstahl; das entwendete Gut

furvus dunkel, finster

fuscare verdunkeln; anschwärzen

fuscinula kleine dreizackige Gabel; Klaue, Kralle

fusorius zum Gießen gehörig

fustigare mit Knütteln schlagen, stäupen

fustis, is Knüttel, Stock, Pilgerstab

fusura Gießen, Schmelzen

1. **fusus** Spindel, Spinnrocken

2. **fusus** (*v.* fundere) weitläufig, ausführlich

futurus bevorstehend, künftig; der nächste

G

gaccula = caccula Dohle

gades, ium Grenze, Ende, Ziel

gaida Kleidersaum

gaisdo = waisdo Färberwaid

galanga (arab.) Galgant (eine Ingwerart), ein erhitzendes Getränk und mittelalterliches Arzneimittel

galastra Milcheimer

galaxia = galaxias (griech.) Milchstraße

galbanus; galbanum (griech.) Galban, Mutterharzkraut

1. galēa Helm

2. galēa (mgriech.); galeacea großes Ruderschiff, Galeere; Raubschiff

galeida = galēa

galera 1. = galēa; 2. = galerus

galerus Kappe, Mütze

galla Gallapfel

gallicanus Wetterhahn

gallicinium Hahnenschrei; Grauen des Tages

gallicula Mütze, Hut; = calicula kleiner gallischer Holzschuh; Stiefel

galliculus Hähnchen

galliger Hahnräuber = Fuchs

galumna = calumna (griech.) Hülle, Decke

gama Frau, Herrin

gamba (griech. oder gall.) Fessel; Bein

gamberia Beinharnisch

gameraticus zuchtlos

ganea Kneipe, Bordell; Dirne

ganeo, onis Schlemmer

ganga (mhd. ganc) Abtritt

ganymedare zum Ganymed machen

Ganymedes der Mundschenk des Zeus; Knappe, Geliebter (in üblem Sinne)

gannatura; gannum Verspottung

gannire kläffen, bäffen

ganta (germ.) Gans

garantizare garantieren, verbürgen

garcifer Koch, Küchenjunge; Diener

garcio, onis Knappe, Diener

gardi .... s. guardi ...

gariofilum = caryophyllum (griech.) Gewürznelke

garrire schwatzen, plaudern; singen, tirilieren

garritus, us Gezwitscher

garrulitas Schwatzhaftigkeit, Geschwätz, Singsang, Rauschen (des Wassers)

garum (griech.) gegorenes Getränk, Gärwein; köstliche Brühe

gasacio, ionis (germ.) Widersacher

gastadius; gastaldius ein höherer, im Domänenwesen beschäftigter Beamter; Verwalter; Lehrer

gastrimargia (griech.) Schlemmerei

gatta (ital. gatta); gatus = catta

gaudenter Adv. mit Freuden

gaudēre m. de oder in u. Abl. oder bl. Abl. sich freuen; m. Inf. etwas gerne tun

gaudia, orum sinnlicher Genuß

gaudimonium Freude

gaudiosus freudenreich

gausape, is Friesdecke, Tischtuch

gaza; gasa Schatz

gazophylans Schatzkiste

gazophylacium (griech.) Schatzkammer, Opferkasten, Tempelschatz

gehenna (hebr.) Hölle; Höllenstrafen

gehennalis höllisch

gelima eine Handvoll, Bündel, Garbe

gelu, us Frost, Winter

gemare = hiemare überwintern (Nith.)

gemebundus seufzend, stöhnend; zu beseufzen

gemellus doppelt; Zwilling; gemelli, orum Zwillinge; beide

geminus doppelt; je zwei, zwei; Zwilling

gemiscēre seufzen

gemma Knospe; Edelstein, Kleinod; g. salis Salzsäule

gemmarius zum Edelstein gehörig; der Steinschneider

gemmatus mit Edelsteinen verziert

gemmula kleine Knospe; (kleines) Juwel; Erstling

gena Wange

genealogia (griech.) Geschlecht, Sippe. Abstammung; Geschlechtsregister

genecium; genicium = gynaecium

gener, eri Schwiegersohn; Schwager

generalis allgemein; öffentlich, gemein; Dirne; generale Universität; *Adv.* generaliter insgesamt

generare erzeugen, verursachen

generatio Familie, Sippe; Generation, Menschenalter; *Plur.* Geschlechter, Lebensalter, Menschenalter, Geschichte

generosus edel, ehrwürdig

genesis, is *u.* eos (*griech.*) Schöpfung; Geschlecht, Natur; die Genesis (das 1. Buch Mose)

genetalicius = genethliacus (*griech.*) zum Geburtstage gehörig; Horoskopsteller

genialis lieblich, Lust erregend

geniculum Knie; Glied, Verwandtschaftsgrad

genimen Gewächs, Frucht; Brut

genitalis zeugend, fruchtbar; angeboren; solum genitale Heimaterde, Vaterland

genitivus = gignens erzeugend; tatkräftig; Geschlechtsteil; g. pluralis *scherzhaft:* mehrfacher Abhängigkeitsfall = vieler Leute Gefolgsmann

genitor Vater; Gott; g. mortis = Teufel

genitrix = genetrix, Mutter; g. puellaris die Jungfrau Maria

genitura Zeugung; Nachkommenschaft

gens, gentis Leute, Mannschaft, Heer; Heidenschaft; *Plur.* Heiden

gentaculum Frühstück

gentilicius zum Volke gehörig, angestammt, der Volkssitte entsprechend, dem Volke eigentümlich

gentilis heidnisch; Heide

gentilitas Heidenschaft, Heidentum; gentilitatis error heidnischer Unglaube

genu, us Knie, Kniescheibe

genucliens = geniculans knieend, anbetend

genuflectere die Knie beugen; anbeten

genuflexio Kniefall

genuinus angeboren, ursprünglich

genus, eris Stand, Klasse, Abstammung; Art und Weise

geodesia (*griech.*) Erdvermessung

geometer (*griech.*) Feldmesser; Lehrer der Geometrie

geometricus geometrisch; geometrica Geometrie, Mathematik

gerarchia = hierarchia (*griech.*) Priesterherrschaft, Kirchenregiment

se **gerēre** cum sich beschäftigen mit

germanitas Gesamtheit

germaniter *Adv.* brüderlich, wie Brüder

germanitus *Adv.* brüderlich; aufrichtig, echt

germanus leiblich, verschwistert; brüderlich, schwesterlich; Bruder; germana Schwester; germana manus Brüderschar

germen Keim, Sproß, Knospe, Stamm; Sohn; g. divinum Christentum; magnum g. Baumstamm

germinare hervorsprossen, aufkeimen; hervorsprießen lassen, hervorbringen

gerra 1. (*griech.*) Gerte; *Plur.* Gitter, Gatter; 2. = guerra

gerula Wärterin; Tragbahre

gerulphus (*germ.*) Werwolf

gerulus Trägér, Bote

gerundivus pacis friedenbringend (T.)

gesta, orum Taten; Lebensbeschreibungen

gestamen Führung; Tracht, Bürde; Bahre

gestare tragen; bei sich erwägen; (Wohnung) beziehen; g. personam eine Rolle spielen, auftreten als

sella **gestatoria** Tragsessel

gestatrix Trägerin

gestire sich herzlich freuen, aufjubeln, frohlocken; heftig verlangen; sich rühmen; prahlen

gestus, us Haltung, Gebaren; Ausführung; *Plur.* die Taten

Geta antiker Sklavenname; Betrüger, Lump

gibberosus bucklig

gibbosus höckerig; verwachsen

gibbus; gibus (*griech.*) Buckel, Höcker

Gyezitae, arum Leute wie Giezi (Luther: Gehasi), der Diener des Elisäus (= Elisa), = Simonisten

giga (*germ.*) Geige

gigahs = gigas

giganteus riesenhaft, gewaltig

gigare geigen

gigarius Geiger

gigas, antis (*griech.*) Riese; Recke, Reisige; more gigantis nach Sitte der Recken

gignĕre erzeugen, gebären

gilda; gildo, onis (*germ.*) Bruderschaft, Gilde

gildonia Gilde, Innung

gilo, onis Bauer

gymnasium (*griech.*) Schule, Universität

gymnasophista (*griech.*) der verständige Schüler

gymnicus (*griech.*) gymnastisch

gynaecium (*griech.*) Frauengemach, Arbeitsraum der Frauen, Serail

gingiber = zingiber Ingwer

giometer = geometer

gipperosus = gibberosus

gipsa Holzbein, Stelzfuß (IW.); Schlange

gipsare tünchen

gypsum (*griech.*) Gips

girare = gyrare (*griech.*) drehen, wenden, lenken; einen Kreis bilden, die Runde machen bei, herumgehen, einkreisen, zusammentreiben; sich wenden, sich im Kreise drehen; g. cornipedem das Pferd herumwerfen, im Kreise tummeln; g. navigio kreuzen

girator Herumtreiber, Landstreicher

girgillus Haspel, Garnwinde

girovagus umherschweifend, ,,fahrend'', Wander-; Vagabund

gyrus (*griech.*) Kreis, Drehung; Panzerring; in girum collectus zum Kreise geringelt

git (*indekl.*; *aram.*) Schwarzkümmel

glaber, bra, brum kahl, glatt

glabrio, onis Weichling, Stutzer, Milchbart

glacialis eisig; glaciale frigus Frost

gladiator Lohnfechter; Schwertfeger, Waffenschmied

gladiolus Siegwurz, Schwertel

gladius Schwert; Macht

glando, inis = glans Eichel; *Plur.* Geschwüre, Geschwülste

glandula Mandel, Drüse

glans, glandis Eichel; Geschützkugel

glarea grober Sand, Kies

glaucoma, atis (*griech.*) Trübung der Augen, Star; g. somni Schlaf (W.)

glaucus (*griech.*) bläulich, graublau

gleba Erdscholle

glera = glarea

glirio, onis = glis Haselmaus

1. **glis,** gliris Haselmaus, Maus; Hermelin

2. **glis,** glissis Lehm, Ton

3. **glis,** glitis Distel, Klette

gliscĕre in Brand geraten; begehren, wünschen; zunehmen, wachsen

glissera Tisch

globus Kugel; Reichsapfel

glocidare; glocire glucken

glomerare zu einem Knäuel zusammenballen, aufwickeln; versammeln; crurum volumina g. stolz die Beine werfen

glomeratio Haufe

gloria Ruhm, Ehre; Jubel, Freude

gloriari in Ruhm gewinnen durch

glorificare rühmen, preisen, verherrlichen; zu Ehren bringen; *Pass.* sich verherrlichen, sich groß erweisen

glorificatio Lobpreis; Ansehen, Anerkennung

gloriola ein bißchen Ruhm; = gloria

glorius = gloriosus rühmlich, prahlend

glos, gloris Schwägerin (= des Mannes Schwester); des Bruders Frau

glosa; glossa (*griech.*) Glosse, Erklärung einer Textstelle, Kommentar

glosare; glossare eine Stelle im Text erklären

glosatura Erklärung

gluten, inis Band, Verbindung; Leim

glutinum Leim

glutire = gluttire verschlingen

glutto, onis Schlemmer, Schmarotzer

gnanus = nanus Zwerg

gnarus kundig; der seine Kunst versteht

Gnatho, onis Name eines nichtswürdigen Schmarotzers bei Terenz; Schmarotzer

gnavus = navus emsig, tüchtig

gobelinus (*mhd.* kobolt) Kobold

gobio, onis = gobius (*griech.*) Gründling

gophus Peitsche, Geißel

goliardus Schmarotzer, Schlemmer, Vielfraß; Spaßmacher; der Goliarde

Golias, ae Goliath; Teufel

gorgias absichtliche Umbildung aus golias, dem Schutzpatron der Vaganten

grabatus (*griech.*) Ruhebett, Sänfte, Bahre

gracculus = graculus Dohle; Saatkrähe

gracilis schlank, zierlich

gracillare gackern

gradale = graduale

gradatim *Adv.* Schritt für Schritt; vorsichtig

gradis vornehm

graduale, is Staffelgesang, Stufengebet

gradus, us Stufe, Treppe; Rang; Steigerungsgrad; Schritt, Vormarsch; *Plur.* Kanzel; g. coniugalis Ehestand

grafia Grafschaft

graphiare schreiben

graphiarius Schreiber

grafio, onis (*germ.*) Graf

graphium; graphius (*griech.*) Griffel; Schreibstube; Amt des Schreibers

gramen Grasstengel, Gras, Trift, Wiese; Pferdefutter

gramineus grasig

gramma, atis (*griech.*) Buchstabe; Grammatik

grammaticalia, ium die Elemente der lateinischen Sprache

grammaticare lateinisch sprechen

grammaticus grammatisch; lateinisch; literarisch; grammatica (vox) Grammatik; die lat. Sprache; Literatur

granarium Kornspeicher

granatum (*sc.* malum) Granatapfel

grandes (wohl = grandines) Striemen; Geißelung

grandaevus hochbetagt; grandaeva vita Greisenalter

grandificare groß machen

grandiloquus großsprecherisch; voll und tief, laut

grandinare verhageln; züchtigen, geißeln

grandis groß, gewaltig, stark; großartig, feierlich; Erwachsener

grandisonus laut klingend, weithin vernehmbar, brausend

grando, inis Hagel, Eis

granea Scheune

graneum Kornfeld

grangia; granchia Landgut, Vorwerk; Wirtschaftshof eines Klosters

grangium Vorratshaus, Scheune

granica; granicum Getreidekasten, Speicher

granum Korn; Weizen

grassari schreiten; auf etwas (in aliqua re) losgehen; anfechten, hart verfahren; herumstreichen; um sich greifen; superbe g. es übermütig treiben

grassator Müßiggänger; Wegelagerer, Feind

gratanter *Adv.* = gratis

gratari freudig danken, sich freuen

grates agere, dare, habere, referre Dank sagen; g. facere danken

gratia Anmut, Liebenswürdigkeit; Gunst, Huld, Gnade; Lohn, Liebesgabe; Dank; g. veris Lenzeswonne, Mai; g. dei von Gottes Gnaden; gratiam facere begnadigen; gratiam exhibere Dank abstatten; annus gratiae Jubeljahr; *Plur.* Gnadenerweisungen; Bitten um Gottes Gnade; Loblieder

gratificare aliquem jem. erfreuen; begnadigen, sich erkenntlich zeigen; gern leisten; entsprechen, danken

gratificus willfährig, freudig; gefällig, artig

gratiola Huld, Gnade

gratiosus Gunst erweisend, gefällig, artig

gratis *Adv.* umsonst; freiwillig, gern; mit Absicht, ohne Grund, durch ein Wunder; obendrein, zum Dank; ohne Schaden, wohlbehalten

gratuitus ohne Entgelt, umsonst, uneigennützig; gratuitum Geschenk

gratulabundus gern

gratulare; gratulari sich freuen, frohlocken; Glück wünschen; g. de freudig danken für (VS.)

gratulatorius glückwünschend

gratus lieblich, wohlgefällig; freundlich zu; grati regis = Vasallen; sine grato wider Willen (R)

graulus = graculus Saatkrähe, Dohle
graus (*griech.*) altes Weib
gravamen drückende Last, Beschwerlichkeit, Bedrückung; sine gravamine gern
gravare beschweren, bedrücken, belästigen schlecht behandeln
gravedo, inis Gewicht; Schwierigkeit
gravidare belästigen; schwängern
gravidus schwanger; schwer; bepackt
gravio = grafio Graf
gravis (*Adv.* auch grave) schwer, wuchtig; schwerfällig; ehrwürdig
gravitas Schwäche; g. mentis Schwermut
gravitudo Schwere
graecisare = graecissare (*griech.*) griechisch sprechen
Graecismus mittelalterliches grammatisches Lehrbuch in lat. Versen, verfaßt von Eberhard von Béthune (1212)
graecologus des Griechischen kundig
gregari sich versammeln
gregarius gewöhnlich, gemein
gregatim *Adv.* haufenweise
gremiale, is Schoßtuch
gremium Schoß; Kleiderbausch
gressor Gänger
gressus, us Schritt; Fuß
grypho = gryps
grillare zirpen (von der Grille)
gryllus Grille
gryps, grypis (*griech.*) Greif
griseus; grisius (*germ.*) grau; = Zisterzienser; griseum Grauwerk
grossa Reinschrift
grossarius faber Grobschmied
grossities, ei Dicke
grossitudo, inis Dicke, Größe; dicker Stoff
1. **grossus** Spätfeige
2. **grossus** dick; groß, breit; gewöhnlich, grob; grossus (*sc.* denarius) Groschen; ad grossum in der Größe
gruarius Kraniche (grues) fangend
grucingarius (*mhd.* grinzinc) Weizenbier
grundare triefen

grundatorium Rieselbecken
gruĕre „krähen" (vom Kranich)
grunitus, us = grunditus Grunzen; Murren
grus, gruis Kranich
guardia (*germ.*) Bewachung, Geleit; Wächter
guardianatus, us Oberaufsichtsamt in den Franziskanerklöstern
guardianus Wächter, Aufseher; Guardian
guastare = vastare verwüsten
guastum (*ital.*) Verwüstung
gubernare steuern, leiten; in der Schlacht kommandieren; erhalten
gubernator Steuermann; Lotse
gubernium Regiment, Regierung
guerra (*germ.*) Kampf, Streit, Krieg
guerrare Krieg führen
guerrinus Kriegs-
gula Schlund, Kehle; Gaumen, Rachen; Gierschlund; Völlerei; *Plur.* die kleinen Stückchen aus Fell, die als Schmuck der Mäntel getragen wurden und im MA. gewöhnlich rot gefärbt waren; gula Cerberi Höllenschlund
gulatus mit rotem Pelzwerk versehen, purpurgesäumt
gulositas Gefräßigkeit
gulosus gefräßig, gierig, durstig
gunna (*gall.*) Pelz (als Gewand); kurzes mit Pelz besetztes Kleid
gunnatus aus Pelz gefertigt; mit der gunna bekleidet
gurdus dumm, töricht, tölpelhaft
gurges, gitis Wasserstrudel, Flut
gurgitulus ein bißchen Meer
gurgulio Gurgel; Gemächt
gustamen Kostprobe; Geschmack
gustare kosten, genießen; inne werden, erfahren
gustum = gustus, us Genuß; Gier; Bissen
gutta Tropfen; Gicht; Name eines wohlriechenden Harzes
guttatim *Adv.* tropfenweise
guttur, uris Gurgel, Speiseröhre
guza = gussa eine Kriegsmaschine
gwerra, gwerrare = guerra, guerrare

H

Wörter mit h suche auch unter den hinter h folgenden Vokalen.

habena Riemen, Zügel; Leitung

habēre sich gehaben, sich befinden; *auch das Futurum umschreibend:* dicere habemus = dicemus; = debere: cantare habes du mußt singen; *Pass.* sich befinden, behandelt werden; habitus bewirtet; omne habere die ganze Habe

habitaculum Behausung, Wohnung, Herberge; Wohnort

habitatio Wohnung; Einwohnerschaft; Eigenschaft

habitatrix Bewohnerin

habitio Besitz

habitualiter *Adv.* aus Gewohnheit

habituare gestalten; gewöhnen

habitudinalis angeboren

habitudo, inis das Äußere, Gestalt, Haltung; Ähnlichkeit, Verhältnis

habitus, us Aussehen, Handhabung, Haltung, Lage, Zustand, Lebensweise, Gewohnheit; Art, Gesinnung; Tracht, Gewand; Rüstung; h. religiosus, religionis Ordenskleid; habitum mutare in den geistlichen Stand eintreten ex **hac** danach

hactenus *Adv.* bis hierher; bisher; insofern, noch

hagiographa, orum (*griech.*) die Hagiographen

hagius (*griech.*) heilig

hai Interjektion des Schmerzes = hei

hairo, onis (*germ.*) Reiher

halitus, us Hauch, Atem; h. agius der Heilige Geist

halucinatio gedankenloses Reden

hamare angeln, fangen; hamata lorica Kettenhemd, Ringpanzer

hamula kleiner Wassereimer, Krug, Schale

hamus Haken; Angel, Wolfsangel

hanappus (*germ.*) Napf, Schale; Becher

hansa (*germ.*) Menge, Schar; Vereinigung der Kaufleute; Handelsabgabe

harder, dris (*germ.*) Meeräsche, Meeralant

haracium (*arab.*) Gestüt

haragius Zauberer

haranea = aranea Spinne

harenga (*germ.*) Hering

hariolari in den Tag hinein reden, faseln; vermuten

hariolus Wahrsager; Zauberer

harmonia (*griech.*) Zusammenklang; Tonfolge; Eintracht

harmonizare in Einklang bringen

harnascha (*altfrz.*; *mhd.* harnasch) Rüstung; Harnisch

harpa (*germ.*) Harfe

harpare Harfe spielen

harpator Harfner, Spielmann

haruspicium Opferschau, Weissagekunst

hashardus (*arab.*) Glückspiel, Zufall

haspa (*germ.*) Haspel

hasta Stock, Speer, Lanze; = contus

hastatus mit Lanzen bewaffnet

hastile, is Lanzenschaft

hastiludēre ein Turnier veranstalten

hastitudium Lanzenstechen, Turnier

hastilusor Turnierkämpfer

haurire schöpfen; verstehen

haustus, us Trinken, Trunk

hava (*germ.*) Habe

he = heu Interjektion der Furcht

hebdomada = hebdomas

hebdomadarius Mönch, der den Wochendienst hat

hebdomadatim *Adv.* wöchentlich

hebdomas, adis (*griech.*) Woche

hebēre stumpf sein; ohne Leben sein

hebes, etis stumpf; blöde, schwachsinnig; Trottel

hebetudo, inis Stumpfheit, Gefühlslosigkeit

hecatontarchus (*griech.*) Anführer von 100 Mann, Hauptmann

haedinus von jungen Ziegenböcken

hei = ei Interj. des Schmerzes: ach! weh!

helenare schön machen (HS.)

heliotropium (*griech.*) Sonnenwende (eine Pflanze)

campi **Helysei** = campi Elysii die himmlischen Gefilde

hellingus (*germ.*) Halbpfennig

hellinicus des Griechischen kundig

Heloim = Eloim (*hebr.*) Gott

hemicrania (*griech.*) Kopfschmerz, Migräne

hemina (*griech.*) ein Gefäß für Flüssigkeiten

hemiolus; hemioleus = hemiolius (*griech.*) anderthalbfach; im Verhältnis 3 : 2

hemispherium; hemisperium = hemisphaerium (*griech.*) Halbkugel

hemitheus (*griech.*) Halbgott

hemmete ein größeres Getreidemaß, „Himpten" (Helm.)

hemus (*griech.*) Rede (*vgl.* prohemium)

hendecas = hendecasyllabus (*griech.*) Elfsilbler

hepar, atis (*griech.*) Leber

hepaticus die Leber betreffend; hepatica Leberader

heptaticus (*griech.*) Heptateuch

hera = era Herrin

heraldus (*germ.*) Herold

herbicolor grasgrün

herbidus kräuterreich, grasreich, grün

herbularius Arzneigarten

hereditare erben; vererben; als Erben einsetzen

hereditarius ererbt, geerbt

hereditas Erbschaft; die liegenden Güter (im Gegensatz zur fahrenden Habe)

herem . . . = erem . . .

haerēre alicui an jem. hangen, jem. nahe sein

heresiarcha (*griech.*) Haupt einer Sekte, Irrlehrer, Ketzer

heresis = haeresis, is (*griech.*) Ketzerei, Irrlehre, Sekte

hereticus ketzerisch; Ketzer

heribannus (*germ.*) Heeraufgebot, Aufforderung zur Heerfahrt

herilis = erilis

haerita (*griech.*) Häretiker, Ketzer

hermaphroditare hermaphrodieren

hermelinus Hermelin-

hernia Leistenbruch

herodio, onis; herodius (*griech.*) Reiher

heros, ois (*griech.*) Held; Herr. — *Akk.* *Plur.* heroas (Liudp.)

herpica; herpex, picis = irpex Egge

herus = erus Herr, Besitzer, Herrscher

haesitare hängen bleiben; wankend werden, schwanken, zögern, zweifeln

haesitatio Stocken im Reden; Zaudern, Bedenken

hespera; hesperus (*griech.*) Abend; Abendstern; Mond

heus *Interj.* he! höre!; = heu (*auch zweisilbig!*) ha, ach, weh!

hyacinthus (*griech.*) Rittersporn

hyalinus (*griech.*) gläsern; glasgrün

hyalus (*griech.*) Glas; Trinkglas

hiare klaffen; schnappen, gierig sein; den Mund aufsperren (im Tode)

hiarus = hierus

hiatus, us Schlund, Gier; Gähnen, Hiatus; After; h. patulus großes Loch

hibernalis winterlich

hibernaticum (*sc.* opus) Wintersaatarbeit

hibernum Winter

hibiscum (*griech.*) Eibisch (eine Malvenart)

hibrida Mischling, Bastard von zahmer Sau und wildem Eber

1. **hic** *Adv.* hier; auf Erden; hierhin

2. **hic,** haec hoc 1. zu fast bedeutungslosem Artikel abgeschwächt; 2. irdisch; haec et haec alles mögliche; hoc est nämlich

hiccine = hicine an jenem Orte

hicherus = escarus der Hausen (huso)

hydra (*griech.*) Wasser

hydria (*griech.*) Wasserkrug

hydromelium = hydromeli (*griech.*) Met

hydropicus wassersüchtig

hydropisis Anlage zur Wassersucht

hydrops, opis (*griech.*) Wassersucht; = hydropicus

hydrus (*griech.*) Hyder, Schlange

hyemalis = hiemalis winterlich

hiematus = hiemalis

hiems Winter; Sturm

Hierosolymita (*griech.*) Einwohner Jerusalems; Jerusalempilger

hierus (*griech.*) heilig

hilarare aufheitern, fröhlich machen

hilarescēre fröhlich werden, heiter sein

hilaris vergnügt, heiter, fröhlich

hyle (*griech.*) Materie, Urstoff

hymenaeum = hymenaeus (*griech.*) Hochzeitslied

hymnidicatus gefeiert

hymnidicus Hymnen singend

hymnificare Loblieder singen

hymnire Hymnen singen

hymnista Psalmensänger

hymnizare; hymnologizare (*griech.*) lobpreisen

hymnum; hymnus (*griech.*) Lobgesang; Lob; h. trisagius das Dreimalheilig (Jes. 6, 1 ff.)

hinc *Adv.* davon, dadurch, daher, damit; seitdem; diesseits; hinc et inde auf beiden Seiten; hinc inde von allen Seiten; hinc—hinc das eine Mal — das andere Mal

hinnire wiehern

hinnulus junger Hirsch; Maulesel

hyopa, ae lopas (Gestalt aus Verg. Aen. 1 740)

hyoscyaminus aus Bilsenkraut

hyoscyamus (*griech.*) Bilsenkraut

hyperaspistes, ae (*griech.*) Schildknappe; Leibwächter

hyperboreus (*griech.*) nördlich

hypocausterium Heizungsanlage

hypocaustum (*griech.*) Heizraum; die ausgetrocknete Kehle

hypocrisis, is (*griech.*) Heuchelei, gleisnerisches Wesen

hypocrita = hypocrites, ae Heuchler; Geizhals; gleisnerisch

hypogaeus (*griech.*) unterirdisch

hypostasis, is (*griech.*) Persönlichkeit; Vermögen

hypothesis, is (*griech.*) Voraussetzung, Annahme; Stoff, Inhalt, Gegenstand; per hypothesin im Scherzspiel

hippodromus (*griech.*) Reitbahn

Hippolythus griech. Sagengestalt, Vorbild der Keuschheit, Weiberfeind

hippus (*griech.*) Pferd

hircaritia Bockhaltung; Bockherde

hirnia = hernia

hyron ... = iron ...

hirpus Wolf

hirsutus = hirtus

hirtus struppig, rauh, buschig

hirudo, inis Blutegel

hirundella = hirundo, inis Schwalbe

hiscēre klaffen

hispidus rauh, borstig; klippenreich

historia Begebenheit; Geschichtswerk; nihil historiae nichts Wissenswertes

historialis geschichtlich; *Adv.* historisch erklärt

historiographus (*griech.*) Geschichtsschreiber

historiola Geschichte, Geschichtserzählung

histrio Gaukler, Spielmann; Narr

hoba = huba

hol ... *s. auch* ol ...

holocaustum (*griech.*) Brandopfer, Opfer

holovitreus gläsern

holzmarcha (*germ.*) Holzungsrecht

homagialis Vasall

homagium Huldigung, Lehnseid; Mannschaft

sub **Homero** in Dichtung und Wissenschaft erzogen

homicidium Totschlag, Mord; hohe Gerichtsbarkeit

homilia (*griech.*) Predigt

hominaticum Lehnseid

hominium Ergebenheit, Lehnsdienst, Lehnseid, Lehnsmannschaft; h. exhibēre den Lehnseid schwören

homo; *Akk. Sg.* homonem (W.) Mann (*Gegensatz:* femina); Lehnsmann, Vasall, Untergebener, Untertan; hominem mortalem exuere sterben

homullula Mädchen

homullus ein Menschlein, Schwächling; Mensch

homuncius = homuncio Menschlein

honestare ehren; bereichern; ausrüsten, in guten Verteidigungszustand setzen

honestas Ehre, Ansehen; Reichtum

honestus ehrenhaft, ehrlich; reich

honor Ehre, Ehrenstelle; Ehrerbietung, Auszeichnung, Geschenk; Amt, Lehen, Stellung, Fürstenamt; Recht

honorabilis ehrenvoll, ehrenhaft; honorabilem esse erga ehren

honorificare ehren, zu Ehren bringen; (mit Geld) unterstützen

honorificentia, ae Ehrerweisung, Ehre, Würde, Hoheit

honorus ehrenvoll; geehrt, vornehm

1. honus = honor

2. honus = onus

honustus = onustus beladen; lästig

1. hora Stunde; hora (sc. canonica) die Stunde, in der täglich Gottesdienst abgehalten wird; h. nocturna das Stundengebet zur Nachtzeit; ab h. ad horam einmal am Tage

2. hora = ora

horama, atis (griech.) Gesicht, Erscheinung

hordeum Gerste; Getreide

hordeaceus aus Gerste

horno = hoc anno heuer

horologium (griech.) Uhr

horologus stundenansagend

horoscopium (griech.) Horoskop

horrēre starren; drohen; horrens schrecklich

horridicus schrecklich, entsetzlich; feindselig, feindlich

horripilare sich sträuben, sich entsetzen

horripilatio Emporstarren der Haare

horror Grausen, Entsetzen; Drohung; Schreckensnachricht

hortalicium Garten

hortamentum Ermahnung

hortanus im Garten gelegen

hortulanus Gärtner

hosa; hossa (germ.) Hose, Gamasche

hosanna (hebr.) Jubelruf = Heil!

hospes, itis Fremder, Gast; Wirt; Freund; h. animae Seelengast

hospitalarius Spitalinsasse; Johanniterritter

hospitalis gastlich, gastfrei; Gast; = Johanniterritter; hospitale Herberge, Krankenhaus

hospitare gastlich aufnehmen; Pass. Quartier nehmen, zu Gast bleiben; wohnen, lagern; gastlich aufgenommen werden

hospitatrix Gastwirtin

hospitium Gastfreundschaft; Gastrecht; Obdach, Herberge

hospitus = hospitalis; hospita Wirtin

hostia Schlachtopfer; das ungesäuerte Brot beim Abendmahl, die Hostie

hostialis zum Kriegsbedarf gehörig

hosticus feindlich

hostilitium Fleischlieferung an das Heer

hostis, is Feind; Teufel; Kriegsheer, Lager; Feldzug; antiquus h. Teufel

hostium = ostium

huba (germ.) Hufe

hucusque Adv. bis hierher; bisher, bis jetzt

hulcia Überzug, Pferdedecke

humanari Mensch werden

humanitas Menschlichkeit, Menschenart; Unterhalt

humanitus Adv. nach Menschenart

humanus menschlich; humana militia die streitende Christenheit; humana basilica Kaiserpalast

humectare = umectare befeuchten, benetzen

humerale (sc. vestimentum) leinenes Schultertuch des Priesters, das Humeral

humerinus auf der Schulter getragen

humerulus kleine Achsel; Eckleiste, Zäpfchen

humerus Achsel, Schulter

humiliare erniedrigen, demütigen, unterwerfen

humiliatio Erniedrigung

humilis demütig

humilitas Niedrigkeit; demütiges Wesen, Demut; Schwachheit

humitenus Adv. bis zum Boden

humlo, onis; humulus Hopfen

humlolaria; humularium Hopfengarten

hupa Hopfen

huso (germ.) der Hausen (ein zum Störgeschlechte gehörender Fisch)

hutica; huticum Kasten, Kiste; Backtrog

I (J; Y)

iacĕre werfen; hin-, fortwerfen
yacintus = hyacinthus
iactanter *Adv.* stolz
iactantia Prahlerei, Prahlsucht
iactare werfen; ausstoßen; sich brüsten
se iactitare sich großtun, sich aufspielen
iactura Verlust; Zins und Zinseszins
iactus, us Wurf, Schlag, Stoß
iaculari werfen, schleudern; getroffen
  werden
iaculatio das Werfen, der Wurf
iaculus das Geworfene; Schießschlange
iam *Adv.* ehemals, vordem; noch; nahezu;
  weiterhin, hinfort; gleich, jetzt, dann;
  iamiam schon; iamque nun; iam iamque bald, eiligst; iam tunc damals
iambicare hinken
ianitor Pförtner, Küster; i. coeli Him-
  melspförtner = Petrus; i. silentum =
  Cerberus
ianthinus (*griech.*) veilchenfarbig, violett
ibex, ibicis Steinbock
ibidem *Adv.* = ibi dort, daselbst; dorthin
ibis, ibidis Storch
ybris 1. = hibrida; 2. = hybris (*griech.*)
  Übermut, Frevel
ycona; iconia (*griech.*) Bild
iconisma, atis (*griech.*) Abbild; Bild, Ver-
  gleichung
yconom . . . = oeconom . . .
ictericus = hictericus (*griech.*) gelb-
  süchtig
ictuare treffen, niederschlagen
ictus, us Stoß, Schlag, Hieb, Wurf;
  i. cordis Verzückung des Herzens
id ipsum = idem dasselbe; in id ipsum
  zugleich
idea (*griech.*) Urbild, Idee; Bild
idem = is, hic, ille
idemptitas = identitas Übereinstimmung,
  Einheitlichkeit
ideoque = ideo darum, daher
ideota = idiota (*griech.*) Laie; Stümper
idioma, atis (*griech.*) das Eigentümliche
  im Ausdruck; Mundart, Sprache

idolatra = idololatra
idolatrare den Götzen opfern
idolium (*griech.*) Götzentempel
idololatra = idololatres, ae (*griech.*)
  Götzendiener, Heide
idololatria Götzendienst; Geldgier
idololatris, is Heide
idolothytum (*griech.*) Götzenopfer
idolum (*griech.*) Abbild; Götzenbild
idoneare tauglich machen; se i. sich
  reinigen (von einem Vorwurf)
idoneitas Tauglichkeit, Geschicklichkeit
iehenna = gehenna
iehennalis = gehennalis höllisch
ieiunare nüchtern bleiben, fasten
ieiunium Fasten, Fastenzeit; i. solvere
  vom Fastengebot lösen; caput ieiunii
  Aschermittwoch
ieiunus nüchtern, hungrig; entbehrend,
  frei von
igena = hyaena Hyäne
igitur (*auch am Satzanfang*) nun
ignarus unwissend, nicht vorbereitet auf,
  unversehens
ignavia Trägheit; niedrige Gesinnung
ignavus träge, kraftlos, wirkungslos;
  mutlos, feige
ignescĕre Feuer fangen
ignicomus mit feurigem Schweife
ignicremus verzehrend, lodernd
igniculus Feuerchen
ignipotens Herr über das Feuer
ignire warm machen, erhitzen
ignis, is Feuer; Höllenfeuer; Gottesurteil der Feuerprobe
ignitus feurig, glühend; leuchtend
ignivomus feuerspeiend
ignobilitas Niederträchtigkeit
ignominia Schimpf, Brandmarkung
ignorantiae Beweise von Unwissenheit
ignotus unbekannt; unwissend
IHS (*griech.*) Abkürzung für Jesus
il = aliquid
ilex, icis Steineiche
ilia, ium Eingeweide, Lenden, Weichen

ilico; illico *Adv.* auf der Stelle, alsbald, sofort

ill. = illustrissimus erlaucht; = ille

illabi sich ergießen in, auftauchen vor

illaborare sich abmühen; ausarbeiten

illambĕre hineinlecken

illamentatus unbeklagt

illaqueare verstricken, umgarnen, im Garn fangen, fesseln

ille = is; ➟ suus; = Artikel; der und der

illecebra Lockung, Lust

illegitimus ungesetzlich, unrechtmäßig, nicht ehrlich

illaesus unverletzt

illex, licis Verführer, Verführerin

illibare einweihen

illibatus unbeschränkt; ungeschwächt, unversehrt, unberührt, keusch

illic *Adv.* dort; dorthin

illicitare verlocken

illicitus unerlaubt

illidĕre anschlagen; zerstoßen; i. gemmis aurum Gold und Edelsteine aneinanderklingen lassen

illigare banno mit dem Bann belegen

illinc *Adv.* jenseits; *auch Präp. mit Gen.*

illinire = illinĕre mit etwas bestreichen, einschmieren, beschmutzen, besudeln

illisus (v. illidĕre) wund

illiteratus ungeschult, unwissend; Laie

illo *Adv.* dorthin; dort

illorsum *Adv.* dorthinwärts

illucescĕre = illustrare

illudĕre übel mitspielen, betrügen

illuminari licht werden

illuminatio Erleuchtung

illusio Täuschung, Verspottung, Ironie

illustrare ans Licht bringen; beleuchten; leuchten, erleuchten; verherrlichen

ima, orum Unterkörper

imaginarius phantastisch; eingebildet; imaginariae relevatior.s Eingebungen der Phantasie

imaginatio Einbildung; Anschlag

imago, inis Bild; Gebilde, Form; Darstellung; i. mortis Scheintod, todesähnliche Erstarrung

imbannire exkommunizieren

imbellis unkriegerisch; unbewaffnet

imberbis bartlos

imbrex, icis Hohlziegel

imbreviare vereinfachen; verzeichnen

imbrifluus benetzt, triefend

imbrigare in Streit verwickeln

imbuĕre benetzen, befeuchten; mit etwas ausstatten, erfüllen; unterrichten

imbursare einstreichen (das Geld)

ymena = hemina

imitari nachahmen; folgen; gleichen

immaculatus unbefleckt, rein; unversehrt

immadidare benetzen, befeuchten

immanitas ungeheure Größe

immantare mit dem Pallium schmücken, mit dem Papstmantel bekleiden

immarcescibilis unverwelklich, unvergänglich

immaturus unreif, noch nicht erwachsen

immediatus unmittelbar; ungekünstelt

immerito *Adv.* unverdient, ohne Grund

immersio Taufe

imminens plötzlich eintretend; in imminenti in der Nähe

imminutus numerus Zahl, bei der die Summe sämtlicher Faktoren kleiner ist als die Zahl selbst (z. B. 8)

immissor tempestatum Wettermacher

immitis unsanft, rauh, ungnädig

immittere anstiften

immo *Adv.* noch mehr

immobilitas Unbeweglichkeit, Unveränderlichkeit

immoderabilis unerbittlich

immoderantia Maßlosigkeit

immodicum *Adv.* unmäßig

immodum *m. Gen.* = in modum nach Art

immolare (*frz.* immoler) opfern; Preislieder anstimmen

immonitus unaufgefordert

immorari verweilen, verbleiben bei

immorsus, us das Zubeißen

immotus unbewegt; ununterbrochen; passibus immotis stehenden Fußes

immunditia Unsauberkeit, Unreinheit, Häßlichkeit; Unanständigkeit

immundus unrein; sündhaft

immunis unversehrt; frei von; unbeschenkt

immunitas abgesteckter, gefreiter Raum; Schutz, Asyl, Asylrecht; Abgaben-, Zollfreiheit, Privileg

immutare verändern; wiederholen; culpam in poenam i. die Schuld entgelten lassen

imon (*griech. Gen. v. Pron. pers.*) = unser

impacatus voll Unfrieden

impagatus unbezahlt

impalam = in palam

impar ungerade; unterlegen

impassibilis empfindungslos, Leiden nicht unterworfen; unmöglich

impassibilitas Empfindungslosigkeit

impatiens *m. Gen.* unzufrieden mit

impatientia Ungeduld; Zügellosigkeit

impeditio Hemmung, Hindernis

impeiorare verschlimmern, schlechter machen

impendĕre aufwenden, schenken, opfern; auferlegen; se i. sich wenden gegen; sich angelegen sein lassen; promptam mentem i. ein geneigtes Ohr leihen; iura i. Rechte ausüben

impoenitens unbußfertig

impensa Abgabe, Opfer; Zutat

impense *Adv.* angestrengt, eifrig, sehr

impensum das Geschenkte, Gabe (*mhd. diu gift*)

imperialis kaiserlich; herrlich, prächtig; Herrscher(in)

imperiosus kaiserlich; Reichs-; herrschend; herrlich

imperitare Kaiser sein; befehligen; befehlen

imperium Befehl; Kaisertum; Regierung; Reichsoberhaupt, Träger des imperium

impermeabilis undurchschreitbar

impersonare zu Amt und Würden bringen

impertaesus unverdrossen

impertire zukommen lassen, zuteilen, gewähren, verteilen; widmen

impervius unwegsam

impetĕre losgehen auf, Angriff machen; se i. sich stürzen auf; duello i. zum Zweikampf fordern

impetitio Forderung, Anspruch; Überfallen, Bedrängen

impetrator Erlanger, Auswirker

impetuose *Adv.* ungestüm, heftig

impexus ungekämmt, rauh; i. paliurus Dorngestrüpp

impiger unverdrossen; rührig, schnell

impignerare; impignorare verpfänden

impignoratio Pfändung

impingĕre an etwas stoßen; aufschlagen; hineinstoßen, -hauen, -stecken; i. terram stranden

impinguare; impinguari fett machen; salben

implanare vom geraden, ebenen Wege abbringen; täuschen, betrügen

implēre erfüllen; *Pass.* eintreffen, eintreten; impletum habere vollbringen

impletio Ausfüllung; Ausflicken

implexare aufgreifen, festnehmen

implicare verwickeln; se i. sich einlassen auf; implicatus darin enthalten

impluvium = pluvia Regenwetter

impollutus unbefleckt

imponĕre einsetzen; anstimmen; zuschreiben; zum Vorwurf machen; hineinlegen, täuschen

importabilis unerträglich

importunitas Aufdringlichkeit; das inständige Bitten, Drängen; Rücksichtslosigkeit

importunus schroff, rücksichtslos, ungestüm; i. hostis = Teufel

impositio Auflegung, Rücksichtslosigkeit; Auflage, Steuer; i. manuum Weihe

impossibilis unmöglich; ohnmächtig

impostor Betrüger

impostus, us = impostura Betrug, Trug

impotabilis nicht trinkbar

impotionare vergiften

impotus ungetrunken

imprecamen Wunsch; Verwünschung

imprecari anwünschen; verwünschen, fluchen

impraegnare schwängern; beschweren, belasten

imprehensibilis unbegreiflich; untadelhaft

impraemeditatus unvorbereitet; unklug; unversehens, ohne Überlegung

impraesentiarum = in praesentiarum

impresse *Adv.* nachdrücklich

impretiandus unschätzbar

imprime = imprimis *Adv.* zuerst; vor allem; schleunigst

imprimĕre litteras schreiben

improbare Vorwürfe machen, tadeln, schmähen; sich etwas nicht gefallen lassen

improbitas Untüchtigkeit, Unredlichkeit, Schlechtigkeit, Frechheit; i. laboris übermäßige Anstrengung

improbus schlecht; unermüdlich

improperare = improbare

improperium Schimpf, Makel; Verspottung, Schmähwort; Vorwurf

improvide *Adv.* = improviso unversehens

improvisus unversehens, jäh, plötzlich; unklug, unpassend

impugnans böswillig

impugnare in die Faust nehmen; angreifen, bekämpfen

impugnatus uneingenommen

impulsus, us Angriff; Stoß

impura Wahrsagerin, Hexe

imputare anrechnen; zuschreiben; einschneiden

imputribilis unverweslich; unverwest

imus *oft als Positiv* = hoch, tief; unterer; *auch* = intimus; in imo unten (auf der Erde)

in *Präp. m. Akk. und Abl. (nicht streng geschieden!)* in; zu; innerhalb; in terga im Rücken; in pistrino dare in die Tretmühle schicken; in damno zu seinem Schaden; in mercedem zum Lohn; in pedes zwischen die Füße; in uxorem ducere als Gattin heimführen; in via *m. Gen.* nach Art; in tantum so sehr; in quantum soweit. — *Oft statt des Ablativs: instrumental:* in gladio mit dem Schwert; *modal:* in cursu velox flink im Laufen; *temporal:* in tempore parvo = nicht lange

inacceptus = non acceptus nicht erwünscht, nicht angenehm

inaccessibilis unzugänglich

inactus unverhandelt; *Adv.* unverrichteter Dinge

inadvertens unachtsam

inadvertentia Unaufmerksamkeit

inaltare erhöhen; aufhäufen

inalterabilis unveränderlich

inamandus unangenehm, widerlich

inamarescĕre bitter werden

inambustus unverbrannt, unversehrt

inamoenus reizlos, ohne Anmut

inanire leer machen, ernidrigen

inanis leer, eitel; inane iudicium Gewalturteil

inantea *Adv.* vorher; nach vorn, in Zukunft

inaquosus wasserlos, wasserarm; inaquosum Wüste

inargentatus versilbert

inauditus nie gehört

inaurare vergolden; übertreffen (*mhd.* übergulden)

inauris, is Ohrring; *Plur.* Ohrgehänge

inauxiliatus nicht unterstützt

inb . . . s. imb . . .

inbeneficiare zu Lehen geben; belehnen

inberbes = imberbis bartlos

incalescere 1. warm werden; 2. = incallescere dickhäutig werden

incallidus unklug

incantatio Zauberei, Zauberspruch

incantator Zauberer

incantatrix Zauberin, Hexe

incapax nicht fassend, nicht empfänglich; unfähig

incappare mit dem Mantel bekleiden; mit der cappa doctoralis bekleiden

incarcerare einkerkern

incarnatio Menschwerdung (Christi)

incarnatus fleischgeworden, menschgeworden

incassabilis unvernichtbar

incassare 1. = incapsare in den Heiligenschrein aufnehmen; 2. vernichten, zuschanden machen

incassus vergeblich, unnütz

incastellare befestigen; ins Gefängnis werfen

incastratura Ausschnitt

incausare anklagen

incausterium Tintenfaß

incaustrum = incaustum

incaustum = encaustum Tinte

incautus unvorsichtig, töricht

incendĕre aliquem das Haus jem. verbrennen

incendiarius Mordbrenner; Räuber

incendium Brandlegung; Scheiterhaufen

incenis hungrig

incensare beräuchern (mit Weihrauch)

incensum Weihrauch; Weihrauchopfer, Brandopfer

incentivus anstimmend; anregend, reizend; incentivum Entfachung

incentor Anstimmer; Anstifter

inceptio Anfangen, Beginnen

incessabilis unaufhörlich, ohne zu ermüden, ständig

incessanter Adv. unablässig, unaufhörlich

incessus, us Einhergehen, Gang, Trab

incestivus = incestus

incestus unzüchtig, blutschänderisch; incestum Blutschande; incesta, orum Lasterleben

inchoatio Beginnen, Vorbereitung

incidenter Adv. noch dazu kommend, gelegentlich, nebenbei, gegebenenfalls

incidĕre einschneiden, zuschneiden; niederhauen; trennen, abbrechen

incinerare in Asche verwandeln, verbrennen; Pass. zu Staub werden

incircumcisus nicht beschnitten, nicht jüdisch; ungebildet, hartherzig

incircumscriptus unbegrenzt, unendlich

incisor Zerschneider; Schneider

incisus ein-, angeschnitten; ungeschnitten

inclamare dringend anflehen

inclemens hart, schonungslos, wild

inclinare sich zu Boden werfen; geneigt machen; i. alicui sich vor jem. verneigen

inclinatio Unterwerfung

inclines, is sich bückend

inclitus = inclutus vielgenannt, berühmt; als Ehrenprädikat: erlaucht

includi Klausnerin werden

inclusa Klausnerin, Nonne

inclusive Adv. einschließlich

inclusor Juwelier

incognitis (sc. causis) ohne Untersuchung

incohare = inchoare anfangen

incoinquinatus unbefleckt, unbesudelt

incola der Einheimische

incolatus, us Aufenthalt, das Verweilen; Verbannung; der irdische Aufenthalt, Pilgrimschaft

incommoditas Unbequemlichkeit; Nachteil, Ungemach, Schaden

incommunicabilis nicht mitteilbar

incomparabilis unvergleichbar

incompetens unpassend, ungehörig

incomprehensibilis unbegreiflich

inconceptibilis unfaßbar

1. inconditus ungewürzt

2. inconditus ungeordnet

inconductus ungeleitet

inconfractus unverbrüchlich

inconfusibilis unbeirrbar

incongruus unangemessen, unpassend, nicht übereinstimmend

inconsideratio Unbedachtsamkeit

inconsolatus ungetröstet

inconsultus unüberlegt; unversorgt, notleidend; inconsulto ipso ohne ihn zu Rate zu ziehen

inconsummatio Unvollkommenheit

inconsutilis ohne Naht, aus einem Stück

incontinens unenthaltsam, unmäßig

incontinenti Adv. sofort

incontrectabilis unbetastbar

inconvenienter Adv. unschicklich; fälschlich

inconvulsibilis unzerreißbar, unverletzlich

inconvulsus unerschüttert, ungestört, ungeschwächt, unangetastet, unzerrissen

incoriosus = incuriosus

incorporare einverleiben, einfügen

incorporatus Leib geworden

incorporeus unkörperlich

incorruptela Unverweslichkeit

incorruptibiliter Adv. ohne zu verderben

incorruptio Unvergänglichkeit, Unverweslichkeit; sittliche Reinheit

incrassare verdicken; incrassatus dick, fett, feist; verhärtet, gleichgültig

incredibilis unglaublich; ungläubig

incredulitas Unglaube

incredulus ungläubig; unglaublich

incrementum Wachstum, Förderung, Gedeihen, Zuwachs; Saat

increpatio Schelten, Tadel; Warnung

increpĕre = increpare lärmen, toben; schelten, tadeln

increpitare schimpfen, tadeln; schlagen

incrocare an einem Haken aufhängen

incubare auf etwas liegen, lasten auf; bedrängen, treiben

incubitor Schrat

inculcatio das Einprägen

inculpabilis tadellos, ohne Schuld, unsträflich, ohne Schuld zu ernten

inculpare anschuldigen, beschuldigen

incultus ungepflegt, entstellt

incumbĕre sich auf etwas legen; hereinbrechen; consiliis i. Pläne schmieden

incunare wiegen

incunctanter Adv. unverzüglich

incuria Sorglosigkeit, Unachtsamkeit

incurialitas Unhöflichkeit

incuriosus sorglos, gleichgültig, nachlässig; i. rerum ohne Teilnahme für den Inhalt

incurrĕre geraten, verfallen in; unterliegen; i. iram sich den Zorn zuziehen; i. mortem sterben; i. poenam sich eine Strafe zuziehen

incursare angreifen

incurvare krümmen; niederbeugen

incurvus krumm; taumelnd

incus, udis Amboß

incusare sich beschweren; anklagen

incussus ungeschlagen, ohne Prügel

incutĕre hineinschlagen

incutescĕre sich mit einer Haut bekleiden, reif werden

indagator Aufspürer, Forscher

indago, inis Aufsuchung, Forschung, Überlegung; indagines silvae Verhaue im Walde

inde Adv. davon, infolgedessen, darauf

indebitatus verschuldet

indebitus unverschuldet, nicht gebührend

indecens unanständig, ungehörig, roh

indecisus unbestimmt

indecoris unrühmlich; unbeschenkt, ohne Honorar

indecorus unanständig, unmöglich

indefectivus unvergänglich

indefessus unermüdet, unermüdlich

indeficiens nicht abnehmend, unerschöpflich, unablässig

indemnitas Schadloshaltung

indĕre hineintun, hinzufügen; anvertrauen; nomen i. den Namen geben

indesinenter Adv. unaufhörlich, unablässig

index Anzeiger; Zeigefinger;Verzeichnis; vox i. ein hinweisendes Wort

indicibilis unaussprechlich, unsagbar

indicium Anzeichen; Kennzeichen

indictio Ansage, Ankündigung; Steuer; Aufgebot, Mannschaft; beliebte ma. Zeitangabe („da die erste Indiktion 3 v. Chr. beginnt, so findet man die Indiktion eines Jahres, indem man 3 zur Jahreszahl nach Christi Geburt hinzuzählt und die so gewonnene Zahl durch 15 teilt, der Rest ist die Indiktionszahl; z. B. $814+3=817:15=54$, Rest 7; also indictio VII. Bleibt kein Rest, so ist 15 selbst die Indiktion.")

indictor Verkünder

indiculus; indiculum Brief

indicus indisch, schwarz; color i. Indigo

indies = in dies täglich

indifferenter Adv. unterschiedslos

indigena einheimisch; Eingeborener

indigentia Bedürfnis; Mangel

indigĕre aliquid etwas nötig haben; indigetur amplius (minus) man gebraucht mehr (weniger) (BR.)

indigeries, ei Übersättigung, Unmäßigkeit, Mangel an Verdauung

indignans unwillig; unwürdig, kränkend; Adv. indignanter mit Verachtung

indignare unwert machen, entwürdigen; Pass. unwert werden, sich entrüsten

indignatio Unwille, Geringschätzung; ob indignationem in verächtlicher Weise

indignatus voll Verachtung
indigne *Adv.* unverdient
indigus bedürftig, hilfsbedürftig
indipisci erfassen; erreichen, erlangen
indisciplinatus unordentlich, liederlich, zuchtlos, zügellos
indiscretus ausgelassen, unbesonnen; allgemein; liederlich, *Adv.* indiscrete ohne Unterschied
indiscussus unerörtert
indisputabilis unbestreitbar
indissolubilis unauflöslich
indissolutus unversehrt
inditus innewohnend
individuatio Unteilbarkeit
individus ungeteilt
individuus unteilbar; individuum Einzelding
indivinus Prophet
indoles, is Geschlecht, Art
indominicatus mansus nicht zu Lehen gegebenes Gut
indonatus unbeschenkt
indubitanter *Adv.* ohne Besinnen; zweifellos
indubius unzweifelhaft
induci ... s. induti ...
inducĕre verleiten; veranlassen, bewegen; zitieren; animum i. nach etwas streben
indulcare süß machen, süß reden
indulgentia Nachsicht, Schonung; Erlaubnis; Ablaß; Lossprechung vom Bann
indulgentiarius Ablaßhändler
indulgēre nachsichtig sein, verzeihen, vergeben; sich hingeben; i. aliquid abwarten; zurücklassen; genio i. sich gütlich tun
indultor Begnadiger, Begünstiger, Spender
indultum Gnade; Ablaß
indultus, us Erfüllung
indumentum Kleidungsstück, Gewand; *Plur.* Schuhe
induperator = imperator
indurare erhärten, hart werden
indus indisch; morgenländisch
industria Fleiß, Mühe; Nachdruck; Weisheit, weise Lehre, Klugheit

industriosus fleißig, arbeitsam
indutiae Waffenstillstand, Friedensverhandlung; Gerichtsverhandlung; Termin; Bedenkzeit, Frist; Freizeit, Ferientag
indutiare; indutiari verabreden, festsetzen; Frist geben; i. aliquid ad aliquem übertragen
induviae Kleider, Anzug
induvium Gewand
inebriare berauschen; mit Liebesglut erfüllen; *Pass.* sich berauschen; freudetrunken werden
inedia Fasten, Nichtessen; Hunger, Not
inedicibilis unaussprechlich, groß
ineffabilis unaussprechlich, unsagbar; unzählbar, ungeheuer
ineffrenatus zügellos
ineffugibilis unvermeidlich
inemendabilis unverbesserlich, unheilbar; ungebüßt
inemendatus unverbessert; ungesühnt
inenarrabilis unbeschreiblich, unaussprechlich, unerklärlich
ineptus ungewandt, unpassend, unmöglich, albern
inaequalis ungleich; unvollkommen
inaequiperabilis unvergleichbar
inerguminus = energuminus
inerrare in sich verirren zu
iners, ertis ungeschickt, untüchtig; träge; Schwächling
ineruditio Mangel an Bildung
inescare anködern, mit Lockspeise versehen; anlocken, verlocken
inesse alicui innewohnen, anhaften; beiwohnen; obsequio domini i. dem Könige zu Diensten sein
inaestimabilis unschätzbar, unberechenbar
inexauditus unerhört
inexesus unvergänglich
inexorabilis unerbittlich
inexterminabilis unausrottbar, unvergänglich, ewig
inextimabilis unschätzbar
inextinguibilis unauslöschlich
infallibilis unfehlbar

infamare ins Gerede bringen, anschuldigen

infamis berüchtigt, übel beleumundet

infandus schändlich, bemakelt

infans unmündig; Kind; Knabe, Page; Prinz; Chorknabe

infantula Mädchen

infantulus Säugling, kleines Kind

infarcire; infercire hineinstopfen

infatuare betören; verhindern; infatuatus töricht

infectio Beeinflussung

infelix unglücklich, unselig; erfolglos

infensus erbittert, feindlich gesinnt, verfeindet

infeodare (*germ.*) = infeudare belehnen

inferius *Adv.* weiter unten; zutiefst, von Grund aus; = interius weiter innen; i. stare weiter zurückstehen (W.)

infernalis unterirdisch; teuflisch, höllisch

infernicula Höllenbewohner, Teufel

infernus unten befindlich; Teufel, Hölle; infernum (*auch Plur.*) Hölle

inferre versetzen, erwidern, sagen; verba i. Worte vorbringen; poenas i. Strafen beantragen

infertor Speiseträger, Truchseß

infestare aliquem angreifen, bekämpfen, anstürmen gegen; peinigen; infestari alicui feindlich gesinnt sein

infestatio Anfeindung, Beunruhigung, Feindseligkeit, Angriff, Einfall

infeudare (*germ.*) belehnen

inficĕre vergiften, anstecken

infictus ungeheuchelt, zuverlässig, echt

infidelis unzuverlässig, treulos; ungläubig, heidnisch

infidelitas Unglaube

infidia Treulosigkeit

infigĕre aufheften, beibringen

infinitivus unbegrenzt viel

infinitus unbegrenzt, zahllos

infirmare schwächen; krank sein, erkranken; *Pass.* krank werden

infirmaria (*sc.* domus) Krankenhaus

infirmarium Krankenstube

infirmarius Siechmeister, Krankenmeister

infirmitas Schwäche, Krankheit, Seuche

infirmitorium Krankensaal (im Kloster)

infirmis = infirmus schwach, krank; *Adv.* infirmiter kraftlos; ohne Halt

infit er beginnt zu reden

infitiari quin leugnen

inflare hineinblasen; *Pass.* aufgeblasen werden

inflatio Aufschwellen, Blähung; Ohrensausen; Aufgeblasenheit, Hochmut

inflatus aufgeblasen, stolz, eitel

inflictum Anstoß, Sünde

inflictus, us Zuschlagen (der Tür)

influus einfließend

informare *m. Abl.* unterrichten, unterweisen in; aufklären; prägen

infortiare verstärken, befestigen

infortis sehr tapfer

infortunium Unglück, Ungemach

infortunius unglücklich, böse, schlimm

infra 1. *Adv.* nachstehend; 2. *Präp. m. Akk.* unterhalb; = intra innerhalb, binnen, zwischen; longe infra metam weit vom Ziel; infra se bei sich

infractura Einbruch (um zu stehlen)

infractus ungebrochen, unverletzt

infrangibilis = infragilis unzerbrechlich

infrigidare abkühlen

infringĕre zerbrechen, verletzen; brechen mit; i. ictus Hiebe versetzen

infronitus = infrunitus albern, einfältig; unmäßig, anmaßend

infrontatus schamlos, frech

infruticare sprießen

infula Stirnbinde; Mitra, Bischofshut, Tiara

infulare mit der Infula schmücken, zum Bischof machen

infundĕre eingießen, einflößen; zurückstrahlen; se i. sich hingeben

infurĕre wüten anfallen

infurtunia = infortunia Unglück

infusorium Kanne

ingemescĕre = ingemiscĕre aufseufzen, seufzen; bedauern

ingeminare verdoppeln

ingeniare scharfsinnig ausdenken, ersinnen

ingeniarius; ingenierius Festungsbaumeister, Geschützkommandeur (*mhd.* antwercmeister)

ingeniator = ingeniarius

ingeniolum geringe Begabung, kleines Talent

ingeniosus erfinderisch; sinnreich; trügerisch

ingenitus ungeboren, aus dem Mutterleib geschnitten; angeboren

ingenium Klugheit, Scharfsinn, Eingebung, kluger Einfall, Idee; Wille, Absicht; List, Tücke, Kunstgriff; Technik; kunstvolle Maschine, Geschütz; ingenio auf künstlichem Wege; ingenio omni mit aller List; per i. im Geiste; sine malo ingenio ohne Hinterhalt, aufrichtig

ingenuilis = ingenuus; einem Freien gehörig; der Freie

ingenuitas edle Abstammung, adliges Geschlecht

ingenuus einheimisch, freigeboren; der freie Bauer, Gemeinfreie; *Plur.* die Geschlechter (in den Städten)

ingerĕre hineintragen, einstoßen, vorbringen, mitteilen; se i. sich einmischen, sich aufdrängen; teilnehmen

ingloria Schande

inglorius ruhmlos, ohne Ansehen

inglutire hinunter-, verschlucken

ingluvies, ei Gefräßigkeit, Völlerei; Bauch

ingrandinare züchtigen (wie mit Hagelschlägen), geißeln

ingrassari verheeren

ingratitudo Undankbarkeit

ingratus unangenehm; ungefällig, unnütz; widerwillig

ingravare querelam Beschwerde führen

ingredĕre = ingredi angreifen

ingremiare im Schoß begreifen

ingressus, us Betreten, Eintritt; Begräbnis; Eingang

ingruĕre hereinbrechen, anstürmen, befallen

inguen, inis Leistengegend, Schamglied

inguinaria pestis Leistenpest

ingurgitare hineingießen, sich voll und toll fressen und saufen; potibus ingurgitatus berauscht

inhabilis untauglich, ungeeignet

inhabitare wohnen

inhabitatio das Bewohnen; Wohnung

inhiare den Mund aufsperren, begierig trachten nach, die Augen werfen auf; inhians versessen auf, gierig

inhibēre verbieten

inhonestare entehren, erniedrigen

inhonor Unehre

inhonorare entehren, verachten; geringschätzen

inhormis = inormis

inhorrēre emporstarren; auf jem. losfahren; gegen jem. rasen

inhorrescĕre campis auf den Feldern starren, zu starren anfangen

inibi = ibi daselbst

inimicari feindselig gesinnt sein

inimicitia = inimicitiae Feindschaft, Fehde

inimicus Feind; Teufel

ininterpretabilis unerklärlich

iniquare unwillig machen, ungünstig machen, zu Fall bringen

iniquitas Ungleichheit, Abnormität; Ungerechtigkeit; Sündhaftigkeit, Missetat, Sünden

initiare weihen, anfangen; reden von

initium Anfang; Vorrang

iniungĕre hinzufügen; auferlegen, auftragen, befehlen

iniure mit Unrecht

iniuria Unrecht; Rache, Rachegefühl

iniuriare; iniuriari gewalttätig behandeln, übermütig begegnen; Unrecht tun an

iniuriosus ungerecht, frevelhaft; verletzend

iniustitia Ungerechtigkeit, ungerechte Strenge; Unrecht; *Plur.* Ungerechtigkeit, Unrecht

inl...; **inm**...s. ill...; imm...

innisus ausgestattet mit

inniti sich stützen auf; beruhen auf

innocent[i]um puerorum Tag der Unschuldigen Kinder = 28. Dez.

innocuus unschuldig, rechtschaffen

innodare (in einen Knoten) verknüpfen, hinein verstricken, einfügen; banno, excommunicationis sententia i. in den Bann tun

innotescěre bekannt werden, sich offenbaren; bekanntmachen, berichten, melden, verkünden

innovare erneuern, verändern

innuěre zuwinken, zunicken; bewilligen, anerkennen; raten

innumerandus = innumerus

innumerus unzählig, zahllos; innumeri = wenige

inoboediens ungehorsam, widerspenstig

inoblitus 1. nicht uneingedenk; 2. unvergessen

inocciduus unvergänglich

inoffensus ungehindert

inofficiosus pflichtwidrig, lieblos

inolescěre einwachsen, sich einbürgern

inolitus (v. inolescere) eingewurzelt

inopia ac fames Hungersnot

inopinus unvermutet

inops mentis ratlos

inordinanter *Adv.* ordnungs-, rechtswidrig

inordinatio Unordnung

inormis übermäßig groß; gottlos

innoxius unschuldig

inquam *auch vor und nach der indirekten Rede; Part. Präs.* inquiens

inp . . . s. imp. . . .

inquantare versteigern

inquietare beunruhigen, belästigen; inquietari aliquem jem. lästig fallen

inquietatio Beunruhigung

inquietudo, inis Unruhe, Geräusch; Anfechtung, Belästigung, Störung

inquilinus von anderen übernommen

inquinamentum Schmutz, Unrat

inquinare beflecken; verwickeln

inquirěre de fragen nach, gerichtliche Untersuchung vornehmen; heimsuchen; i. aliquem forschen nach

inquisito nach erfolgter Untersuchung

inquisitum Frage

inr . . . s. irr. . . .

insaginare zur Mast bringen

insanire unsinnig sein, Torheiten verüben; den Verstand verlieren; dichten

insanus wahnsinnig; verzückt, begeistert; insanum caput Hexe

insatanatus vom Teufel besessen

insatietas Unersättlichkeit

inscinděre zerfleischen

insciolus unwissend

inscissura Einschnitt, Schlitz (in Kleidungsstücken)

inscissus unzerrissen, heil

inscrutabilis unerforschlich

insculpěre einschnitzen; plastisch darstellen

insecabilis unteilbar

insectari folgen; verfolgen; angreifen

insectilis unteilbar

insector Bedränger, Verfolger

inseminatus nicht besät

insensatus unvernünftig, sinnlos, gefühllos; Hohlkopf

insensibilis gefühllos; ohne Sinne

inseparabilis unzertrennbar

insequenter *Adv.* unmittelbar darauf

inserěre 1. hineinsäen, einpflanzen; 2. einfügen, entgegenwerfen; scriptis i. aufzeichnen; insertus fune an einem Stricke befestigt

insertare hineinstecken

insertor = infertor Truchseß

inservire aliquem jem. zum Sklaven machen

insiděre = insiděre sitzen

insidia = insidiae Hinterhalt, Hinterlist

insidiare; insidiari lauern auf, nachstellen; in mortem alicuius i. jem. nach dem Leben trachten

insidiator Feind

insidiosus eingehend, peinlich

insignare = insignire

insigne Abzeichen, Eigentümlichkeit; Wappen; Meisterstück; insignia regalia, imperialia Reichsinsignien

insignire bezeichnen, kenntlich machen, aufzeichnen; versehen mit; zum Ritter schlagen; insignitus ein ganz besonderer

insignium = insigne

insimul *Adv.* zusammen, zugleich

insimulatus unzweideutig

insinuare in den Busen stecken, einimpfen, einpflanzen; mitteilen, beibringen, lehren, verkündigen, offen aussprechen, offenbaren

insinuatio Einschmeichlung

insipidus unschmackhaft; ungelehrt

insipientia Unverstand, Torheit

insistĕre eintreten für, darauf bestehen, eifrig betreiben; divinis servitiis i. Gottesdienst begehen

insitivus angeboren; vis insitiva eingesäte Sproßkraft

insitus (*v.* inserĕre) 1. begabt; 2. veredelt

insolentia Ungewohntes; Keckheit, Übermut; i. loci Holprigkeit des Bodens

insopilis schlaflos

insons unschuldig, schuldlos

insonus geräuschlos; stumm

inspirare einhauchen, eingeben; begeistern

inspectivus zuschauend

inspector Zuschauer; Hineinschauer = Gott

inspiratio Eingebung, Erleuchtung; Lebensodem

inspiratus 1. angeboren; 2. = insperatus unverhofft; ex inspirato unverhofft

instagnare, instagnari sich stauen, über die Ufer treten

installare bestellen, (in ein Amt) einsetzen

installire = installare

instans drängend, dringend, inbrünstig, fleißig; unstet; Augenblick; *Adv. Komp.* instantius sofort

instantia Ausdauer, Beharrlichkeit, Eifer; Drängen, Befehl; Bedürfnis; Instanz; Urteil; ad instantiam auf dringendes Bitten

instar (*indekl.*) Abbild, Abschrift; Vorbild; gleichwie; i. esse alicuius jem. gleichen, so viel gelten wie; i. habere gleichen; ad i. ganz so wie

instare noch bestehen; in der Nähe sein, eindringen, nachdrängen; jem. zu-

setzen, bedrängen; sich an etwas machen; sich abmühen, flott betreiben, nicht ablassen; es dahin bringen

instaurare instand setzen, rüsten; erneuern, wiederholen; se i. sich erholen

instigare anstacheln, antreiben, anreizen, hetzen

instillare einträufeln

1. **instinctus, us** Antrieb, Anstiften; Eingebung, Trieb

2. **instinctus** (*v.* instinguĕre) angefeuert, getrieben

instita Besatz; Binde, Streifen

institor Aufseher, Unternehmer, Kaufmann

instituenter *Adv.* nach Anweisung

institutio Einrichtung; Satzung; Schöpfung

institutum Absicht; Anweisung, Festsetzung, Erlaß

instrepitare anrauschen; erzwingen

instructio Ausrüstung; Unterweisung

instrumentum Werkzeug, Belagerungsgerät; Baustoff; Urkunde; das (Alte und Neue) Testament

insubiectus nicht unterworfen

insudare in Schweiß kommen; i. alicui bei etwas schwitzen, etwas eifrig betreiben

insudus trocken

insufflare einblasen, anhauchen

insulsus unschmackhaft; albern

insultus, us Angriff

insuperatus unüberwunden, unwiderleglich, unumstößlich, gewiß

insurgĕre sich erheben

insursare heimsuchen

insuspicabilis unvermutet

insusurrare einflüstern, heimlich flüstern; ex integro völlig

integraliter *Adv.* unversehrt, unbescholten; vollständig

integritas Unversehrtheit; Jungfernschaft; Heiligkeit; ex integritate ausschließlich; sub integritate völlig

intellectualis geistig; gedacht

intellectus, us Erkennen, Verständnis; Sinn; Lehrgedicht

intellegibilis verständlich, denkbar; verständig

intelligentia Einsicht; Einvernehmen

intelligĕre verstehen; beachten, zu Herzen nehmen

intemeratus unverletzt, unverfälscht, unbefleckt

intemperantia Unmäßigkeit; Mißverhältnis

intemperies, ei schlechte Witterung; Rauheit; Unmäßigkeit, ungezügelte Begierde

intempesta nox tiefe, stille Nacht

intempestativus = intempestivus unzeitig

intemporius unzeitig, zur Unzeit

intendĕre hinlenken auf, ansehen; aufpassen; eifrig betreiben, sich beschäftigen; i. in aliqua re trachten nach; vultum i. fest ins Auge schauen; i. in elatione sich in Stolz erheben

intentare ausstrecken, drehen, sich daran machen; sich beschäftigen

intentio Aufmerksamkeit, Anstrengung, Fleiß, Absicht; Geistesrichtung; Klage

intentus sich zuwendend, bestrebt

intepescĕre lauwarm werden

intercapedo, inis Unterbrechung, Entfernung, Abstand

interceptio Wegnahme; i. pacis Kriegserklärung

intercessio Fürsprache; Verwenden

intercessor Widersprecher; Vermittler, Bürge

intercipĕre auffangen, aushalten, einen Hieb parieren, unschädlich machen; ausschalten, beseitigen

intercisio Zerhauen, Trennung

intercrassari inzwischen dick hervorbringen

intercurrĕre hin- und herlaufen

intercus, utis unter der Haut befindlich; morbus aquae intercutis Wassersucht

interdictum Verbot, Einsprache, Interdikt

interdictus mit dem Interdikt belegt

interdonatio gegenseitige Schenkung

interdum Adv. = interea

interea Adv. unterdessen, in diesem Dasein; indessen, jedoch

interemptor Verderber, Henker

intergressus, us das Dazwischentreten

interlectio Tötung, Ermordung

interim Adv. vorläufig

interitio Untergang; Niedergang

interius Adv. Kompar. von Herzen, in tiefster Seele

interlinearis zwischen den Zeilen befindlich

interlocutorius vorläufig, provisorisch

intermicare hervorschimmern

interminabilis unbegrenzt, unendlich

interminari androhen

interminus unbegrenzt; unendlich; ewig

intermiscĕre mischen unter

internicio = internecio völliger Untergang, Vernichtung, Tod

internuntius Unterhändler, Vermittler

interpellare anrufen, sich an jem. wenden, unterhandeln; beklagen

interpellator Kläger

interpolare einschieben, verfälschen; unterbrechen

interponĕre einschalten, einschieben; sich einschieben, vermitteln; verfälschen; Pass. teilnehmen; paucis interpositis bald nachher

interpositio Schutzwehr; Fürsprache, Fürbitte; interpositione sacramenti mit eidlicher Bekräftigung

interpositor Mittler, Fürsprecher

interpretamentum Deutung; Verdeutschung

interpretari auslegen, übersetzen, bedeuten, heißen; auch passivisch!

interrare beerdigen

interrasilis durchbrochen gearbeitet

interrogatum Frage

interserĕre dazwischen pflanzen, dazwischen fügen; einfließen lassen, äußern

intersidĕre durch Sitzen trennen

intersignum Zeichen, Merkmal; Denkzeichen, Beweis; Siegel

interstare dazwischenstehen, -treten

interstitiare absetzen, unterbrechen

interstitiosus Unterbrechung bietend

interstitium das Dazwischentreten; Absatz; Zwischenraum

intertiare in dritte Hand legen

interula Hemd

interventio = interventus, us Beisein; Vermittlung, Fürsprache, Beistand

interventrix Vermittlerin, Fürsprecherin

intestinum Darm; *Plur.* Eingeweide

inthronizare feierlich einsetzen, auf den päpstlichen Stuhl, auf den Thron setzen

intibum Endivie (Salatpflanze)

intimare mitteilen, melden, erzählen, beschreiben, in eine Urkunde aufnehmen

intimus innerst; innerlich; medicus i. Seelenarzt; intima cordis innerstes Herz; *Adv.* intime genau; von Herzen

intingĕre eintauchen, taufen; i. in undis taufen

intolerantia Unduldsamkeit; Unerträglichkeit

intonare donnern; ausbrechen (in die Worte), anstimmen, laut ausrufen

intonsus ungeschoren; intonsi montes dichbewaldete Berge

intorquĕre hindrehen, verwenden; verrenken

intoxicare vergiften

intoxicator Giftmischer

intra *Präp.* unter, unterhalb

intralia, ium Eingeweide

intrare lectum zu Bett gehen

intrepidus unerschrocken, unerschütterlich

intricare in Streit verwickeln, verwirren; *Spielerausdruck:* ,,einseifen", ,,ausnehmen"

intrinsecus *Adj.* inwendig, innerlich; *Adv.* einwärts, im Innern, inwendig

intro *Adv.* = intus

introitus, us Einmarsch, Eingang; Eintrittsgeld; Eingangsgebet bei der hl. Messe, Introitus; Einsetzung

intromittĕre hineinlassen; einrechnen; se i. sich einfallen lassen, sich unterwinden; sich einmischen

intruncare verstümmeln

intrusio Eindrängen; das Einkerkern

intuba = intibum

intueri hinschauen, hinblicken, hinzielen

intuitus, us Anblick, Blick; Gesicht; Beurteilung; Rücksicht; intuitu *m. Gen.* im Hinblick auf, um — willen

intus *Adv.* nach innen, in den Kreis hinein; *mit Gen.* innerhalb

inundare überlaufen; inundatus überströmt

inungĕre bestreichen, salben

invadabilis nicht passierbar

invadĕre aliquem auf jem. zu kommen, überfallen; i. aliquid widerrechtlich in Besitz nehmen

invadiare; invadiari verpfänden

invalescĕre erstarken, überhandnehmen, heftiger werden

in vanum vergeblich

invasio Einfall; Ansturm, Aufstand

invasor Eindringling, Eroberer

invasorius zum invasor gehörig; räuberisch

invectio Angriff, Anfall; Streit, Zank; Tadel, Scheltrede

invenire wiederfinden

inventio crucis Fest der Auffindung des hl. Kreuzes = 3. Mai

inventrix crucis Wiederauffinderin des hl. Kreuzes = Helena, die Mutter Konstantins des Großen

inventorium = inventarium Verzeichnis eines Nachlasses

inverecundus unverschämt, schamlos

invernare grünen, blühen

inverrĕre aliquid aliqua re über etwas mit einem stoßenden oder reibenden Werkzeug hinfahren

investigabilis 1. erforschbar; 2. unerforschlich, unergründlich

investigare durchforschen, untersuchen

investigator canis Spürhund

investire bekleiden; belehnen

investitura Besitz, Besitzrecht; Investitur; i. imperialis = die Abzeichen der Kaiserwürde

inveteratus 1. (darin) alt geworden, veraltet; 2. ungealtert, ,,wie neu"

invicem *Adv.* abwechselnd, gegenseitig, untereinander; ab i. voneinander; umgekehrt, dagegen; ad i. *mit Gen.* anstatt

invictricius unbesiegbar

invictus unüberwunden; unbefleckt, rein

invidēre hassen, verachten; neidisch vorenthalten

invidiosus neidisch; karg

invidus neidisch = der Teufel

invigilare wachen

invincibilis unüberwindlich

inviscerare tief einprägen

invisibilis unsichtbar

1. **invisus** nicht gesehen

2. **invisus** verhaßt; gefürchtet. — *Auch aktivisch*: invisa marito der Gatte war ihr zuwider (Helm.)

invitatorium = psalmus invitatorius *d. i.* Ps. 94

invitus unangenehm, lästig, verhaßt

invium das Ungangbare; Irrweg

involare hineinfliegen; angreifen; wegnehmen, stehlen

involitare auf etwas flattern, schweben

involumentum Hülle, Decke

iocale, is Schmuck, Kostbarkeit, Kleinod

iocare; iocari scherzen, sich freuen; saltando iocans durch lächerliche Sprünge

iocator Spaßmacher, Gaukler, Spielmann

iocosus scherzhaft; erquickend

ioculanter *Adv.* scherzend, nach Art eines Spaßmachers

ioculari scherzen; foppen; geigen

iocularius = iocularis scherzhaft, spaßhaft

ioculator (*frz.* jongleur) = iocator

ioculatrix = *mhd.* spilwip Gauklerin

ioculentus scherzhaft, spaßig

iocundare = iucundare erheitern

iocunditas Bereitwilligkeit

iocundus = iucundus scherzhaft, froh

iocus Scherz, Spaß; Spiel, Kampfspiel; iocum dare Spaß machen

iosum *Adv.* = iusum

Iovis *als Nom. im späteren MA.* = Jupiter

yp...s. **hyp.**...

ypapanti (*mgriech.*) Begegnung Simeons mit Maria und dem Jesuskind = purificatio Mariae (2. Febr.)

ypothamus = hippopotamus (*griech.*) Flußpferd, Nilpferd

ipotesis = hypothesis

ipse = ille, is, idem; = *best. Artikel*; zuweilen *überflüssig*; ipsissimus höchstselbst; et ipse auch seinerseits; ad hoc ipsum gerade zu diesem Zwecke; in id ipsum zugleich

ir = chir (*griech.*) Hand

ira Feindschaft (*mhd.* haz)

irasci in aliquem zürnen auf

ire in werden zu; i. in placitum beschließen

iricius = ericius

iris, idis (*griech.*) Regenbogen

ironia (*griech.*), feiner Spott, Ironie; per ironiam scherzend, ironisch

ironice *Adv.* spöttisch; höhnisch

irquus Augenwinkel; Scheelblick

irradēre hineinschaben

irradiare hineinstrahlen, bestrahlen

irrationalis; irrationabilis unvernünftig, unberechtigt; irrationabilia Tierwelt

irrecuperabilis unersetzlich

irrediturus um nicht wiederzukehren

irremeabilis nicht zurückgehbar

irremediabilis nicht wieder gutzumachen, unheilbar, böse

irremissibilis unverzeihlich, ewig

irremissus ungelockert, unnachsichtlich

irreprehensibilis untadelhaft

irreprensus = irreprehensus untadelhaft

irreputandus unschätzbar

irrequisitus unaufgesucht, nicht gebeten

irretire (im Netze) fangen, fesseln, verstricken, umgarnen

irretitor der Umgarner

irreverens; irreverentialis unehrerbietig

irriguus bewässert

irrisor Spötter

irrisorius spöttisch

irritamentum Reizmittel; i. gulae Leckerbissen

1. **irritare** reizen, erbittern

2. **irritare** zunichte machen; pactum i.
Vertrag brechen

irritus ungültig; in irritum deducere für
ungültig erklären

irrogare beantragen; auferlegen, zufügen;
i. calumniam alicui gegen jem. eine
Klage erheben

irruĕre hereinstürzen; i. in aliquem jem.
überfallen; i. super aliquem über jem.
herfallen

irrugire aufstöhnen

irrumpĕre umstoßen

irrutilare rötlich schimmern

yrsutus = hirsutus

1. **is** = suus

2. **is** (*hebr.*) Mann

ysagoge (*griech.*) Einleitung

ischyros (*griech.*) stark, kraftvoll

isdem = idem

issa (*hebr.*) Frau

iste = hic, ille, suus; der folgende; der
genannte

ysopus = hysopus (*griech.*) Ysop (als
Sprengwedel dienend)

istorsum *Adv.* dahin

itaque *Adv.* = igitur daher; nun

item *Adv.* ebenso; ferner; abermals

itemque *Adv.* und noch einmal

iter Weg; Heerfahrt, Kreuzfahrt; Heim-
gang, Tod; i. peregrinationis Pilgerfahrt; uno eodemque itinere ohne
Aufenthalt

iterare 1. wiederholen, fortsetzen; 2. marschieren, reisen

iterato *Adv.* = iterum abermals

iteri = itineri (W.)

itidem *Adv.* ebenso, ebenfalls

itiner = iter

itinerare ; itinerari reisen

itinerarius marschfertig

iuba Mähne

iubar, aris Glanz, Schein; strahlendes
Licht

iubĕre *m. Dat.* befehlen; mahnen

iubilamen == iubilatio

iubilare schreien, jauchzen, jubeln, vor
Freude singen

iubilatio Jubeln, Frohlocken, Lobpreis

iubilaeus (*hebr.*) (*mit und ohne* annus)
Erlaßjahr bei den Juden; Jubeljahr

iubilus = iubilum Jauchzen, Jubel; *Plur.*
textlose Melodie, Neumen

iucundare ergötzen; iucundari sich freuen,
sich vergnügen, scherzen

iucunditas Annehmlichkeit; i. principum
die Blüte der Großen

iucundulus heiter, erfreulich

iudaicus jüdisch; morgenländisch

iudaismus Judentum

iudaizare nach Art der Juden leben, dem
jüdischen Glauben zugetan sein

iudex Richter, Totenrichter; Amtmann,
Verwalter, Stadtrichter; richterlich

iudicare richten, urteilen, Recht schaffen,
hinrichten; berichten, verfügen, herrschen; vermachen

iudicarius Schöffe

iudicatum Urteilsspruch; Gerichtsurkunde

iudicium Urteilsspruch, Verurteilung;
Gottesurteil; das Jüngste Gericht; Gerechtigkeit, Gesetzmäßigkeit, Vollkommenheit, Tugend; manifestum i.,
i. dei Gottesurteil; i. offae Broturteil
(ein Ordal); iudicio stare, sistere vor
Gericht treten

iugalis, is Gatte, Gattin

iugare jochen; verknüpfen, verbinden,
verehelichen

iugerum Morgen Landes, Acker; Joch;
Höhenzug, Gebirgszug

iugis zusammengefügt; fortdauernd, beständig, ewig; *Adv. auch:* sofort

iugitas Dauer, Beständigkeit, Eifer

iugitatus beständig, dauernd

iugulare die Kehle abschneiden, ermorden

iumentum Zug-, Lasttier; Maultier, Stute

iunceus aus Binsen; schlank, zart (wie
eine Binse); iuncearum curatura = ancilla Kinderwärterin

iuncetum Ort voller Binsen

iunctio Verbindung

iunctura Verbindung, Fuge; Gelenk

iuncus Binse

iungĕre verbinden, einspannen; se i. ad
sich begeben zu; se i. alicui verkehren

mit; iungi alicui, ad aliquem verkehren
iunior Jüngling; Unterbeamter, Amts-
diener; iuniores ecclesiae Kirchendiener
iuppa (*arab.*) Joppe, Jacke
iuramen Eidesleistung
iuramentalis Eideshelfer
iuramentum Eid, Schwur, Versprechen;
i. praestare einen Eid leisten
iuratio Eid, Vereidigung
iurator Schwörender; Eideshelfer
iuratus Geschworener, Schöffe
iurgium Zank; iurgiorum disceptatio
Zänkerei
iuridice *Adv.* rechtlich
iurisdictio Gerichtsbarkeit, Gerichtshoheit
iurista Jurist
1. **ius**, iuris Recht; Gewohnheit, Sitte;
das (rechtmäßige) Eigentum, Rechts-
titel, Rechtssatzung; ius feretri Bahr-
recht; ius postliminii der Rechtssatz,
nach dem die zurückgekehrten Kriegs-
gefangenen wieder in ihre frühere recht-
liche Stellung eintraten; iura stolae
Stolgebühren; iura fidei reservare die
Treue halten; iuri stare sich verant-
worten; aequo iure zu gleichen Teilen;
de iure rechtmäßig
2. **ius**, iussis Brühe, Suppe, Tunke
iuscellum = ius 2
iusquiamus = hyoscyamus
iussare furzen
iussio Befehl, Geheiß; Bescheid; Zustimmung

iussor Diktator
iussum Furz
iussus anbefohlen
iusta = iuxta
iustificare aliquem recht handeln gegen
jem.; rechtfertigen
iustificatio Einrichtung, Gesetz; Recht-
tun, Unschuld; Rechtfertigung; *Plur.*
gerechte Handlungen
iustitia Gerechtigkeit, Satzung, Gerechtsame; Gottgefälligkeit; iure dictante
aus gerechten Gründen; saeculares iu-
stitiae weltliches Gericht, weltliche
Rechtspflege; iustitiam reddere jem.
sein volles Recht angedeihen lassen
iustus rechtmäßig, gehörig, herkömmlich;
nimium i. zelotisch; iustissimus wohl-
angebracht
iusum *Adv.* = deorsum abwärts
iutta ein Milchgericht (aus Milch und einer
Kornfrucht bereitet)
iuvamen Hilfe
iuvare (*Perf.* iuvavi) unterstützen; erfreuen; iuvat quod es ist gut, daß
iuvenari jung werden, übermütig werden
iuvencalis Stier-
iuvencula ein junges Mädchen, Mädel
iuvenculus junger Mann; junger Stier
iuventa Jugend, Jugendzeit
iuxta *Präp. m. Akk.* neben, nahe bei;
bei; gemäß, nach; i. tentoria an den
Zelten vorbei; i. meum posse nach
Kräften; iuxta quod weil, in Gemäß-
heit, wie

L

labare wanken, schwanken; erlahmen
labarum die (von Konstantin d. Großen
eingeführte) Reichsfahne; Fahne
labellulus = labellum Lippe
laberinthus = labyrinthus (*griech.*) La-
byrinth
labes, is Fall, Sturz; Schmutzfleck, Makel,
Sünde
labi gleiten, entwischen; niedersteigen,
straucheln, sündigen
labia; **labea** = labium Lippe

labilis leicht gleitend, schlüpfrig
laborare in, contra aliquid sich abmühen,
sich quälen, bedacht sein; l. in opus
suum bei seiner Arbeit sein; plus quam
mortale l. sich übermenschliche Mühe
geben
laboratio Anstrengung; Ertrag, Betrag
laboratus, us Arbeit; Wirtschaftsbetrieb
laborerium Arbeit
laboriperus Mühe und Arbeit schaffend
laboriosus mühsam, beschwerlich; peinlich

laborintus = labyrinthus
laboritium Arbeit
labrum Lippe; Rand
labrusca die wilde Rebe
lacerare zerreißen; mißhandeln, quälen
lacerti, orum Muskeln
lacerus = lacer zerfetzt, zerfleischt; (von Schmerz) zerrissen
lacescĕre = lacessere reizen; angreifen
lachanum (*griech.*) Gemüse
lacrimabilis jammervoll, kläglich; weinend
lacrimare; lacrimari weinen, beweinen
lacrimascĕre zu weinen anfangen
lacrimator der Weinende
lacrimosus voll Tränen, leicht zu Tränen gerührt
lactare Milch geben, säugen; saugen; puls lactata Milchbrei; lactatum Speise aus Mandelmilch (*mhd.* mandelmuos)
lacteolus milchweiß, milchzart, zart
lacterida Wolfsmilch, Springwurz
lactes, ium die Milchen
lactescĕre sich mit Milch füllen
lacteus aus Milch, weiß wie Milch, hell
lacticinia, orum Milchspeise
lactificare Milch geben
lactitare säugen
lactivus milchgebend
lactuca Lattich, Garten- oder Kopfsalat
lacuna Vertiefung; Höhle; l. maris Lagune
lacus, us See; Quelle; Pfuhl; Zisterne; Grube; Grab
laphus = elaphus (*griech.*) Hirsch
laganum (*griech.*) Kuchen; Plinse
laguena = lagoena Gefäß; „Fäßchen", Lägel; Flasche, Krug
laguncula kleine Flasche
lagus (*griech.*) Hase
laicalis = laicus
laicari aus dem geistlichen Stande in den Laienstand zurückkehren
laicus (*griech.*) zum Volke gehörig, weltlich, ungeweiht; Laie; Laienbruder
lama (*germ.*) = piscina Teich (PD.)
lamentare wehklagen, weinen, beklagen; lamentari vor Gericht Klage führen
lamentatrix Klageweib

lamentum Klagen, Weinen
lamina Blatt; Klinge
lampada = lampas, adis (*griech.*), Fackel, Leuchte, Lampe
lampadarium Lampengestell
lampare leuchten, glänzen
lampreda Lamprete, Meerpricke, Neunauge
lana Wolle; Schaf
lancea Lanze, Speer
lanceare die Lanze schwingen; mit der Lanze treffen
lanceatus mit einer Lanze versehen
lanceola kleine Lanze; Lanze, Pfriem
lancifer Lanzenträger
lancinare 1. zerfleischen; 2. schnellen
laneum wollenes Gewand
langor = languor
languena = laguena
languĕre matt sein, krank sein; schlafen; verkümmern, schlaff werden, ermüden
languidulus matt; gestus languiduli Zärtlichkeiten
languor Ermattung Abspannung; Schwäche, Krankheit, Siechtum; Lässigkeit, Lauheit; Not
laniare zerfleischen, zerreißen; loshacken auf, heimsuchen
lanifica Wollspinnerin
lanificium Wollarbeit, Verarbeitung der Wolle
lanilegus Wollarbeiter
lanius Fleischer; Henker
lantgravia Landgräfin
lantgravio; lantgravius (*germ.*) Landgraf
lanugineus wollartig, wollig
lanugo Wolle, das Wollige; tenera lanugine mala = Quitten
lanx Schüssel; Waagschale; aequa lance zu gleichen Teilen
lapicida Steinmetz; Maurer
lapidare Steine werfen, steinigen
lapillus Steinchen; Edelstein; Schiefer
lappatus (*v.* lappa Klette) klettig
lapsus, us Fall; Sünde; Sündenfall
laquear, aris getäfelte Decke, Holzdecke; Gebälk; Täfelung
laqueare verstricken; fesseln

laquearium = laquear
laqueus Schlinge, Verschnürung, Strick; Netz
lardare mit Speck zubereiten, schmackhaft machen
lardum = laridum Pökelfleisch; Speck
lares, um = penates der heimische Herd
largare erweitern, verlängern
largifluus reichlich fließend, freigebig
largiri spenden, verteilen; leihen; verkaufen
largitas Spende, Gabe; Freigebigkeit
larus Möwe
larva Gespenst; Schrat; Teufelsrock
lascivire übermütig, ausgelassen sein
lascivus mutwillig, keck, frech, geil; leichtsinnig; lasciva puella Dirne
lassare 1. müde machen; = lassescere; 2. entlassen, lassen
lassescēre müde werden, ermatten
1. lassus; lazzus = litus
2. lassus müde, matt
lastadium; lastagium (*germ.*) Ballast
latebrae Versteck; in latebris insgeheim, verborgen
lateralis einer Seitenlinie angehörig; Begleiter, Genosse
lateraliter *Adv.* seitlich, nach der Seite hin, beiseite
Lateranae (*sc.* aedes) Lateran, die päpstliche Residenz
latēre verborgen sein; verbergen
latericeus = latericius aus Ziegeln
laternifer Laternenträger
latex (*griech.*) Flüssigkeit, Wasser
latialis 1. lateinisch; 2. geheim
latiari ins Lateinische übertragen
latibulum Schlupfwinkel, Versteck
latinari = latinare lateinisch übersetzen; lateinisch sprechen
latitanter *Adv.* insgeheim, heimlich
latitare sich verborgen halten, sich verbergen; vorhanden sein
latitia = latitudo Breite
latomus (*griech.*) Steinmetz
lator Träger, Überbringer; Zeuge; l. legis = Moses; l. apicum Briefbote
latrare bellen; lärmen, toben

latria (*griech.*) Dienst, Verehrung
latrinium = latrina Abtritt
latrix Überbringerin
latro, onis Strolch, Schächer
latrocinari plündernd umherstreifen, umherstreifen
latrocinium schweres Eigentumsverbrechen, Straßenraub
latrunculus Straßenräuber
latum Festigkeit, Stärke
latus, eris Seite (auch eines Buches), Flanke; Oberkörper
laudabile carmen Epos
laudamentum Gelöbnis, Versprechen; Rat, Urteil, Zustimmung
laudare festsetzen, geloben, versprechen; einen Rat geben, anempfehlen, Zustimmung zur Wahl geben; ausrufen, ansagen; *Pass.* sich rühmen; frohlocken; l. in commune allgemein billigen; l. ac ferre lobpreisen
laudatio Lobrede; Zustimmung
laudator Leumundszeuge
laudes, um Lobgesang; Stundengebet des Geistlichen am Morgen nach der Messe; l. divinae Gottesdienst; l. matutinae Mette; l. vespertinae Vesper; l. immolare Lobgesänge anstimmen
laudila = alauda Lerche (CB.)
laudis; laudum Schiedsspruch
laureola = laureolum Kranz, Krone; Scheibe
laus, dis Lob, Ruhm; gerichtl. Spruch
lautus stattlich, ansehnlich, üppig, köstlich
lavacralis laena Bademantel
lavacrum Bad; Waschung; Taufe; Waschschüssel
lavander; lavandarius Wäscher
lavator Wäscher der Kleider
lavatorium Baderaum
lavina = labena Sturz, Felsrutsch
laxare lockern, sich erholen lassen, erleichtern, befreien, lösen, löschen, vertilgen; erweitern, ausbreiten, erklingen lassen; debita l. Sünden vergeben; l. aliquem certamine jem. den Kampf erlassen

laxus schlaff; frei von
leaena (*griech.*) Löwin
lear, aris Widder oder Milchferkel
lebes, etis (*griech.*) Becken, Kessel
leccator Schlemmer, Schmarotzer, Schnorrer, eitler Schwätzer, Narr; Spitzbube
leccacitas Schlemmerei
lechitus = lecythus (*griech.*) Krug, Ölkrug
panni lectaricii Polstertücher
lectarium Bettdecke; Bettstelle
lecticantare aus der Bibel oder andern erbaulichen Schriften bei Tisch im Kloster im Vorleseton vorlesen
lecticare = lectitare vorlesen
lectio Vorlesen; Vorlesung, Predigt; bibl. Leseabschnitt, Perikope, Text; Buch; Wissenschaft; l. sacra theologische Vorlesung; Vorlesung eines Bibelabschnittes
lectionarium Perikopensammlung, Verzeichnis der zur Verlesung kommenden Schriftabschnitte; eine Schrift mit Lektionen aus der Apostelgeschichte und den Briefen des Paulus
lectionarius Vorleser; = lectionarium
lectisternium Bett, Polster, Bettdecke, Kissen
lectistramentum Bettstroh; Matratze
lector Vorleser; Lehrer
lectorium Lesepult
lectulum Bett; l. infirmitatis Kranken-, Siechbett
lectum = lectus Bett
lectus (*v.* legĕre) auserlesen
legalis = legitimus rechtmäßig
legamen Botschaft
legare entsenden; verfügen, anordnen; l. ad aliquem testamentarisch vermachen
legatarius Gesandter; Königsbote
legatio Sendung; Gesandtschaft; die gesamte Tätigkeit des missus dominicus; Markgrafschaft
legatus Sendbote, Legat (des Papstes); Vorsitzender des geistlichen Gerichts; Mittelsperson

legenda kirchl. Lesung; ein einzelner Leseabschnitt, Geschichte, Heiligenerzählung
legendarium Sammlung von Legenden
legĕre sammeln; auswählen; (Trauben) lesen; Vorlesungen halten; ultima fila l. das Ende des Lebensfadens spinnen; l. et cantare (canere) die Messe zelebrieren
legifer Gesetzgeber
legio Heerschar, Heerbann; = Unmenge
legirupa Gesetzesübertreter, Störenfried, Ehebrecher
legislator Gesetzgeber; Rechtskundiger
legista Rechtskundiger, Jurist, Richter
legitimus gesetzmäßig; der Mönchsregel gemäß lebend; legitima Ehefrau; legitima, orum Gesetze, Einrichtungen, gesetzliche Abgaben, rechtmäßige Einkünfte; Vorrechte
legumen Hülsenfrucht, Gemüse, Bohne; nascentia leguminum frische Gemüse
leha (*germ.*) Ferkel, Bache
lemma, atis (*griech.*) das lat. Stichwort
1. lena Kupplerin
2. laena (*griech.*) Mantel, Decke
3. lena = leaena
lenire lindern, besänftigen; streicheln
lenis sanft; ruhig, gutmütig
leno, onis Verführer, Kuppler
lenocinium Verführung, Kuppelei; Lockmittel
1. lens, lendis das Ei einer Laus
2. lens, lentis Linse
lentescĕre nachlassen; sich mildern
lenticula Linse; Schale, Krug
leporarius zum Hasen gehörig; Jagdhund (auf Hasen und Kaninchen)
leporinus vom Hasen
lepos, oris Anmut, Liebenswürdigkeit
lepra (*griech.*) Aussatz
leprosorium Krankenhaus für Aussätzige
leprosus aussätzig
lepusculus Häschen, Hase
lequa = leuca
laesio Verletzung; Beleidigung
laesura Verletzung; Beeinträchtigung
laetabundus voll Freude, ausgelassen

letalis tödlich

laetamen Dünger

laetanter *Adv.* freudig, wohlgemut

letania = litania

leteus = letalis

lethargicus (*griech.*) schlafsüchtig; lethargica pestis = Vergeßlichkeit

lethargus (*griech.*) Schlafsucht

lethaeus (*griech.*) Vergessenheit bringend; Schlaf

letifer todbringend, tödlich

laetificare erfreuen; *Pass.* frohlocken

laetificus fröhlich, erfreulich, freudespendend

laetitia Freude; freudiger Anlaß

letus = litus

leuca; leuga (*kelt.*) Meile

leudes (*germ.*) Kronvasallen (in der merowingischen Zeit)

leudis (*germ.*) Strafsumme für einen Mord

leudus (*germ.*) Lied

leuwa = leuca

laevus link; ungünstig; laeva, orum Unglück

levamen Linderungsmittel; das Auffliegen

1. levare erleichtern, aufheben, emporschrauben, erheben, erregen; l. de fonte aus der Taufe heben; mensam cenae l. die Tafel aufheben; seditionem l. eine Empörung anstiften

2. lēvare glatt machen, polieren

leviare frei machen, erleichtern

Leviathan (*hebr.*) Nilkrokodil (Hiob 40, 25 ff.); Teufel

leviga ein Werkzeug zum Glätten

levigare 1. glätten; 2. erleichtern; abwerfen

levipendere gering schätzen

1. lēvis glatt; ohne Bart, jugendlich; reizend

2. lĕvis leicht; geschwind; leichtfertig; dürftig

levisticum Liebstöckel

levita = levites (*hebr.-griech.*) Levit; Priester, Diakon

levitas Leichtsinn, Leichtfertigkeit

leviticus priesterlich; das 3. Buch Mose

lex Gesetzesparagraph; Gesetz, die gesetzliche Buße; das Alte Testament, die Heilige Schrift; l. mortis des Todes Bann (Röm 8, 2)

lexis, lexeos (*griech.*) Wort

libamen Opferspende, Opfer

libanus (*griech.*) Zeder vom Libanon; Weihrauch

libare kosten, genießen, schlürfen; spenden, opfern

libatorium (*sc.* vas) Trankopferschale

libellus Urkunde, Pachtvertrag, Klageschrift

libens geneigt, willig, gern; eifrig, sorgfältig

libentia Fröhlichkeit, Vergnügen, sinnliche Lust

1. liber de frei von; ungebunden; unbeteiligt

2. liber = Bacchus, Gott des Weines

3. līber, bri Bast, Rinde; Buch; Bibel

libera = libra

liberalis hochherzig, edel; freigebig, freundlich; liberalia studia Beschäftigung mit den artes liberales; artes liberales die sieben vornehmen Wissenschaften): Grammatik, Rhetorik (Stilkunde), Dialektik (Logik) (= Trivium; die grundlegenden Fächer), Musik, Astronomie, Geometrie, Arithmetik (= Quadrivium; die aufbauenden Fächer)

liberalitas Edelmut; de mera liberalitate aus freien Stücken

liberare befreien; freisprechen; ausliefern, spenden; fuga se l. sein Heil in der Flucht suchen

liberatio Befreiung; Straflosigkeit

liberi Kinder, Nachkommen; Gemeinfreien

libertare befreien, freilassen

libertas Freiheit; Privilegium; Freimut

libertinus lockerer Gesell, leichtsinniger Bursche; Zecher

libertus Freigelassener; Diener; frei

libet es ist erfreulich

libitum = libitus

libitus, us Gelüste, Wunsch, Belieben; pro libitu nach eigenem Gutdünken, ohne richtige Regel; ad libitum wunschgemäß

libra Waage; karol. Silberpfund

libramen Schwung; Umschwung, Wende; Überlegung

librare wägen; schwingen, schleudern; l. arbitrium fidei das Religionsedikt aufrechterhalten; l. vulnus a vertice weitausholend das Schwert zum Hiebe schwingen (W.)

librarius Bücherschreiber; Bibliothekar

libratio Gleichgewicht, ausgeglichene Haltung

liburna;liburnus Schnellsegler,Segeljacht, Kogge

libum Kuchen; Opfer

licea Palisade

licens ungehindert

licentia Freiheit, Erlaubnis (zu gehen), Urlaub; Willkür; alicui licentiam dare entlassen

licentiare Urlaub geben, entlassen, verabschieden, verjagen; Vollmacht geben; licentiari Erlaubnis erhalten

licentiate Adv. mit Erlaubnis

licentiosus erlaubt; ausgelassen, übermütig

licet m. Konj. u. Ind. = quamvis obwohl, wenn auch; zwar

lychnuchus (griech.) Lichthalter, Leuchter

lychnus (griech.) Leuchte, Lampe

liciatorium Weberbaum

licinium Faserwerk; Docht

licisca = lycisca Weibchen der Bracke; Hündin

licitalis = licitus erlaubt

licitari auf etwas bieten

licite Adv. = licito

licito Adv. mit Recht; mit Erlaubnis

licium Faden

lycnus = lychnus

lictor Diener, Helfershelfer; Henkersknecht, Büttel; Mörder; Totengräber

lidius Spielmannslied

lidus = litus

lieus = lyaeus (griech.) Sorgenlöser, Beiname des Bacchus; Wein

ligamen Band, Leine; Schenkelbinde; Bund, Warenballen; Knebelung, Fesselung

ligare verbinden; binden, fesseln

ligatura Band, Fessel, Schenkelbinde, Verband; Bündel

ligius Lehnsmann

lignamen Bauholz

lignarium Brennholz oder Holzhof (Cap.)

lignum Holz; Baum, Galgen, Schandpfahl; Kreuz; l.fissum das gespaltene Holz, eine Art Vogelfalle

ligula (kleine) Zunge; Zipfel

ligurius = lyncurius Luchsstein

ligurrire lecken, naschen; verlangen, lüstern sein

ligurrium Gezwitscher

ligustrum Liguster, Rainweide

lilia = lilium Lilie

liliare weiß machen

lima Feile

limatura Feilstaub, Staub

limbatus besäumt, verbrämt

limbus Streifen, Saum, Besatz

limen Schwelle; Plur. = Haus; limina apostolorum die Kurie; Apostelgrab (in Rom); limina sancti Petri Peterskirche in Rom

limes, itis Grenzlinie, Feldrain, Grenzscheide, Grenzwall; Mark; limite pergens auf dem Wege vordringend = sich den Weg bahnend

limpha Wasser; l. sacra Taufwasser

limphare mit Wasser mischen

limigenus schlammentsprossen

liminare 1. = limen; 2. = limitare

limitare abgrenzen, begrenzen

limitaris Schwelle

limosus schlammig; aus Erde

limpido, inis Klarheit

limpidulus hübsch sauber

limpidus klar, rein

limus Kot, Schlamm; Lehm, Erde; irdene Form

linceus = lynceus luchsäugig; scharf sehend

lincus = lynx
1. linea Schnur, Richtschnur; Regel;
   Reihe, Geschlecht
2. linea leinenes Untergewand; die Alba;
   in lineis bis aufs Hemd ausgezogen
lineare eine Handschrift ausmalen
linearium; liniarium Lineal
lineola Linie
lingua Zunge; Sprache; Ausspruch, Angabe; l. Celtica Kauderwelsch (W.);
   Plur. die Zipfel, Lappen der Fahne
linguagium Sprache, Idiom
linguatus beredt, geschwätzig, schwatzhaft
lingula = ligula
linguosus geschwätzig; ars linguosa
   Redekunst
linire = linĕre aufschmieren, salben
linitio Beschmieren, Salben
linquĕre zurücklassen; entlassen; fahren
   lassen
linteamen = linteum
linteola = linteolum Leinentüchlein
linteum Leinwand, Leinenkleid, Bahr-
   tuch, Laken; Schurz
linum Flachs, Lein; Faden, Schnur
lynx, cis (griech.) Luchs
lipperus 1. triefäugig; 2. (griech.) üppig
lippescĕre = lippire triefäugig sein
lippitudo, inis Augenentzündung, Augen-
   triefen; blöder Blick, mattes Auge
lippus triefend, triefäugig
liquamen Flüssigkeit, Getränk
liquare flüssig machen, schmelzen; reinigen, klären, durchseihen
liquaster, ri Schwätzer
liquentia, ium ruhiges Wasser
liquescĕre flüssig werden, schmelzen,
   tauen
liquidus flüssig; hell, klar, rein; unbescholten; Adv. liquido bestimmt, zuverlässig, mit Sicherheit; ad liquidum
   mit Gewißheit
liquor vitalis = Lebenshauch; l. piscium
   Fischtunke
1. lyra (griech.) Harfe, Laute, Fiedel
2. lira Ackerbeet; Furche
lyrator Lautenspieler

lyricus (griech.) Spielmann; = lyrator
lis, litis Streit, Zank; Plur. Vorwürfe
lisca (germ.) Lieschgras
lisis = lysis (griech.) Mühsal, Arbeit
lista (germ.) Streifen
listes (griech.) Räuber
litania (griech.) Litanei; l. minor Buß-
   prozession, Bittgang an den drei
   Wochentagen vor Christi Himmelfahrt; litaniae maiores Bittgänge am
   Feste des hl. Markus (25. April)
litare opfern (von der Meßfeier gesagt)
litigiosus zänkisch
litigio, onis = litigium Streit, Zank
litoralis an der Küste gelegen
litra (griech.) ein Flüssigkeitsmaß
littea Band, Streifen
littera Buchstabe; Grabschrift; Brief;
   Urkunde; l. prisca die Schriftsteller
   der Alten (HS.); ad litteram buchstäblich
litteralis zur Schriftsprache gehörig;
   buchstäblich, schriftlich, urkundlich
litteratorius literarisch; gelehrt, wissenschaftlich; litteratoria disciplina Wissenschaft der Grammatik
litteratura Brief; Grammatik; wissenschaftliche Bildung
litteratus schriftkundig; wissenschaftlich,
   akademisch gebildet; gelehrt; Student,
   Akademiker; vir l. Geistliche
litterulae = litterae Schriftstück; Werk
litus (v. linĕre) beschmiert, bedeckt
litus (germ.) der ,,Lide", Halbfreier (Freigelassener, der zwar rechtsfähig ist,
   aber keine Freizügigkeit genießt und
   oft zu Frondiensten verpflichtet ist)
lituus der Krummstab des Bischofs
livio Schmutz; Sünde
livor Flecken, Schlag, der blaue Flecken
   macht; Mißgunst, Neid
livorare jem. braun und blau schlagen
lix, licis Lauge
lixa Koch, Aufwärter, Marketender
lixare kochen
lixis Aufwärter
lixus = elixus gesotten
lobium (germ.) Galerie; Speicher

locagium Miete, Zins

localis örtlich; räumlich begrenzt

locare stellen, legen; verbannen; se l. sich begeben

locatio Vermietung, Verpachtung, Vergebung von Ländereien

locator Unternehmer (einer dörflichen oder städtischen Anlage)

locellum = locellusKästchen, Sarg; = locus

lociservator Statthalter

loculus Kästchen, Beutel, Geldbörse; Fach (eines Schrankes); Sarg; = locus

locumtenens Stellvertreter

locupletatio Bereicherung, Besitz

locus Ort, Raum; Stellung, Herkunft; Gelegenheit; Beweisgrund; in loco sofort; locum tenēre Platz greifen; *Plur.* loca, orum Güter

locusta Heuschrecke

locutare kaufen

locutio Reden, Sprache, Aussprache; Ansprache; gedankenloses Gerede, Faselei

locutorium Sprechzimmer, Empfangszimmer

lodderpfaffus Lotterpfaffe, verkommener Geistlicher

lodex; lodix gewebte Decke, Bettdecke

logica; *Gen. Sing.* logices (*griech.*) Logik

logicus (*griech.*) Philosoph; Student

logus (*griech.*) Wort; Vernunft; Rechnung; der Logos

logotheta (*griech.*) Kanzler; Generalpostmeister; Revisor

loyca; loycus = logica; logicus

lolium Lolch; Haß, Feindschaft

lomentum Bad; Hülse des Getreidekorns

longanimis langmütig

longare verlängern

longe *Adv.* weit entfernt; lange Zeit; a longe von fern; *Adv. Komp.* longius immer weiter, von weiter her; künftig

longaevitas Langwierigkeit; langes Leben

longaevus langjährig, hochbetagt

longibardus (*germ.*) langbärtig

longiturnus lang andauernd

longus lang, hochgewachsen; *auch mit Gen.:* medii cubiti l. eine halbe Elle lang; longum *Adv.* weithin, laut

loqui sprechen; ausdrücken, zeigen; l. alicui mit jem. reden; l. aliquem jem. preisen; l. in unum sich unterreden

loquela Reden, Rede; Redegewandtheit

lora Nachwein, Tresterwein

loramentum Riemenzeug; Verband, Gefüge

lorandrum = oleander Oleander

lorica Panzer; Geharnischter

loricare panzern; *Part.* loricatus Ritter und Ritterknecht

lorifrangēre sich sträuben

loripes, edis schleppfüßig, stelzfüßig

lorum Riemen, Zügel; Gürtel

lota Flußtrüsche

lotrix, icis Wäscherin

lotum; loth (*indekl.*) der 16. Teil einer Mark

lotus = lautus (*v.* lavare) gewaschen

lubricare schlüpfrig, glatt machen

lubricatio Glätte, Schlüpfrigkeit

lubricitas Schlüpfrigkeit, Schamlosigkeit

lubricus schlüpfrig; sündhaft, liederlich; unruhig; vergänglich; lubrica, orum Geschlechtsteile

lucellum Gewinn; Wert

lucēre leuchten; leuchten lassen, leuchtend verkünden (Y.)

lucerna Licht, Leuchter; Leuchtfeuer

lucessēre = lucescēre hell werden, leuchten

lucidare erleuchten; erklären, aufklären

luciditas Klarheit, Deutlichkeit

lucifer Venus, Morgenstern

lucificus leuchtend

lucifluus lichtdurchflutet; himmlisch

lucinium = licinium

lucisator Lichtspender

lucius Hecht

lucivomus lichtspendend

lucrari gewinnen, profitieren; lucratus erworben

lucriosus gewinnsüchtig

lucrum Gewinn, Vorteil; Entschädigung; Wucher; Besitz

lucta Ringkampf

luctamen Ringen, Anstrengung, Kampf

luctare; luctari ringen, sich abmühen

lucubratio Nachtarbeit; Erläuterung

luculentus hübsch, hell, lichtvoll; vortrefflich, tüchtig

lucus Hain, Park, Tiergarten

ludĕre spielen, sich vergnügen; spotten, übel mitspielen; im Scherz streiten; ictus l. den Schlägen ausweichen

ludicris = ludicrus spaßig, unzüchtig

ludicrum Kurzweil, Spielzeug; Trost: Liebesgedicht; ludicra vana Kampflisten, Finten

ludificare; ludificari sein Spiel treiben mit jem., foppen, necken; täuschen

ludificatio Neckerei, Verspottung; trügerische Erscheinung

ludium = ludus; Martis l. Kampfspiel

ludus Spiel; Kampfspiel; Schule; l. annulorum Spielrad; l. tabularum Brettspiel; ludi exercitia Turnier; ludi magister Schulmeister

lues, is Seuche, Pest, Krankheit

lumbare (sc. vestimentum) Lendenschurz

lumbus Lende; Dotter; Mittelstück, Hauptteil

lumen Licht; Auge, Augenlicht; lumina dare Anblick bieten; lumina ecclesiae = Kirchenväter

luminar, aris Licht, Leuchte, Leuchter; *Plur.* Sternbild, Gestirn; Kandelaber

1. **luminare**, is = luminar

2. **luminare** erhellen, erleuchten; leuchten

luminosus lichtvoll, hell

luna Mond; Hufeisen; l. novella der zunehmende Mond, Mondsichel; lunae dies Montag

lunaticus mondsüchtig, epileptisch; kurz dauernd, flüchtig

lunatus (sc. panis) halbmondförmiges Brot

lunula ein kleiner Halbmond (als Zierat)

lupa Wölfin; Dirne

lupanar, aris Bordell

luparius Wolfsjäger; Wolfsbuch; Wolf

lupellus Wölflein, Wolf

lupicida Wolfstöter

lupilulare schreien, „kecken" (von der Krähe)

lupinus von Wölfen, Wolfs-; caput lupinum gerere für wolfsfrei gelten

lupulus 1. kleiner Wolf; 2. Hopfen

1. **lŭpus** Wolf

2. **lūpus** Hecht

lurica = lorica

luscinia Nachtigall

luscus schielend; einäugig

lusorium Spiellied

lusorius zum Spiel gehörig, Spiel-

lustrare hell machen, beleuchten; sehen; mustern, durchforschen; durchwandern; erjagen

lustrator Erleuchter; Durchwanderer; Reiniger, Sühner

lustrivagus in der Wildnis umherschweifend; „Stromer der Wildnis"; Schmutzfink

lustrosus schlupfwinkelreich

1. **lustrum** Morast, Wildlager, Versteck; Bordell

2. **lustrum** Reinigung; Jahrfünft; Jahr

lusum = lusus, us Spiel

lusus (*v.* ludere) betrogen, verführt

1. **luter**, eris (*griech.*) Waschbecken

2. **luter**, tri = lutra Fischotter

luteus schlammig, lehmig, schmutzig

lutosus voll Schmutz

lutrinus von der Fischotter

lutulentus beschmutzt, befleckt

lutum Kot; Sumpf

luvio Unreinigkeit, Unflat

lux Licht, Sonnenlicht; Leben; l. caelestis Tageshelle; ab hac luce von dieser Welt

luxuria Üppigkeit, Schwelgerei; Weichlichkeit, Unzucht; luxuriae ludus weltlich eitles Streben

luxuriare Unzucht treiben, unkeusch sein

luxus, us Ausschweifung, Schlemmerei, Unkeuschheit

M

macarellus Makrele

macellare töten

macellarius Fleischwarenhändler; Metzger

macellum Fleischmarkt, Fleischbank; Metzgerei

macerare mürbe machen, entkräften, schwächen

maceratio Mürbemachen, Drangsal, Kasteiung, Qual

maceria; maceries, ei Mauer

macescĕre mager werden, schwinden

machalum Feld- oder Kornschuppen

machera (*griech.*)

machina Kriegsmaschine; Vorrichtung; Kunstwerk; m. aenea Glocke

machinamentum Werkzeug, Kunstgriff, Hirngespinst

machinare = machinari erdenken; sich bemühen; auflauern

macidus mager, dürr

macies, ei Magerkeit

macilentia Magerkeit

macilentus abgemagert

macillena = macinella Mühlstein, Mühle

macina Mühlstein

macinare mahlen

macio (*germ.*) Maurer

mactus gepriesen, selig

macula Loch; Fleck, Makel; Sonnenflecken oder Merkurdurchgang; maculis variatus scheckig; Panzerschuppe

maculamen Gebrechen

maculosus gefleckt, bunt

madēre naß sein, voll sein; befeuchten

Madius Mai

madrinus = mardrinus

madrus Mantel aus Marder (R.)

magalia = mapalia, ium Hütten der Hirten

mage *Adv.* = magis

magia (*griech.*) Magie, Zauberei; *Plur.* magische Künste, Zaubereien

magica = magia

magicus zauberisch; Zauberer

magirus (*griech.*) Koch; Bäcker

magis mehr; lieber; mehr wert; *auch temporal:* weiter; magis ac magis immer mehr; sed magis vielmehr

magister Meister; Werkmeister; Vorgesetzter, Vorsteher; Lehrer, Professor; Rat; m. cantandi Sänger; m. ostiariorum Oberzeremonienmeister; m. mensae Truchseß; primi magistri Elementarlehrer; m. pistorum Obermeister der Bäcker; m. sapientum = Aristoteles

magisterium Lehramt, Fach, wissenschaftliche Hilfsmittel; Vorsteheramt, militärische Führerschaft, Magisterwürde; Zucht

magistra Äbtissin

magistrare belehren; Magister werden

magistratus Befehlshaber

magnalis großartig; magnalia, ium, Großtaten; große Dinge, Wundertaten

magnaminis = magnanimus hochgemut; übermütig

magnas, atis Häuptling; Vornehmer

magnatus vornehm; Häuptling

magnificare; magnificari in Ehren halten, sich viel daraus machen, verherrlichen, preisen, frohlocken

Magnificat (*indekl.*) Lobgesang der Maria (Luk 1, 46—55)

magnificentia Hochherzigkeit; *als Titel:* Ew. Hoheit

magnificus großartig; hoch preisend

magnitudo Größe; m. vestra *als Anrede:* Ew. Herrlichkeit

magus Magier; Wahrsager, Zauberer; Astronom; der Gelehrte, Gebildete; magi = die Hl. 3 Könige

maiestas dei Bild Gottes

maior der Alte; Vornehme, Vorgesetzte, Hauptmann; Schaffner, Meier; m. domus Hausmeier; m. villae Meier

maiorare vergrößern, den Ausschlag geben

maiorennis erwachsen

maioritas Erhöhung; Vorsitz, Vorrang; Mündigkeit

ad maius höchstens

malagma, atis (*griech.*) ein erweichender Umschlag, Pflaster

malamium schwarzer Kümmel

maldrum; maldrus (*germ.*) Malter (Getreidemaß)

male *Adv.* = non; zu jem. Unglück

maledicĕre *m. Akk.* schmähen, lästern, verfluchen, verwünschen

maledictum Verwünschung, Fluch

malefactor Übeltäter, Bösewicht, Verbrecher; m. et raptor patriae = Raubritter

malefica Hexe, Zauberin

maleficium Übeltat, Frevel; Zauberei

maleficus gottlos; Zauberer, Giftmischer; herbae maleficae giftige Kräuter

male fidus unzuverlässig, unredlich

malendrinus Lump, Bösewicht, Räuber

male sanus toll, wahnsinnig

male suasus übel ratend, übelberaten

maligenus aus Apfelbaumholz

maliger unheilbringend

malignare; malignari böswillig handeln

malignus boshaft; Teufel; maligna, orum schadhafte Stellen

malitia Schlechtigkeit, Bosheit, Tücke; Beschwerde, Plage, Notlage, Unheil

malivolus = malevolus boshaft, mißgünstig

mallare ansprechen, klagen; vor Gericht laden

malle gern wollen, wollen

malleator Hämmerer, Schmied

malleus Hammer; Klöppel

mallobergus; malbergium (*germ.*) der Malberg, die ordentliche Stätte des Volksgerichts

mallum; mallus (*germ.*) öffentliche Gerichtsversammlung, Thing = ahd. mahalstat

malogranata Granatapfelbaum

malogranatum Granatapfel, Granatapfelbaum

1. **mālum** = malus Apfelbaum

2. **mālum** Übel, Ungemach; Marter; *Plur.* mala, orum Sünden

malus sündhaft

mamburnus Verweser

mamilla Brust; Mut, Geist

mamma (*griech.*) Brust; Mutter, Amme; Knospe

mammona (*sem.-griech.*) Reichtum, Vermögen, Geld

mammoneus gewinnsüchtig

mana (*mgriech.*) Mutter (Liudp.)

manamen Strömung

mancare verstümmeln

mancipare fangen, fassen; hingeben, zu eigen geben, in Gottes Dienst stellen; einsperren, fesseln, verstricken; mancipatus ergeben, dienstbar; m. in aliquid dienstbar machen für; custodiae mancipari in Gefangenschaft geraten

mancipatio custodiae enge Haft

mancipium Kauf; Sklave; *Plur.* Gesinde; die Unfreien

mancus gelähmt; (Hand)krüppel

mandamen Botschaft; Beschwörung

mandare herbeirufen, entbieten, vorladen; verkünden, mitteilen, befehlen; mandare ad schicken nach

mandatela Botschaft

mandator Auftraggeber; Eilbote

mandatum Auftrag, Befehl, Gebot; Botschaft; addere in mandatis befehlen, gebieten; contra formam mandati gegen den Wortlaut der Instruktion; de mandato alicuius auf jem. Befehl

mandĕre kauen; essen, verzehren

mandibula Kinnbacken

mandrita (*spätgriech.*) Hirt; Mönch, Abt

mandrogeron, ontis alter Mönch

mandrus = mandra (*griech.*) Hürde; Herde; Kloster

manducare kauen; essen, fressen

mane *subst. indekl.* Morgen, Tagesanbruch; m. novo, primo, summo am frühen Morgen; a m. frühmorgens; usque m. bis zum Morgen

manēre wohnen; gegenwärtig sein; = esse; manentes = Landleute

maneries Behausung; Gewohnheit, Manier

manerium Wohnung; Lustschloß

manga; mangana = manganum (*griech.*) Werkzeug, Wurfmaschine, Hebelgeschütz

manglavita (*griech.-lat.*) eine Art Geißel, Knute; Knutenträger

mango, onis Hausierer, Kaufmann

mangonellus = manganum

mania (*griech.*) Torheit; Wut

maniacus besessen

manica Ärmel; Manschette; Handschuh; Halsschiene; Schiff der Kirche

manicare frühmorgens kommen

manicatus weite Ärmel tragend

manifestare sichtbar machen; eine Offenbarung zuteil werden lassen

manifestatio Offenbarung; Mitteilung

manifestus bekannt; manifestum iudicium Gottesurteil; in manifesto in der Öffentlichkeit

maniplus = manipulus eine Handvoll, Bund, Bündel; Haufe, Schar

manipulus seidener Streifen am linken Arm des Meßgeistlichen; Armschiene

manna (*hebr.*) das Manna der Juden

manninus mannaartig

mannire (*germ.*) vor Gericht laden

mansa = mansus

mansio Raum, Wohnzimmer, Wohnung, Haus, Herberge, Marschstation, Aufenthalt; mansionem facere haltmachen, Quartier nehmen

mansionarius angesiedelter Knecht; Reisemarschall, Quartiermeister des Hofes; Mesner, Küster

mansionaticos prendere, accipere Herberge und Verpflegung fordern, nehmen

mansionilis, is Vorwerk

mansium Haus

mansiuncula Behausung; Kämmerlein, Kajüte; Hütte

mansor Bewohner; Gast

mansuarius Ackersmann, Bauer, Hintersasse, Zinsgutbauer

mansuetare zähmen, unschädlich machen

mansuetudo, inis Freundlichkeit, milde Stimmung

mansuetus zahm; wohlgesittet

mansurnus Jahr

mansus; mansum Hufe; das zur Domäne gehörende Gut, Zinsgut

mantellus; mantella; mantellum Mantel

mantica Quersack, Ranzen

mantile = mantele, is Hand-, Tischtuch

Mantuana fistula Hirtenlieder nach Art Vergils

mantus, mantum ein kurzer Mantel; Papstmantel; Altardecke

manuale Handtuch; Handsteuer

manuatim *Adv.* an der Hand

manubiae (Kriegs-) Beute

manubrium Griff

manucupare bürgen

manuducĕre an der Hand führen

manufactus von Händen gemacht

manumissio Freilassung

manus, us Handfeste, Urkunde; m. mortua unveräußerlicher Besitz; m. accipere Versprechungen, Zusicherungen empfangen; m. alicui applicare Kriegsdienste nehmen bei; m. dare sich unterwerfen, huldigen; m. iungere Gemeinschaft machen; manum mittere in sich stürzen auf; manu quarta se expurgare sich mit drei Eideshelfern reinigen; de manu stückweise

manusmolaris, is Handmühle

manutenĕre beschützen, bewahren

manutenus *Adv.* mit Handschlag

manutergium Handtuch

manzer (*hebr.*) unehelich; Hurensohn

mapa = mappa

mapalia, ium Hütten, Katen

mappa Tuch, Tischtuch; Landkarte

mappula kleines Mundtuch, Taschentuch

maranatha (*aram.*) = unser Herr komme (*vgl.* I. Kor. 16, 22): anathema m. Fluch, Kirchenbann

1. marca = marcha

2. marca Mark (Münzart); m. argenti ein Pfund Silber; *Plur.* Geld

marcescĕre welken

marcha (*germ.*) Grenzland; Gemarkung; m. orientalis Ostmark, Österreich

marchia 1. Markgrafschaft, Grenzmark; 2. Markgräfin

marchio Markgraf; Grenzbewohner

marcolfus (germ.) Häher
marcomannus Grenzbewohner
marculus Hämmerchen
mardelinus; mardrinus = marturinus
marescalcus; mariscalcus (germ.) Pferdeknecht, Heerführer, Marschall
margila (gall.) Mergel
margo, inis Rand, Küste
margravius = marcgravius Markgraf
marhmannus = marcomannus
Mariae candelarum = 2. Febr.
marina Sturmflut
marinarius Schiffer, Matrose
marinum vinum übers Meer geholter
Wein
mariscus (germ.) Sumpf, Morast
maritagium Mitgift
(se) maritare alicui sich vereinigen mit
maritatus verheiratet
maritima Küstenstrich, Gestade
marpahis; marepahis (germ.) Stallmeister,
Marschall
marpicus = marsopicus Schwarzspecht
marquisius (frz. marquis) Markgraf
Mars März; Martis dies Dienstag; caeco
Marte in blinder Wut
marscalcus = marescalcus
marsupium (griech.) Sack, Beutel, Börse
martalus; martarus (germ.) = martur
martellus = martulus Hammer
martialis kriegerisch
Martinalia, ium Martinsfest, 11. November
martyr, yris (griech.) Blutzeuge, Märtyrer
martyrium Martertod, Blutzeugnis
martyrizare zum Märtyrer machen;
quälen; martern; Pass. den Märtyrertod erleiden
martorlogium = martyrologium Mär-
tyrerverzeichnis
martur, uris (germ.) Marder; Marderfell
marturinus Marder-
mas, maris männlich; der Sohn; das
männliche Glied
masca (wohl arab.) Gespenst, Hexe
masculare in einen Mann verwandeln
masculus männlich; kräftig; Männchen
massa Teig; Verwaltungsbezirk

massaritia; massaritium Hausgerät
massarius der Meier
masticare kauen
mastiche; mastix (griech.) wohlriechendes
Harz
mastigia Peitsche; Mantelschnur, Gürtel-
riemen
mastruga = mastruca Schafpelz
prima, vetus mater = Eva
materia; materies, ei Stoff; Eiter; Bauholz, Holz; Rechtsstoff, Inhalt; Mannschaft
materialis zus Erde, weltlich
materiamen Bauholz
materiari Ärgernis bereiten
materiarius Zimmermann
matertera Tante (Schwester der Mutter)
mathesis (griech.) Mathematik; Astrolo-
gie
matratium (arab.) Matratze, Polsterbett
matricularius niederer Beamter der Kirche
ohne Lateinkenntnis; Pflegangehöriger
eines Klosters
matrimonialiter Adv. ehelich
matrina 1. Patin; 2. = matrinia
matrinia Stiefmutter
matrona Haushälterin, Wirtschafterin;
Gattin; Dame
matta Matte, Decke aus Binsen
mattare mattsetzen (beim Schach)
maturare zur Reife bringen, beschleunigen; reifen, reif werden
maturatus frühzeitig
maturus reif; reiflich; schnell; aetas ma-
tura hohes Alter;
matutinalis Morgen-; m. sinaxis Frühgottesdienst
matutinus morgendlich; morgenländisch;
matutina (sc. hora) Morgenstunde;
Mette; matutinum (sc. officium);
matutini (sc. cursus, cantus) Mette
mausoleum; mausolium (griech.) Grabmal;
Grab
maxilla Kinn, Wange
meatim Adv. nach meiner Art
meatus, us Wanderung, Lauf (eines
Flusses); Verlauf, Ausgang; m. astri-
feri Himmel; m. aurium Gehörgang

mechanicus (*griech.*) Handwerks-; Handwerker

mechari; mecari = moechari Unzucht treiben; umbuhlen, verführen

moechia (*griech.*) Ehebruch, Unzucht

meda = medicina Arzneikunst; Heilmittel

medela; medella Heilung; Heilmittel

medelifer Heilung bringend

medēre = mederi heilen

medialis mittägig, Mittags-; halb

mediamen Insel im Fluß, Werder

medianus halb; mediana quadragesima (*frz.* mi-carême) Mittfasten = 3. Mittwoch nach Aschermittwoch

mediare halb sein, zur Hälfte vorbei sein; in der Mitte stehen, vermitteln; mediante vespere bei Anbruch der Nacht; mediante die zur Mittagszeit; mediante aliquo durch Vermittlung; mediante quadragesima zu Mittfasten

mediastinum Schandpfahl

mediastinus durchschnittlich; Durchschnittsmensch (D.)

mediator Mittelsperson, Mittler

medicamen Heilmittel, Arznei; Spezerei

medicare = medicari heilen

medicinosus heilkräftig

medietas Hälfte; Pacht

mediocris ziemlich groß, von bescheidener Herkunft

mediocritas Mittelmaß

meditamen Denken auf etwas, Vorbereitung

meditare; meditari bedenken, planen, meinen; aussprechen; sich erinnern; sich geistlichen Betrachtungen hingeben

meditatio Nachdenken, Betrachtung, Erwägung; in meditatione esse planen, vorhaben, in Erwägung ziehen

meditullium Mitte, ein in der Mitte gelegener Ort; = vitellum Eidotter

medium Hälfte; Öffentlichkeit; Tafelrunde (W.); in medio relinquere unentschieden lassen; in m. proferre vorbringen, vorlegen

medius halb; die Hälfte

medo, onis; medus (*germ.*) Met

medullare mit Mark erfüllen

medullatus markig, fett; vortrefflich

medullitus *Adv.* innig, bis ins Mark

mei (*Gen. poss.*) = meus, a, um mein

meisa (*germ.*) Meise

melica Buchweizen

melicus (*griech.*) lyrischer Dichter = Simonides

meliorare verbessern, bereichern; *Pass.* (gesundheitlich) besser werden

meliores die Angesehenen, Vollbürger

melius mehr; = bene vortrefflich

meliuscule *Adv.* etwas besser

mellescēre zu Honig werden, süß sein

melleus aus Honig; süß

mellifluus honigfließend, lieblich redend; lieblich tönend

mellitus honigsüß, aus Honig bereitet

melodes, is (*griech.*) Sänger

melodus (*griech.*) gesangreich, melodisch, schön klingend

melos, odis (*griech.*) Lied, Gesang; Geschrei

1. melota; melote (*griech.*); melotis, idis Schaffell, Schafpelz

2. melota; melotes, ae Dachs

melus = meles, is Dachs

membra, orum Körper

membrana Haut, Fell; Urkunde

membratim (*Adv.*) Glied für Glied

meminere = meminisse sich erinnern, wissen

memorabile Denkwürdigkeit

memorare in Erinnerung bringen; erzählen, sprechen, erörtern; eingedenk sein, wähnen; *Pass.* sich erinnern, eingedenk sein

memoratus eingedenk; vorhererwähnt

memoria Andenken; Denkschrift; Grabmal, Gedächtnisstätte, Reliquienschrein; Totenfeier; in memoriam exire auf die Nachwelt kommen

memoriale, is Erinnerung, Andenken, Gedenkfeier, Denkmal, Gedenkbuch

memorie = memoriter *Adv.* auswendig

menceps unsinnig

mencla = mentula das männliche Glied

mendacium Lüge, Trug; Fehler
mendicantes, ium Bettelmönche
mendosus lügenhaft; mendosa cantilena Schelmenliedchen, Lügenstück
moenia, ium Gebäude; die Gesamtmasse der Gebäude einer Stadt; Königsburg
mens guter Wille; Verstand und Wille; m. belli mihi est es gelüstet mich zu kämpfen; mente simulata mit Hintergedanken, sich verstellend; sine mente ohne Besinnung; improvida mente unvorhergesehen
mensa Tisch, Tafel, Mahlzeit; mensae secundae Nachtisch; mensas tenere Tafel halten
mensale Tischtuch; Mundtuch
mensis iuvenum Juni
mensula Tischchen
mensura ein abgemessener Raum; Normalmaß (Cap.); m. hordei Gerstensack; m. nonalis Trunk zur Vesperzeit
mensurabilis meßbar, kurz
mensurare messen, abmessen; mensuratus gut passend
menta; mentha Gartenminze
mentastrum Krauseminze
mentionare erwähnen
mentiri lügen, heucheln; sein Wort brechen; fälschlich nennen
mentula das männliche Glied
meraca der bittere Nieswurztrank; Bitterkeit
mercalis käuflich; handeltreibend
mercandizare Handel treiben
mercantia Handel
mercari Handel treiben; mit Recht erwerben, verdienen; dürfen; mercatum ducere zu Markt bringen; mercatum habere feilhalten
mercatio Handelsbetrieb; Ware
mercator Kaufmann; Marktberechtigter, Bürger
mercatum = mercatus, us Handel, Verkehr; Markt, Marktzoll, -platz; Ware
mercennarius geldnehmend; um Sold gedungen; Krämer, Lohndiener; mercennaria multitudo Soldtruppen

merces, edis Lohn; Gnade, Barmherzigkeit
mercimonium Ware; Handel, Geschäft, Kauf
mercipolis Handelsstadt
mercis = merces, edis Lohn
merda bovina Ochsenmist
merere; mereri für würdig befinden; verdienen; erlangen, bekommen
meretricare Buhlerei treiben (*auch vom Mann gesagt*)
meretricius dirnenhaft
mergendus Täufling
mergulus = mergus Taucher, ein Wasservogel
meridionalis im Süden gelegen, südlich
meritorium Bordell
merops, opis Specht
maeror Trübsal, Trauer
mersare eintauchen, versenken
merula 1. = merulus Amsel; 2. Mauerzinne
merum; merus Wein, Most
mespilarius = mespilus Mispelbaum
messio Mähen, Ernte; Vernichtung
messes colligere ernten
maestificare betrüben, traurig machen
maestitia = maestitudo, inis Traurigkeit, Trauer
meta Heuschober, Getreidehaufe; Grenzstein, Grenze, Ende, Ziel; m. vitae Tod
metaphorice *Adv.* vergleichsweise
metallum Metall; Gold, Schätze; m. eximium Feingold; *Plur.* Gestein, Bergwerk
metare; metari abstecken; Wohnung nehmen; um ein Mal (meta) herumlaufen; castra metari ein Lager aufschlagen
metator Quartiermeister; m. Christi = Erzengel Gabriel
methodicus (*griech.*) methodisch, auf bestimmten Grundsätzen beruhend
meticulosus voller Furcht, furchtsam; Furcht einflößend
metiri messen; gemessen werden
metreta (*griech.*) Tonne

metricanorus im (epischen) Versmaß singend

metricus (*griech.*) metrisch

metropolis (*griech.*) Hauptstadt, Stadt eines Erzbischofs

metropolitanus Erzbischofs-; Vorsteher einer Kirchenprovinz; Stadtvogt; Burggraf

metrosus versgewandt

metrum (*griech.*) die dichterische Form; Versmaß; nach antiker Weise gebaute Verse

mezanus eine paduanische Münzart

mica Krümchen, Brocken, Bissen; Brosamen

micax leuchtend

microcosmus (*griech.*) die kleine Welt, der Mensch

micros (*griech.*) klein

migale (*griech.*) Spitzmaus; Hermelin

migalinus aus Fellen; aus Hermelin

migma, atis (*griech.*) Mischung, Gemengsel; Glühwein (W.)

migranea (*griech.*) Kopfschmerz, Migräne

migrare wandern, wegziehen; sterben; verpflanzen; m. ad Christum sterben

miles Krieger, Ritter; Lehnsmann, Vasall; Läufer (im Schach); multus m. ein großes Heer

milia, ium Meilen

miliare Meile, Meilenstein; Wegstunde

miliarium; milliarium tausend Schritt; Meile, Meilenstein; ein Tausend

milica = melica Buchweizen

militare zum Krieger machen; dienen, Lehnsdienste leisten; kämpfen; vorrücken; trachten nach

militaris zum Ritter gehörig; ritterlich

militia Hofdienst, Amt, Kriegsdienst; Kriegführung; Heer, Ritterschaft; Schwertleite; ritterliches Tun; m. coelestis die himmlischen Heerscharen

milium (*griech.*) Hirse

milleformis tausendförmig

numerus **millenarius** das Jahr 1000

millenus tausendfach; milleni tausend

milvus der Weih (Falkenart)

mimica, orum Mimenspiele

mimus (*griech.*) Spielmann

mina griechisches Gewicht, Münze

minare (*frz.* mener) treiben, antreiben, führen

minera (*frz.* minière) Bergwerk; Mineral; m. argentea Silberbergwerk

mingēre harnen; beharnen

minister, tri Diener; unfreier Lehnsträger, Dienstmann; Hofbeamter; Truchseß; Begleiter, Genosse; m. angelicus Engel

ministerialis unfreier Diener; Ministeriale

ministerium Dienst, Bedienung; Hilfsgerät; Amtsbezirk; Amtssprengel; Gottesdienst, Messe

ministrare bedienen, auftragen, einschenken; bei der Messe helfen

ministrator Diener; Mundschenk

minitare = minitari drohen; bevorstehen

minorare verringern, vermindern; erniedrigen, niederschlagen; *Pass.* Mangel leiden

minoratio Verminderung, Mangel

minorativus vermindernd

minores = minoritae

minoritae Minoriten, Franziskaner

minosus gefahrdrohend

minuare = minuēre vermindern; zur Ader lassen

minurrire zwitschern (v. Schwalben)

minus *Adv.* = non; ad m. wenigstens

minutia, orum kleine Dinge

minutim *Adv.* in kleine Stücke, stückweise; m. transpungere ein kleines Loch stechen

minutor Bader, Aderlasser

minutus ganz klein, gering; gens minuta das geringe, arme Volk; res minutae Kurzwaren; minutum Scherflein

mira, orum Wundertaten, Heldentaten

mirabilia, ium Wundertaten

mirabilis der Wunderbare = Christus

myrias, adis (*griech.*) Myriade

myrica (*griech.*) Tamariske; Gesträuch, Unkraut; Heidegesträuch, Heide

mirificare wunderbar verherrlichen

mirificus wunderbar, außerordentlich; mirifici actus Großtaten

mirra = myrrha (*arab.-griech.*) Myrrhe
myrrhatus mit Myrrhe gewürzt
myrrhinus aus Myrrhen bereitet
myrteus (*pers.-griech.*) kastanienbraun
myrum (*griech.*) wohlriechende Salbe
mirum fit (est) alicui es wundert jem.
mis = mei (*Gen. Sing.*)
miscere mischen; einschenken, zu trinken geben; ludum in unum m. zu einem Spiel sich vereinigen
misellus gar elend; aussätzig; armer Schlucker
miser elend; schwach, arm; gering; töricht, dumm
miserator Beklager; Barmherziger, Erbarmer
miseries, ei Not, Unglück
misericordia Mitleid; Gunst
misericorditer *Adv.* barmherzig, mitleidig
mismalva (*vermutlich aus wismalva verschrieben*) Eibisch (Cap.)
mispilus = mespilus (*griech.*) Mispelbaum, Mispel
missa; missae, arum Messe; Feiertag eines Heiligen; missas agere Messe lesen; missarum sollemnia feierliche Messe, Hochamt
missale Meßbuch
missaticum Reisebezirk des königlichen Sendboten; Auftrag, Gesandtschaft
missile Geschoß
missilis carta Sendbrief
missio Freilassung, Abschied, Urlaub
missor tempestatum Wettermacher
missus Bote, Gesandter, Vertreter, Königsbote; Legat; Engel
mysterium (*griech.*) Geheimnis; geheime (symbolische) Bedeutung; Mysterienspiel; mysteria cordis Plan; mysteria divina Messe; mysteria futura Zukunft
mysticus (*griech.*) geheimnisvoll; mystica dicta Kernsprüche; mystica margarita = Weisheit
mitare = metare
mititia Milde, Sanftmut
mitra (*griech.*) Kopfbedeckung, Hut; Mitra, Bischofshut

mitrare mit der Mitra schmücken
mittère setzen, stellen, legen, führen; proelium m. entbieten
mixtim *Adv.* gemengt; miteinander, ohne Sonderung
mixtum Imbiß
mixtura Mischung, Vereinigung
mna = mina
mobilia, ae bewegliche Habe
mobilitas Bewegung; Leichtsinn
moderamen Regierung; Richtschnur
moderari ein Instrument stimmen
modernus jetzt geltend, jetzt lebend
modestia Mäßigkeit
modicellus = modicus
modicus klein, unbedeutend; angemessen; bescheiden; post modicum nach einer Weile; modicum Bagatelle; *Adv.* modicum ein wenig, kurze Zeit; modice 1. leise 2. = modicum; modicum ridens lächelnd
1. **modius** Scheffel, Malter (zur Zeit Karls d. Gr. etwa 52 l), Metze
2. **modius** = modicus
modo *Adv.* nur, bloß; eben erst; jetzt, nunmehr, auf der Stelle; alsbald, bald einmal, künftighin
modulamen Melodie, Wohlklang
modulare = modulari (taktmäßig) singen, (ein Instrument) spielen, begleitend einfallen
modulatio Melodie, Rhythmus, Gesang, das rhythmisch abgefaßte Lied
modulus Maß, ein „Mäßchen"; Melodie, Sangesweise, Vers
modus Maß, Art und Weise; Melodie; Umstände; Inhalt; ein nach Art der Sequenzen in Strophen durchkomponiertes Lied; post modum später, danach; iuxta modum nach Maßgabe; supra modum unmäßig; ex toto modo, völlig; modis omnibus in allem; überhaupt; magnum in modum sehr
mola Mühlstein, Mühle; m. asinaria Mühlstein (einer von einem Esel getriebenen Mühle); m. versatilis Mühle
molare = molĕre
molaris, is Mühlstein; dens m. Backzahn

molendinare wälzen, rollen

molendinum; molendina, ae Mühle

molĕre mahlen; kauen

moles, is Masse; Mühe, Erdennot; m. Hadriani Engelsburg

molestare; molestiare belästigen, beunruhigen

molestia Unlust, Seelenpein

molestum facere aliquem = molestare

molimen Anstrengung, Wagestück; molimina impietatis gottlose Ränke

molinarius Müller

molinum = molina Mühle

moliri unternehmen, wagen

molitio Unternehmen; Anstrengung

mollia, ium weiche Gewänder

mollificare erweichen

mollis zart; jugendlich; Wollüstling

molossus canis ein Molosser, starker Rüde vom Schlage der Bullenbeißer

momentaneus augenblicklich, zeitlich

momentum Augenblick; Bedeutung, Wichtigkeit; per momenta von Zeit zu Zeit

monacha (griech.) Nonne

monachalis = monachilis

monachari Mönch werden

monachicus mönchisch; einfach

monachilis mönchisch, klösterlich

monachus (griech.) Mönch; m. griseus Zisterziensermönch; m. niger Benediktiner-, Kluniazensermönch

monacordum = monochordum

monarcha = monarchos (griech.) Herrscher; Bischof

monas, adis (griech.) Einheit

monasterialis klösterlich

monasteriolum Klösterlein

monasterium (griech.) Kloster, Abtei; Klosterkirche, Münster, Dom

monasticus (griech.) klösterlich, Mönchs-

monedula Dohle

monēre mahnen, warnen; erzählen

moneta Münze; Münzprägestätte

monetare ausmünzen

monetarius Münzmeister

monialis (verkürzt aus sanctimonialis) Nonnen-; Nonne

monile Halsband

monimentum Andenken; Erinnerung; Kennzeichen; Plur. = Trümmer

monire = munire (Liudp.)

monitare nachdrücklich erinnern, mahnen

monitrix Mahnerin

monochilis = monachilis

monochordum (griech.) Musikinstrument mit einer Saite, das Monochord; einstimmiger Gesang

monomachia (griech.) Einzelkampf, Zweikampf

monothalmus (griech.) einäugig

monstrantia Monstranz

monstrare vorzeigen; ein Buch vorlegen

monstrifer = monstruosus

monstrum Untier; Gespenst; Abenteuer; Untat

monstruosus scheußlich; abenteuerlich; wunderbar

montana, orum Gebirgsgegenden, Berg

montaninus des Gebirglers

monticulus kleiner Berg

montuosus gebirgig, bergig

1. mora v. morus (griech.) die Närrin

2. mora (ital.) Brückenpfeiler

3. mora Aufschub, Verzug, Frist, Zeit; moras, moram facere sich aufhalten; nec ulla mora alsbald, unverzüglich

moracetum = moratum

moralitas die sittliche Erziehung

morare; morari verweilen, verbleiben; nil moratus ohne Verzug

morarius Maulbeerbaum

moratum (ahd. môrât) Maulbeerwein (Getränk aus Maulbeeren und Honig)

morbidus krank, siech; Krankheit verursachend

morbus regius Aussatz, Lepra

mordacium; mordacius Spange

mordax fressend, beißend; bissig, verbissen

mordēre beißen; auf jem. losfahren

mordicare beißen

mordicus beißend

mordrita Mörder

mordrum (germ.) Mordtat

moretum = moratum

morgangeba (*germ.*) Morgengabe
moriens tot
moriger Sittenprediger
morigeratus wohl gesittet, wohl gesinnt
morigerus willfährig; gewöhnt an
morio, ionis Hofnarr
moriturus im Sterben liegend; sterblich
1. **mōrōsus** sittsam; pedantisch; mürrisch, übellaunig; verwünscht
2. **morōsus** voll Verzug, langsam
mors Tod; Todesart, ewiges Verderben; m. utraque zeitl. u. ewiger Tod
morsellum; morsellus Stück, Stückchen, Bissen
morsor Beißer
mortariolum Pfanne, Rauchpfanne
mortalitas sacra = Pest
mortarium Mörser; Mörtel
morticinium Leichnam, Aas
morticinus gestorben, verreckt
mortifer den Tod in sich tragend, leblos
mortificare töten, ertöten; quälen
mortificatio Abtötung; Tod
mortificator Henker
mortualia, ium Gebühr für die Totenfeier
morula = mora 3
morum (*griech.*) Brombeere, Maulbeere
mos Sitte, Beispiel; Art, Umstände; *Plur.* Lebenswandel; Befähigung; quo more = quomodo
motabilis beweglich
motivum Beweggrund
motus erregt, empört
mox *Adv.* kaum, schwerlich; sofort, alsbald; mox ubi, mox ut sobald als; quam mox so schnell wie möglich, bald darauf
mucor Schimmel (des Brotes)
mucro, onis Spitze, Dolch
muculentus rotzig, schleimig
muffulae (pelzgefütterte) Fausthandschuhe
mugil, ilis Meeräsche, Meeralant
mulcēre einschmeicheln, ergötzen; freundlich zusprechen, raten
mulcta = multa Strafe, Buße
mulctare = multare
mulctralis viel Milch gebend

mulctrale, is Melkfaß
muliercula Weiblein, Weib
mullo = mullus (*griech.*) Meerbarbe, Meeräsche, Meeralant
multari = multare strafen, züchtigen
multicavus weithöhlig
multifarius mannigfaltig, mancherlei, verschieden
multiformis vielförmig
multigenus mannigfach
multiloquium Vielrederei, viele Worte, Geschwätz
multimodus vielfach, mannigfach
multiplicitas Vielfältigkeit, bunte Menge
multisonus wortreich; lauter Schreier
multivagus viel umherschweifend
multivolus viel wollend, lüstern
multo = muto, onis
multotiens = multoties *Adv.* vielfach, oft
multra = mulctra Milch
multum *Adv.* sehr
multus miles = magnus exercitus
mulvinus Falken-
mulvus Weih, Falke
mundanus weltlich, irdisch; mundana miseries das irdische Jammertal; mundana musica Sphärenmusik
mundare reinigen, säubern; reuten, ausjäten; mundare delictum sühnen; *Pass.* rein werden
mundatio Reinigung; Taufe
mundatrix Reinigerin, reinigend
mundialis weltlich, irdisch
mundiburdium (*germ.*) Schutz, Schutzgewalt, Schutzverhältnis
munditia Reinheit; Lauterkeit
mundium (*germ.*) Schutz
1. **mundus** rein, sauber
2. **mundus** Welt; irdische Welt; maior m. Makrokosmus, minor m. Mikrokosmus;
munerare aliquem, alicui aliqua re beschenken
mungēre schneuzen; prellen, berauben
munimen Befestigung, Schutz, Bollwerk; Schutzhülle; öffentliche Urkunde, Privilegium
munire schützen, bekräftigen
munitates, um Freiheiten

munitio Kloster, Burg, Bollwerk, Festung
munitiuncula kleine Befestigung
1. **munium** Befestigung; *Plur.* munia Burg
2. **munium** Leistung, Verrichtung; munia cordis Gebet; munia laudis das pflichtmäßige Lob
munus, eris Dienst, Gnade; Schutz; Lohn; Geschenk zur Bestechung; Kostbarkeit; *Plur.* Schenkungen, Opfer; wunderbare Heilungen; Bachicum m. Weingelage, Fest
munusculus (kleines) Geschenk
murare mit Mauern versehen; mauern; muratus ummauert
murator Maurer
murcatus zerbrochen, zersprungen
murcus verstümmelt
murex, icis Purpurschnecke; Purpurröte, Purpur
murilegus Kater, Katze
murinus von Mäusen; pelles murinae Mäusefelle; Marder-, Hermelinfelle
murmorium = murmurium
murmur, uris Gemurmel; Mißgunst; m. facere murren
murmurare; murmurari murmeln, murren
murmuriosus mürrisch
murmurium Murren
mus, muris Maus; Kindchen
musac (*indekl.; hebr.*) Opferstock; Tresor
musca Fliege; Schmuckgehänge

muscidus voller Moos
muscipula Mäuschen; Mausefalle, Fallstrick; Katze
muscula kleine Fliege
muscus Bisam, Moschus
musica, ae *u.* orum Musik; m. mundana sive caelestis Sphärenharmonie
musio (*germ.*) Katze
musitatio = mussitatio Flüstern
mussare murmeln, flüstern; brummen, nörgeln, Zeit vertrödeln
mussitare = mussare
mussula (*germ.*) Moos
mustum Most
1. **muta** (*germ.*) Zoll, Maut
2. **muta** Mauser, Federwechsel der Vögel
mutare bewegen, fortbringen, ablegen, beseitigen, stürzen; ändern, Geld wechseln; habitum m. Mönch, Geistlicher werden
mutatorius zum Wechseln bestimmt; mutatorium (*sc.* vestimentum) Umziehkleid
mutilatio capitis Abhauen des Kopfes
mutire; muttire mucksen, sich rühren; winseln; verstummen
muto, onis Hammel, Schaf; Widder
mutuare borgen
mutuus wechselseitig; vergeltend; mutuum Geldanleihe
mutus stumm; gestorben.

N

nablum (*griech.*) Harfe
nactus (*v.* nancisci) erlangt, erhalten
naphtha (*griech.*) Naphtha
nam *Konj.* dann, ja; nun; *oft ohne kausale Bedeutung, nur anknüpfend*
namque *Konj. als Flickwort* = nämlich, d. h., übrigens, und zwar; nun, nunmehr; dabei; aber
nanus (*griech.*) zwerghaft, kurz; Zwerg
nappa (*germ.*) Napf, Becher, Humpen
napus (*griech.*) Steckrübe; *Plur.* Rübenfelder; *Abl. auch* napibus
nardus (*griech.*) Narde, Nardenbalsam
naris, is Nasenloch; Nase

narramen Erzählung
narrare aliquem von jem. berichten
nasale, is das (die Nase verdeckende) Helmvisier
1. **nascentia,** ae Geburt, Wehen
2. **nascentia,** ium Gewächse
nascĕre erzeugen; = nasci entstehen; natus *m. Inf.* geschaffen zu
nasitergium Schnupftuch
naso Nasling (Süßwasserfisch)
nassa Fischreuse
nasturtium Kresse
nata (*Abl.* natabus) Tochter
natabilis, is Fisch

natalis (*sc.* dies) domini Weihnachten; natale (*sc.* festum) Geburtstag, Gedächtnistag; Tag des Amtsantritts; *Plur.* natales; natalia Geburt, Geburtsrang, Herkunft, Stand; natale Johannis baptistae = 24. Juni

natalicium Geburtstag; Todestag eines Heiligen; Empfängnistag

natatus, us Schwimmen

natio Geschlecht, Herkunft; Heidenschaft

natineus (*hebr.*) Tempelknecht; Diener; niederer Geistlicher (= acolythus)

nativitas Geburt; Entstehung; angeborene Natur; n. dominica Weihnachten; n. Iohannis baptistae = 24. Juni; n. sanctae Mariae = 8. September

natura syllabarum Quantität der Silben

naturabilis von der Natur gesetzt

naturare schaffen

nauclearius = nauclerus (*griech.*) Schiffspatron, Reeder; Lotse

naucum Nußschale; nauci esse nichts wert sein

naufragare; naufragari Schiffbruch erleiden; verderben

naula; naulum (*griech.*) Fährgeld, Schiffsgeld

nausia = nausea Seekrankheit; Übersättigung; Ekel; nausiam alicui parere anwidern

nauta Lotse

nautalis Schiffs-

navalia, ium Werft

navector Fährmann

navicula Nachen;Weihrauchschiff (schiffförmiger Behälter zum Aufbewahren des Weihrauchs)

navigium Schiffahrt; Flotte; schiffbares Wasser

navis, is Kirchenschiff

navus (*Adv.* naviter) emsig, tüchtig; gelehrt, weise, klug

ne *auch* = so daß nicht

neasillabus = eneasyllabus (*griech.*) Neunsilber (D.)

nebris (*Akk.* nebrida) Fell des Hirschkalbes; Fell

nebula; nebulum Nebel, Staubwolke; blauer Dunst, Trug, Schwindel

nebulo Windbeutel, Schalk, Taugenichts

nebulonizare wie ein nebulo handeln

nec; neque nicht, auch nicht, nicht einmal; *auch* = neve *gebraucht;* nec — non = nec — nec; nec — nec nisi nicht — sondern nur; nec dum noch nicht; nec non und, auch, ebenso, und auch; nec non et und auch, auch

necare ermorden; ertränken; *Pass.* ertrinken

necdum = non dum *Adv.* noch nicht

necessaria naturae leibliche Bedürfnisse

necesse (*indekl.*) die Not

necessitare zwingen

necessitas großer Mangel, Armut; Notwendigkeit; *Plur.* Nöte; ex necessitate mit berechtigtem Grunde

necne *Konj.* und

nectar, aris; nectare (*griech.*) Nektar; das Angenehme, Liebliche

nectus = necatus getötet (Liudp.)

nedum *Konj.* geschweige denn; vielmehr

nefrendus Spanferkel

1. **negare** leugnen; sich weigern; entkräften
2. **negare** = necare töten

negativa Verneinung; perseverare in n. immer wieder verweigern (H. v. H.)

negativum Verneinung

neglectum; neglectus, us Nachlässigkeit, Vernachlässigung, Versäumnis

neglectus lässig

neglegere zurücktreten lassen, verstreichen lassen, zurücklassen

negotiatio Großhandel

negotium Tat; Fall; n. belli Kriegshandwerk; n. publicum Staatsdienst, weltliches Gericht; n. incidit es tut not

nempda (*schwed.*) Schöffe

nempe *Adv.* freilich, allerdings; ja, nämlich; *oft nur Versfüllsel*

nenia Lied, Loblied; Schrift; Kinderei

neophytes, ae; neophytus (*griech.*) Neuling; Neubekehrter; der neue Gast

neomenia (*griech.*) Neumond

Neoptolemus *meton.* = Sohn

neotericus (*griech.*) neu; der Neuerer

nepos, otis Enkel; Neffe, Vetter; Verwandter

nepta = nepeta Katzenminze

neptis, is Enkelin; Base, Nichte; Verwandte

nequam nichts taugend; vergeblich

nequaquam *Adv.* keineswegs

nequitatrix Torheiten begehend

neronior schlimmer als Nero

neronizare sich wie Nero gebärden, rasen

nerviceus aus Sehnen gefertigt

nervus Riemen; Gefängnis

nesciolus unwissend; Dummerchen

nescire aliquem jem. nicht kennen; nescio quasi vielleicht

nescitare dauernd´unwissend sein

nescius zweifelhaft, zweifelnd

neta (*griech.*) die unterste Saite, der letzte Ton

neuma (*griech.*) Gesang ohne Worte, Gejudel; die einzelne musikalische Note; *Plur.* Melodie; neumas agere den Takt schlagen; neumas pedibus variare nach dem Takt tanzen

neumare mit Noten versehen, komponieren; singen

neumatizare mit Noten versehen

neupma 1. = neuma; 2. = pneuma

neuter kein Geschlecht habend, Eunuch

neutrim *Adv.* von keiner Seite

neva = naevus Fleck, Makel

naevosus voll Mängel; sündhaft

naevus Muttermal; Makel

nex, necis Tod; Leiche

nexus, us Fessel

ni = nisi nur; ausgenommen, daß

nicromanticus = necromanticus (*griech.*) Zauberer, Schwarzkünstler

nictare zwinkern; blinzeln; (die Nacht durch) wachen

nycticorax (*griech.*) Nachtrabe

nyctimene Nachteule, Käuzchen

nidifacēre = nidificare nisten

nigellus schwärzlich, dunkel

nigrans dunkelfarbig

nigrare verdunkeln

nigredo, inis Schwärze, schwarze Farbe

nigromantia *Volksetymologie für* necromantia = die schwarze Kunst

nihil est quod es ist unmöglich, daß

nihilare zunichte machen, beeinträchtigen, vernichten

nihilominus et und außerdem

nihilum *Adv.* in keiner Hinsicht; ad n. = nihilum

nihilus einer, der nichts ist; isti nihili diese Nichtse

nimbus Regenwolke

nimpha = nympha (*griech.*) Mädchen

nimietas Überfluß, Übermacht; n. aestatis allzusehr drückende Sommerhitze

nimirum *Adv.* allerdings; sicherlich

nimis *Adv.* zu sehr; sehr; *als Subst.* = immoderatio Maßlosigkeit

nimius über das Maß hinausgehend; allzunahe; zu früh; groß, üppig

nisi; nisi quod es sei denn daß, ausgenommen daß; aber·

1. **nisus,** i Adler, Jagdfalke

2. **nisus,** us Schwung, Kraft, Trotz

nitela Glanz, Schimmer

nitentia Glanz

nitedula Haselmaus

niti sich bemühen; trachten nach; econtra n. Einspruch erheben

nitidus glänzend; sauber, blank, reinlich

nitor Glanz, Sauberkeit; Vortrefflichkeit

niusaltus Pökelfleisch

nivalis des Schnees

niveus schneeweiß

nobilista, ae Edelmann

nobilitare adeln, berühmt machen

nobilitas Geburt, Herkommen

nocēre (*auch mit Acc.*) schaden, beschädigen; nocet es ist schade; *Pass. auch persönlich*

nocimentum; nocumentum Schaden

nociculus nächtlich

noctua Käuzchen

nocturnum = nocturna (*sc.* hora) die Nokturn, Teil des kirchlichen Offiziums

nodare bursam den Beutel zuknüpfen; nodatus mit Knoten versehen

nodus Knoten; Band, Fessel

nola Glocke, Schelle

nolens volens wider Willen

nolus nicht wollend

nomen Namen; Benennung; (bei Zahlen) Multiplikator; Person; Ruf, Ruhm; Rang, Würde; Grund; n. christianitatis Christenheit; hoc nomine in diesem Sinne; ex nomine im Namen

nomia (*griech.*) Gesetz; das Gesetz des Alten Bundes, das Alte Testament

nominatus namhaft, gefeiert

nominetenus *Adv.* dem Namen nach

nomisma, atis (*griech.*) Münze; Gepräge der Münze

nona (*sc.* hora) None, der klösterliche Nachmittagsgesang

nonagenarius ein Neunzigjähriger

nonna Nonne

nonnulli viele

nonnus Mönch; *als Anrede* „ehrwürdiger Vater" (BR.)

nonque = neque

noris wisse (W.)

norga Nasenschmutz

norma Ordnung; Pflicht; Kloster-, Ordensregel; Lineal; normam fidei promissam corrumpere die gelobte Treue brechen

normula Richtschnur, Regel

noscěre wissen, kennen; erfahren

nosse *subst. Inf.* Wissen, Kenntnis

nostras, atis zu uns gehörig, inländisch, heimisch; *Plur.* unsere Leute

nostratim *Adv.* in unserer Sprache

nostri; nostrum (*Gen. poss.*) = unser: nostri iussio = iussio nostra

nota eine bekannte Sache, Begebenheit; Kennzeichen; Anmerkung, Notiz, Konzept; Makel, Schuld; Hohn, Spott; notam incurrere den Anschein erwecken

notare sich merken; hören, beobachten, betrachten, vernehmen; bedeuten, versinnbilden; mit Noten versehen, in Musik setzen; kenntlich machen, bezeichnen; einprägen; tadeln

notarius Abschreiber, Gerichtsschreiber, Schreiber (der deutschen Kaiser)

nothus (*griech.*) unehelich; Bastard

notificare kundtun, melden, anzeigen

notitia Marke, Etikett, Sorte; Ruf, der große Name; Gerichtsurkunde; in notitia est es ist bekannt

notorius kundtuend; offenkundig

notula kleines Zeichen; Anmerkung

1. **notus** bekannt; bewußt; wohlbewährt

2. **notus** (*griech.*) Südwind

3. **notus** = nothus

novalia, ium bebautes Land

novellare bearbeiten

novellus neu, jung; Anfänger

Novembrius = November November

novennium Jahrneunt

novercalis stiefmütterlich; feindlich; ungewöhnlich

novercari alicui jem. stiefmütterlich behandeln

noveris wisse

novicius Neuling, Novize

novissimus der letzte; dies novissima der Jüngste Tag; novissima, orum die letzten Dinge; novissime *Adv.* zuletzt, endlich

novitas Neuheit; Neuigkeit; *Plur.* Neuerscheinungen

noviter *Adv.* kürzlich, neulich

noxa Vergehen, Missetat; Schaden, Strafe

noxialis schädlich, verderblich; schuldig

noxium = noxa; *Plur.* Unkraut

nubecula Wölkchen

nuběre zusammenbringen; sich vereinigen; n. cum aliqua heiraten (vom Manne gesagt)

nubes, is Dunkel; Hülle

nubilis heiratsfähig, mannbar

nubilosus bewölkt; düster

nubilum Wolke, Dunkel

nucarius Nußbaum

nucerinus aus Nußbaumholz

nucha; nuca (*arab.*) Rückenmark

nudare enthüllen, zeigen, an den Tag legen; finden; verecundiam vultus rubore n. vor Scham erröten (Liudp.)

nudipes, pedis barfuß

nuditas Blöße; gänzlicher Vermögensverlust

nudius (= nunc dies) tertius vorgestern

nuĕre winken

nuga Nichtigkeit; *Plur.* Possen; Windbeutel

nugacitas Eitelkeit, Lächerlichkeit, Possenhaftigkeit

nugare verspotten, verhöhnen

nugatio leeres Gerede

nugatorius wertlos, nichtig, unnütz

nugax lächerlich; lüderlich; unnütz, unbrauchbar

nugosus lächerlich, eitel, lügenhaft

nuigerulus = nugigerulus Lügenbote, Windmacher

nulla (*sc.* res) nichts

nullatenus *Adv.* keineswegs, auf keinen Fall

nullificare gering schätzen, vernichten

nulligenus von keiner Art, keinerlei

nullitas Ungültigkeit

nullo nirgendwohin; ex nullo in keiner Hinsicht

nullorsum *Adv.* nirgendwohin

nullus (*Dat. auch* nullo) = nemo, neuter

numen die göttliche Wundermacht, das göttliche Walten; Begehren; numina aquae Dämonen des Wassers

numeratus in Ordnung aufgestellt

numerositas Zahl, Menge

numerosus zahlreich; abgemessen, Maß haltend

numerus Zahl; Summe; Heeresabteilung; Rhythmus; numerorum rationes astronomische Berechnungen

numisma = nomisma (*griech.*) Münze

nummatus mit Geld versehen; reich;

nummata (*sc.* pecunia) Geldwert, Bezahlung, Zeche

nummivorax geldverschlingend

nummulus etwas Geld

nummus Heller, Pfennig

numne = nonne

numquid = num; = ne; doch nicht etwa; warum; n. non = nonne

a **nunc** von jetzt an

nuncupare nennen, benennen; genannt werden

nundinae Woche, Markt; = tirocinium

nundinarius Markt-; Händler

nundinatio Markt; Handel, Schacher

nuntium = nuntius Nachricht; Bote, Gesandte

nuper *Adv.* kürzlich, soeben; ehemals, vor Zeiten; demnächst; n. editus neugeboren

lex **nuptialis** Ehe

1. **nuptus**, us Vermählung

2. **nuptus** vermählt; nupta Ehefrau, Gattin; Braut, Jungfrau

nusca (*germ.*) Spange

nusquam *auch* = nunquam niemals

nutare schwankend machen; schwanken

nutricius Erzieher

nutrimen Fürsorge

nutrimentum Nahrungsmittel, Unterhalt; Pflege, Erziehung; Vorwort

nutritor Ernährer, Erzieher

nutritura Nahrung; Erziehung

nutritus aufgewachsen, erzogen, gebildet

nutus, us Nicken, Winken, Verbeugung; Wink, Befehl, Wille; Verlangen; n. domini Fügung Gottes

nux, nucis Nuß; Kern, Inbegriff

O

o = Ω (= omega); a et o Anfang und Ende = Christus (vgl. Off. Joh. 1, 8)

ob *Präp. m. Akk.* wegen; entgegen, zu — hin; ob quod deswegen

obambire entgehen, vermeiden

obambulare auf und ab gehen

obaudire gehorchen; überhören

obauditus, us das Hinhören

obba Karaffe; Topf

obbrutescĕre verblöden, vertieren

obcaecare = occaecare

obdĕre verschließen

obdormire einschlafen; entschlafen, sterben

obdormiscĕre = obdormire

obducĕre einhüllen, überziehen

obdulcare süß machen
obdurare verhärten
oboedientia Gehorsam; die auferlegte Arbeit; Anhang, Anhangsgebiet
obeditus, us = oboedientia Gehorsam
oberrator Irrfahrer
obesus abgenagt, angegessen; fett, feist, gedrungen
obex, icis Wall, Uferrand
obf ... s. off ...
obiecta, orum Vorwürfe
obiectio Einwand, Entgegnung; Tadel, Makel
obiex, obicis = obiectio
obire verlöschen (von Lampen, Treu und Glauben); streiten; eingehen auf
obiter *Adv.* schnell
obiurgare schelten, zurechtweisen
oblata Hostienbrot; Gebäck
panis **oblaticus** = Hostie
oblatio Darreichung; Opfergabe, Spende; Hostienbrot; Anerbieten; o. sacra das hl. Abendmahl; oblationes defunctorum Kirchenspenden für Tote
oblationarius Subdiakon
oblectamen Trost-, Beruhigungsmittel
oblidĕre drücken, zerquetschen; o. dentes die Zähne zusammenschlagen
obligare anbinden, verpflichten; verpfänden; *Pass.* sich verpflichten
obligatio Verpflichtung; Fessel
obligatus pfandweise, lehnsweise gegeben
obliquare schräg einherlaufen
obliquus schräg gehalten; ex obliquo zufällig
oblivisci *auch* vergessen werden
oblivium = oblivio Vergessenheit
oblocutor Verleumder
oblongare vorwärts gehen
obloquium Widerspruch
oblucescĕre Tag werden
obluctari sich widersetzen
obmittĕre = omittere
obmutescĕre verstummen, mit Schweigen über etwas hinweggehen
obnixus sich anstemmend, sich entgegenstemmend; *Adv.* obnixe inständigst, dringend, beharrlich, treu

obnoxus = obnoxius verfallen, unterworfen; schuldig, straffällig
obnubilare umwölken
obolariae mulieres gemeine Weiber, Dirnen (Liudp.)
obolus (*griech.*) Heller, Hälbling
obpilare = oppilare verstopfen, verschließen
obpingerare verpfänden
obproprium = opprobrium Vorwurf
obrigescĕre erstarren, hart werden; entgegenstarren
obrivare überströmen, sich ergießen
obryzum (*griech.*) Gold, Edelmetall
obryzus fein, lauter, rein
obruĕre überschütten; überfallen
obscenus scheußlich, garstig
obscurare verdunkeln; sich verfinstern, Abend werden
obscurus dunkel, trübe; verächtlich; obscura, orum Dunkel der Nacht
obsecrare beschwören; ermahnen
obsecratio inständiges, feierliches Gebet
obsequa Magd
obsequela Willfährigkeit, Gebrauch
obsequi beistimmen, recht geben
obsequiare sich anschließen, dienen
obsequium Willfährigkeit, Folgsamkeit, Dienst, Huldigung; Gefolge; Abgabe; Zeremonie; o. exhibere Dienst leisten
obserare verschließen, verriegeln
observantia Übung, Beachtung (einer Regel); Kulthandlung, Gottesdienst
observare hüten, besetzen, sichern
observatio Übung, Gewohnheit; Religionsübung, Religion; Gottesdienst
obsessus besessen
obsidatus, us = obsidium Geiselschaft
obsignare zusiegeln; zuweisen
obsistentia Widerspruch
obsitus (*v.* obserĕre) bedeckt, umhüllt
obsoletus abgetragen; alltäglich
obsonium Zukost; Mahlzeit, Speisen; Tafel- und Tischsteuer der Pfarrer an den Bischof
obsorbĕre verschlingen
obsordescĕre schmutzig werden
obstaculum Hindernis

obstamen Widerstand; o. scuti der entgegengehaltene Schild

non **obstante (obstantibus)** *m. Abl.* = trotz

obstetricare Hebammendienste tun, entbinden

obstrangulare würgen

obstrepĕre übertönen

obstruĕre verbauen, verschließen; verklausulieren

obstrusus gedrängt, kurz

obstuppare verschließen, verstopfen

obsurdescĕre das Ohr verschließen

obtenebrare verdunkeln, verfinstern

obtenebrescĕre dunkel werden

obtentus, us Vorwand, Deckmantel; Hindernis; Drängen, Ansuchen, Verwendung; Schutz; obtentu im Hinblick auf, wegen

obtinĕre innehaben, besetzt halten, einnehmen, erlangen, erreichen; siegen; die Erlaubnis erhalten

obtruncare abschneiden

obtrusus (*v.* obtrudĕre) gedrängt, eng

obtuitus = obtutus

obtundĕre stumpf, heiser machen; blenden (v. d. Sonne)

obtutus, us Blick; Auge, Gesicht

obumbratio Überschattung; Verdunkelung

obversari cum anwesend sein bei

obulus = obolus

obventio Gewinn, Einkommen

in obviam alicuius jem. entgegen

obviare begegnen, entgegengehen, entgegentreten, sich widersetzen; erwidern, entsprechen

obvius im Wege liegend, entgegnend; obvia, orum Hindernisse; obvium habere aliquem jem. treffen, jem. begegnen; sibi obvii fiunt sie begegnen sich

occa Egge; Furche, Zeile

occare eggen, stoßen, verstümmeln

occasio Gelegenheit; Veranlassung, Ursache, Vorwand; Unbill; occasione aus Anlaß, kraft

occaecare blenden, verblenden

occidualis = occidentalis westlich, abendländisch

occiduus untergehend, restlich; orbis o. Abendland

occipitium Hinterkopf

occisio Mord, Totschlag; Schlachtbank; oves occisionis Schlachtschafe

occubitus, us Tod, Untergang (der Sonne)

occulĕre verbergen

occultator Hehler

occupari in aliqua re sich beschäftigen

occursare = occurrĕre entgegengehen, begegnen, erscheinen; einfallen, in den Sinn kommen

occursio Besuch; Anfechtung

occursus, us Hilfe; in occursum pergere begegnen

oceanus (*griech.*) Nordsee; Unmenge; oceanae undae die Fluten des Ozeans

ocius *Adv. Komp.* schnell, hurtig

ocrea Beinschiene, Gamasche, Stiefel

octava (*sc.* dies) der 8. Tag nach einem Feste, wobei der Tag des Festes selbst mitgezählt wird: octava epiphaniae Domini (6. Jan.) = 13. Jan., in octavis Paschae am Sonntag nach Ostern; octava ein Zeitraum von acht Tagen; die Festwoche

Octobrius Oktober

octuarius der achte

octuennis achtjährig

oculatus mit Augen versehen, sehend; sichtbar; oculata fide als Augenzeuge, mit eigenen Augen

oda (*griech.*) Lied, Liedweise; Gesang, Tanzlied, Danklied; Rede, Predigt

odibilis hassenswert; gehässig, haßerfüllt

odire = odisse hassen

odium Haß; Verdruß; in o. alicuius jem. zum Tort

odopericum = hodopericum (*griech.*) Reisebeschreibung (H. v. H.)

odoramentum Spezerei, Rauchwerk

odorare duften, riechen

odorifer stinkend

offa Bissen, Kloß, Klößchen; iudicium offae Broturteil (ein Ordal)

offare schlürfen

offendĕre anstoßen, treffen, angreifen, überfallen

offendiculum Anstoß, Bedenken

offensa Anstoß, Zorn, Ungnade; Sünde; Streit; offensam alicuius incurrere sich jem. Ungnade zuziehen

offensare anstoßen; in der Rede stocken; stammeln

offensibilis leicht anstoßend

offensio Anstoß; Beleidigung, Kränkung; Bosheit, Sünde

offensor Beleidiger; Feind = Teufel

offensus ungnädig, übel gewogen

offerenda Opfergabe, Spende

offerre anbieten, darbringen, spenden, opfern; preisgeben; auflassen

offertorium Opferstätte; Darbietung, Opfer, Opferungsgesang, -gebet (bei der heiligen Messe)

officĕre entgegentreten, im Wege stehen

officialis Beauftragter, Beamter; weltlicher Diener (= scutifer, ministerialis); Geistlicher (im Range des capellanus), bischöflicher Gerichtsvogt

officiare Gottesdienst halten

officiarius Hofbeamter

officiatus Beamter

officina Werkstatt; Wirtschaftsgebäude; Keller

officiosus diensteifrig; gebührend

officiperdus (der die Höflichkeitspflicht verletzt) undankbar, unhöflich

officium Dienstleistung, Verrichtung, Amt; Lehen; die pflichtmäßigen Gebete der Kleriker; Amtspersonal; o. divinum altaris Gottesdienst, Dienst am Altar; o. matutinum Morgenandacht; o. stellae Fest der Heiligen Drei Könige

offirmare festigen, kräftigen, sichern

offula ein Stückchen, ein Bissen

offuscare verdunkeln, trüben, schwärzen, anschwärzen

offuscatio Verdunklung; Beschmutzung

oleaster, tri der wilde Ölbaum

oleatus mit Öl getränkt

oleum Öl; Ölkrug

olfactoriolum Riechfläschchen

olibanus (*arab.*) Weihrauch

olifer oliventragend

olim *Adv.* ehemals, neulich, vorhin; dereinst

olympias, iadis (*griech.*) vier Jahre

olympicus (*griech.*) himmlisch

olisatum = olusatrum Schwarzkohl

olitanus ehemalig

oliva Olive; Öl, Ölzweig; Friede, Geduld

olivetum Ölbaumpflanzung

olla Topf

ollicula kleines Gefäß

ollus; olle *alte Form für* ille

olus, eris Küchenkraut, Kohl, Gemüse

olusculum Gartengewächs, Kohl

omega (*griech.*) das lange o, der letzte Buchstabe des griech. Alphabets

omelia = homilia

omen Anzeichen, Vorbedeutung; Glück, Gelegenheit; pro omine habere, accipere Gelegenheit bekommen

ominaliter mit schlimmem Vorzeichen

omittĕre überlassen, hingeben; hingehen lassen, nachsehen

omnias *Adv.* in seiner Gesamtheit

omnicolor von allen Farben

omnicreator = omnicreans allerschaffend

omnifarius allseitig, allerlei

omnigena = omnigenus alles erzeugend; allerlei, von aller Art

omnimodus allseitig; gänzlich, vollkommen; verschieden; omnimodis in jeder Hinsicht, auf alle Weise, in erste Linie; omnimodis precibus mit Bitten aller Art

omnino *Adv.* ganz: o. delibilis ganz schwach

omnipater Allvater

omnipotentia Allmacht

omnis: omne = omnia; per omnia in allem, in jeder Beziehung

omonimus = homonymus (*griech.*) gleichnamig

onager, gri Wildesel; Elch

onerator Belaster (*Gegensatz:* adiutor)

onerifer Lasten bringend

onicha (*griech. Akk.*) der Onyx

onocrotalus (*griech.*) Kropfgans, Schneegans

onorificabilitudo = honorificabilitudo Ehrwürdigkeit

onus, ĕris Last, Bürde; Belästigung

onustare stark beladen, belasten

op . . . *oft* = opp . . .

opacitas Dunkelheit, Undurchsichtlichkeit

opacus schattig; opaca, orum Waldesdunkel

operare; operari wirken; ausüben, verfertigen; (ein Lied) spielen; Almosen geben; operari in aliquem jem. Gutes tun

operarius Arbeiter, Handwerker

operatio Arbeit, Wirken, Gewerbe; o. genesis Schöpfungswerk

operator Arbeiter, Verfertiger, Schöpfer

operatrix Verursacherin; Spinnerin

operculum Decke, Wagendach

operiri 1. = opperiri erwarten; 2. sich bekleiden

opermentum = operimentum Decke; Überkleid, Mantel

operosus mühevoll, mühsam; kunstvoll gearbeitet

opicus banausisch

opificium Herstellung; divinitatis o. göttliche Gnade

opimus reichlich; herrlich, prächtig; segensreich

opinabilis vermutlich, eingebildet; wünschenswert, angenehm; glaubhaft, berühmt

opinatus berühmt

opinio Ruf, Gerede; Lehrmeinung

opiparus prächtig, köstlich, herrlich

opitulamen Hilfe

opitulatio Hilfeleistung

oppandĕre ausspannen, ausstrecken

opperire = opperiri warten, erwarten

oppetĕre entgegengehen; fallen, sterben

oppidaneus städtisch; Bürger

oppidinarius = oppidanus Städter, Einwohner

oppido *Adv.* sehr, ganz; allerdings

oppidulum kleine Stadt

oppidum Vorstadt, Außenstadt; Kastell; Dorf, Gehöft, Landsitz

oppilare verstopfen, verschließen; zum Schweigen bringen

opplēre anfüllen; überschwemmen

opponĕre vorlegen, hinstellen, verpfänden; vorhalten, Vorwürfe machen

opportunus gefällig, freundlich

oppositio Widerstand, Widerspruch

oppositum Gegensatz

oppressio Unterdrückung; Leiden; gewaltsame Besitzergreifung

opes, um (*v.* ops Macht) Reichtum, das irdische Gut; Landgüter

optio Recht zu wünschen; Wahl; Gewährung

optimitas = optimum (HS.)

optimates, um Edelinge, Großen des Reiches

optitare sehnlich wünschen

opus, eris Tätigkeit, Haushalt, Betrieb Beruf; Kunstwerk, Bauwerk; werktätige Reue; *Plur.* Anschläge; o. dei Gottesdienst; o. beneficii Almosen; ad o. nostrum zu unserem Nutzen

1. **ora** (= hora) Gebet

2. **ora** Küste; Gegend, Land

oracium = oraculum Weissagung, Eingebung; Gotteshaus, Heiligtum; Königsurkunde

oralogium = horologium

orama = horama (*griech.*)

oramen Gebet; Gespräch

orare sprechen, bitten, beten

1. **orarium** die Stola des Priesters

2. **orarium** Schweißtuch

oratio Sprache, Reden; Gebet; o. dominica das Vaterunser

orator Redner, Wortführer; Beter, Bittgänger, Wallfahrer

oratoria (*sc.* ars) Rhetorik

oratoriolum Kapelle

oratorium Betzimmer, Kapelle; Gebet

orbatus, us = orbatio Beraubung

orbicola Mensch, Erdenbewohner

orbiculare umherstreifen, umherziehen

orbiculus ein kleiner Ring, Scheibe

orbigena Erdenkind, Mensch

orbis, is Kreis, runde Fläche, Schildrund, Schild; die tägliche Sonnenbahn; Kreislauf; *Plur.* Augen

orbita Wagengeleise, Bahn, Pfad

orbitas Verlassenheit

orbs = orbis

orbus beraubt; der Augen beraubt, blind

orcestra; orchestra (*griech.*) hohes Kirchenamt (vom Bischof aufwärts)

orchidium (*griech.*) Hoden

orcus Hölle

orde *s.* horde . . .

ordinare ordnen, regeln, anordnen, regieren; einordnen; zubereiten; einrichten, gründen; zum Priester machen, ordinieren; militem o. zum Ritter schlagen

ordinarius der zuständige Bischof

ordinatim *Adv.* nach der Reihe

ordinatio Anordnung, Befehl; Ordnung, Ausführung; Einsetzung, Weihe, Bischofsweihe, letztwillige Verfügung

ordinatus geordnet, schön angeordnet; o. ad gerichtet an (VS.); ordinatissime in aller Ordnung

ordo, inis Anordnung, Befehl, Ordnung, Reihenfolge, Alphabet, Rangordnung, Stand, Abteilung; Regel, Zucht, Mönchorden, Kloster; o. divinus göttliche Fügung; o. doctrinae Methode; o. missae Meßordnung; o. Rachelis ein Rachelspiel; ordines maiores (minores) die höheren (niederen) Weihen; per ordinem genau, von Anfang an

ordus = sordidus schmutzig

oretenus *Adv.* mündlich

orexia Essen im Übermaß

orexis (*griech.*) Verlangen, Appetit; Erbrechen

orphanus (*griech.*) verwaist; die Waise; kinderlos

orphus (*germ.*) Orfe, Goldorfe

organicus (*griech.*) musikalisch; mehrstimmig singend

organizare die Orgel spielen

organum (*griech.*) Körperorgan, Werkzeug; Blasinstrument, Orgel; Gesang (der Vögel); *Plur.* Orgel

oricus Schwätzer

originalis ursprünglich, uranfänglich; ererbt; originale die Originalurkunde

ornamentum Schmuck; Prachtgewand; ornamenta pontificalia Amtstracht des Bischofs; o. missale Meßgewänder, Meßgeräte

ornativus schmückend

ornix (*griech.*) Henne, Huhn

oroma = horama (*griech.*) Vision

orsa, orum (*v.* ordiri) Anfang (einer Rede); Rede, Worte

ortalicium = hortalicium Garten

orthodoxus (*griech.*) rechtgläubig

orthographus (*griech.*) richtig schreibend; = orthodoxus

ortivus aufgehend

ortus = hortus Garten; Gartenfrüchte

orvo (*germ.*) Orfe, Rötling; *auch* Goldkarpfen

os, oris Mund; Beredsamkeit; os gladii Schneide; in ore gladii durch das Schwert; ore vario durch seine wechselnden Mienen; suo ore selbständig

osa = hosa (*germ.*) Hose

osanna = hosanna (*hebr.*) Hosianna; = Palmsonntag

oscillum = osculum Mündchen; Kuß

oscitare gähnen; lechzen

osculari küssen; verehren

osor Hasser; Schwarzseher, Pessimist

ossosus = ossuosus voll Knochen, knochig

ostendēre sehen lassen; hinzeigen auf; kundgeben

ostensio Zeigen, Sehenlassen; Darstellung, Nachweis; Zeichen

ostensus = ostentus (*v.* ostendēre)

ostensor Anzeiger

ostentamen das Gepränge

ostentatio Ehre, Ruhm

ostiarius Türhüter, Pförtner; summus o. Zeremonienmeister

ostiolum Türchen, Tür; *Plur.* Doppeltür

ostium Tür, Eingang; Flußmündung

ostrifer Purpurträger

ostrum kostbarer Seidenstoff; Purpur

otiositas Nichtstun, Muße, Müßiggang; Beschaulichkeit

Otto (*Gaunersprache*) Spitzname für einen
Neuling
ovanter *Adv.* frohlockend; gern, freudig
ovare; ovari alicuius u. in aliqua re sich
freuen, frohlocken; preisen; beglück-
wünschen

ovile Schafstall; Herde; Kloster; o. pu-
ellare Nonnenkonvent
ovinus vom Schaf, Schafs-
oxytonare als Oxytonon betonen
ozima, orum Gericht aus Kaldaunen
ozoycaysice = o zoycaysice (W. v. Ch.)

P

pabulare = pabulari füttern
pabulum Futter, Nahrung; „Kanonen-
futter"
pacatum esse alicui im Frieden leben mit
pacho = baco Schinken
paciarius Friedensstifter
pacicanus Frieden verkündigend
pacificale Reliquientäfelchen zum Küssen
pacificare besänftigen, versöhnen; se p.
cum sich in Güte vergleichen
pacificus Frieden stiftend; friedlich, be-
ruhigt, gütlich
pacisci ausbedingen; sühnen; pactus
verabredet, versprochen
pactare einen Vertrag schließen, sich
einigen; dingen
pactio Vertrag, Abkommen; sine omni
pactione se reddere sich auf Gnade
u. Ungnade ergeben (Wipo)
pactum Vertrag; Pacht; Bedingung
pagamentum Zahlung
pagania heidnischer Brauch
paganicus heidnisch
paganismus Heidentum
paganus heidnisch; Mohammedaner
pagare = pacare zum Frieden bringen;
bezahlen (*frz.* payer)
pagatim *Adv.* in Dörfern
pagensis Bauer, Gaugenosse, Einwohner
pagina Baststreifen, Papier, ein Blatt
Papier, Seite eines Buches; Schrift-
werk, Urkunde, Gedicht, Buch; die
Heilige Schrift; p. divina, sacra Bibel
pagus Grafschaftsgau; ein größerer oder
kleinerer Bezirk; pagi agrorum länd-
liche Gaue
pala Grabscheit, Spaten; p. ferrea Karst,
Feldhacke
palafredus = paraveredus

palam *Adv.* offen, öffentlich; offenkundig,
bekannt; in palam vor den Leuten, in
der Öffentlichkeit
1. **palare** = palari einzeln umherschwei-
fen, sich zerstreuen, fliehen
2. **palare** = palam facere veröffentlichen
palatha (*griech.*) Fruchtmus, Marmelade
palatim *Adv.* allenthalben
palatinus zum palatium gehörig, fürstlich,
königlich; Hofbeamter, Pfalzgraf; Pa-
ladin, Held; p. comes Pfalzgraf; pala-
tini ministri Palastgesinde; palatina
Pfalz; palatinae principatus Pfalz-
grafschaft
palatium Residenz, Hof des Königs,
Kaiserpfalz; Palast; comes palatii
Pfalzgraf; praefectus palatii Hausmeier; palatia coeli Jerusalem; viva
palatia = ewiges Leben
palatum Gaumen, Mund; Geschmack;
palato tacito premere mit schweigen-
dem Munde verschließen = schweigen
paldones = faldones
palea Spreu, Stroh; Getreide
paleare = palliare
palefredus; palefridus = palafredus
palaestra (*griech.*) Ringschule; Übung
palaestrare in der Schule arbeiten
paliurus (*griech.*) Hagedorn
palla 1. Reichsapfel; 2. ein weißes Leinentüchlein, mit dem der Kelch bei der
Messe bedeckt wird
pallēre blaß, bleich sein
palliare umhüllen, verdecken, verbergen,
bemänteln; zum Rock machen; äußerlich zur Schau tragen; mit dem Pallium
schmücken, als Erzbischof einkleiden;
palliatus mit dem Pallium, mit Seide
bekleidet; palliatus ordo = die Mönche

palliatio Bemäntelung, Vorwand

palliger Palliumträger = Erzbischof

pallingus Pfahl, Stock, Knüttel

palliolum feines, weißes Leinentuch; = pallium

pallium Tuch, Stoff, Mantel, Obergewand; Pallium (Abzeichen des Bischofs); Vorhang; Decke, Bettuch, Matratze; *Plur.* Gepäck

pallor blasse Farbe, Blässe, Bleichsucht

palma Hand; Palme, Sieg, Ruhm; palmam parĕre um den Sieg ringen; in palmis am Palmsonntage

palmatus mit Palmen geschmückt; der Pilger, der glücklich aus dem Heiligen Lande heimkehrt

palmes, itis Rebschoß, Weinstock; Rebe; Zweig

palmitare keimen

palmula die flache Hand; Ruderschaufel, Ruder

palpabilis berührbar, betastbar

palpanista Schmeichler

palpare antasten; streicheln; freundlich stimmen, schmeicheln, liebkosen

palpebra Augenlid

palpitare zucken, zittern, zusammenfahren; = palpare

palpo, onis Schmeichler

paludamentum weites Obergewand, Mantel; fürstliches Gewand

palumbes, is; **palumbis** Holztaube

1. **palus** Pfahl

2. **palus**, udis Sumpf; Teich, Weiher

sibi pambizare sich freuen

Pamphilus Name eines Liebhabers bei Terenz; „typischer Name für einen leichtsinnigen und verliebten jungen Mann"

pampineus von Weinlaub; pampineae comae Laub der Reben, Weinlaub

pampinus Weinranke, Weinlaub

pandare pfänden

pandectes, ae (*griech.*) der alles in sich fassende (enthaltende)

pandĕre ausbreiten; verkünden

pandox Bummler, Herumtreiber

pangĕre zusammenfügen; verfertigen, abfassen, dichten, besingen; erschallen lassen, singen

panicium = panicum Fenchelhirse

panifica Brotbäckerei

panificare Brot bereiten

panificus = paniceus aus Brot gemacht

panigum = panicum

panirium = pannerium

panis Brot, Brotfrucht; p. lunatus Kipfel; panis missi Botenbrot; panem quaerĕre betteln gehen; p. angelicus Himmelsbrot; Manna; Abendmahlsbrot

pannerium Banner, Panier

pannicida Gewandschneider

panniciosus zerlumpt

panniculus Tuchlappen, Lumpen, Fetzen; Windel

pannifer Kuttenträger, Mönch

pannosus zerlumpt, in Lumpen gehüllt

pannuceus; pannucius zerlumpt; pannucia, orum Lumpen

pannulus Lumpen

pannus Lappen, Windel, Schurz; Leinen, Tuch; Kleid, Mönchskutte

pantes (*griech.*) alle

panthema = anathema

panthera (*griech.*) Panther

pantocrator (*griech.*) der Allmächtige

papa Vater; Bischof, Papst

papalis bischöflich, päpstlich, päpstlich gesinnt

papare = pappare

papas, ae (*griech.*) = papa

papatus, us Papsttum

papaver, eris Mohn

papae *Interj.* (*griech.*) potztausend!

papellardus Heuchler, Schmeichler

papilio Schmetterling; Zelt, Pavillon

papilla Zitze, Brust

papyrio Papyrusgeröhr, Röhricht

papista Anhänger des Papstes

papisticus päpstlich

pappa Kinderbrei

pappare pappen, essen, verschlingen, einlöffeln

paptismus = baptismus

papula Blatter, Bläschen; Pestbeule

par, paris gleich, angemessen, geeignet, richtig, gerade (Zahl); Genosse, Standesgenosse, Ehegatte, Partner; Abbild; absque pare ohnegleichen; *Plur.* paria Paar; pares Franciae die Großwürdenträger Frankreichs

parabola (*griech.*) Gleichnis, Parabel; Rede, Wort; Zustimmung, Erlaubnis

parabolisare schönreden

parakinumenus (*griech.*) Oberkämmerer, Oberkammerherr

paracletus; paraclitus (*griech.*) Tröster, Heiliger Geist

paraclisis, is (*griech.*) Trost

paradigma, atis (*griech.*) Beispiel

paradisiacus paradiesisch

paradisus(*pers.-griech.*) Tiergarten, Park; Paradies, Wohnsitz der Seligen, Himmel; die Säulenhalle vor der Peterskirche in Rom; Vorhalle einer Kirche, Vestibül

paradoxa, orum (*griech.*) Wunder

parafernalia=paraphernalia,ium (*griech.*) nicht zur Mitgift Gehörendes, Brautgeschenke

paraphonista Vorsänger, Sänger

paraphrasis (*griech.*) Kommentar

parafredus = paraveredus

paralysis (*griech.*) Lähmung der Glieder, Krampf, Schlagfluß; morbus p. Gicht

paralyticus (*griech.*) gelähmt, auf Lähmung beruhend

parallelus (*griech.*) parallel

paramentum Zierstück, (kirchl.) Schmuckgegenstand, Kirchenschmuck, Altargerät

paranymphus (*griech.*) Brautführer; der neben dem Könige stehende Diener; (*sc.* Mariae) = Erzengel Gabriel

parapsis = paropsis

parare schmücken; sich anschicken, sich vorbereiten

parasceue (*griech.*) Zurüstung; Rüsttag; dies parasceues = Karfreitag

paratella Sauerampfer

parathalassitis (*mgriech.*) *wohl* = Admiral

parator Schöpfer (*mhd.* macher); Schneider, Gewandkünstler

paratura Zubereitung, Ausrüstung, Mobiliar; kirchl. Gewänder, kirchliche Schmuckgegenstände

paratus bereit; bar

paraveredus (*frz.* palefroi) Beipferd, Vorspann; Reitpferd, Damenpferd

parcere alicui, de aliquo sparen, schonen; Rücksicht nehmen, sich hüten; verzeihen, begnadigen; p. irae sich in seinem Zorn mäßigen

parcitas Schonung; Sparsamkeit, Knauserei; Unfreundlichkeit; Geiz, Habgier

parcus sparsam, mäßig, geizig, knickerig; schonend, gnädig

parduna Klette

pardus (*griech.*) Panther, Leopard

paroecia (*griech.*) Pfarrgemeinde, Kirchspiel, Parochie, Diözese

parens Blutsverwandter, Angehöriger; parentes Eltern; Vorfahren

parentare die Seelenmesse lesen

parentatio Totenfeier, Seelenmesse

parentatus von guter Verwandtschaft, aus großer Familie

parentela Verwandtschaft, Abstammung; Heirat

parentelus elterlich

parenthesis (*griech.*) Zwischensatz

parere erscheinen; gehorchen

parientia Gehorsam

paries, etis Wand, Mauer; Geländer

parilis gleich, gleichförmig; ebensoviel; p. lanx Schwesterschüssel; pariles ursi Bärenpaar (R.)

parisyllaba, orum Verse von gleicher Silbenzahl (D.)

pariter *Adv.* zugleich, zusammen, miteinander; p. et zugleich auch

parix Meise

parlatorium Gesprächsraum im Kloster

parma (*griech.*) ein kleiner runder Schild

paro, onis Barke

parochia = paroecia

parochianus; parrochianus Pfarrkind

parochus (*griech.*) Pfarrer

paropsis, idis (*griech.*) Schüssel

parricus = parcus Pferch, Wildgehege; Kornspeicher

pars Teil; Seite, Abschnitt; Partei; p. extrema Nachhut; partes, ium Gegend, Landstrich; a, ex parte von seiten, im Namen; ex parte non modica zu einem nicht geringen Teile; per partes in Auswahl; pro parte zum Teil; in partem cedere beiseite schleichen

parsimonia Sparsamkeit; Fasten

partialis, is Anhänger einer Partei

partialitas Partei, Parteinahme

partica Rute (Längenmaß); Vogelstange (im Bauer)

participare teilnehmen; mitteilen; *Pass.* participari alicui verkehren mit, teilhaben an, teilhaftig werden

participatio Mitteilung; Anschluß, Gemeinschaft; Teilnahme

particula Teilchen; Teil

partificare teilen

partire; partiri teilen; partiri cum aliquo jem. mitteilen, sich mit jem. teilen

parturire zur Welt bringen; Mutter werden

1. **partus** erworben; zubereitet, bereitstehend; p. mori bereit zu sterben

2. **partus**, us Gebären, Geburt; Leibesfrucht; solvi in partum sich blütentreibend erschließen

parum *Adv.* etwas, wenig, ein Weilchen; *Subst.* die geringe Habe, Kleinigkeit

parumper *Adv.* etwas, kurz, ein wenig

parvipendĕre geringschätzen, mißachten

parvitas Kleinheit, Wenigkeit; geringe Anzahl

parvulus klein; selten; Kind

parvus (*Superl.* parvissimus) klein; parvi = wenige

pasca = pascha

pascĕre weiden lassen, ernähren

pascha (*hebr.*) Osterfest, Ostern; Osterlamm; in octavis paschae am Sonntag nach Ostern; p. festivum Festmahl

paschalis österlich, Oster-; agnus, victima p. Osterlamm = Christus

pascua (*sc.* terra) = pascuum Weide

pascualis auf die Weide gehend

pascuarium Weidezins, Hutgeld

passagium Furt; Fähre, Überfahrt; Kreuzfahrt; Abgabe

passatus vergangen

passer, eris Sperling

passibilis der Empfindung fähig, leiden könnend

passim *Adv.* fortwährend, langsam; nach allen Seiten; ohne Unterschied

passio Leiden, Schwäche; Leidensgeschichte (Christi); p. dominica Passion

passionale Buch mit Märtyrergeschichten

passivus leidend

passum (*sc.* vinum) Wein

pasta (*griech.*) Klumpen; Teig; ,,Gericht von gemischten und eingebrockten Speisen‘‘

pastellus = pastillus Kügelchen (aus Mehl); Pille; Pastete

pastinaca Pastinak (Gemüse und Viehfutter)

pastinare (einen Weinberg) umgraben

pastophorium (*griech.*) Kapelle; Vorhalle einer Kirche

pastor Hirt; Fuhrknecht; Seelsorger, Bischof

pastoralis seelsorgerisch, geistlich

pastorella Hirtin

1. **pastus** gemästet

2. **pastus**, us (*auch* i) Weiden; Weide, Futter, Mahl; Unmäßigkeit im Essen

patefacĕre öffnen, offen halten, an den Tag legen, beweisen

patella Schüssel, Pfanne, Salzpfanne

patena (*griech.*) Kelch-, Oblatenteller

patenter *Adv.* offen, offenbar

pater Vater, Taufpate; Ehrenname geistlicher Personen; patres Vorfahren, Kirchenväter

patera Schale

paterellus; patherellus = petrarium

paternitas Vaterschaft, Vaterwürde, Vaterliebe

paternoster (*indekl.*) das Vaterunser, der Rosenkranz

patescĕre sich öffnen; öffnen

pathicus (*griech.*) unzüchtig

pati *oft* = den Märtyrertod erleiden

patibulum Block, Halsblock, Marterholz, Galgen, Querholz des Kreuzes, Kreuz

patina Schüssel

patrare durchsetzen, vollbringen, herstellen, verschaffen

patratus, us Einwirkung

patria Vaterland; Erde, Land, Gegend, Welt; Verwaltungsbezirk, Grafschaft

patrianus Gaugenosse

patriarcha (*griech.*) Stammesoberhaupt, Erzvater, Patriarch

patriarchalis zum Patriarchen gehörig

patriarchatus, us Patriarchat

patriare heimkehren

patriciare die Würde des patricius erteilen

patricius Schirmherr, Stellvertreter; hoher Ehrentitel seit Konstantin dem Großen

patrimonium Vatergut, Erbgut, Eigentum; p. Petri Kirchenstaat

patrinus Taufpate

patriota Landsmann

patrissare = patrizare (*griech.*) dem Vater nacharten, den Vater spielen

patrius väterlich; vaterländisch; heimatlich; patrii coloni Landsleute; patrium Vatererbe, Vermögen

patrocinari alicui beschützen

patrocinium Schutz; Reliquie

patronisare beschützen, beschirmen

patronus Schutzherr; Eheherr, Gatte; Advokat an den Gerichtshöfen der Kurie; Schutzheiliger; = Christus

patruelis Neffe (Brudersohn), Vetter

patruus Oheim; Vetter, Vetterssohn

patulus offenstehend, ringsum offen; weit, breit; patulum fieri geöffnet werden

pauciores die Minderheit

paucissimi sehr wenige

paucula, orum ein paar Worte

paulatim *Adv.* allmählich; langsam, gemächlich, zögernd

paulisper *Adv.* ein wenig, ein Weilchen

paulo minus *Adv.* beinahe, fast; ziemlich klein

pauper arm, ärmlich; politisch rechtlos; dumm

pauperculus sehr arm, armselig

paupertas Armut; Schuldknechtschaft

pausa (*griech.*) Pause, Ruhe, Ende

pausanae, arum Waffenstillstand

pausare eine Pause machen, ausruhen, ruhen, schlafen; verweilen

pausatio Innehalten; Aufenthalt; Grab; p. Mariae Marias Tod = 15. August

pauxillum *Adv.* ganz wenig, ein klein wenig

pavagium Pflastergeld

pavefacĕre erschrecken

pavimentum steinerner Fußboden, Estrich

pavionum Zelt

pavitare in Angst sein, heftig zittern; fieberkrank sein; hastig eilen (R.)

pavonarius Fasanenwärter, -wächter

pavor Furcht, Entsetzen; Gegenstand der Furcht

pavorosus furchtsam

pavus = pavo Pfau

1. **pax,** pacis Friede, Waffenruhe; Friedenskuß; p. castrensis Burgfriede; extra pacem ponere für friedlos erklären; pacem dare et accipere gegenseitig Urfehde schwören

2. **pax** *Adv.* kurz und gut, nur

panis paximacius; paximacium (*griech.*) Schiffszwieback

peccamen Fehler, Sünde

peccarius; peccarium = bicarium Kelch, Becher

peccator Sünder

peccatum Sünde, Sündenstrafe, Sündopfer; p. mortale Todsünde

pecharius „Becherer", Trinker

pecia; petia Stück; Bissen

pecten, inis Kamm; Scholle (Seefisch); p. ferreum ein Marterwerkzeug

pectinus lanina Wollkamm, Weberdistel

pectorale Brustkreuz (des Bischofs und Abtes)

pectus, oris Brust; Herz, Seele, Geist, Gesinnung, Stimmung; arens pectore sehr durstig; pectore constanti zuversichtlich; de pectore promĕre (aus der Brust) erschallen lassen

pectusculum Brüstchen; Bruststück (vom Opfertier)

res pecuaria Viehzucht

pecuinus tierisch, viehisch

peculiaris eigen, erbeigen; besonder; peculiare Privateigentum; genus peculiare das auserwählte Volk, ,,das Volk des Eigentums'' (5. Mos. 7, 6); vinum peculiare gewöhnlicher, Landwein (Cap.)

peculium Vermögen; Vieh *als Zahlungsmittel;* Fleisch

pecultus unehrenhaft, schamlos

pecuniosus voll Geld, wohlbemittelt

pedagium Zoll, Wegegeld

paedagogium Schule

paedagogus (*griech.*) Führer, Erzieher, Lehrer

pedaneus = pedalis zum Fuß gehörig; einen Fuß lang, breit usw.; pedaneum Fußschemel

pedare gehen; = pedēre

pedaticum = pedagium

paedeia (*griech.*) Bildung, Erziehung

pedellus = bedellus Büttel

pedēre furzen

pedes, itis Bauer im Schachspiel

pedetemptim *Adv.* Schritt für Schritt

pedica Fußschlinge, Fessel; Zehe

pedicare Knaben schänden

pediculus Läuschen, Laus

pedinus Bauer (im Schachspiel)

pedire = pedēre

pedissequa Kammerfrau

peditare kommen

peditemptivus = pedetemptivus vorsichtig; unverzüglich

peditura = pedatura Raum von der Ausdehnung eines Fußes

pedo, onis Fußsoldat; Bauer im Schachspiel

peducosus = pedicosus voller Läuse

pedules, ium Strümpfe, Gamaschen

pedum Hirtenstab

pedunculus = pediculus

Pegasea lora Zügel, mit denen Pegasus gebändigt wurde (CB); dea Pegasea die Göttin der Wissenschaft (W. v. Ch.)

peierare falsch schwören, lügen

peyon = paeon, onis (*griech.*) Arzt

peiorare schlechter machen, verschlimmern; sich verschlimmern

pelagus (*griech.*) Meer; p. orientale Ostsee

pelicanus (*griech.*) Pelikan; Kropfgans; pius p. Pelikan der Liebe = Christus

pellex = pelex, icis Kebsweib

pelliceus; pellicius aus Fellen gemacht

pellicēre verlocken, verführen

pellicia; pellicium Pelzwerk, Pelzrock, Pelzmantel; p. vervicinium Schafpelz

pellicula kleines Fell; Haut; *Plur.* Pelzverzierung

pellifex Kürschner

pelliparius Kürschner, Gerber

pellura Pelzwerk

pelvis Schüssel, Bütte, Kübel

poena Strafe, Buße; Qual, Mühe, Schwierigkeit; Folter; *Plur.* Folterqualen, Höllenstrafen

poenalis peinlich, qualvoll, voller Pein, schwierig; sträflich

penates, ium Haus

poenator Peiniger; Folterknecht

1. **pendēre** aufhängen; abwägen; bezahlen; verbüßen; parvi p. geringschätzen

2. **pendēre** ex abhängen von

pendiosus kostbar

pendulus herabhangend; schwankend

penes *Präp. m. Akk.* bei, nahe bei, in; gemäß

penetrabilis durchdringend, schneidend

penetral, alis das innere Gemach, das Innere; penetralia, ium Innere, Herz

penetrare hineindringen, durchdringen

penicillus Pinsel

peniculus Bürste; Taktstock

paenitenter *Adv.* reuevoll

poenitentia = paenitentia Reue, Buße; Bußübung; poenitentiam agere Buße tun; poenitentiam dare Buße auferlegen

psalmi **poenitentiales** Bußpsalmen

poenitentiarius Beichtvater

paenitēre; paenitēri (*auch persönlich gebraucht*) Reue empfinden, bereuen, büßen; paenitens Büßer

paenitudo, inis Reue, Buße; Erbarmen

penitus *Adv.* (*Komp.* penitius) im Innersten; völlig, ganz, durchaus; von weitem; p. *m. Akk.* = penes

pennatus geflügelt, befiedert

pennellus Windfahne, Fahne

pennescĕre Federn bekommen

penniger befiedert

pennula kleiner Flügel; Zweiglein

poenosus schmerzhaft

pensa Waage

pensare wägen; erwägen, beurteilen; rechnen, sinnen, meinen; entschädigen; p. de denken an

pensio Wägen; Zinszahlung

pensum Tagesarbeit, Pensum

pensus wiegend; erwogen; überdacht; nihil pensi keine Hoffnung; nihil pensi habere gleichgültig sein, kein Gewicht legen

pentacontarchus (*griech.*) Hauptmann

pentapolis (*griech.*) Fünfstadt

pentarchus (*griech.*) Unterbefehlshaber

pentasyllabus fünfsilbig; Fünfsilber

pentathlum (*griech.*) Fünfkampf

pentecoste, es (*griech.* der 50. Tag) Pfingsten

penu = penus, us

paenula Reisemantel

penuria Mangel, Not, Elend, „Todespein"; p. in Mangel an

penus, us u. oris Speisevorrat, Speisekammer; penoris custos Kellermeister; p. episcopalis die Vorratskammer des Bischofs, die mensa episcopalis

peplus; peplum (*griech.*) Gewand, ein weites Oberkleid; Schleier, Kopftuch

pepo, onis (*griech.*) Pfebe (eine Art Melonen)

per *in Zusammensetzungen* = gründlich, völlig, sehr; *oft* = prae . . .

per *Präp. m. Akk.* (*selten Abl.*) durch; über — hin, während; mittels, kraft; von — wegen, um — willen; *oft auch:* = *abl. instr:* per verba durch Worte; = von *beim Passiv* (handelnde Person); = an (*limitativ*): per membra paratus an allen Gliedern gerüstet; = unter

(*symbolisch*): per pisces intellego unter „Fischen" verstehe ich . . .; = wegen: per culpam wegen der Schuld; per hoc darum; per quod damit; = nach, im Sinne von, in (*zur Angabe des Prinzips*): per hoc numero nach dieser Zahl; per visum sichtbar; per gyrum im Kreise; per partes in Stücke; per diem täglich; per singulos für jeden, einzeln

pera (*griech.*) Ranzen, Quersack, Tasche

peragĕre durchführen, vollenden, leisten; p. vota Andacht verrichten; p. ut dahin bringen, daß

peragrare durchwandern, durchziehen; durchsuchen

perantea = antea *Adv.* vorher, früher

perapertus ganz offen

peraptare anfertigen

peraricius = pirarius Birnbaum (Cap.)

perca (*griech.*) Barsch (ein Fisch)

percantare durch Gesänge bezaubern

percelebrare anhäufen; zu Ende feiern

percellĕre zu Boden werfen, umstoßen; perculsus durchbohrt

percerte *Adv.* ganz sicher

percipĕre in Besitz nehmen; erfassen, erfahren, vernehmen

percitus sehr eilig

percolare durchseihen

percommodus überaus angenehm

percontari fragen, sich erkundigen; *auch passivisch gebraucht*

percursor Durchgänger (v. Pferd gesagt)

percussor Totschläger, Bandit; Münzer

percussura Schlag, Stich, Stoß; Mal, Wundmal; Ausschlag

percutĕre durchstoßen, durchbohren, zerhauen; niederwerfen, abschütteln; (Münzen) prägen

perdĕre vernichten, ins Unglück stürzen; verschwenden, vertun; verlieren; zum Tode verurteilen

perdiscĕre in Erfahrung bringen

perditio Verderben, Untergang, Zerstörung, Verwüstung; Verlust; Sündenschuld, Üppigkeit; Höllenstrafe, Hölle; *Plur.* Elend

perditus ruchlos, verderbt; perditum Sünde

perdius den Tag über

perdix (griech.) Rebhuhn

perdonare verzeihen; einräumen

perdurare aushalten, sich halten; ausreichen; = esse; abhärten

perefridus = paraveredus

peregre Adv. in der Fremde, von Land zu Land, als Pilger

peregrinare = peregrinari in der Ferne, Fremde weilen; wallfahren, pilgern

peregrinatio Aufenthalt in der Fremde, Wanderschaft, Pilgerschaft, Pilgerfahrt, Kreuzfahrt; Übersiedlung

peregrinus fremd, ausländisch; umherschweifend; Pilger, Kreuzfahrer; pericula peregrina die Gefahren auf der peregrinatio

peremptor Vernichter

perendinare bleiben

perennare viele Jahre fortdauern

perennis das ganze Jahr dauernd, unvergänglich; Adv. perenne; perenniter immer, für immer

perfectio Vollendung; Vollkommenheit

perfectus vollendet, reif; p. numerus Zahl, die gleich der Summe aller ihrer Teilfaktoren ist (Hr.); perfectum Vollendung

perferre über sich ergehen lassen, dulden

perfidia Ungläubigkeit; Heidentum

perfidus treulos; ungläubig; schädlich

perfinire beendigen

perflare hindurchblasen; tubam p. ins Horn stoßen

perforare durchlöchern, durchbohren

perfurere weiter wüten

perfusus überströmt

pergamenum Pergament

pergere fortsetzen, weiterziehen, vorrücken; wandern, gehen; sich aufmachen, davongehen; ablaufen

pergraecari in Saus und Braus leben

perhennare; perhennari = perennare

perhenniter = perenniter

perhibere darbieten; sagen, nennen, behaupten

perhumanus sehr leutselig, sehr höflich

peribolus (griech.) Umgang, der Flur

periclitari einen Versuch machen; in Todesgefahr kommen, gefährdet sein; ausgleiten

periculum Versuch, Probe; Gefahr, Untergang, Tod; p. facere alicuius rei etwas preisgeben, aufs Spiel setzen

perierare = peierare

perigere dahin bringen; natalem domini celebre p. das Weihnachtsfest feiern

periermenia = perihermenia (griech.) Umdeutung

perindie Adv. tags vorher (O. v. F.)

periniurius ganz ungerecht

peripsema, atis (griech.) Unreinigkeit, Unrat

perire verlorengehen, Schaden erleiden

periscelis, idis (griech.) Schenkelspange, Kniespange

periurare = peierare

periurium Meineid

perivolium (griech.) Tiergarten, Brühl

perizoma, atis (griech.) Gürtel; Schürze

perlepido Adv. sehr hübsch

perlucere hell leuchten

perlustrare überblicken, bescheinen; sühnen

perlustrium Tageshelle

permagnificus sehr prächtig

permanendus dauernd

permeabilis gangbar, überschreitbar

permissio Anheimgeben, Erlaubnis; Fügung, Schickung

permittere permitti erlauben; Pass. auch persönlich: permittor mir wird gestattet

perna Hinterschinken

1. **perniger** ganz schwarz

2. **perniger** Schinkenträger

pernimius allzu groß; Adv. pernimium sehr; gar sehr viel

pernix ausdauernd; behend, hurtig

pernocere sehr schaden

pernoctare; pernoctari übernachten; über Nacht ruhen

pernox, octis die Nacht hindurch wachend

pero, onis Stiefel

perorare zu Ende sprechen

perorridus = perhorridus ganz starrend

perosus voll Haß; überdrüssig; sehr gehaßt

perparum *Adv.* sehr wenig

perpavidus äußerst verzagt, feige

perpendēre genau abwägen, erwägen; erproben

perpendiculum Senkblei; Aufschub

perperam *Adv.* falsch, fälschlich, hinterlistig

perpes, etis beständig, ununterbrochen, ewig

perpeterare = perpetrare

perpetiare sich überwinden können

perpetim *Adv.* ununterbrochen, immer

perpetrare durchsetzen; vollbringen, ausführen, verüben

perpetuitas vitae das ewige Leben

perpetualis immerwährend, ewig; allgemein = katholisch

perpetuare dauernd belassen

mihi **perplacidum** est es gefällt mir gut

perplexitas Verworrenheit, Verwicklung

perplexus verflochten; verworren; tief-sinnig

perplures sehr viele; die meisten

ut **perprimo** = ut primum

perprius = prius *Adv.* früher

perquirēre genau erforschen; energisch fordern

perreria Schleuderstein

perriparius Rinderhirt (?)

perscindēre zerreißen

perscopare ausfegen mit dem Besen

perscribēre zu Ende schreiben (Hr.)

perscrutari durchforschen

perscultare aufmerksam (bis zu Ende) anhören

persecutio Aufeinanderfolge; Verfolgung, Leiden

persenilis hochbetagt

persentire durchschauen

persequax verfolgungssüchtig

persequēre = persequi verfolgen

persequi verfolgen, sich rächen; verfolgt werden

persero *Adv.* sehr spät; allzu spät

perserpēre darüberkriechen; beschleichen

persicarius Pfirsichbaum

persicus (*griech.*) Pfirsichbaum; persicum Pfirsich

persitire sehr dürsten

persona Maske, Figur, Person; Stellung, Rang, Würde, geistliche Würde; „Mädel"; tres mille personae 3000 Mann; personam non accipere kein Ansehen der Person kennen; personam gerere die Rolle spielen; ex persona alicuius in jem. Namen; in p. alicuius betreffs

personalis persönlich

personare laut erschallen lassen; hell anstimmen, blasen, spielen

1. **personatus** vollfrei

2. **personatus**, us Würdigkeit; Persönlichkeit; höheres Amt im Kapitel; Gestalt

perspatiari einherspazieren

perspicax scharfsichtig, scharfsinnig, einsichtsvoll, auffassungsfähig; scharf und durchdringend

perstare feststehen bleiben; ausharren; = esse

perstrepare = perstrepēre großen Lärm machen; schreien, laut singen; preisen

perstringēre fest zusammenziehen; kurz erzählen

persuadēre raten; reden

persuadi = persuadēri

persuabilis leicht überzeugend, einschmeichelnd

persuasio Überredung; Meinung

persuasorie *Adv.* zuratend

persuasus aufgehetzt

pertemptare; **pertentare** erproben, versuchen; erforschen

pertendēre durchsetzen

perterebrare durchbohren, in etwas ein Loch bohren

pertaesus überdrüssig

pertica Stange, langer Stock; Rute (Feldmaß)

perticare an einer Stange aufhängen, perticatus mit Stangen, Gittern versehen

pertinēre sich erstrecken; gehören zu; zufallen; pertinet ad me de aliqua re etwas geht mich an, kümmert mich

pertinentia Vorwerk

pertingēre überall berühren; sich hinerstrecken, gelangen

pertractare überall befühlen; überlegen, durchdenken

pertransire hindurchziehen, kreuzen, durchdringen; weiterziehen, seines Weges gehen; p. oras bis an die Küsten vordringen

pertrarium = petrarium

pertremiscēre erzittern, erbeben

perungēre salben; mastice perunctus mit Harz bestrichen = geglättet (R.)

pertrusus (*v.* pertrudēre) ganz durchlöchert

perurgēre sehr drängen, hart zusetzen

pervadēre durchdringen; angreifen; sich in Besitz setzen

pervasus, us Angriff

perventio Hinkommen; Besuch

perversus verkehrt, böse, schurkisch; höllisch

pervertēre um u. um kehren; umstimmen; p. iudicium ein unrichtiges Urteil fällen

pervicax beharrlich, hartnäckig

pervigil, ilis stets wachsam; der treue Wächter

pervincēre völlig besiegen, überwinden

pes, pedis Fuß, Pranke; Fundament, Grund, Grundlage; Bauer im Schachspiel; pedem dare = Hilfe bringen

pessimare ganz verderben

pessulus Riegel

pessum *Adv.* zu Boden, zugrunde

pessundare = pessum dare vernichten, umbringen; vergeuden

pesticosus die Pest in sich tragend, verpestet

pesticus = pesticosus

pestificus verderblich

pestis Pest; Verberben, Untergang, Qual; p. famis Hungersnot

peta Torf

petacium = pittacium

petēre beten; p. aliquem bitten, werben

um, suchen nach, jem. belangen; p. alicui aliquid jem. bitten um etwas

petitio Bitte, Gesuch, Verlangen; Aufforderung, Klage; Urkunde

petorritum (*kelt.*) Kalesche

petra (*griech.*) Stein, Felsen

petrarius für Steine bestimmt; petrarium Steinwurfmaschine

petrosilinum = petroselinon (*griech.*) Petersilie

petrinus aus Stein

petrosus felsig, steinig; petrosa (*sc.* loca) felsige Gegend, steiniger Boden

petulantia Leichtfertigkeit, Keckheit

petulcus mutwillig, ausgelassen

pexus (*v.* pectere kämmen) schmuck

piaclum; piaculum Sühneopfer, Sühne; böse Tat, Sünde

piacularis Sühne heischend

picta (*aus* pictavina) kleine (poitevinische) Münze

picosus elsterartig (?)

picturare malen; sticken

pictus ausgemalt, bunt, zierlich

picula Pech

pietantia Verbesserung d. Mönchskost

pietas, atis Frömmigkeit; Liebe, Milde, Güte, Gnade; Mitleid; Almosen; p. vestra *als Anrede*: Euer Gnaden; p. vestra est es ist sehr gütig von euch vas **pigatum** ausgepichtes Faß

pigellus träge

pigēre verdrießen; *auch persönlich gebraucht:* verdrießlich sein

pigmentare färben, schminken; würzen; einbalsamieren; pocula pigmentata Becher voll Würzwein

pigmentarium Gewürzschrank, -raum

pigmentarius Salbenhändler, Spezereienhändler; cella pigmentaria Schmuckkästchen

pigmentum Farbe, Farbstoff; Gewürz, gewürzter Wein (Trank aus Honig, Wein und Gewürzen), Kräutertunke, Kräutersaft; Schmuck

pygmaeus zwergenhaft, zwergähnlich; Pygmaei, orum (*griech.*) Pygmäen, Däumlinge

pignorare = pignerare verpfänden, pfänden; pignerari ad sich verpflichten

pignoraticius = pigneraticius das Pfand betreffend; verpfändet

pignus, oris u. eris Pfand; Unterpfand der Liebe = Kind; *Plur.* Reliquien

pigredo, inis Trägheit

pigritari lässig sein; zögern, bummeln; non p. sich etwas nicht verdrießen lassen

1. **pila** Ball; = pillula Pille
2. **pila** Mörser; Mörserkeule
3. **pila** Pfeiler; Wirtshaus
1. **pilare,** is; pilarius Pfeiler
2. **pilare** rupfen, plündern

pileator Hutmacher

pilentum Kutsche

pileum; pileus Hut, Kappe, Mütze

pilorium Halseisen; Schandpfahl, Pranger

pilosus behaart, haarig; Waldschrat, Kobold

piltrum = filtrum

pilula Ball; Ballspiel; Kügelchen, Pille

pilus Haar, Härchen

pincerna (*griech.*) Mundschenk, Schenk

pincernare kredenzen

pincillus = penicillus

pinguedo, inis Fettigkeit, Fruchtbarkeit, Fett; Salbung

pinguis fett, feist, fruchtbar, reich, stolz, plump

pinnaculum Zinne; Giebel, Dach; Turm

pinnula die kleine Feder, Flaumfeder

pinsare; pinsĕre zerstoßen, zerstampfen, keltern; backen

piper, eris Pfeffer; Gewürz

piperare pfeffern, würzen

pipilare schreien (vom Raubvogel)

pyr (*griech.*) Feuer

pyra Scheiterhaufen; Haufe

pyrale Warmraum, der (heizbare) Kapitelraum

pyramis, idis (*griech.*) Pyramide; (spitzer) Hut

piraterium (*griech.*) Seeräuberzug, Raubfahrt

piratica (*griech.*) Seeräuberei

piratium Birnenwein

piratura Seeräuberei; Brot in besonderer Form (R.)

pyretium = birretum

piretum Birnmost

pyropus (*griech.*) eine Metallmischung, etwa Goldbronze

pirum Birne; p. lapidosum Holzbirne

pisa = pisum Erbse

pisale, is = pensale Tagesarbeitsraum der leibeigenen Frauen; das halbunterirdische Wärmehaus; jeder heizbare Raum

piscamen Fischfang, Fang

piscarium; piscaria Fischmarkt; Fischgrund

piscarius Fischhändler

piscatio Fischen, Fischerei

piscator Fischer; = Petrus; annulus piscatoris Siegelring des Papstes

piscatura das Fischen, fischreiche Stelle

piscatus, us Fischfang; Fische

pisciculus Fischchen, Fisch

piscina Fischteich, Weiher, Teich; Schlammgrube

piscinula kleiner Teich

pistare stampfen; backen

pistatio Backen

pisticus (*griech.*) echt, unverfälscht

1. **pistillum** Reibekeule
2. **pistillum** kleiner Kuchen

pistrinum Bäckerei; Backofen

pistus (*v.* pinsĕre) gestampft

pisus = pisum (*griech.*) Erbse

pytho, onis (*griech.*) Python; Wahrsagegeist, Wahrsager

pythonicus (*griech.*) wahrsagerisch, zauberisch

pythonissa (*griech.*) Wahrsagerin

pittacium (*griech.*) Läppchen, Fleck (auf dem Schuh), Pflaster; Brief, Urkunde

pius fromm; gütig, gnädig, mitleidig; gerecht

pix, picis Pech

pyxides = pyxis, idis (*griech.*) Büchse; Kasse

placabilis versöhnlich; wohlgefällig, gefällig

placare beschwichtigen, versöhnen; sich versöhnen; p. vultum reginae Gnade finden vor der Königin; placatus gnädig

placenta Kuchen; p. commenta kunstvoll zubereiteter Kuchen (LB.)

placenter = placide *Adv.*

placentula kleines Gebäck

placidus still, sanft, friedlich, ruhig; p. omnibus beliebt bei, freundlich zu allen

placitare einig werden; etwas verabreden, beraten, verhandeln

placitus 1. gefallend, angenehm; 2. =placidus

placitum Verhandlung, Versammlung, Gerichtstermin; Beschluß, Übereinkommen, Entschluß, Verfügung; Wunsch; bene p. Wohlgeneigtheit; p. comitiale Grafengericht; p. regis Königsgericht; p. generale Reichstag, Maifeld; ire in p. auf den Entschluß eingehen

placor Wohlgefallen

1. **plaga** (*griech.*) Schlag, Hieb; Wunde; Schmerz, Plage, Niederlage, Verheerung; Tod

2. **plage** Garn, Decke; Gegend, Landschaft, Bezirk, Ort; Nebentonart, die Quinte des Grundtons

plagare schlagen, verwunden

plagiarius Dieb

planare eben machen, ebnen, (das Wachs) glätten

planca Bohle, Brett, Planke

planctus, us laute Trauer, Wehklagen, Totenklage, Klagelied

plane *Adv.* deutlich, ausdrücklich

planeta (*griech.*) Planet; die Kasula, das geschlossene Obergewand des Priesters, Meßgewand

planificare ebnen, eggen

planta Pflanze; Fußsohle; plantis advolvi sich zu Füßen werfen

plantago, inis Wegerich

plantare bepflanzen, pflanzen

plantarium Plantage

planus eben, flach; klar, verständlich

plasma, atis (*griech.*) Gebilde, Geschöpf, Schöpfung

plasmare bilden, schaffen

plastes, ae (*griech.*) Bildner, Plastiker

plastrum = emplastrum

plastus (*griech.*) geschaffen; Geschöpf; p. primus = protoplastus

platea (*griech.*) Straße, öffentlicher Platz; Bevölkerung

platocervus (*griech. u. lat.*) Elch; Damhirsch

platonicus breit

platonior weiser als Plato

platta Platte; Glatze

plaudare = plaudĕre

plaudĕre klatschen, Beifall spenden, loben, preisen; jubeln, sich freuen; p. triumpho triumphieren; p. in aliquem sein Mißfallen äußern

plausibilis lobenswert, anerkennenswert

plausor der singende Tänzer (D.)

plaustrare auf Wagen laden, fahren

plaustrata; plaustratum Wagenladung

plaustrum Wagen

plebanus Pfarrer

plebecula Volk, Pöbel, Gesindel

plebeus; plebeius gemein, niedrig; ärmlich; plebeia multitudo Bauernheer

plebigena von bürgerlicher Herkunft

plebiscitare prozessieren

plebium Verantwortung, Haftung, Bürgschaft, Obhut

plebs, plebis Volk; Gemeinde, die Laien; Heer, Gefolgschaft; p. infra das niedere Volk; p. beata Schar der Seligen

plecta (*griech.*) Seil, Tau

1. **plectĕre** flechten; *Pass.* = complecti umfassen

2. **plectĕre** strafen, büßen; leiden; p. capite enthaupten

plectoricus = plethoricus blutreich

plectrum (*griech.*) Zither, Laute; Fiedelbogen; Gesang; p. linguae Anschlagen der Zunge (FR.)

plectum Schale

plegium Bürgschaft

plemen Riß, Wunde

plenaliter *Adv.* völlig

plenarium Behälter für kirchl. Gegenstände (Reliquien)

plenarius vollständig, eingehend; voll

plenipotens allmächtig; bevollmächtigt

plenitudo, inis Fülle, Menge, Stärke; Vollständigkeit; millenarii p. numeri die Erfüllung des Jahrtausends

plenus m. *Abl. oder* de; *Adv. auch* pleniter voll; abgelaufen; ad plenum völlig; plene scire genau wissen; plenissime dicere vollständig erzählen (R.)

plēre = implēre füllen

plerumque *Adv.* sehr oft

ples = plebs (Liudp.)

pleuresis = pleuritis, idis (griech.) Seitenstechen; Rippenfellentzündung, Brustfellentzündung

plexibilis geflochten; dunkel, unergründlich

plexilis verwickelt

Plias, adis = Pleias (*griech.*) Siebengestirn

plicabilis zusammenklappbar

plicare falten; biegen

pliris (*griech.*) Mittel gegen Herzkrankheiten

plodēre = plaudēre

ploratorium Wehklagen; Klagehaus

pluēre regnen; strömen lassen

pluma Flaumfeder; Rockfutter

plumare rupfen

plumarium opus Federstickerei

plumatia; plumatium Federkissen

plumaticum Federkissen

plumbare aus Blei herstellen; löten fossa **plumbaricia** Bleigrube

plumbatus bleiern; plumbata Bleikugel; plumbatae, arum = plumbatum Geißel mit Bleikugeln

plumbescēre zu Blei werden

plumbum Blei; Bleibulle

plumeum Flaumbett

plumula Flaumfederchen

pluralis mehrfach; Inhaber mehrerer Benefizien

pluralitas Vielheit, Mehrzahl

pluraliter *Adv.* an vielen Stellen; vielfältig

plures die Starken; viele; quam plures = quam plurimi, permulti

pluries *Adv.* mehrmals, oftmals

plus *Adv.* mehr (*auch statt* magis); weiter, darüber hinaus; länger, fürderhin; lieber; *zur Umschreibung des Komparativs:* plus fortis = fortior; non plus nicht mehr; plus harpa noch eine Harfe mehr (R.); plus iusto über Gebühr; plus atque minus viel oder wenig

pluvia Regen, Regenguß

pluviale Regenmantel; Chormantel, Rauchmantel

pneuma, atis (*griech.*) Wehen, Blasen, Hauch; der Heilige Geist

pocillator Mundschenk; Zechgenosse

poculentum Trank, Getränke

poculum Becher; Trank, Leidenskelch

podager fußkrank, lahm

podagra (*griech.*) Fußgicht, Zipperlein

podagricus an Fußgicht leidend

poderes; poderis, is (*griech.*) langes priesterliches Gewand

podi(s)cus Arschwisch

podismus (*griech.*) Fuß-, Schuhmaß; Gang

poesis (*griech.*) Dichtkunst

poetare; poetari Dichter sein, dichten

poeticus dichterisch; chorus p. Musenchor

poetria (*griech.*) Dichterin; Dichtkunst; Poetik; Gedicht

poire (*griech.*) dichten

polecticum = polyptychum

poledrarius Fohlenwächter, Gestütsbeamter

poledrus; polidrus Fohlen; Pferd

polenta; polentum Gerstengraupen; Grütze, Milchbrei

poletrinus = poledrinus (unbändiges) Fohlen

polia (*griech.*) Schar, Versammlung; Herde; Reichtum

polyandrium; polyandrum (*griech.*) Friedhof

polychronius (*griech.*) lange dauernd, lange lebend

policus = polinus

polyphagus (*griech.*) Vielfraß

polymetare buntfädig machen

polymitarius damasten; Damastweber

polymitus (*griech.*) vielfädig gewirkt, damasten; buntgewirkt

1. **polinus** zum Pol gehörig, himmlisch, überirdisch

2. **polinus** = pullanus Füllen

polypes = pediculus Laus

polypticum = **polyptychum** (*griech.*) Verzeichnis der Besitztümer

polypus (*griech.*) Auswuchs in der Nase, Nasenpolyp

polis (*griech.*) Stadt

polysyllabus (*griech.*) vielsilbig

politor gladiorum Schwertfeger

pollen, inis Mehl

pollēre stark sein, sich auszeichnen, übertreffen, hervorragen, in Herrlichkeit thronen

pollex Daumen

pollicēre; pollicēri versprechen

pollicitamen Versprechen

pollicitare; pollicitari versprechen, verheißen, geloben

pollicitus versprochen

pollinctor = pollictor Leichenwäscher; Leichenbestatter, Totengräber

polluēre besudeln, schänden

pollutio Unkeuschheit, Ehebruch

polus Pol, Himmelsgewölbe, Himmel, der nördliche Sternenhimmel; arx poli Himmelsburg, Himmel

pomarius Apfelbaum

pomaticum; pomatium Apfelwein; Obstwein

pomerium = pomarium Baumgarten, Obstgarten

pompa (*griech.*) Geleit, Prozession; Pracht, Prunk; Hoffart; Gefolgschaft; pompam ferre einen Aufzug veranstalten; cum pompa dicere mit Salbung sprechen

pompare etwas mit Pracht machen; jem. öffentlich an den Pranger stellen

pompaticus prächtig, Aufsehen erregend

pompositas Pracht

pondarium; pondarius Waage

ponderare abwägen; wiegen; se aequaliter p. das Gleichgewicht halten

ponderatio Abwägen; Nachsinnen, Nachdenken

pondo Pfund

pondus, eris Gewicht; Nachdruck; pondere iusto mit dem rechten Ernst

pone 1. *Adv.* hinten, hinterdrein; 2. *Präp.* hinter; nahebei

ponĕre setzen, legen, belegen, vorsetzen, schenken; machen zu, halten für; rechnen auf; begraben; modum p. ein Maß angeben; animam p. sterben; p. sub hac spe davon erhoffen

pons, pontis Brücke; Türbalken; *Plur.* Bretter; Brückenzoll

pontaticus Brückengeld

ponticus herb, scharf

pontifex Bischof, Erzbischof, Papst; p. maximus, summus Erzbischof, Papst

pontificalis bischöflich, vom Bischof geschenkt; päpstlich; pontificalia, ium Bischofsornat

1. **pontificare** eine Brücke bauen.

2. **pontificare; pontificari** das Bischofsamt bekleiden, Papst sein

pontificatus, us Priestertum; Regierungszeit des Papstes; Papstwürde; Diözese

pontificium Gewalt, Befugnis eines Bischofs

pontificius päpstlich; Anhänger des Papstes

pontificus Brücken bauend

pontus (*griech.*) Tiefe, Meer

popa Opferdiener; Fettheit, Fett; fett

popare = pappare essen

popellus Pöbel; Volk

popina Küche

poples, itis Kniekehle

populabundus verwüstend

populares, ium Landsleute

populatio Bevölkerung; Volksmenge

populatrix Verwüsterin

1. **populatus** bevölkert

2. **populatus**, us Verwüstung

populositas Menge, große Haufe; Volk

populosus volkreich

populus Menge; Volk, Gemeinde; die freien Krieger, der Adel; *Plur.* Menge, Leute, Bevölkerung; p. dei Christenheit

porcaritia Schweinezucht; Schweineherde

porcarius zum Schwein gehörig, Schwein-; Schweinehirt

porcellus Ferkel, Schwein

porcus (*griech.*) Schwein, Eber

porphyrogenitus (*griech.*) im Purpur geboren, Kaisersprößling

porgĕre = porrigĕre; p. Orco zur Hölle schicken

porisma, atis (*griech.*) Öffnung (am menschlichen Körper)

porniogenitus im Ehebruch erzeugt

porrectus ausgedehnt; porrecta, orum Fläche

porrigĕre ausstrecken; darbieten; *Pass.* sich ausdehnen, sich erstrecken; se p. sich heranmachen, sich anschicken

porro *Adv.* ferner, und; nun aber, doch, gleichwohl

porrum; porrus Lauch, Porree

porta Tür; Paß; Torsprengel

portabilis erträglich

portanarius = portarius Pförtner

portare tragen; ertragen

portaticum Torgeld, Hafengeld

portendĕre ankündigen, verkündigen; aufweisen; *Pass.* portendi = protendi sich erstrecken (Helm.)

portentuosus = portentosus unnatürlich, mißgestaltet

porticus us Säulengang; Gang

portio Teil; Erbteil, Erbschaft

portionuncula = portiuncula Stückchen; kleine Portion

portitor Fährmann; Träger, Überbringer

portuarium = portorium Hafengeld

portus us Hafen; Fähre; Torgeld, Zoll

pos = post (Hr.)

poscĕre aliquem bitten, beten zu; auf jem. losgehen, erstreben; p. pro bitten für jem.

positio Lage; Aussehen, Gestalt

positura Stellung, Lage; Wohnung

positus *Ersatz für Part. Präs. von* esse

1. **posse** können; leisten, bedeuten

2. **posse** (*indekl. Subst.*) Können, Vermögen, Gewalt, Kraft, Macht, Geschicklichkeit; pro posse suo nach seinem Vermögen

possibilitas Möglichkeit, Fähigkeit, Vermögen,Kraft; iuxta possibilitatem nach besten Kräften

possidēre in Besitz nehmen, gewinnen

post 1. *Adv.* später, nachher; hinten. — 2. *Präp. m. Akk.,* selten *Abl.* nach, hinter, seit, nächst. — post tergum auf dem Rücken

postabbas, atis der spätere, nachmalige Abt, Nachfolger des Abtes

postcommunio Schlußgebet

posteaquam *Konj.* nachdem; hernach

postergare zurückweisen, verschmähen, hintansetzen, beiseite lassen

posteri, orum Nachkommen

posterior der hintere, letzte; posteriora, um Rückseite, Rücken, Hinterer (podex)

posteritas; posterioritas Spätersein; Nachwelt; Nachkommenschaft

posterula Hinterpförtchen

posthabēre hintansetzen

posthinc *Adv.* = posthac hernach; von nun an, künftig

postilla Randbemerkung zum Bibeltext, Kommentar; Predigtsammlung

postillare Erklärungen über die Evangelien schreiben; erklären, auslegen

postillator Postillenschreiber

postis Pfosten, Haus

postliminium Grenzort; Rückkehr in die Heimat

postmodum *Adv.* = postmodo bald darauf, später

postquam *auch m. Kj.* nachdem; *m. Ind.* wenn

postsequetaneus ständiger Begleiter

postulamen Forderung

postulare fordern; beten

postumus nachgeboren; nach dem Tode folgend; hinterlassen

potaculum Trinkgelage

potagium Verpflegung

potare trinken; tränken; potari *m. Abl.*
  tränken
potaticus Trinker-
potens Gewalthaber; p. esse = posse
potentare sich bemächtigen
potentatus, us Vermögen, Kraft, Macht,
  Gewalt; Übermaß
potentialiter *Adv.* kräftig, nach Vermögen;
  wunderbar, durch göttliche Macht
potesse = posse (LB.)
potestas Herrschaft, Herrschaftsgewalt,
  Obrigkeit, Majestät; Herrschaftsgebiet, Reich; Machthaber, Podesta
  (Bürgermeister des ital. Städte im
  MA.), Fürstlichkeit; p. praefectoria
  Grafenwürde; p. publica König
potestativus mächtig; *Adv.* potestative
  mit Gewalt, unter der Gewalt
poticula Fläschchen
potio Trank; Arzneitrank, Abführmittel,
  Tränklein; = verbera Mißhandlun-
  gen (Y.)
potionare tränken; ausschenken; trinken
potiri erreichen; gebrauchen, genießen;
  verrichten; potitus *auch* = erobert
potis *Adj.* vermögend, mächtig; *Komp.*
  potior vorzüglicher; vorzüglich; besonderer; potiores Kerntruppen; potis
  est es ist möglich; potius malle lieber
  wollen; potius quam anstatt; quin
  potius sogar
potus, us Trinken, Trank; p. salsi Tränen
practicus (*griech.*) tätig, wirksam; erfahren
prado Schinkenfleisch, Schinken
pragma, atis (*griech.*) Geschäft; Prozeß-
  sache
pragmaticum Privaturkunde
prahsina; brahsina (*ahd.* brahsa) Brassen,
  ein Fisch (R.)
prandĕre frühstücken, speisen
prandium Frühstück, Mahlzeit nach der
  Frühmesse
pravare ärger machen, verunstalten
pravilegium verkehrtes Recht; Ver-
  sündigung
pravus verkehrt; lasterhaft, verrucht;
  verkrümmt, mißgestaltet

praxis, is (*griech.*) Tun, Verfahren, Amt
prae...*bei guten Latinisten immer nur
  zum Guten steigernd; oft statt per...*
prae l. *Adv.* vorher, vorn; 2. *Präp. m. Abl.*
  vor; im Vergleich mit, gegen. — prae
  gaudio vor Freude; prae manibus in
  den Händen
praeallegare vorher anführen
praeambulus Vorläufer
praebenda der festgesetzte Lebensunterhalt; Pfründe
praebendarius Pfründner, Inhaber einer
  Pfründe
praebitio Darreichen; Ausrüstung und
  Aufführung eines Schauspiels
praeblandiri erst freundlich tun
precamen Bitte, Gebet
praecantatio Bezauberung, Vorspiegelung
praecantator Besprecher; Zauberer
precari aliquem aliquid jem. um etwas
  bitten
precarius bittend; bloß aus Gefälligkeit
  gewährt; von fremder Gabe abhängig,
  unsicher, notdürftig; zu Lehen gegeben
precaria, iorum die verzinslich-nieß-
  bräuchliche Landleihe
praecarus kostbar
precatiuncula kleines Gebet
precator Fürbitter
precatus, us = precatio Bitte, Gebet
praecavēre *m. Akk.* abhelfen, sich schützen
praecedĕre vorangehen; übertreffen; vorbeigehen
praeceler sehr schnell
praecelerare überholen, vorauseilen
praecelsus hochragend; erhaben
praecentor Vorsänger
praeceps, cipitis abschüssig, steil; schnell;
  se praecipitem dare sich (kopfüber)
  stürzen; praeceps ad arma kampflustig
praeceptio die königliche Satzung (der
  merowingischen Zeit); Königsurkunde
praeceptum Befehl; Königsurkunde
preces, cum Bitten; Gebet, Fürbitte; Buß-
  gebete; die (7) Bußpsalmen
praecessor Vorgänger; Anführer, Herr
praecidĕre vorn abhauen; anhauen

1. **praecinctus** umgürtet, bewehrt; zugeschnürt

2. **praecinctus**, us Kleidung, Tracht; Rüstung

praecinĕre voraussagen, weissagen

praecipĕre vorschreiben, befehlen; praecipere, ne verbieten; mihi praecipitote = *mhd.* gebietet mir, *Abschieds-gruß*

praecipitare herabstürzen; irreführen

praecipitium die steile Höhe, ein schroff vorspringendes Felsstück; Sturz in die Tiefe

praecipuus hervorragend, vornehm; vernehmlich (von der Stimme); praecipua festivitas Weihnachten

praeclarescĕre klar werden, zur Kenntnis kommen

praeclaritas hoher Ruhm, Auszeichnung

praecluus = praecluis sehr berühmt

praeco Herold, Verkünder; Fronbote, Scherge, Beamter, Vogt, Bürgermeister; praecones stivae Ackersknechte

praecolligĕre vorbeiberechnen

praeconari rühmen, preisen; bekanntgeben

praeconium Bekanntmachung; Verkündigung; Lob, Preis, Ruhm

praeconizare ankündigen, verkünden

praecordia, orum Zwerchfell, Herz

praecordialis herzlich, aufrichtig

precula Bitte, Gebet

praecursor Vorläufer (des Herrn) = Johannes der Täufer; Morgenstern; Spürhund; Prologsprecher

praecustodire Vorsichtsmaßregeln treffen

praedamen = praeda Raub, Beute; Plünderung

praedare; praedari rauben, berauben, plündern, Jagd machen auf, erbeuten

praedecessor (Amts)vorgänger

praedestinatio Vorherbestimmung, Plan

praedicamen Verkündigung, Lob

praedicamentum Eigenschaft

praedicare verkünden, bekanntmachen; predigen; laut bekennen, preisen; raten, ermahnen, belehren; betreiben

praedicatio Predigt; Ausspruch, Urteil

praedicator Prediger; fratres praedicatores = Dominikaner

praedicatorius Prediger-; ordo p. Dominikanerorden

praedicĕre vorher sagen, vorher erwähnen, vorsprechen; einschärfen, voll Stolz aussprechen; praedicens sich vermessend

praedictor Weissager

praediffinire vorausbestimmen

praedilectus sehr geliebt

praedistinare = praedestinare im voraus bestimmen

praedistinatio = praedestinatio

praeditus begabt, versehen; vorgesetzt, vorstehend; erwähnt

praedocĕre anzeigen, hinweisen

praedoneus; praedonius räuberisch; Räuber

praedotare vor allerWelt hingeben, weihen

praedulcis süß, lieb

praedurare sehr härten, anhärten

praedux Wegweiser, Führer; den Vortritt habend

praeeligĕre auserwählen, vorziehen; praeelectus auserlesen

praeeminentia Vortrefflichkeit

praefabricare vorher herstellen

praefatio Vorrede; Präfation (feierliches Gebet vor dem Kanon der Messe)

praefatus obengenannt; = idem

praefectus Burggraf, Festungskommandant; p. aulae Hausmeier; praefectorum vices Grafenämter

praeferre vor sich her vortragen; vorbringen, vorlegen; an die Spitze stellen; se p. sich rühmen; praeconiis p. rühmen

praeficere voranstellen; kundtun; legem p. Entscheidung fällen

praefigĕre anheften; ansetzen, bestimmen; einstecken

praefigurare vorherbilden; vorher andeuten, bedeuten

praefingere vorher kunstgerecht bilden

praefinire festsetzen, bestimmen

praefinitio Vorherbestimmung; Beschluß, Vorschrift

praefocare ersticken, erwürgen

praefragilis sehr zerbrechlich; schwach

praefremĕre vorher grollen

praefrigidus sehr kalt

praefugĕre voranfliehen; vorher entfliehen, entwischen

praefurnium Schürofen

praegnans schwanger, trächtig; voll, groß

praegnare schwängern; gebären

praegrandis sehr groß

praegravare überbürden, bedrücken

praegustare vorher kosten; kosten; Vorgeschmack haben; vorausschicken

prehendĕre fassen; angreifen; abnehmen

praeinmediatus der vorletzte

praeire vorangehen, übertreffen; vorbeigehen

praeiudicare vorläufig richten

praeiudicium Vorurteil; Nachteil, Schaden

praeiurare feierlich schwören

praelata Äbtissin

praelatio bevorzugte Stellung, Amt; geistliches Amt, geistliche Würde; Vormundschaft, Bevormundung

praelatura Prälatur

praelatus (kirchl.) Vorgesetzter, höherer Geistlicher, Kirchenfürst, Prälat; p. dioecesanus Bischof

praelegĕre vorlesen, Vorlesung halten

preliator = proeliator Kämpfer, Fechter, Krieger

preliatura = proeliatura, orum Hilfstruppen

praelibare ausgießen, kredenzen; vorwegnehmen, vorausschicken (in der Darstellung); vorher anrufen; praelibatus vorher erwähnt; vorgeschult

praelinquĕre aufhalten

praelocutor Sprecher des Prologs

praeloquium Vorrede, Vorwort

praelucidus voranleuchtend; hell leuchtend; berühmt

praeludĕre vorher (Kampfspiele) üben

praeludium Vorspiel; Ursprung

prelum Presse, Kelter; Kreuz Christi

praemactus hochgepriesen

praemaximus sehr groß

praemeditare; praemeditari vorher bedenken, planen; vorsorgen für; praemeditatus überlegt, erheuchelt

praememorare; praememorari eingedenk sein, denken an

praemiare belohnen

praeminĕre = praeeminere hervorragen

praemirari sich sehr wundern

praemollis sehr weich, gewinnreich, sehr gewinnend

praemonĕre (vorher) erinnern, warnen

praemortuus halbtot

praemunire 1. schützen, bewahren; 2. = praemonere warnen, vorher unterrichten

prendere = prehendĕre

praenitĕre hervorstrahlen

praeniti m. Inf. = praeoptare

praenobilis sehr berühmt, hochgeehrt

praenominare benennen; vorher erwähnen

praenoscĕre vorher wissen

praenosticare prophezeien

praenotare bezeichnen, betiteln

praenotio Erkenntnis im voraus

prensio Ergreifen

prensor Fänger, Häscher

praeoccupare zuvorkommen; überfallen

praeoptare wünschen; lieber wollen

praeordinare vorherbestimmen, im voraus anordnen

praeostentatio Beispiel

praeparamentum Priesterornat

praeparare vorbereiten; zur Verfügung stellen

praeparatio Einrichtung; Stütze, Halt

praeparatura Vorbereitung; p. regia Königsornat

praeparvus sehr klein; sehr wenig

praepauci; praepauculi ganz wenige

praepedire verhindern, hemmen, aufhalten

1. **praependĕre** überwiegen, den Vorzug haben

2. **praependĕre** vorziehen

praepes, etis vorauseilend; schnell

praepollentia Überlegenheit

praeponderare durch sein Übergewicht erdrücken, überlasten; mehr wiegen als, den Vorzug haben vor

praeponĕre vorsetzen, vorlegen; über etwas setzen

praepositio Behauptung, These

praepositura Amt eines Vorgesetzten; Propstei; ordo praepositurae Amt des Priors

praepositus Vorgesetzter, Vorsteher, Vogt, Schulze, Propst; p. mensae Truchseß; p. camerae Kämmerer

praeposteratus verkehrt

praeposterus unzeitig, verkehrt, verfehlt, falsch; nachfolgend

praepotens sehr mächtig, vornehm, in Amt und Würden

praepulcher sehr schön

praeputium Vorhaut

praeradiare überstrahlen; übertreffen

praerimari vorher ausforschen, vorher sich erkundigen

praerogativa; praerogativum Vorzug, Vorrecht, Vorrang; Verdienst

praeruptus, us steiler Pfad

pres (*wohl* = pretiosus) reich

praesagare = praesagire vorher anzeigen

praesagium Vorzeichen; p. vaticinii prophetische Weissagung

praesagus voraussagend, weissagend; Prophet

presbyter, eri (*griech.*) Ältester; Priester, Leutpriester, Pfarrer

presbyterari Priester sein, Priester werden

presbyteratus, us priesterliche Würde

presbyterium Priesteramt, -würde

praescientia Vorherwissen, Voraussicht

praescire vorher wissen; *Pass.* bekannt werden

praescriptus vorhererwähnt, beschrieben

praesens gegenwärtig; irdisch; vorhergenannt; ad p. augenblicklich, zur Zeit, vorläufig; per p. gerade; de praesente sofort, sogleich

praesentalis gegenwärtig

praesentare darreichen, darbieten, zeigen, vorführen, verschaffen, schenken;

Pass. erscheinen, sich darstellen, sich einstellen

praesentia Gegenwart; Geschenk; in praesentiarum (*aus* in praesentia harum [rerum]) gegenwärtig, heute; ad praesentiam in Gegenwart, vor

praesentialiter *Adv.* leibhaftig, persönlich

praesepe, is; **praesepium** Krippe

praeservatus wohlbehalten, gerettet

praeses, idis Aufseher; Vorsitzender bei der Tafel; Statthalter, Landpfleger, Graf, Markgraf; praesides ecclesiae = Kirchenfürsten

praesiccus verdorrt

praesidiatus, us Grafenamt, Grafschaft

praesidium Mittel; Schutz, Bedeckung; Besatzung; befestigter Ort, Pfalz

praesignare vorher anzeigen, künden; p. ad im voraus hinweisen auf

praesilire aliquem vor jem. herspringen

pressura Druck, Drangsal, Bedrängnis; Wehe; Keltern; p. lactis Käse

pressus gedrängt voll; fest

praestabilis vorzüglich, erhaben; durch Bitten erlangbar; bereitwillig

praestans vorzüglich, wertvoll

praestare 1. vollbringen; darbieten, schenken, überweisen, leihen; *Pass.* von Vorteil sein; 2. den Vorsitz führen, die Leitung beim Spiel haben; sorgen; praestante deo mit Gottes Hilfe

praestatio Gewährleistung; Leistung, Bezahlung

praesternĕre vorher zurechtmachen

praestigium Zauberei, Blendwerk, Betrug

praestimonium Geschenk

praestis = praestes, itis Vorsteher, Schützer

praestita, orum Gebührendes, Gewährleistetes, Darbietungen, Darlehen

praesto esse bereit, bei der Hand sein

praestolare; praestolari bereitstehen; erwarten, harren

praestringĕre zuschnüren, vereinigen; oben streifen, berühren

praestructio Verhau

praestruĕre vorher zubereiten; = instruere unterweisen, anweisen, hinwei-

sen; p. vias Wege anlegen; se p. sich
zur Abwehr bereit machen
praestus gegenwärtig, zur Hand
praesul, ulis jeder hohe Geistliche: Bischof, Prälat, Erzbischof, Patriarch,
Papst; Fürst
praesularis bischöflich; fürstlich
praesultor Vortänzer
praesumĕre im voraus an sich nehmen,
sich vornehmen, beanspruchen, sich
anmaßen, sich erdreisten, wagen, über
sich gewinnen, sich unterfangen; voraussetzen; berauben; p. de hoffen auf
praesumptio Anmaßung, Dünkel; Verwegenheit, Frechheit; Vorurteil
praesumptiosus = praesumptuosus kühn,
vermessen
praesumptive *Adv.* keck, vermessen
praesumptor verwegen, dreist; Wagehals;
Übeltäter
praesumptuositas = praesumptio
1. **praesumptus, us** Verwegenheit, Frechheit
2. **praesumptus** kühn, frech
praesuppōnĕre zugrunde legen
praetaxare vorher abschätzen; vorher
nennen
praetemptare vorher erforschen
praetendĕre vorziehen; ausspannen; zur
Schau stellen; praetensus anspruchsvoll
praeter *Präp. m. Akk.* vorbei, vorüber;
über — hinaus, gegen, entgegen, im
Widerspruch zu; unabhängig von,
abgesehen von, ohne; praeter quod
außer daß, nur
preteria = petrarium Steinwurfmaschine
praeterire vorübergehen; untergehen, vergehen; vereitelt werden
praetexta (prunkvoller) Kriegsrock
praetextu coniugii unter dem Vorwand
einer Verbindung
pretiare; pretiari schätzen, verkaufen
praetinnire einläuten, läuten zu . . .
pretiosus wertvoll, kostbar
praetitulare betiteln, bedeuten; praetitulatus vorgenannt
pretium Preis, Geld; Lösegeld; Besitzgegenstand

pretius = pretiosus
praetor Graf
praetoriolum ein kleines Herrenhaus
(Landhaus)
praetorium Versammlungsraum, Rathaus; Palast, Thron
praevalēre sehr stark sein, sich stark
fühlen, Kraft haben, vermögen; übertreffen, den Sieg davontragen
praevalidus sehr stark
praevaricare; praevaricari übertreten,
sündigen
praevaricator gewissenlos; Übertreter,
Sünder; Gegner
praevenire zuvorkommen; zu Hilfe kommen; übertreffen; *Pass.* vorher ereilt
werden
praevertĕre aliquem zuvorkommen, voraustreiben
praevidēre voraussehen; im Auge behalten, gut sorgen; abrichten
praevignus voreingenommen; knauserig
praevilegiare als Vorrecht einräumen
praevilegium = privilegium
praevius vorangehend, vorig; den Weg
weisend, führend; schlau
praevolare schnell auf die Beute losstürzen
praevulgare vor aller Welt zeigen
prex, precis Bitte, Gebet; alicui precem
dare anbeten
pridem *Adv.* vor Zeiten
prima (*sc.* hora) die erste Stunde; Frühgottesdienst um 6 Uhr
primas, atis der Erste nach dem Könige;
Edeling, Fürst; Vornehmster, vornehm; *Plur.* Engelchor
primarius 1. = primus; 2. = protoplastus; lapis p. Grundstein
primatia = primatus, us die erste Stelle;
Vorrecht, Vorrang
primaeva Stammutter; = Eva
primicerius der Erste, Oberste; Chef der
notarii; Pfalzrichter; p. cantorum Vorsänger; p. scholae cantorum Vorsteher
des Sängerchors
primiloquium das erste Sprechen
primipilaris Hauptmann, Anführer

primis = imprimis

primiscrinius Vorsteher der Kanzlei

primitiare anfangen

primitiae, arum Erstlinge der Früchte, Erstlingsgaben, -taten

primitivus der erste in seiner Art, ursprünglich; Erstling, Erstgeborener; primitiva ecclesia Urkirche

primitus *Adv.* zuerst, zunächst; zum ersten Male; früher; p. quam = priusquam

primo ut; ut primo = ut primum sobald als

primogenitus erstgeboren; primogenita, orum Recht der Erstgeburt

primoplastus = protoplastus

primores die Vornehmsten; die Ahnen

primule *Adv.* erstens; zuerst

primum atque eher als, bevor

primus der erste; der älteste; der frühere; in primis gleich zuerst, anfänglich

princeps, cipis Herr, Fürst, König, Kaiser; p. pistorum Oberbäckermeister; p. mundi = Teufel

principalis was zum princeps gehört; hervorragend; Vorsteher; Haupt-; principalia regna Fürstenreiche, Weltreiche; p. dominica paschae der erste Ostersonntag; *Adv.* principaliter im Ursprung, hauptsächlich

principari herrschen, regieren

principatus, us die erste Stelle; Herrschaft, Regierung; Befehl, Kommando, Würde; Fürstentum; Fürstenschaft

principiare anfangen, beginnen

principissa Fürstin

principium Anfang, Zeitanfang; Prinzip; a principio anfangs; in principio an der Spitze

prinus (*griech.*) Steineiche

prior Prior, Vertreter des Abtes, Klostervorsteher, Abt; priores l. = primates; 2. Vorgänger

priora, um Vergangenheit

prioratus, us Priorat, Würde des Priors

prioritas Frühersein

privatim *Adv.* heimlich

privatio Beraubung

privatus abgesondert, menschenscheu; Privatmann, ohne Amt; persönlich; vertraulich; gewöhnlich, der Mann aus dem Volke; privatum aliquem facere jem. des Thrones entsetzen; privati homines einfache Kriegsleute; privata Abort

privignus Stiefsohn, Stiefbruder; privigna Stieftochter

privilegium Vorrecht, Vergünstigung; Unrecht; *Plur.* Papsturkunden

1. **pro** *Interj.* o, ach; pfui; p. dolor o weh!

2. **pro** *Präp. m. Abl.* vor; für; anstatt; im Verhältnis zu. — *Auch* = aus — heraus: pro pietate aus Frömmigkeit; = wegen: pro peccatis wegen der Sünden; = zu, um — willen: pro solacio zum Trost. — pro tempore zur Zeit; pro posse et nosse nach bestem Wissen und Können; pro carcere wie ein Kerker; pro dignitatis causa um der Zierde willen; mittere pro schicken nach

proabbas, atis Abtstellvertreter

proastium (*griech.*) Vorstadt

proaulium Vorraum, Nebenraum

probabilis annehmbar, glaublich; löblich

probare prüfen; sich zufrieden erklären, billigen, genehmigen; berichten, beweisen; erlernen, erkennen; erleben; *Pass.* sich erweisen; probatur man sagt

probata, ae (*griech.*) Herde

probaticus (*griech.*) zur Schafherde gehörig, Schaf-

probatio Anerkennung; Beweis

probatus erprobt; vinum probatum alter Wein

probitas Biederkeit, Tüchtigkeit, Rechtschaffenheit; Freigebigkeit (*mhd.* milte); Heldentat, Abenteuer; *Plur.* Proben der Tapferkeit, Heldentaten

probrosus schmachvoll

probrum Schandtat, Schimpf, Schmähwort

probulus wacker

probus rechtschaffen; mutig, beherzt, tapfer; freigebig

procans = procax dreist, unverschämt; geil; hartnäckig

procare; procari verlangen; um jem. Gunst bitten, umwerben

procarius Schweinehirt

procedĕre vorrücken; zum Vorschein kommen, ans Land gehen; in Prozession gehen; vorkommen; procedit *m. Dat.* es besteht ein Unterschied zwischen

procella Sturm, Wirbel; stürmische Zeit

procellosus stürmisch

proceres, um die Vornehmen; diversarum p. dignitatum verschiedene hohe Würdenträger

proceritas Höhe, Länge; Stattlichkeit, hohe Gestalt

procerus hoch, schlank

processio feierlicher Einzug, Umgang, Prozession; Kirchgang

processionaliter *Adv.* prozessionsweise

processor Prozessionsteilnehmer

processus, us Prozeß

prochdolor = pro dolor o weh!

procidĕre niederfallen, zu Füßen fallen

procinare vor Gericht fordern

procinctualis zum Kampf bereit

procinctus, us Gürten, Aufbruch zum Kampfe; Heer, Kriegszug; Gurt, Wehrgehänge, Rüstung; procinctum movere zur Heerfahrt aufbrechen

proclamare laut rufen; Beschwerde führen; verklagen

proclamatio Ausrufen; Appellation, Beschwerde

proclamator „Einschreier", Prologsprecher

proclivus abwärtsgehend, abschüssig; willig

procolpus Schlag

procreare erzeugen, hervorbringen

procul dubio ohne Zweifel

proculus = procus Freier, Verlobter

procumbĕre zu Boden fallen; am Boden liegen

procurare besorgen, versorgen; verwalten, verwesen; veranlassen, ein Buch schreiben lassen; *mit Inf.* lassen

procurator Bevollmächtigter; Schaffner; Leichenwäscher; p. ecclesiae Verweser einer Kirche

prodecessor Vorgänger

prodĕre hervorbringen; angeben, offenbaren, zeigen, (einen Schrei) ausstoßen; p. exterius äußerlich kundtun

prodesse vorhanden sein; zufallen

prodigialis vorbedeutend, seltsam

prodigium Wunder

prodigus verschwenderisch; kostspielig, teuer

prodire hervorgehen; einherziehen, vorangehen

proditor Verräter; = Teufel

prodium = brodium

producĕre vorführen, erzeugen; vorschieben, verlängern, vertagen

productilis von getriebener Arbeit

productio Erzeugnis

productus lang anhaltend, lang

proelectio Wahl

proemium = prooemium (*griech.*) Einleitung, Vorrede

proeoque *Konj.* deswegen weil

profanatio Entweihung

profanus unheilig, ungeweiht; heidnisch; profanum Tempel

profari sagen, behaupten

profectio Aufbruch, Kriegszug

profectum; profectus, us Wirkung, Gebrauch; Fortschritt, Erfolg, Nutzen, Gewinn

proferre vorbringen, heraufführen; sagen, veröffentlichen; ertönen lassen; anstimmen; sententiam p. einen Urteilsspruch fällen; p. in lucem gebären

professio Erklärung, Bekenntnis, Gelübde, Mönchsgelübde; Stand, Beruf, Gewerbe; professionem legere Profeß tun

profestus nicht festlich; dem Festtage vorangehend; profestum = vigilia Tag vor einem Fest

propheta; prophetes, ae (*griech.*) Prophet, Weissager; Psalmist, Sänger, Spielmann; p. dei = David

prophetalis = prophetialis prophetisch

prophetare weissagen, prophezeien
prophetia (*griech.*) Weissagung, Prophezeiung; Dichtergabe
propheticus (*griech.*) prophetisch
prophetis, idis (*griech.*) Prophetin
prophetissa Prophetin
prophetizare = prophetare
proficĕre vorwärtskommen, Erfolg er-
   zielen; nützen
proficuitas = proficuum
proficuus vorteilhaft, nützlich, zuträglich;
   proficuum Vorteil, Nutzen, Profit
prophita = propheta
profiteri frei bekennen; sich melden, zugestehen; sich auf die Klostergelübde
   verpflichten, Profeß tun; sich schuldig
   machen
proflare hervorblasen; aufblasen
profligare niederschlagen; zu Ende bringen, ausführen; verbrauchen, verschwenden; in alicuius obsequium p.
   zu jem. Dienst verwenden; profli-
   gatus in voller Auflösung
profluens; profluus hervorfließend, fließend
profluvium Hervorgießen; Fülle, Schwall
profugium Flucht; Zufluchtsort
profugus flüchtig; Abtrünniger
profundare versenken, eindrücken
profundĕre vergießen, vergeuden
profunditas Abgrund, Tiefe
profundus tief; tief herabreichend (vom
   Kleid)
profusus ausgelassen, zügellos;verschwen-
   derisch; unmäßig lang; kostbar; be-
   spült; crinis p. langwallendes Haupthaar
profuturus (*sc.* usui) was nützen wird
progenies, ei Geschlecht, Nachkommenschaft
progeniti, orum Vorfahren
progenitor Ahn, Vorfahr
Progne (*griech. Sagengestalt*) = Schwalbe
prognosticus (*griech.*) zumVorauserkennen
   geeignet; prognosticum Vorzeichen
programma, atis (*gr.*) Bekanntmachung
progredi hervorgehen; abstammen; sich
   verschärfen

progressio Vormarsch; Unternehmen;
   Fortentwicklung
progressus, us Fortschritt, Vormarsch;
   das Hinübertreten; Verkehr
prohemium = prooemium
prohibēre abhalten, Einhalt tun, verbieten, untersagen
proiectus vorstehend, hervortretend;
   wieder in die Erde gesteckt
proin; proinde *Adv.* darauf
proire = praeire sich hervortun
prolambĕre küssen; hervorrieseln (Hr.)
prolatio Aussprache; Mundart
proles, is Sprößling, Sohn, Tochter;
   Nachkommenschaft
prolixitas (allzu große) Länge, Breite;
   Dauer;Ausdehnung,Weitschweifigkeit
prolixus weitschweifig, lang und breit;
   langwierig; in reicher Fülle herab-
   hängend
prolongare verlängern, aufschieben
proludĕre ein Vorspiel ausführen (W.)
proluvium Vergießen; Überschwemmung
promĕre hervorlangen, ans Tageslicht
   bringen, ausstoßen, sprechen, singen,
   im Liede feiern
promerēre; promerēri sich verdienen; sich
   Gott gnädig stimmen, Genugtuung
   erhalten; gewinnen
promicare schnell hervorkommen, entstehen, wachsen
prominentia Höhe
promiscuus gemischt; halbverständlich;
   Adv. promiscue hier und da
promissio Versprechen, Gelübde; Verheißung
promissor Bürge
promittĕre entsenden; versprechen; prophezeien
promocondus Kellermeister, Schaffner
promotio Beförderung, Erhebung; Förderung, Ausbreitung
promovēre fördern, unterstützen; vorrücken
promptificare geneigt machen
promptuarium Speisekammer, Speicher
1. **promptus** bereit; willig; gewandt, geschickt; bar; manu p. persönlich

tapfer; p. in risu bereit zum Lachen;
p. duello (Dat.!) kampfbereit

2. **promptus,** us Sichtbarkeit, Bereitschaft; promptu schnell; in promptu
est es ist klar

promtus = promptus

promulsum Vorgericht

promus Kellermeister; Weinkeller

promuscida = proboscis (griech.) Rüssel;
Schnauze

pronasci entstehen, abstammen

pronepos, otis Urenkel; Großneffe

pronomen Vorname; Beiname, Bezeichnung

pronuntiare benennen, sprechen, eine Ansprache halten

pronosticatio = prognosticatio Vorbedeutung

pronunc Adv. jetzt

pronuntiatio Bekanntmachung; Urteil

pronus vorwärtsgeneigt, niedergebeugt;
geneigt

propagator Verbreiter

propago, inis Setzling; Nachkommenschaft, Geschlecht

propalare bekanntmachen, mitteilen, darstellen; öffnen, offenbaren

propalatio Veröffentlichung

propatulo Adv. offen, frei; in p. apparēre
ans Licht kommen

propense Adv. willig; angelegentlich

propensus gut gewogen, gemessen

properanter Adv. eilig, schnell

properus eilig; eilfertig, übereilt

propiare ad sich nähern

propinare (griech.) vorkosten, zutrinken;
auftischen, zu trinken geben, zum
besten geben, darreichen, überreichen,
gewähren; verschenken, preisgeben;
Pass. sich darbieten

propitiare besänftigen, versöhnen, begünstigen; Pass. gnädig sein, verzeihen

propitiatio Versöhnung, Begnadigung

propitiatorium Versöhnungsmittel

propitiatus, us Versöhnung

propitius (griech.) geneigt, gnädig; Christo
propitio durch Christi Gnade

propius Adv. näher; auch = nahe

proplacitator Fürsprecher

proponĕre vor Augen stellen, vorlegen,
bieten, zeigen, anschlagen; condicionem
p. eine Bedingung stellen; p. vestigium eine Spur weiter verfolgen; animo
est propositum ich habe die Absicht

proportio Verhältnis

propositio Thema, These; Vorschlag

propositum Vorsatz, Plan, Gelübde; Vorlage, Vorschlag, Aufgabe; p. (sc. prae-
mium) der ausgesetzte Lohn; ex pro-
posito vorsätzlich

propositus bloßgestellt; drohend; = praepositus

proprietarius dem Besitzer zukommend;
ius proprietarium Eigentumsrecht

proprietas Eigenart; Eigentum

proprius eigentümlich, eigen; sein, ihr;
proprii die eigenen Leute; ad propria
recedere in die Heimat zurückkehren;
propriis nach eigenem Ermessen; Adv.
in der Landessprache; unmittelbar;
propria morte defungi eines natürlichen Todes sterben; in propriis usibus
zum Nutzen einzelner

propter Präp. m. Akk., selten Abl. daneben,
dicht bei; wegen. — Auch = nahe
(von d. Zeit): p. festa nahe dem Fest;
nach, in Anbetracht, in Rücksicht auf,
für: p. infirmitatibus (BR.). — propter
quod weil; deshalb

propugnaculum Schutzwehr, Brustwehr; Zinne; propugnacula muri = der
Schild (W.)

propurgare zuvor reinigen

1. **prorsus** gerade

2. **prorsus** Adv. vorwärts; durchaus,
überhaupt

prorumpĕre hervorbrechen lassen; hervorbrechen, sich verleiten lassen

prosa die ungebundene Rede; das bei der
Messe vor dem Evangelium gesungene
Gebet; = sequentia

prosaicare in Prosa schreiben

prosapia; prosapies, ei Stamm, Sippe, Geschlecht, Familie, Abkunft

proscindĕre aufreißen; herunterreißen;
verdammen

proscrib─re verbannen

prosecutio Aufeinanderfolge, Fortsetzung; Begleitung

prosecutus begleitet

proselytus (*griech.*) Proselyt; Fremdling

prosequi begleiten; nachhängen; mit Klage verfolgen; ausführen, erzählen; behandeln; zur Ausführung bringen, beendigen; iudicialiter p. gerichtlich belangen

proser─re hervorbringen; prosertus entsprossen

proseucha (*griech.*) Gebet

prosilire hervorspringen, vordrängen, vorlaut sein, ausfällig sein

prosnesium; pronesium (*griech.*) Haltetau

prospector Vorsorger, Fürsorger

prosper günstig; selig; prospera salutis Heilsgüter

prosperare; prosperari gedeihen, gelingen

prosperitas Gedeihen, Erfolg

prostern─re preisgeben, niederwerfen; demütig niederfallen; ad solum p. dem Erdboden gleichmachen

prostibulum Bordell

prostitutio Preisgebung zur Unzucht

prostrare niederstrecken, niederwerfen

proteare sich wandeln wie Proteus

protectio Schutz, Bedeckung

protector Beschützer; Schildknappe, Leibwächter

protelare fortjagen; aufschieben, in die Länge ziehen

protend─re ausstrecken; verlängern

protensus ad reichend bis

protenus = protinus

proteraria Mühle, Ölmühle

proter─re zerreiben; niedermetzeln; vernichten

proterrarium Ackergrundstück

protervia = protervitas Frechheit, Unverschämtheit, Schamlosigkeit; Ausgelassenheit

protervus; *Adv.* proterviter frech, unverschämt, schamlos

protestare; protestari bezeugen, beteuern

protestatio Bezeugen, Dartun

protinus *Adv.* fort und fort, weitweg; alsbald, sogleich, stracks

proto- (*griech.*) *vor Subst. und Adj.* = der erste

proto a secretis = protus a secretis (Liudp.)

protocaravus (*griech.*) Steuermann

protomartyr der erste Märtyrer = Stephanus

protoplastis; protoplastus (*griech.*) zuerst geschaffen = Adam

protoscriniarius der Erste der scriniarii, Oberarchivar; Kanzler

protospatharius (*griech.*) erster Waffenträger; Kommandant der Leibwache (gleichzeitig stellvertretender Gerichtsherr am Hofe)

protovestiarius Obergarderobenmeister

protractio Ausdehnung, Verzögerung

protrah─re hinziehen, hinhalten; *Pass.* sich hinziehen; sich verbreiten

protus (*griech.*) der erste; = protoscriniarius (Helm.); protus a secretis = protosecretarius Geheimsekretär, Oberstaatssekretär

prout *Konj.* so wie, wie denn; insoweit; = verstärktes ut; prout — et = wie — so auch

provector Förderer, Gönner

1. **provectus** hervorragend

2. **provectus,** us Förderung, Beförderung; Vorrang; Wachstum; Vorteil

proveh─re vorwärtsführen; fördern

provenda Unterhalt, Kostportion, Deputat (Cap.)

provendarius Deputatist, Hofgänger

provenire hervorkommen; vorkommen, geschehen

proventus, us Hervorwachsen, Gedeihen; Verlauf

proverbium Sprichwort; Bildrede, Allegorie, Spottrede; Verabredung, Abmachung

providentia Voraussicht, Versorgung, Fürsorge; Wachsamkeit; Vorsehung

provid─re sich vorsehen, Sorge tragen; p. alicui sorgen für; p. aliquem versorgen

providus vorsichtig; umsichtig; pietatis p. in frommer Fürsorge

provincia Landstrich, Gebiet, Herzogtum, Grafschaft; Sprengel eines Erzbischofs; *Plur.* Länder

provincialis Volksgenosse, Landsmann, Ordensprovinzial

provisio Versorgung, Förderung; Geschäft, Tätigkeit; Voraussicht; die päpstliche Einsetzung eines Bischofs; p. imperii Besetzung des kaiserlichen Stuhls; p. annua Jahrespension

provisor Versorger; Vormund, Sachwalter; Proviantmeister; Beherrscher, Bischof; p. navis Kapitän

provisus der vom Papste eingesetzte Bischof

provocamen Verlockung

provocare hervorrufen, auffordern, veranlassen; anreden; appellieren

provocatio Herausforderung

provocatrix hervorlockend, reizend

provolvěre hinwälzen; (den Griffel) ansetzen; alicuius pedibus provolvi sich jem. zu Füßen werfen; stilo provoluto ausführlich

proxenista = proxeneta (*griech.*) Vermittler, Zwischenhändler, Makler

proximare sich nähern; zunächst sein

proximus der nächste; Nachbar, Mitmensch; *Plur.* proximi Blutsverwandte; *Adv.* proximo ganz kürzlich; *Komp.* proximior, ius näher

pruina Reif, Frost; kühler, schattiger Ort, Wirtschaftskeller

pruna glühende Kohle, Feuerbrand

prurigo, inis das Jucken

prurire jucken

psallentium Psalmensingen

psallěre (*griech.*) auf einem Saiteninstrument spielen, zu einem Saiteninstrument singen; Psalmen singen; lobsingen, lobpreisen; singen

psalmicen, inis = psalmicanus Psalmensänger

psalmista Psalmendichter

psalmodia (*griech.*) Psalmengesang, Psalmensingen

psalmographum Psalmenwort

psalmographus (*griech.*) Psalmendichter

psalmus (*griech.*) Lobgesang, Psalm

psaltare = psallěre

psalterium (*griech.*) ein mindestens zehnsaitiges, drei- oder viereckig umrahmtes Instrument, der Psalter; Saitenspiel; Psalter, Psalmen Davids; geistliches Gedicht (mit 150 Strophen); *Plur.* Psalmen; p. Mariae = Rosenkranz

psaltes, ae (*griech.*) Sänger; Psalmist

psaltria (*griech.*) Tänzerin

pseudo- (*griech.*) *vor Subst. u. Adj.* = falsch, lügnerisch

pseudodoxus (*griech.*) eine falsche Meinung, eine Irrlehre vertretend

pseudulus (*griech.*) lügnerisch, treulos

pseustes (*griech.*) Lügner

psyche (*griech.*) Seele

psitachus = psittacus (*griech.*) Papagei

ptisana (*griech.*) Gerstengrütze

ptisis = ptysis (*griech.*) Speichel

publicanus amtlich; Zöllner; Sünder, sündig; publicana Dirne

publicare einziehen, konfiszieren; verkündigen, veröffentlichen; entdecken

publicus öffentlich, allgemein verständlich; amtlich; p. quidam ein gewöhnlicher Kerl; *Adv.* publice vor Gericht; publica via Hauptstraße; publicum bellum offene Feldschlacht

pudenda, orum Schamteile

pudendus schändlich, unehrenhaft

pudens ehrliebend, voll Ehrgefühl; = pudendus

pudor Scham; Achtung; Schande

pudoratus züchtig, keusch

puellarius = puellaris mädchenhaft, jungfräulich

puellula Mädel

puer Schüler, Knappe, Diener, Knecht; Unfreier, Ministerialer; Beamter; p. exercitus Troßbube; *Plur.* Jünglinge, Kinder; bewaffnetes Gefolge

puerinus knabenhaft; Knäblein

puerpera Gebärerin, Mutter

puerperium Geburt, Entbindung; Mutterschaft

pugil, ilis; **pugilis** Faustkämpfer; Kämpfer, Fechter

pugillaris faustgroß; Schreibtafel

pugillus (zusammengeballtes) Händchen, Fäustchen; eine Handvoll; die hohle Hand; Faust

pugna Kampf, Gemetzel; Zweikampf

pugnax streitlustig

pugnus Faust; Faustschlag

pulbetum = pulpitum Pult

pulchrificus verschönernd

puledium = pulegium Flohkraut (wohlriechende Pflanze)

puleticum = polyptychum

pulix, icis = pulex Floh

pullinare = pullulare ausschlagen, sich entwickeln, anwachsen; hervorbringen, zeugen

1. **pullus** schwarz, dunkelfarbig; pulla (*sc.* vestis) Trauergewand

2. **pullus** das Junge; Huhn; Füllen; p. aquae Wasserhuhn; p. corili Haselhuhn; p. fybicis Birkhuhn

pulmentar, aris; **pulmentarium** Zukost zum Brot; Speise, Kost, Mahlzeit, Gericht, Portion

pulmentum = pulmentarium

pulpa Fleisch, Braten

pulpitarium; pulpitum Brettergerüst, Bühne; Meßbuchtisch; Lesepult; Predigtstuhl

puls, pultis dicker Brei; *Plur.* Grütze

pulsare tüchtig schlagen, quälen; stoßen, läuten; bedrängen, anklagen; bitten, prüfen, „anklopfen"

pulsator Kläger

ferrum **pulsatorium** der eiserne Klöppel

pulsus, us Stoß, Schlag; chordarum p. Saitenspiel; p. linguarum Gerede (Hr.)

pulta = puls

pultrellus; pultrella Fohlen

pulvillulus das Polster, Kopfkissen

pulvillus kleines Polster, Kopfkissen; pulvillos consuere sub cubito manus jem. weich betten (= schmeicheln)

pulvis, eris Staub; Gift

pumex Bimstein (zum Glätten des Papiers)

punctum Augenblick; *Plur.* die Felder auf dem Schachbrett

punctatus mit Punkten versehen, punktiert; gefleckt

punctio laterum Seitenstechen

pungere stechen, quälen

pungilis, is Stock, Knüppel

puniceus blutrot, blutig

Punicum malum Granatapfel

pupilla Augapfel; Pupille; Mädchen

pupillaris aetas Kindesalter

pupillus Waise; Mündel

puppa = pupa Mädchen; Puppe

puppis, is Schiffshinterteil; Boot

pupulus Knäblein, Büblein

pure *Adv.* bloß, nur

purgamentum Unrat; Abfälle

purgare reinigen; crimen p. sich reinigen von einem Vorwurf

purgatorius reinigend; purgatorium, p. ignis Fegefeuer

purificare reinigen; entsühnen

purificatio s. Mariae Mariä Reinigung = 2. Februar

purificatorius reinigend; purificatorium weißes Leinentüchlein zum Kelchreinigen, Kelchtüchlein

puritas Reinheit, Lauterkeit, Unschuld; die reine Lehre

purpura (*griech.*) Purpur, Purpurfarbe, kostbares Seidengewebe von verschiedener Farbe

purpurare mit Purpur, mit Farben schmücken

1. **purpuratus** strahlend, schön

2. **purpuratus** (= hyperperus) eine byzantinische Goldmünze

purus rein, natürlich

pus, puris Eiter; Fäulnis

pusillanimis; pusillanimus kleinmütig

pusillanimitas Kleinmut; Kleingläubigkeit; Schüchternheit

pusillitas fidei Kleingläubigkeit

pusiolus = pusillus sehr klein, wenig, schwach; Kind; Jüngling; Page

pustella = pustula Blase, Bläschen; Blatter

pusterla = posterula

pusus = pusio Knabe, Knäblein
puta etwa, zum Beispiel, nämlich
putare aliquid de erwarten von
putēre stinken (nach Moder)
puteus Grube, Graben, Brunnen, Zisterne

putredo, inis Fäulnis; Schmutz
putrefieri faulen, verwesen
putrescēre vermodern, faulen
putus gereinigt, lauter; puta terra „bloße Erde", nichts als Erde

Q

qua *Adv.* wie; da wo; wohin
quacara Wachtel
quacitare = quaxare quaken
quadragena = quadraginta vierzig; Zeitraum von 40 Tagen; die vierzigtägige Fastenzeit
quadragenarius vierzigjährig
quadragesima die (vierzigtägige) Fastenzeit vor Ostern; media q. = Sonntag Lätare
quadragesimalis zur Fastenzeit gehörig; quadragesimale Fastenspeise
quadrangulatus viereckig
quadrangulus viereckig; viergeteilt; q. orbis Sonnenbahn
quadrans der 4. Teil, Viertel; Heller, Kreuzer (die kleinste damalige Münze)
quadratura Quadratur; Viereck
quadratus viereckig; vierschrötig; festgefügt; Quadrat, Quader mit viereckiger Grundfläche; q. Iupiter Jupiter in quadratischer Konstellation zum Geburtsstern
quadriduanus viertägig; seit 4 Tagen
quadriennalis vierjährig
quadrifariam *Adv.* in vier Teile, ins Geviert
quadrifarius vierfach; *Adv.* in vier Teilen
quadrifidus vierspaltig; viergeteilt; q. annus die vier Jahreszeiten
quadrifinius vier Grenzen bezeichnend, nach vier Seiten grenzend
quadriforus = quadriforis mit vier Öffnungen
quadriga Equipage, Gespann; Fuhre
quadrilaterus vierseitig
quadrivium Kreuzweg; scholastischer Lehrgang (*s.* artes liberales)
quadrupedare vierfüßig machen; auf vier Füßen gehen

quadrupedius = quadrupes vierfüßig
quadruplicare vervierfachen
quadruplum = quadrivium
quadruvium = quadrivium
quadrus viereckig; = quadrum Viereck; Quaderstein, Grundstein
qualibet (*sc.* parte) irgendwo, irgendwie; überall
qualificare näher bestimmen
qualitas Beschaffenheit, Eigenschaft, Größe, Betrag
qualiter *Adv.* wie; damit, auf daß; so daß
quam 1. = ut wie; 2. = cum inversum; 3. = priusquam als bis; 4. = cum primum sobald als; 5. = quantopere wie sehr, wie wenig
quamplures = complures mehrere
quam primum *Konj.* = cum primum
quamsi = quasi als ob, gleichsam
quamtocius = quantocius
quando *Konj.* (damals) als; sintemal
quandoque *Adv.* jemals; einstmals, einmal; dann und wann
quandoquidem *Konj.* wenn etwa
quanti wie viele
quanticumque wie viele
quantitas Größe, Menge, Summe, Betrag
quantocius *Adv.* schleunigst
quantum; in quantum sofern, soweit; quantum longe so weit
quantumvis *Konj. m. Kj.* = quamvis wenn auch noch so sehr
quapropter *Adv.* deswegen
quaqua allüberall
quare weil; denn
quartare in vier Teile teilen
quarterium ein Viertel
quartum ein Viertel
quasquila Wachtel
quasi *Adv.* gleichwie; fast, ungefähr

quasi modo geniti (*sc.* infantes) Anfang des Introitus der Messe am 1. Sonntag nach Ostern; der Sonntag selbst
quassare heftig schütteln, erschüttern
quassus gebrochen, beschädigt; zitternd
quatenus damit, so daß; sintemal, alldieweil; q. ne damit nicht
quater deni = vierzig
quatĕre schlagen
quaternarium die Zahlen 1—4
quaternio Vierzahl; Quartbogen; Heft
quaternum; quaternus ein aus vier Blättern bestehendes Buch
quatinus = quatenus
quatriduanus = quadriduanus
quattuor tempora Quatembertage, die vierteljährlich vorgeschriebenen drei Fasttage der röm. Kirche
quaxare = coaxare quaken
-que *oft nur versfüllend; Stellung im Satze sehr frei*
quectonia = cydonia Quitte
quercula kleine Eiche
querela Klage, Beschwerde; sine q. unbescholten
querelare; querelari klagen, sich beschweren
querellositas Klage
1. **quaerĕre** suchen; werben, begehren, betteln, bitten, beten; q. sanctos wallfahren nach heiligen Stätten
2. **quaerĕre** = queri klagèn, jammern
querimonium = querela
querula; querulare = querela; querelare
querulus (*Adv.* querulo) klagend, wimmernd; Kläger
querulosus klagend, unzufrieden
quaestio Untersuchung; Streitfrage; Streit, Schuldklage; Tortur; Gerichtshof; quaestionem movēre einen Rechtsstreit beginnen
quaestionari fragen
quaestionarius 1. Richter; Henker; Folterer; 2. der für fromme Zwecke Almosen sammelt, Bettelmönch
quaestiuncula alberne Frage
quaestor Almosensammler; Ablaßhändler
quaestuarius = quaestionarius 2

quaestura Amt, hohe Würde, Lehen; Lohn
quaestus, us Gewinn; Gewerbe, Handel
qui wie; auf daß, damit; dadurch; daher
quia *Konj.* weil; denn; seit; daß (*auch statt Akk. m. Inf.*)
quicquam was auch immer; alles, was
quicumque irgendeiner; jeder; quaecumque alia alles andere
quidam jemand (*auch statt* ullus); irgendeiner, ein (*unbest. Art.*); jeder
quidem *Adv.* zwar; freilich, gewiß, allerdings, wahrlich; wenigstens
quiescĕre ruhen; sich ruhig verhalten; aufhören; sterben
quietare beruhigen, besänftigen; = quittare
quietatio Beruhigung
quietus ruhig; = quittus
quilibet irgendeiner; jeder
quin *Konj.* sondern sogar; aber; so daß nicht; auch et
quinarius fünf enthaltend; q. sensus die fünf Sinne
quindecimus der fünfzehnte
quindenus der fünfzehnte; quindeni je fünfzehn; quindena 15 Tage
quinquagesima = Sonntag „Esto mihi"
quinquaginteni fünfzig
quinquennis fünfjährig
quinquennium Jahrfünft
quinquimus fünfjährig
quinta dies = Donnerstag
quintale; quintallus (*arab.*) Zentner
quintana febris alle fünf Tage auftretendes Fieber
quinterna ein Saiteninstrument, „kleine Geige, deren Saiten um eine Quinte voneinander gestimmt sind"
quippe *Konj.* nämlich, denn; und zwar, das heißt, natürlich; wahrlich; *oft nur versfüllend*
quippiam = quidpiam etwas
quire können, vermögen
quiris, itis Ritter, Schwertdegen, junger Ritter; Reiter
quis 1. jeder der; jemand. 2. = quibus
quispiam irgend jemand

quisquam irgendeiner, jemand; jeder; quisquam non niemand

quisque jeder beliebige; irgendeiner, jemand; = quisquis: quodque alles, was

quisquis irgendeiner; jeder

quitare; quittare = quietare für schuldenfrei erklären; überlassen, übergeben

quitus; quittus = quietus frei von Schulden, quitt, los und ledig

quo *Adv.* so daß; damit; wo; dorthin, von wo; quo contra wogegen; ex quo seitdem, wenn, weil

quoad 1. *Konj.* solange, bis; 2. *Präp. m. Akk.* hinsichtlich

quoadusque *Konj.* so lange, bis

quocirca *Konj.* deshalb, daher

quocunque *Adv.* irgendwohin; nach jeder Richtung, durchaus

quod *Konj.* weil; daß (*statt Akk. m. Inf. und statt ut*); seit; = quot

quodammodo *Adv.* gewissermaßen

quod ne quis daß nicht jemand

quodusque = quoadusque

quo minus *Konj.* um so weniger, geschweige denn

quomodo *Konj.* wie; daß

quondam *Adv.* früher einmal; vorhin

quoniam *Konj.* da ja; daß ja (*auch statt Akk. m. Inf.*)

quoquam *Adv.* irgendwohin

quoque *Adv.* auch, und, ferner, und zwar

quoquo *Adv.* irgendwohin

quorsum *Adv.* wohin; wieweit (W.)

quota (*sc.* pars) Steueranteil; Menge, Summe

quotatio annorum die Bestimmung des wievielten Jahres

quotennis von wieviel Jahren

quotidie = cotidie *Adv.* täglich

quotus der wievielte; wie alt; quoti wie viele

R

rabies, ei Wut; Liebeskummer

raca (*hebr.*) Schimpfwort (Matth. 5, 22): Taugenichts

racemus Weintraube; Zweig

radiamen Strahlung; die einzelne Stufe an der Sonnenuhr

1. **radiare** strahlen, glänzen; bestrahlen, beleuchten

2. **radiare** durchstreichen, ausstreichen

radicare entwurzeln

radicitus *Adv.* mit Stumpf und Stiel

radius Stab, Zweiglein; Strahl, Sonnenstrahl; Zirkel

radix Wurzel; Rettich

rafanus = raphanus (*griech.*) eine Art wilder Rettich

ramosus voller Äste; zackig

ramus Zweig, Ast; Kreuzesbalken; rami palmarum Palmsonntag

ramusculus Zweiglein, Zweig

rancor der ranzige Geschmack; Haß, Groll; Rauheit

rancorositas = rancor

rapticius schnell ergriffen

raptim *Adv.* in Eile, sofort

raptio Rauben; Entführung; Entrückung; r. Heliae ad caelos Himmelfahrt des Elias

raptor räuberisch; Räuber, Entführer

raptus, us Raub; Frauenraub, Notzucht

rapula = rapulum Rübe

rapuntium Rapunzel

rarenter = raio *Adv.* selten

rarus selten; gut; klein

rasor Barbier, Bader

rasorium Rasiermesser; Schermesser

rasta (*germ.*) Meile

rastellus (*v.* rastrum) Hacke

rasura Schaben; Abgeschabtes, Späne

ratificare bestätigen

ratihabitatio = ratihabitio Bestätigung; Genehmigung

ratio Rechnung, Rechenschaft; Ansicht, Meinung, Lehre, Grundsatz; Rede, Vorschlag, Bericht; Art, Weise; Lied; Gerichtsverfahren, Prozeß; Verstand, Vernunft; rationes dialecticae Dialektik; ratio legis Gesetzeskunde; intuitu rationis infolge vernünftiger Betrachtung; ratione in Rücksicht auf, in Anbetracht; rationes computare eine Berechnung anstellen; rationes deducere Rechnung legen; rationes facere Recht sprechen; rationem gerere Rechenschaft ablegen; nil rationis in armis habere = sich im Nachteil sehen; rationis fidem facere Überzeugung beibringen

ratiocinare; ratiocinari berechnen, rechnen, überlegen, folgern; mit Gegengründen widerlegen

ratiocinium Rechenschaft

rationabilis vernünftig, vernunftgemäß; zweckmäßig

rationale (*sc.* vestimentum) Brustschildchen des Hohenpriesters der Juden; bischöflicher Schulterschmuck aus Stoff

ratis, is Floß, Barke, Schiff; fecunda r. die reiche Schiffsladung

rattus (*wohl ital.*) Ratte

ratus (*v.* rēri) berechnet, gültig

raucellus heiser, rauh; leise girrend

raucosus heiser, rauh

raucus heiser, tief (von der Stimme)

ravacaulus Kohlrabi

re . . . beim Kompositum; 1. rückwärts; 2. noch einmal; 3. dagegen; der Erwartung entsprechend

realiter *Adv.* ordentlich, gründlich

reascendēre sich wiederaufrichten

reatus, us Anklagezustand, Beschuldigung, Schuldfrage; Freveltat, Schuld, Sünde

rebachari sich wieder begeistern

rebellare sich widersetzen

rebellio Auflehnung, Aufstand; widerspenstig, der Empörer

rebellis aufrührerisch, widerspenstig, Widerstand leistend, trotzig; r. pacis Friedensbrecher

rebibēre wieder trinken

reboare; reboari widerhallen; ertönen

reburrus struppig

recalcare von neuem auf etwas treten

recalcitrare alicui ausschlagen gegen, sich widersetzen; r. aliquem jem. zurückweisen, ablehnen

recalcitratio Widerstand

recalvaster, tri nach hinten kahl; mit hoher, kahler Stirn

recalvatio Kahlheit der Stirn

recantare (wunschgemäß) lossingen

recapitulare in den Hauptpunkten zusammenfassen, wiederholen

recappare nochmals zum Mantel machen

recappator der aus alten Sachen Mäntel macht

recavare aushöhlen

recavus nach innen hohl; recavum cornu ein Musikinstrument

recedēre zurückweichen; abscheiden; im Geiste noch einmal vorübergehen lassen, mitempfinden

recens frisch; blutjung; rivis r. frisch bewässert

recensēre prüfen, mustern; betrachten

recensitus aufgezählt

recentificare erneuern

receptabilis zugänglich, fähig, geeignet

receptaculum Zuflucht; Aufnahmeraum, Wohnraum

receptare (bei sich) aufnehmen

receptibilis annehmbar; (Gott) angenehm

receptio Aufnahme, Wiedergewinnung

receptus geborgen; allgemein anerkannt

recessus, us Zurückgehen; Entfernung, Trennung, Tod; entlegener Ort, Einsamkeit; *Plur.* Verborgenheiten. — r. saltus Waldeinsamkeit; privatior r. oratorii abgelegenes Seitengemach einer Kirche

recidivare rückfällig werden

recidivus rückfällig; erneuert

recinēre besingen

recipĕre zurücknehmen, auf sich nehmen, vertragen; sich vorbehalten, aufbewahren; auffassen; zu Lehen empfangen; r. spiramen Atem holen (R.); r. mentem sich fassen, zu sich kommen

reciprocare wieder zurückbringen; antworten, erwidern

reciprocatio Umkehr
reciprocator Erneuerer
recitare vorlesen; beichten; bekanntmachen
recircuitura Rückumlauf, eine der beiden Krümmungen eines mondförmigen Schmuckes
reclamare Beifall rufen, sich über etwas (aliquid) beschweren; Klage erheben
reclamatio Einspruch, Widerruf
reclinatorium Rückenlehne; Lagerstätte
recludĕre öffnen; einschließen
reclusus Klausner, Einsiedler
recogitatio Erwägung, Überlegung
recognitio Prüfung, das Jüngste Gericht; Bescheinigung, Anerkennung
recognoscĕre wiedererkennen; zuerkennen, anerkennen; nachträglich erfahren; aperte r. offen zugeben
recolĕre betrachten, erwägen, bedenken, beherzigen; sich erinnern, gedenken; mitfühlen, verehren, feiern; recolitur in commune es wird gemeinhin erzählt
recolligĕre sammeln, an sich nehmen, erwerben; se r. sich zurückziehen
se **recollocare** sich wieder hinlegen
recompensa Vergeltung, Belohnung, Gegengabe
recompensare erstatten, wieder ausgleichen; auszahlen; schätzen
recompensatio Erstattung; Dank; Erwiderung
reconciliare wieder versöhnen; sich versöhnen; von neuem weihen, wiedereinsetzen
reconductio Pachterneuerung
reconsignare wieder bemerken; zurückgeben
reconsiliari widerraten
recoquere wieder kochen, umschmelzen; recoctum saepe aurum ⁒ lauteres Gold
recordatio Rückerinnerung; felicis recordationis seligen Angedenkens (bei Verstorbenen)
recreatio Erholung, Unterhaltung
recredĕre anerkennen (eine Urkunde als echt)

recrementum Unrat; inutilia recrementa Unkraut
rectificare berichtigen
rectilinium gerade Gesinnung, Aufrichtigkeit; Korrektheit
rectiloquax = rectiloquus korrekt sprechend
rectitudo, inis Rechtlichkeit; richtiges Handeln
rector Lenker, Leiter; Befehlshaber; Amtmann; Bischof; r. domus Hausmeier; regni rectores die Großen des Reiches
rectrix Leiterin; Äbtissin
rectus gerade, steil; richtig, gerecht
recubitus, us Platz am Tisch, Sitz
recuperare wiedererlangen; ausgleichen, wieder gutmachen; Pass. sich erholen
recuperatio Wiedererlangung, Genesung
recurvus krumm; hohl; cursus r. Umweg
reda = raeda Reisewagen; Schlitten; Kummet
redaperire öffnen
redarguĕre bezichtigen, anklagen; Pass. sich beschuldigen
redargutio Widerlegung; Geringschätzung
redd ... oft = red ...
reddĕre zurückgeben; vergelten; erfüllen, leisten, bezahlen; Pass. werden; se r. sine pactione sich auf Gnade und Ungnade ergeben; r. solemnitatem Gottesdienst feiern; spiritum r. sterben
redditio Zurückgeben, Vergeltung
reddituarius Pächter
redditus, us 1. Ertrag, Einkommen, Einkünfte; 2. = reditus
redemptio Loskauf, Einlösung, Erlösung; r. animae Heil der Seele
redemptor Erlöser, Heiland; Händler
redibentia = redhibentia Abgabe, Steuer
redhibitio Rückgabe; Genugtuung; Abgabe
redicĕre wiederholt sagen
redifer der Kummetträger
redigĕre zurücktreiben, zurückführen; eintreiben; addieren
redimĕre loskaufen, befreien, erlösen; ausgleichen, wieder gutmachen

redimiclum = redimiculum Stirnband; Halskette

redimire bekränzen, umbinden; umgeben; ausstatten, ausrüsten

reditus, us Rückkehr; = redditus

redivivus wieder zum Leben erwacht, neuentsprossen; immer neu; wieder lebendig machend

redolare wieder ausrasieren

redolēre duften; riechen nach; verraten; beherzigen; r. matrem wie eine Mutter sein; r. temperiem warmen Duft verbreiten

reducēre zurückführen; beschränken; ad animam r. sich vergegenwärtigen

reduncus auswärts gebogen

redundare (aliqua re) Überfluß haben (an); darüber hinausgehen

reaedificare wieder aufbauen

reemĕre = redimere zurückkaufen

reexspectare abermals erwarten

refarcitare mästen

refarinare wieder weiß machen

refectio Wiederherstellung; Erholung, Speisung, Mahlzeit, Hauptmahlzeit; Speisesaal

refectorarius Klosterspeisemeister, Speisesaalbesorger

refectorium Speisesaal im Kloster

refellēre als irrig zurückweisen, widerlegen, bekämpfen

referendarius Vorsteher der königlichen Kanzlei (in der merowingischen Zeit)

referre erzählen; verschieden sein; refert es besteht ein Unterschied

reficēre neu schaffen; speisen; se r. sich kräftigen, sich erquicken, sich sättigen, essen; *Pass.* essen

refigurare wieder umgestalten, wieder gestalten

refixus aufgestemmt

reflatare = reflare Atem holen

reflectēre rückwärts drehen; zusammenflechten; reflexus krumm; reflexis loris mit verhängten Zügeln

reflexus, us Krümmung; Bucht; reflexu vario abwechselnd

reflorescēre wieder zu blühen beginnen

refluxio Zurückströmen

refocillare am Herdfeuer wärmen; (wieder) erquicken, trösten

reformare umgestalten, verändern, verbessern; zurückerstatten; r. pacem den Frieden wiederherstellen, beschließen; r. ad bekehren zu

reforsare = refortiare verstärken

refovēre neu beleben, erquicken, stärken, hegen, trösten

refragare; refragari sich widersetzen, widerstreben; bestreiten, ableugnen

refragatio Widersetzlichkeit; Anfechtung; Gegensatz

refragium innere Widersetzlichkeit

refragus Widersacher; Ketzer

refrangēre = refringĕre hemmen; fraudem **refraudare** Betrug mit Betrug vergelten (Y.)

refrenativus zügelnd, Herr werdend

refricare wieder reiben; erneuern

refrigerare abkühlen

refrigerium Abkühlung; Erquickung, Trost, Linderung, Hilfe; Ruhe; Erfrischungsmittel; Gedächtnismahl am Grabe eines Märtyrers

refuga Entlaufener; Auswanderer; Abtrünniger, Apostat

refugēre entfliehen, zurückscheuen vor

refulgens strahlend

refundēre zurückschütten, ausschütten; zurückgeben, ersetzen

rega facere = rigam, rigas facere Pflugdienste tun (Cap.)

regale, is Königsgut, Königsrecht; *Plur.* Einkünfte des Königs, Gerechtsame, Regalien; Einkünfte *überhaupt;* Reichskleinodien, Insignien

regenerare wieder erzeugen; regeneratus wiedergeboren, getauft

regia (*sc.* domus) Königspalast, Königsburg, Schloß; Hof, Familie des Königs

regicida Königsmörder

regio Gegend; Land; e regione gegenüber

regyrare hin- und herdrehen, umwenden; genau erforschen; sich umkehren

registrum = regestum Eintragebuch, Verzeichnis; Geschichtssammlung

regitivus beherrschend

regmen = regimen Leitung, Regierung

regnare alicui herrschen; König werden

regnum Königtum; Herrschaftsbezirk; das vom Papst getragene Zeichen der königlichen Würde

regradare zurücksetzen, degradieren

regratiari danken

regula Latte, Leiste, Riegel; Lineal, Richtscheit; Form; Ordensregel; Lehrbuch

regulare regeln; schulen; einrichten

regularis regelmäßig, regelrecht; nach der Ordensregel lebend = Mönch; r. linea Richtschnur; clericus r. regulierter Chorherr; vita r. Mönchsleben

regulus Basilisk; Otter

rehabēre wieder haben, wiederbekommen

rehibitio = redhibitio

reyda (*mhd.* reide) Reede

reimpendium Gewinnung

reinduěre wieder anlegen; wieder aufnehmen

reintegrare = redintegrare ganz wiederherstellen; wiedereinsetzen

reisa (*germ.*) Reise; Kriegszug

reiterare noch einmal tun

relapsus rückfällig

relatus, us Vortrag, Bericht

relavare wieder waschen

relaxare lockern, nachlassen, erlassen, freilassen; entbinden; gewähren; peccata r. Sünden vergeben

relaxatio Nachlassen, Erleichterung, Erholung; Erschlaffung; Freilassung

relegare verbannen; lösen; vermachen; verheißen, versprechen

relegěre losreißen, (das Fell) abziehen; relectus abgestreift

relevamen = relevatio Erleichterung

relevare aufrichten, wieder in den vorigen Stand einsetzen; erleichtern, lindern

relevatio Erleichterung

relicta Witwe, Waise

reliděre zurückschlagen; zurücktönen lassen

religare anbinden, anheften; anhalten

religio Gewissenhaftigkeit; Andacht, Glaube; Religion; Lebensweise; Mönchs-, Nonnenorden; religionis habitus Mönchsgewand; religionis ordo Mönchsstand

religiositas Frömmigkeit, Gottseligkeit

religiosus gottesfürchtig, gottergeben; Mitglied eines Ordens, Mönch, Geistlicher; r. habitus Ordenskleid

relinquěre zurücklassen, unterlassen; entlassen; zulassen, erlauben; r. mundum ins Kloster gehen

reliquia Überbleibsel; Reliquie; *Plur.* die sterblichen Reste; divinis consignatus reliquiis mit den Sterbesakramenten versehen

reliquiarium Erbteil; Heiligenschrein

de **reliquo** in Zukunft; überdies; nil reliqui facere gar nichts übrig lassen

relucēre wiedererleuchten; relucet es ist klar

reluctari sich sträuben, sich widersetzen

remaledicěre wieder schmähen

remandare von neuem auftragen, befehlen; zurücksagen lassen, erwidern

remanēre zurückbleiben, verbleiben; in jem. Dienst bleiben; ausbleiben

remarcescěre schlaff werden

remeare patriam zurückkehren in die Heimat; r. orbes die Kreisbahn zurücklegen

remediare; remediari heilen

remedium Heilmittel; letztwillige Anordnung zum Seelenheil; Sühne; remedio mit Hilfe

rememorare bekennen, beichten; *Pass.* sich erinnern

rememoratio Wiedererwähnung, Erzählung; Gedächtnisfeier

remetiri wieder gemessen werden

remex, igis Ruderknecht; Ruderschlag, Fahrt; Steuer

remigare rudern

remire = remeare zurückgehen

remissio Herablassung, Gnade, Vergebung; Zurückweisung; Versäumnis

remissor Erlasser, Nachlasser, Gnadenspender

remissus nachgelassen, schlaff, sanft, nachgiebig; *Adv. Komp.* remissius allzu nachgiebig; paulo remissius agere sich ein wenig ausruhen

remittĕre zurückschicken, zurückgeben; verzichten auf; vergeben

remordĕre wieder beißen; widersprechen

remorsus; remorsio Gewissensbiß

removēre entfernen; remoto aliquo jem. ausgenommen; a remotis im Gegenteil, „vom verkehrten Ende"; von fern

remugire zurückschallen, erdröhnen

remum = remus

remunerabilis lobenswert

remunerare; remunerari vergelten, belohnen; wieder beschenken

remuneratio Vergeltung, Erkenntlichkeit; Gebühr, Gabe, Lohn, Belohnung

remus Ruder; Zoll

renactus umgeben, bekleidet

renasci wiedergeboren werden

renatus (*v.* renasci) getauft

renes, renum (renium) Nieren; Lende, Seite; *als Sitz der Gefühle auch* = Seele, Herz; Wollust

renitēre zurückglänzen, glänzen

rennuĕre = renuere abwinken, ablehnen, zurückweisen

reno, onis (*germ.*) Pelzwerk

renumerare zurückzahlen; belohnen

renunculus die kleine Niere

renuntiare zurückberichten; r. alicui rei verzichten auf, absagen

repagulum Riegel, Querbalken

repansare ausbreiten

reparare wiedergutmachen, sühnen; wieder anheben; wieder hervorbringen

reparatio Wiederherstellung, Ausbesserung; Errichtung; Stärkung, Gewinn

repariare naves, vela = renavigare zurückschiffen

repatriare in die Heimat zurückkehren

repedare zurückkehren, zurückgehen, -wandern; wiederbetreten

rependĕre heimzahlen; pro actione gratiarum rependenda um eine Pflicht der Dankbarkeit zu erfüllen

rependium Vergeltung, Entgelt

repensa Entschädigung

repente *Adv.* schnell, bald

repentinus unvermutet, improvisiert

repercussio Zurückprallen; Widerhall, Aufleuchten

repetĕre aufsuchen, angreifen; zurückverlangen, einfordern, klagen; bitten; wiederholen

repetitio Klage; r. patriae Heimkehr ins Vaterland

repiscari wieder fischen

replicare wieder auseinanderfalten; erwägen, überlegen; wieder anheben, erzählen, erwidern; versöhnen

reponĕre beisetzen; r. in beneficio zu Lehen nehmen

repositor; repostarius Schatzmeister, Bibliothekar

repositorius zur Bibliothek gehörig; repositorium Bibliothek

reprehensibilis tadelnswert; anfechtbar

repraesentare vergegenwärtigen, vorführen, darstellen, ausdrücken, nachahmen

repraestare wiedergeben, übergeben

reprobare verwerfen, verschmähen, zurückweisen; schlecht machen, tadeln

reprobus verwerflich, verworfen, schlecht, böse; unecht; mors reproba = der Tod mitten in den Sünden (Hr.)

repromissio Verheißung; Bürgschaft; terra repromissionis „das gelobte Land"

repromissor Bürge

repromittĕre von neuem versprechen; Gewähr leisten; erwidern

reproperare zurückeilen

repropiare patriae sich auf die Heimfahrt machen

repropitiare wieder gnädig machen, versöhnen; sühnen

reptare kriechen, schleichen

reptilis kriechend; reptile Gewürm; reptilia, ium Gewimmel

reptus, us die Wildschur

repudium Verstoßung; libellus repudii Scheidebrief

repugnare sich widersetzen, widersprechen

repulsa Zurückweisung, Abwehr, Widerstand

reputabilis berechenbar

reputare rechnen, anrechnen; überdenken, erwägen; halten für, ansehen

requies, etis Ruhe, Rast; Ruheplätzchen; Tod

requiescĕre ruhen, rasten; begraben sein

requietio Ruhe

requirĕre aufsuchen, herausfordern; fordern, eintreiben, zurückgewinnen; forschen, fragen, nachprüfen; kollationieren

requisitio Untersuchung, Umfrage; Vorladung; Rüge

requisitum Forderung, Bedürfnis; ad requisita naturae residĕre um eines natürlichen Bedürfnisses willen beiseite gehen (PD.)

res gestae Geschichtsschreibung; res Romana das römische Reich

resalire = resilire

rescire erkunden; erkennen, erfahren

rescribĕre erzählen; übersetzen

rescriptum Erlaß, Gegenschrift, Abschrift; Schriftstück

resecare aufschneiden; abhauen, ausroden, beseitigen

resedĕre = residĕre

reserare aufriegeln, öffnen; offenbaren, kundtun, eröffnen

reservare aufbewahren, vorbehalten

resibilare entgegenzischen; mit Stichelreden entgegnen, sticheln

resibilis zum Spaß, zum Sticheln geneigt

residentia Bodensatz; Wohnsitz

1. residĕre sitzen; sich setzen; sich aufhalten, wohnen; sich verhalten, bleiben

2. residĕre sich setzen, Rast machen; sich zurecht setzen, sich anschicken; sitzen (vom Schusse gesagt)

residuus zurückgeblieben, übrig

resignare entsiegeln, lösen; von neuem (die Grenze) bezeichnen; verzichten, zurückgeben

resignatio Verzicht; Auslieferung

resilire wieder in die Höhe springen, sich aufrichten

resipiscĕre wieder zu sich kommen, gesunden von, Vernunft annehmen; abstehen von

resociare wiedervereinigen

resolutio Erschlaffung, Auflösung, Tod; Entschließung

resonare widerhallen; = sonare ertönen, besingen

resopire einschläfern

respectio Musterung; Berücksichtigung, Heimsuchung

respectus, us Rücksicht, Berücksichtigung, Achtung; Vergleich; respectum agere eingehend besichtigen

respergĕre bespritzen, besprengen

respicĕre zurücksehen; sorgen; zögern; respicit me es geht mich an

respiramen Atmen

respirari = respirare atmen, zu Atem kommen, sich erholen

respiratio Aufatmen; Erholung

resplendĕre funkeln

respondĕre antworten, anheben; offenbaren, prophezeien; r. alicui de belohnen für; r. versum den Vers wiederholen

responsalis Vertreter, Bevollmächtigter

responsivum (Antwort)brief, Antwort

responsorium Wechselgesang, „ein meist aus 2 Versen bestehender liturgischer Text, mit dem der Chor den vom Vorsänger zitierten Vers aufnimmt"

responsum Antwort, Bescheid; Widerspruch; Wort, Rede; = responsorium

respuĕre zurückspeien; von sich weisen. nicht annehmen, verweigern; mißbilligen

resta Rest

restagnare übertreten (v. Gewässern); überfüllt sein

restare übrigbleiben; sich widersetzen

restauratio = instauratio Erneuerung

restaurator Wiederhersteller

restaurum Vergeltung, Entgelt, Ersatz

resticulus = resticula Seil, Schnur

restinguĕre auslöschen, löschen

restituĕre wiederherstellen; wieder zustellen, liefern; r. pristinae dignitati wiedereinsetzen in das alte Amt; saluti restitutus erlöst

restrictus bescheiden; sparsam, karg; streng, vorsichtig

restringĕre zurückziehen; einschränken, hemmen, zähmen; loslösen

restringuĕre = restringĕre

restrofare abziehen

resudare schwitzen

resufflare wegblasen

resultare zurückspringen; widerstreben; erdröhnen, widerhallen; frohlocken; entstehen, sich ergeben

resumĕre wieder nehmen; als Antwort bekommen, vernehmen

resurrectio Auferstehung (des Herrn); Wiederauferstehung

resuscitare wiedererwecken (vom Tode)

retaliare wiedervergelten

retardare zurückhalten; hemmen; zurückscheuen

retegĕre aufdecken; sichtbar machen

1. **retentare** immer wieder versuchen

2. **retentare** zurückhalten, festhalten

retexĕre aufweben, auflösen, vernichten; enthüllen; wieder erzählen, darlegen, sagen

retiaculum Netz, Gitter; Reif

retiator Netzmacher

reticĕre verschweigen; r. aliquem schweigen vor jem.

reticula = reticulum kleines Netz; Schwanzstumpf; Netz über der Leber

retifer Netzträger, Fischer

retinaculum Fessel, Faßband; Haken, Klammer, Halter; Behälter

retinĕre zurückhalten, festhalten, haben; wiederkriegen, erhalten; unterhalten; sich erinnern; inediam r. Fasten beibehalten

retornare umkehren

retorquĕre zurückdrehen; schleudern; verdrehen; r. gressum zurückkehren

retorta Weidenband

retortus gebogen, gedreht

retractare zurücknehmen; wieder vornehmen; sich sträuben, ablehnen

retractatio = retractio

retractio Wiederholung; Nachdenken; Besinnen

retractus erstarrt

retramentum Rest

retransire von neuem hinübergehen

retrectare = retractare

retribuĕre alicui de heimzahlen

retributio Rückerstattung, Vergeltung, Belohnung, Lohn

retro 1. *Präp. m. Akk.* hinter; hinterwärts von; *zeitlich* = vor; 2. *Adv.* wieder; früher. — in retro hinten, auf dem Rücken; multis retro annis seit vielen Jahren; nulla retro maiorum memoria niemals seit Menschengedenken

retroagĕre zurücktreiben, rückwärts gehen machen; umkehren; rückgängig machen, ändern; retroactus vergangen

retrogradus rückwärtsgehend; Krebs

retrolapsus verflossen, vergangen

retrorsus *Adv.* rücklings

retrudĕre werfen, hinabstoßen

retrusio Einkerkerung, Strafhaft

retundĕre zurückstoßen; stumpf machen; *Pass.* stumpf werden

reuma = rheuma

reus angeklagt; schuldig, sträflich, sündhaft; Angeklagter, Sünder, Schuldner

revelare enthüllen, offenbaren

revelatio Offenbarung

revellĕre wegreißen, losreißen

reverberare zurückschlagen, zurückpeitschen, abwehren; zurückstrahlen, treffen; durchhauen; r. oculis scharf anblicken

reverendus ehrwürdig; reverendissimus hochehrwürdig

reverens ehrerbietig, ehrwürdig; zurückhaltend, schüchtern; reverentissimus geehrt, hochehrwürdig

reverentia Verehrung; Andacht; *als Anrede:* vestra r. Ew. Hochwürden

reversare umkehren, umwenden

reversus sich umwendend; entronnen; in se r. in sich gekehrt, nachdenkend

revestire wieder bekleiden

revigorare neu kräftigen

revirēre wieder grünen; sich erneuern
revirescēre wieder grün werden
revisēre besichtigen, besuchen gehen
revisitare wieder besuchen
revocare zurückrufen; umstimmen; nachkommen lassen
revocatio Widerruf
revolutio Umwälzung; Umlauf, Bahn
revolvēre zurückrollen; vorüberwälzen; überdenken, betrachten; *Pass.* ablaufen; clipeos r. die Schilde wieder vornehmen
rex Fürst, König; r. perennis = Christus
rheda = raeda
rhetor (*griech.*) Redner; gelehrter Mann
rhetoresis Redegewandtheit, Beredsamkeit
rhetorica; rhetorice (*griech.*) Redekunst
rhetoricus = rhetor
rheuma, atis (*griech.*) Schnupfen, Katarrh
rhinus (*n. d. Griech.*) Nase
rhythmachia (*griech.*) ein Figurenspiel, Brettspiel
rhythmicus (*griech.*) rhythmisch, in Versen; rhythmica = arithmetica
rhythmus (*griech.*) Reim, Rhythmus, Melodie, Tanzweise, Tonstück, Strophe; Gedicht aus akzentuierend gebauten Versen; rhythmum agere ein Lied spielen
rhodon (*griech.*) Rose
rhombus (*griech.*) Stör
rhomphaea (*griech.*) großes Schwert, Flamberg
ribaldaria Lasterhaftigkeit, Gemeinheit
ribaldus Landstreicher, Strolch, Raufbold
ricla = regula Riegel
rickmus; rigmus = rhythmus
ridēre lachen; grinsen
ridiculus lächerlich; sehr klein; ridiculum Gelächter; Schwank; ridiculas voces pati ausgelacht werden
ripheus (*griech.*) stürmisch
riga Furche; Linie, Zeile, Reihe
rigare benetzen, begießen
rigiditas Härte
rigidus steif, emporstarrend; straff, sehnig; starr, streng

rigor Härte; Charakterfestigkeit
riguus bewässert
rima Spalte; Grubenrand; Höllenschlund
rimari zerspalten; durchstöbern; durchforschen, fragen
rimatus zerrissen, löcherig
rimax undicht; schwatzhaft
rimula Spalt, Ritze, Furche; Tränenfurche
rimus = arithmos (*griech.*) Zahl
rinanch (*germ.*) mhd. rinanke Rheinanke, Lachsforelle
ringus = hringus (*germ.*) Ring, Kreis
ripa Ufer; Rand
riparis Meeresrand, Küste
ripaticus Uferzoll
risibilis lächerlich; lächelnd
ristrum Öffnung
risulus lächelnd
rite *Adv.* nach unserer Gewohnheit; gesetzlich, regelrecht; ausdrücklich, feierlich
rithimari reimen
rithimus; rithmus = rhythmus
rithmachia = rhythmachia
rivinus Nebenbuhler, Rival
rivulus Quell, Born
rixalla Zwist, Reibung
rixare rixari hadern, streiten, zanken
rixosus zänkisch, zanksüchtig
roba (*germ.*) Gewand, Staatskleid; Tracht
roborare stärken; bekräftigen
robur, oris Eichenstamm, Stamm; Stärke
rocca; rocha Felsen; Burg, Kastell
1. **roccus** (*germ.*) Chorrock; Rock
2. **roccus; rochus** (*pers.*) Turm im Schachspiel
rochetum = roccus
rocus roccus
rodēre nagen, verzehren, ausleeren; verkleinern, herabsetzen
roga Sold; Spende, Almosen
rogamen Bitten, Verlangen
rogatio Frage; Bitte, Gebet; *Plur.* Bittprozession; Bittage
rogitare inständig bitten; dringend wünschen, sich vornehmen
rogus Scheiterhaufen; Feuer; = rogatio

Romanus oströmisch; Romani, orum
die Klassiker
Romipeta Rompilger
rompnia = rhomphaea
roncinus = runcinus
rorare tauen; benetzen; r. aliquid unter
Tränen erbitten
rorescĕre sich benetzen
rorifluus Tau bringend
rorulentus = rorolentus betaut; voll Nässe
ros, roris Tau, Naß; Träne; Dunst,
Nichtigkeit; r. marinus Rosmarin
rosarius mit dem Rosenkranz geschmückt;
r. (sc. hortus) Rosengarten; rosarium
Rosenkranz; Rosenhecke
roscidulus tauig, betaut
roseus aus Rosen
rosorius alles benagend
rostrare mit einem Schnabel versehen
rostrisonus schnabelklappernd
rostrum Schnabel; Schnabelschuh
rosula Röslein
rosulentus voll Rosen
rota 1. = rotta; 2. Rad; Schicksalsrad;
oberster päpstlicher Appellations-
gerichtshof in Rom; in rotis ponere aufs
Rad flechten
rotalis mit Rädern versehen; poena r.
Strafe der Räderung
rotare im Kreise herumdrehen, schwingen;
durch das Rad hinrichten
rotaticus Räderzoll
rotator Spieler auf der rotta
rotatus, us Umdrehung, Wechsel; Treiben
rotta 1. die Rotte, ein gitarrenartiges
Musikinstrument, aus dem unsere
Geige hervorgegangen ist; 2. = rutta
rotulus Schreiben, Brief
rotunditas Rundung; die runde Münze
rubĕre rot sein; röten; erröten
rubeta Aalraupe (ein Fisch)
rubeus rot
rubicundulus = rubicundus hochrot, rot,
rötlich
rubigo, inis Rost; Getreidebrand
rubinus rot
rubor Röte; Glanz, Widerschein; Scham-
röte

rubricare rot färben, röten
rubricator Rotmaler, der die Handschriften mit farbigen Initialen ver-
sieht
rubricus Rotforelle
rubulgra ein Fisch, Saibling oder Rötel
rubus Brombeerstrauch, Dornbusch,
Busch, Brombeere; Reislein
rucinus = runcinus
ructuare = ructare rülpsen; sprechen,
erzählen
rudens Seil, Tau
rudĕre brüllen, schreien, iahen
rudereus zum Schutt gehörig
rudis ungebildet, m. Gen. unerfahren;
neu
ruditas Roheit, Unwissenheit
ruffus = rufus rot; bösartig, mißgünstig
rufinus rot
ruga Falte, Runzel; nares in rugam
contrahere die Nase rümpfen
rugare runzeln; falten
rugire brüllen, schreien (vom Löwen,
Hirsch)
rugitus, us Brüllen; Kollern im Leibe
ruha (hebr. ruach) Geist
ruina Hereinbrechen; Sturz, Untergang
ruitare stürzen, eilen
rumbus = rhombus Stör
rumigare wiederkäuen; fressen
ruminare wiederkäuen, kosten; wiederholt überlegen, erzählen; herbeten
rumor Botschaft, Nachricht, Mär; Aufruhr, Tumult, Streit
rumpia = rhomphaea
rumusculus Gerede, Geschwätz
runcare schnarchen; mähen
runcina Hobel
runcinare hobeln, glatthobeln
runcinus derbes Pferd, Lastpferd, Acker-
gaul
runcor Schnarchen
rupis = rupes, is Felsen, Klippe
ruptura Bruch, Riß, Verletzung, Beschädigung
ruralis ländlich; feldwirtschaftlich
rurensis Bauer
rusca Rinde; Bienenkorb, Korb.

rusticalis bäuerlich; grob; Bauer
rusticitas bäurisches Wesen, Plumpheit
rusticus ländlich, einfach, schlicht; wissenschaftlich ungebildet; tölpisch, bäurisch; Bauer, Grobian; rustica lingua Landessprache

rustificus Bauer
ruta (*griech.*) Raute, ein bitteres Kraut
rutilare (rötlich) schimmern, wie Gold funkeln
rutilus rosig, glänzend
rutta Schar, Abteilung, Rotte

S

sabanum (*griech.*) leinenes Tuch, Handtuch
sabbatismus (*griech.*) Sabbatfeier, -ruhe
sabbatizare (*griech.*) den Sabbat feiern, den Feiertag halten
sabbatum (*hebr.*) Sabbat der Juden; Samstag; s. sanctum = Ostersamstag; s. vacuum Tag vor Palmsonntag
sabina Sadebaum
sabellum; sabelum (*russ.*) Zobel
sablo, onis Kies, Sand; sandiger Platz
sabulum Küstensand
saburra Sand; Ballast
saccardus (*ital.* saccardo) Räuber
saccatae = scacatae vestes aus verschiedenfarbigen Stoffen schachbrettartig gearbeitete Kleider
saccellum; saccellus Säckchen
sacchara = saccharon (*griech.*) Zucker
saccifer Sackträger
saccinus sackartig
sacculus Säckchen, Geldbeutel, Säckel; Schatz
saccus (*hebr.-phöniz.*) Sack; grobes Gewand, schmutziger, wertloser Anzug
sacellanus Kaplan
sacellarius Schatzmeister
sacellum Heiligtum, Kapelle
sacellus 1. = sacer; 2. = sacculus
sacer heilig; verflucht; s. fons Taufe; sacrum Sakrament; sacra, orum Heiligtümer, die gottesdienstlichen Geräte
sacerdos, otis Priester; Seelsorger; Nonne, Äbtissin; s. saecularis Weltgeistlicher
sacerdotalis priesterlich, bischöflich; eidlich
sacerdotium Priesteramt, Priesterwürde
sacire Rechtsansprüche geltend machen; ergreifen

sacramentalia, ium geweihte Gegenstände
sacramentalis, is Eideshelfer
sacramentum Schwur, Vasalleneid; Losung; Sakrament; Religion; s. caeleste Abendmahl; pro sacramentis wie das Sakrament
sacrarium Kirchenschatzkammer, Sakristei
sacrator Heiliger
sacratus geheiligt, heilig; sacratissimus hochheilig
sacricola den heiligen Dienst versehend, opfernd; Priester
sacrificare die Messe zelebrieren
sacrificium Opfer, Meßopfer, Messe, Totenmesse; s. laudis Lobopfer; s. vespertinum das heilige Abendmahl
sacrilegium Frevel gegen das Heilige; Kirchenraub; Verletzung religiöser Pflichten
sacrilegus gottlos, verrucht; Kirchenräuber
sacrista; sacristanus Sakristan, Kirchendiener
sacristia Sakristei
sacus = saccus
saettia; saetya = sagitta 2
saphir ... = sappir ...
safranum (*arab.-pers.*) Safran
sagacitas Scharfsinn
sagena (*griech.*) Schleppnetz, Netz
sagetia = sagitta 2
sagimen = sagina Mast, Fütterung; Fett, Fettigkeit, Schmalz
saginare mästen, speisen; saginatus vitulus = Christus (W. v. Ch.)
1. **sagitta** Pfeil
2. **sagitta** Fischerboot, Barke, Schute

sagittare mit Pfeilen schießen
sagittaria = sagitta 2
sagittea = sagitta 2
sagma, atis (*griech.*) Packsattel; Last eines Saumtieres; Saumtier; Mantelsack; ärmelloses Kleid, Kittel
sagmarium Sattelgepäck
sagmarius Saumroß, Lasttier
sagum grobes Tuch; Decke; kurzer Mantel, Kriegsrock
sagus = saccus
saynia (*griech.*) Lanze
sal, salis Salz; Verstand; Feinheit, Geschmack
sala (*germ.*) Haus, Behausung; Saal
salandria = chelandrium; chelandium Schnellsegler, eine Schiffsart (Liudp.)
salamandra (*griech.*) Salamander
salarium Mietlohn; Salzsteuer; Pökelkammer; = salerium
salax geil; gelenkig
Salem (*hebr.*) Jerusalem
salerium Salzfaß
saligia Akrostichon der Namen der Haupt- und Todsünden: s(uperbia) a(varitia) l(uxuria) i(invidia) g(ula) i(ra) a(cidia)
salinarius mit Salz beladen; Salzsieder
1. **salire** springen; extra se s. aus der Haut fahren
2. **salire** salzig machen, salzen
salitare tanzen
saliuncula = saliunca die (stark riechende, aber unansehnliche) wilde keltische Narde
salomon, onis Salomon; Weisheit
salomonior weiser (HS.)
saliva Speichel
salmo, onis Lachs, Salm
salpista (*griech.*) Trompeter
salpix, icis (*griech.*) Trompete
salsugo, inis Salzwasser, Salzgehalt
salsura Salzlake; Salzbrühe
salsus gesalzen, salzig; witzig, beißend
saltare springen, tanzen; saltando iocare nicht ernst gemeinte Ausfälle machen
saltem; saltim *Adv.* wenigstens; vielleicht; non s. nicht einmal; s. deinde wenigstens von nun an

saltitare tanzen
saltria = saltatrix, ioculatrix Tänzerin
1. **saltus**, us Sprung, Satz; s. lunae das Auslassen des letzten Monatstages (des 31. Juli alle 19 Jahre); saltum dare einen Sprung machen
2. **saltus**, us Waldgebirge; Wald; s. communes Waldviehtriften
salum Meer, Brandung; s. saeculi Unruhe der Welt
salus, utis Gesundheit; Seelenheil; *Plur.* heilsame Wirkungen; periculum salutis Lebensgefahr; salutes mittere Grüße schicken
salutare retten, schützen; grüßen, Valet sagen; besuchen; virginem s. das Ave Maria beten
salutaris Heil, Erlösung bringend, gnadenreich; Retter, Heiland; salutare, ris Rettung, Heil
salutatio die förmliche Adresse an den Adressaten; s. angelica der Engelsgruß Ave Maria (Luk. 1, 28)
salutifer heilbringend
salutigerulus heilbringend
salvare gesund machen; retten, erlösen; erhalten, bewahren; unberührt lassen; *Pass.* gesund werden; selig werden
salvatio Rettung, Heil
salvator Erlöser, Heiland
salve dare grüßen
salvia Salbei
salvificare retten, erretten
salvificus heilbringend
salvum Gesundheit
samita; samitum = examitum
sanator Heiler, Gesundmacher
sancire = sanctificare
sanctificare heiligen, weihen; heilig sprechen; s. ieiunium fasten (VS.)
sanctificatio Heiligung, Heiligkeit, Heiligsprechung; Heiligtum
sanctificium Heiligung
sanctiloqui libri die Bücher der Bibel
sanctimonialis der Heiligkeit gewidmet: heilig, fromm; gewissenhaft; Nonne, Klausnerin
sanctimonium Heiligtum

sanctio Bestimmung, Anordnung, Vorschrift; Urkunde; s. ecclesiastica kirchliche Satzung

sanctire festsetzen, anordnen

sanctitas heiliges Wesen; Ehrentitel der Bischöfe und des Papstes

sanctuarium Heiligtum; Sakristei; *Plur.* die Reliquien (VS.)

sanctus ehrwürdig, heilig; sanctum = das Allerheiligste der Kirche; *Plur.* sancta die Reliquien der Heiligen; das heilige Abendmahl (Hr.)

sandalium (*griech.*) Sandale

sandalum (*arab.*) Sandelholz

sandyx, ycis Sandyxstaude

sane *Adv.* fürwahr, in der Tat, freilich, allerdings, sicherlich. *Vgl. auch* sanus

sanguen = sanguis

sanguinare bluten; blutig hauen; rot machen

sanguinolentare mit Blut tränken (T.)

sanguinolentus blutig; neugeboren

sanguis, inis Blut, Blutvergießen; Geblüt; sanguinis periculum Todesstrafe

sanguisuga Blutegel; Blutsauger

sanies, ei Eiterung, Eiter

sanitas Gesundheit; Heilung

sannum = sanna Grimasse; Spottrede, Verspottung

sannus bläulich, blau

sanus gesund; verständig; male s. unsinnig

sanxire = sanctire

sapere; sapire schmecken; Geschmack haben; wissen, denken; s. famem Hunger empfinden

sapidus schmackhaft; schmeckend; gelehrt

sapo, onis (*germ.*) Seife

saponarius Seifensieder

sapor Geschmack, Wohlgeschmack

saporare schmackhaft machen, würzen; dulce saporatą köstliche Leckerbissen

saporus wohlschmeckend

sappirinus aus Saphir; blau

sappirum = sappirus (*griech.*) Saphir

sarabaita Mönch ohne Regel

sarabara, orum (*arab.*) Pluderhosen (der Perser), Hosen; Beine

sarabella; sarabula = sarabara

sarcina Gepäck, Last; schwere Aufgabe

sarcinula Gepäck

sarcire flicken; ersetzen

sarcophagus (*griech.*) Sarg

sarcoma, atis (*griech.*) Fleischgewächs

sarda Sardine; Sprotte, Hering

sardonicus (*sc.* lapis) = sardonychus (*griech.*) Sardonyx, ein Edelstein

sardius (*sc.* lapis) fleischfarbener Achat

sarmentum Ranke, Rebe; Reisig

sarrachium; sarroch (*sem.*) Rock, kurzer Mantel, Chorhemd

sarracum zweirädriger Wagen

sarrotus Chorhemd

sartago, inis Tiegel, Pfanne; Hexenkessel, Höllenpfuhl

sartor Schneider

sartus (*v.* sarcire) geflickt

satagare; satagere genug zu tun haben, sich abmühen, seine Not haben; sich kümmern, danach trachten, wollen

satanas, ae (*hebr.-griech.*) Teufel, Satan

satanilis teuflisch

satelles, itis Dienstmann, Gefolgsmann; Held, Offizier, Feldherr; Spießgeselle

satellicium Knechtschaft, Vasallendienst

saties = satietas

satietas Sättigung, Überfluß; Überdruß, Ekel; post congratulationis satietatem nachdem er gratuliert hatte (Liudp.)

satio Säen; Saatfeld

satira Tadel, Vorwurf

satiricus Schauspieler, Gaukler, Spielmann

satis *Adv.* genug, nach Herzenslust, sehr, völlig; *m. Komp.* = viel; *Komp.* satius besser, angebrachter; non s. est es ist nicht leicht

satisfacere Rechenschaft ablegen über; eidlich bekräftigen

satisfactio Genugtuung; Rechtfertigung; Buße

satrapa (*pers.-griech.*) Statthalter, Häuptling, Vornehmer, Fürst, König

satum hebr. Maß (88 Liter)

satur, a, um satt, gesättigt; voll

saturare sättigen; *Pass.* satt werden

satureia Saturei, Pfefferkraut
saturitas Sättigung, Übersättigung
Saturni dies (*engl.* Saturday) Samstag
sauciare verwunden
saucium Wunde
saum... = sagm...
savinatum (*sc.* vinum) Säbenwein
savium Kuß
saxenus = saxeus steinern, felsig
scabea = scabies, ei Krätze, Aussatz
scabellum; scabellus kleine Bank, Schemel,
   Krücke; s. subpedaneus Fußschemel
scaber, bra, brum rauh, schäbig; räudig
scabinagium Rat (einer Stadt)
scabinus (*germ.*) Schöffe
scabrosus rauh
scacarium (*pers.*) Schachbrett
scacatus schachbrettartig gemustert
scaccus; scacci, orum Schachspiel
scactabulum Schachbrett
1. **scafa** = scapha (*griech.*) Kahn, Schiff
2. **scafa; scapha** (*germ.*) Scheffel, ein
   Getreidemaß; Backtrog
scaffardus; scafwardus (*germ.*) Verwalter;
   Mundschenk
scafilus; scapilus = scafa 2
1. **scala** Leiter, Sturmleiter, Treppe
2. **scala** (*germ.*) Napf, Schale; Waage
scalper, pri; **scalprum** Schnitzmesser
scalpĕre kratzen; in den Haaren krauen;
   reizen
scalvare einen Baum köpfen; die Kopf-
   haut mit den Haaren abziehen
scamera (*griech.*) Plünderung; Räuber
scamma, atis (*griech.*) Kampfplatz
scamnum Bank, Fußschemel
scandaphilum = sandapila Totenbahre
scandalizare (*griech.*) ein Ärgernis geben,
   verärgern, beleidigen; zum Bösen verführen; *Pass.* sich auflehnen
scandalum (*griech.*) Ärgernis, Anstoß,
   Ärger; Streit, Zank, Zwietracht, Aufruhr
scapelus = capellus Kopfbedeckung, Hut;
   mhd. schapel
scapula Schulterblatt, Schulter; *Plur.*
   Achsel, Rücken
scapulare, is Schulterkleid, Skapulier

scara (*germ.*) Schar
scarabaeus Holzkäfer
scaramanga Oberkleid, Mantel
scaramutia (*germ.-ital.*) Scharmützel
scaranus Krieger
scario (*ahd.* scaro; scarjo) Scherge;
   Scharwächter, Hauptmann
scarlatum; scarletum; scarlitum Schar-
   lach, Scharlachtuch
scatebra; scatebrum Sprudel
scatēre hervorsprudeln, wallen; voll sein
scaturigo, inis Sprudel, Quell
scaturrire hervorquellen; sich mehren
sced...; **scem**...*s.* sched...; schem...
scena (*griech.*) Bühne, Schauplatz, Theater; Laube, Zelt
scencho (*ahd.* scenko) Mundschenk
scenofactorius zum Zeltbau gehörend;
   Zeltmacher
scenopegia (*griech.*) Laubhüttenfest der
   Juden
sceptriger, ein Zepter führend
sceptrum (*griech.*) Zepter, Herrscherstab;
   Macht; *Plur.* Herrschaft; sceptra regere König sein
scaevus link, verkehrt, ungünstig, traurig, unselig
schaprunum = *mhd.* schaperûn kurzer
   Mantel
scheda; sceda (*griech.*) Papyrusstreifen;
   Blatt Papier
schedula; scedula (*griech.*) Blättchen
   Papier, Zettel, Urkunde; Brettchen
schella (*germ.*) Schelle, Glocke
schema; scema, atis (*griech.*) Miene, Ge-
   bärde; Tracht, Kleidung; Bild; *oft* =
   stemma; *Plur.* Redewendungen; in-
   geniosa schemata die auf scharf-
   sinniger Berechnung beruhenden Weis-
   sagungen
schinus (*griech.*) Mastixbaum
schisma; scisma, atis (*griech.*) Riß,
   Trennung, Feindschaft; Glaubens-
   spaltung, Schisma
schismaticus Ketzer
schola; scola (*griech.*) Lehrstunde, Schule;
   Dienerschaft, Hausgesinde; Genossenschaft

scholaris zur Schule gehörig, akademisch gebildet; Schüler, Student, Akademiker; scolares aulae Palastwachen

scholasticulus Schülerlein

scholasticus (*griech.*) Schüler; Lehrer; Domherr, der die Schule des Stifts beaufsichtigt; gelehrt, scholastisch

scibilis wissenswert

scientola ein bißchen Wissen

scyphus (*griech.*) Becher

skina (*germ.*) Schienbein

scindalum = zyndalum

scilicet *Adv.* nämlich

scilpor (*germ.*) Schildträger, Waffenträger

scindĕre zerteilen, abspalten; durchbrechen; terram s. pflügen; s. crines das Haar raufen

scindula Schindel

scinifes, um (*griech.*) eine kleine Ameisenart, die dem Honig nachgeht, die Feigen benagt; Stechmücken

scintillare funkeln, flimmern, Funken sprühen

scintillula Fünkchen

sciola (*griech.*) kleiner Schatten

sciolus des Lesens kundig, gelehrt, geschickt; Sekretär, Kleriker

scire wissen; verstehen, können; kennen

scirpeus aus Binsen

scirpus Binse; quaerere nodum in scirpo Schwierigkeiten finden, wo keine sind

sciscitari erforschen, sich erkundigen

scisis (*v.* scindĕre) Trennung, Absonderung

scism ... = schism ...

scissilis spaltbar, sich spaltend

scissio Zerreißen, Spaltung; Zwiespalt

scisso Splitter

scitum Beschluß

scitus geschickt, klug, kundig, gescheit

sciurus (*griech.*) Eichhörnchen

scius einsichtig, klug

sclareia Muskatellerkraut

sclavigena Sklave

sclavina; sclavinia Pilgermantel

sclavus slawisch; Sklave; sclava Sklavin

sclusa (*germ.*) Schleuse

scobare = scopare

scobis, is Sägemehl, Sägespäne; Müll, Kehricht

scobs = scobis

scol ... s. schol ...

scolax Wachsfackel

scopa dünner Zweig, Reis, Rute; *Plur.* Besen; Garten

scopare mit dem Besen kehren, reinigen

scopĕre (*griech.*) durchforschen, prüfen

scopulosus klippenreich, felsig; mons s. Felsklippe

scopulus Felsen, Klippe, Riff; Felsenhöhle

scopus (*griech.*) Ziel

scoria (*griech.*) Schlacke, Asche, Dreck

scoriare = excoriare abhäuten, schinden

scorpio (*griech.*) Skorpion; ein Geschütz; ein Marterinstrument

scortare; scortari Unzucht treiben

scortum Fell; Dirne

scrato (*germ.*) Schrat

screona das unterirdische Frauengemach, Webekeller

scriba Schreiber; Notar; Schriftgelehrter

scriniarius Geheimschreiber, Siegelbewahrer

scriniolum Schreinchen, Truhe

scrinium Kapsel; Schrein, Truhe, Kiste; Archiv, Kanzlei; s. viatorium Reisearchiv; s. apostolicum, sacrum päpstliche Kanzlei

scriptitare schreiben; abschreiben; abfassen, verfassen

scriptor conductus Lohnschreiber

scriptorium Schreibstube (des Klosters)

scriptulum Schriftchen

scriptum Schriftstück, jede schriftliche Auseinandersetzung; Urkunde; Epitaph

scriptura das Schreiben; Schrift; schriftliche Quelle; Geschichte; die Heilige Schrift; *Plur.* Schriftwerke

scroba Grube; Eisenbergwerk (Cap.)

scrofa; scropha (*griech.*) Sau, Mutterschwein; Maschine zum Untergraben einer Mauer

scrupulositas Ängstlichkeit

scrupulum = scrupulus

scrupulus spitzes Steinchen; ängstliche Genauigkeit, Unruhe, Besorgnis, Skrupel; Hindernis; s. litis Streitfall

scruta (*griech.*) Trödelware; *Plur.* Kleinigkeiten

scrutare; scrutari durchsuchen; fragen; eindringen

scrutinari nachforschen

sculdahis (*germ.*) Schultheiß

sculptare getriebenes Bildwerk

sculptilis geschnitzt, modelliert; sculptile opus Bildhauerarbeit; sculptile, is das geschnitzte Bild

sculptus (*v.* sculpĕṛe) geschnitzt

scultetia Schulzenamt

scultetus (*germ.*) Schultheiß

scura; scuria Scheuer, Stall

scurra Geck; Possenreißer

scurrilis scherzend, lustig; scurrilia, ium Possen; scurrili certamine ludere Scherzreden führen

scurrilitas Possenreißerei; *Plur.* „leichtfertiges Gespräch"

scurro, onis; **scurrus** = scurra

scuta (*mhd.* schûte) Schute, leichtes Schnellschiff

scutarius Schildträger

scutatus mit einem Schilde bewaffnet; s. aureus Goldmünze

scutella kleine Schüssel, Platte; Trinkschale

scutica Peitsche

scutifer, eri Schildträger, Knappe

scutula = scutulum kleiner Schild

se *auch* = eum, eam

sebum Talg

secale Roggen, Korn

secare schneiden, mähen; zerlegen

secessus, us Fortgehen; das geheime Gemach, Abort; in secessu abseits

seclaudĕre = secludere einsperren, abschließen

seclum = saeculum

seclus = siclus

secretarium der geheime Ort; Sakristei

secretarius heimlich; Sekretär des Abtes, Vertreter des Klostervogtes

secretim *Adv.* insgeheim

secretus abgesondert, entlegen, geheim; secreta, ae *u.* orum Stillgebet; secretum Gebetsstille; Geheimnis; geheime Meldung; Geheimsiegel; Frauengemach; Abort; secretum cordis der innerste Herzensgrund

secta Grundsatz, Lehre; Sekte, Orden; böse Gesellschaft, Irrlehre

sectari nacheifern, nachfolgen, begleiten

sectatio Nachfolgen, Nacheiferung, Leidenschaft für etwas

sectator Anhänger, Parteigänger; Eiferer

sectio Schneiden; Teilung; s. feni Heuschnitt

sectula kleiner Bund

saecularis hundertjährig; weltlich, sündig; Weltmensch; Laie

saeculum Zeitalter; Weltall; die irdische Welt, Weltlust, Weltleben; in saecula, in saecula saeculorum auf immer, immerdar

secundarius zweiten Grades, sekundär; *Adv.* secundario von neuem

secundicerius der nächste nach dem primicerius

secundo *Adv.* an zweiter Stelle; zum zweiten Male

secundum *Präp. m. Akk.* nach Übereinkunft, gemäß; in der Nähe; s. aliquem esse jem. gleichen; s. quid vergleichsweise, relativ; s. quod wie; s. tempus so gut es die Zeit erlaubt

secundus folgend, nachstehend; günstig, gewogen; Partner; secundum Glück

securare sicher stellen, schützen

securatus de unbesorgt um

securicula das kleine Beil, Streitaxt

securitas Sicherheit, innere Ruhe; freies Geleit, Bürgschaft, Zusicherung, Entlastung

securus sorglos, unachtsam, furchtlos; unverletzt, unbehelligt; aliquem securum facere quod versichern, daß

secus 1. *Adv.* anders; 2. *Präp. m. Akk.* in der Nähe, neben, bei, an; gemäß

secutor Begleiter, Anhänger

sed *oft nur anreihend; auch folgernd:* daher; sed et = auch

sedare beschwichtigen, Einhalt tun, unterdrücken

sedativus beruhigend, beschwichtigend

sedatus gesetzt, gelassen, still

sedēre sitzen; sich setzen; beistimmen; omnibus animis sedit = man beschloß

sedes, is Sitz: Bischofssitz; Amt; Schauplatz; Himmelreich; s. regalis Königsthron

seditio Aufruhr; Aufsehen

seducĕre verführen, abtrünnig machen

seductilis verführbar, leicht erregbar

seductio Verführung; *Plur.* Schaden

seductor Betrüger, Verführer

seductorius verführerisch

segale = sigale

seges, etis Saat; Getreide

segnia mea meine geringen Leistungen

segnitas Trägheit, Langsamkeit, Gleichgültigkeit

segnities, ei = segnitas

segnus = segnis lässig, träge

segregare absondern; verführen

segregatim *Adv.* gesondert

segrex, gregis abgesondert; ungesellig

segristanus = sacrista Sigrist

segusius canis Jagdhund; Spürhund

seire abseits gehen

seligo = siligo

sella 1. Stuhl, Sessel; Sattel; 2. = cella Hütte; Marstall

sellare satteln

sellarius; sellator Sattler

sellula kleiner Stuhl

sellus ein mit einem Sattel versehenes Tier

semare halbieren; verstümmeln

semel *Adv.* einmal, einstmals

semella = simila Semmel

semen, inis Same; Sproß; s. mundi = Element

sementia, ium Saat, Saatkorn, Saatgut

semet = se; per semetipsum persönlich

semi . . . *vor Adj. oder Subst.* = halb . . .

semicinctium Halbgurt, schmaler Gurt

semicrudus halbgar

semiduplex, icis halbfeierlich

semifractus halbverfault (von Schiffen)

semiloqui stammeln, lallen

semiloquus stammelnd

semimagister, tri „Halbschulmeister"

seminarium Pflanzschule; Saat, Keim

seminator Säer; Anstifter

semidirutus halbzerstört

seminiverbius Schwätzer

seminudus longitudine dem größeren Teil nach unbedeckt (Liudp.)

semiparatus halbbekleidet

semis (*indekl.*) halb

semispatha; semispathium kleines Schwert, Halbschwert, Hirschfänger, Messer, der „Sachs"

semissis, is Hälfte

semita Fußweg, Pfad, Bahn; Straße, Gasse

semivir Eunuch

semotus entfernt; abgesondert; tot; *Adv. auch* semotim

semovēre aus dem Wege schaffen, entfernen, beiseite schaffen

semus halb; verstümmelt

senator Offizier, Vornehmer; Amtstitel für die Räte des Königs (zur Zeit der Karolinger); Schöffe

senatoria Senat

senatus et plebs Rat und Gemeinde

senecta = senectus Greisenalter

senescalcus; senescallus (*germ.*) Seneschall

senex, senis Greis, Ältester; Vorfahr; Läufer (im Schachspiel)

senilis greisenhaft; Greis

senior der Ältere, Presbyter, Führer, Sprecher; Lehnsherr, Ehemann; Vorfahr; *als Anrede:* Herr; seniores die Ältesten, der Staatsrat; die Ahnen

senis = senex

senium Altersschwäche, Greisenalter

senpecta = sempecta (*griech.*) (älterer) Mitbruder (BR.)

sensatus verständig, vernünftig

sensibilis fühlbar; sinnlich

sensim *Adv.* leise; allmählich

sensualis sinnlich

sensus, us Wahrnehmen, Sinn, Bewußtsein; sensibus excedere die Besinnung verlieren

sententia Vorhaben, Absicht; Ausspruch, Wort; Urteilsspruch; Strafe; Darstellung; Ratsversammlung; sententiam proferre ein Urteil fällen; sententiam subire der Todesstrafe verfallen; ex s. nach Wunsch

sententialiter *Adv.* dem Sinne nach

sententiare ein Urteil fällen, verurteilen

sententiarius Magister, der über die Sentenzen des Petrus Lombardus liest

sententiola = sententia

sentire contra aliquem sich empören

sentis, is Dornenstrauch; *Plur.* Dornen

sentosus dornig

seorsim = seorsum

seorsum *Adv.* besonders, abgesóndert, in Entfernung von, ohne

separ, paris getrennt, zerrissen

separabilis trennbar; besonder

separari sich entfernen, aufbrechen

saepe, is Zaun; *Plur.* saepia Hürden

sepedium Zufluchtsstätte

sepelire begraben; in Schlaf versenken

saepes, is Zaun, Umzäunung; Gittertür; Burgzinne

sepia (*griech.*) Tintenfisch; Tinte

saepicula Zaun

sepiola Tintenfisch

saepire umzäunen; saeptus ringsum geschmückt

saepius *Adv. Komp. v.* saepe: oft

saepiuscule *Adv.* öfter, gar oft

septem dormientium m[artyrum] = 27. Juli

septem psalmi die sieben Bußpsalmen

Septembrius September

septemplex, plicis siebenfältig; siebenhäutig; mysticum s. das geheimnisvolle Siebenfache = die Woche

septemplicare versiebenfachen

septemtrio (*Akk.* septemtriona) der große Bär; Norden, die Länder des Nordens

septenarius aus sieben bestehend; der siebente; s. numerus Siebenzahl; sacrum septenarium die 7 Gaben des Hl. Geistes; quies septenaria Sabbatruhe

septennis = septuennis siebenjährig

septenus der siebente; siebenfach

septiformis siebenfältig, siebengestaltig; s. munere siebenfach ausgerüstet mit der Gabe (der Weisheit)

septimana Woche; media s. Mittwoch

septimanarius Wochendienst habend

septinoctium die sieben Nächte; Zeitraum von sieben Nächten

septistellium Siebengestirn

saeptum Gehege, eingezäuntes Gehöft, Hofraum; Kloster; Gewölbe; *Plur.* saepta regia das Schlafgemach des Königs

septuagenarius 70 Jahre alt; ein Siebzigjähriger

septities = septies *Adv.* siebenmal

sepultura Bestattung; Grab

sepultus verborgen; verstorben; sepultum iacére begraben

sequax Anhänger, Jünger, Apostel; Führer, Besitzer; *Plur.* Gefolge

sequela Folge

sequens künftig, bevorstehend

sequentia Reihenfolge; Sequenz (ein zwischen das Graduale (Teil der Messe) und das Evangelium eingeschobener Hymnus); sequentia (*sc.* sancti evangelii) Evangelienlesung

sequentiarius (*sc.* liber) Sequenzenbuch

sequentionarium = sequentiarius

sequestrare trennen, aussondern, ausschließen, entfernen; ermitteln; in besondere Verwahrung (Verwaltung) geben, gerichtlich sicherstellen; liefern, einhändigen, überlassen

sequestratio Hinterlegung; Trennung

sequi folgen; Schritt halten; zufallen

sequipeda; sequipes, pedis Nachahmer, Nachfolger, Schüler

1. **sēra** Latte; Riegel, Schloß
2. **sēra** Abend; ad seram am Abend

seraphim (*hebr.*) Seraphim (besondere Klasse der Engel)

serare verschließen

seratura Schloß, Verschluß

serenare heiter machen; reinigen

serenitas Heiterkeit, Ruhe; Lauterkeit, Anmut; *als Anrede:* Herrlichkeit,Durchlaucht, Hoheit; *Plur.* friedliche Zeiten

serenus hell; heiter, verklärt; erlaucht, huldreich

seria Tonne, Faß; großer Krug

seriatim *Adv.* nach der Reihe, Wort für Wort

sericatus mit seidenem Stoffe bekleidet

sericosus seiden

sericus (*griech.*) seiden, aus Seide; sericum Seide, Seidentuch

1. **series,** ei Reihe, Reihenfolge, Verlauf; Wortlaut, Text, Inhalt, Darstellung; Flechte(n); Schar; series codicis Blätter einer Handschrift; in seriem annorum in alle Ewigkeit

2. **series** = serietas Ernst

serietenus *Adv.* der Reihe nach

seriosus ernst, zurückhaltend; finster

serius ernst, ernstlich; nützlich, notwendig; serium Ernst

sermo Rede, Gespräch; Erzählung; Predigt; Gabe zu reden; Tat, Vorfall; s. regis Königsschutz; s. divinus Gottes Wort; aliquem extra sermonem regis ponere jem. friedlos legen

sermocinare = sermocinari sich unterhalten, schwatzen; Reden halten

sermocinator Prediger

sero *Adv.* spät; am Abend; endlich; *Subst.* (*indekl.*) Spätabend

serostyrax=xerostyrax (*griech.*) Räucherwerk

serotinus spät, spätreif

serpens Schlange; antiquus s. Teufel

serrare sägen, zersägen

sertum Kranz, Blumengewinde; s. frontis Diadem

serum Molken, Käsewasser

servare erretten; erhalten, ernähren; aufsparen; servantes die der Welt (saeculum) dienen (BR.)

servator equorum Pferdehüter

servatorium Dauerapfel

serviens Dienstmann; Gerichtsdiener; servientes die ritterlichen Dienstmannen; Gesinde

servilis knechtisch; servile corpus Knechtsgestalt

servimen Dienst

servire dienen; kredenzen; moribus alicuius s. der Eigenart jem. gerecht werden

servitium Dienst, Leistung; Ertrag; Abgabe, Steuer; Knechtschaft, unfreier Stand; *Plur.* Einkünfte

servitor Diener, Knecht

servitus, utis Dienst; Gottesdienst

servus Leibeigener, Unfreier, berittener Knecht, Gutsuntertan; Troßknecht

sesqualter = sesquialter anderthalbfach, das Verhältnis von 3 zu 2 bezeichnend

sesqualterare cantum ,,die Hauptstimme (im Verhältnis von 2 zu 3) in der Quinte begleiten'' (Y.)

sesquidies, ei anderthalb Tage

sesquimensis anderthalb Monate

sesquipedalis anderthalbfüßig; ellenlang = sehr lang

sesquioctavus das Verhältnis von 9 zu 8 bezeichnend (Hr.)

sesquitertius das Verhältnis von 4 zu 3 bezeichnend (Hr.)

sessio Sitzen, Sitzplatz; Ansiedelung, Niederlassung

sessor Reiter; Einwohner

set = sed

saeta Borste; Angelschnur; Seide

saetifer = saetiger Borstenträger = Eber; borstig

sethim (*hebr.* scnittim) Akazien (LB.)

seu *Konj.* oder, und

canis **seucis** = canis segusius

sexagena Schock

sextarius ein Getreidemaß, Metze

sextorium Ruhekissen

sexum = sexus, us Geschlecht

si *Konj.* wenn, auch wenn; ob; insoweit, wofern nur; = ja, gewiß; si — neve sei es — sei es nicht (R.); si tamen wenn doch!

sibi: *auch* = ei

sibilare zischen; pfeifen, zwitschern

sibilum; sibilus Zischen, Säuseln, Pfeifen; Schlange

sic; et sic = so; hernach, dann

sica Dolch; Messer

sicarius Räuber, Bandit

siccamen Trockenheit; Getrocknetes, Rauchfleisch und Schinken

sicera (*hebr.*) ein berauschendes Getränk der Hebräer; jedes berauschende Getränk mit Ausnahme von Bier: Met, Obstwein, Scherbet

sicerator Brauer

syche = psyche (*griech.*) Seele

sichel et math (*wohl verderbt als dem altfrz.* eschec et mat) schachmatt

siciens = sitiens dürstend (Liudp.)

sicla; siclus (*hebr.*) Sekel, Silberling; ein Maß für flüssige und trockene Sachen

sycophanta (*griech.*) Ränkeschmied, Verleumder

sycomorus (*griech.*) der wilde Feigenbaum, Maulbeerfeige

sicque = itaque

sicubi *Adv.* wenn irgendwo

sicut *Adv.* gleichwie, wie auch; sicut qui zumal der, welcher

siphon (*griech.*) Röhre; Furz

sigale, is; sigalum Korn, Roggen, Spelt

sigalinus panis Roggenbrot

sigillare versiegeln, besiegeln

sigillatim = singillatim

sigillum Siegelstempel; Wachs-, Metallsiegel; Urkunde; Inschrift

sigillus Stöpsel, Zapfen

signabilis bemerkenswert

signaculum Abzeichen, Zeichen; Handzeichen, Siegel

signamen = insigne, ornamentum

signanter *Adv.* deutlich, genau

signare das Zeichen des Kreuzes machen, segnen; besiegeln, versiegeln; aufzeichnen, anzeigen, ausdrücken, anordnen; schmücken, vergolden; se s. sich bekreuzigen

signatio Bezeichnung, Unterzeichnung; Bekreuzigung; Segnung

signator epistolarum Ausfertiger der Briefe

signatorius Siegel-; signatorium Siegelring

signatus Kreuzfahrer

signetum kleines Siegel

signifer, eri Bannerherr; wappentragend

significatio Anzeige; Darstellung, Kundgebung

significativus zur Bezeichnung dienend, anzeigend; bedeutungsvoll

signipotens wundermächtig, Wundertäter

signum Zeichen, Buchstabe; Beweis; Wunder; Zielscheibe; Fahne; Glocke; s. castrorum Lagerruf; s. de certamine Schlachtruf (H. v. H.); rerum signis, signorum signis mündlich (Liudp.)

sigulum = sigalum

silenter *Adv.* schweigend, leise

silēre schweigen, totschweigen; ablassen; Ruhe haben

1. **silex** Kiesel; Fels, Berg

2. **silex** = salix

silicernium Leichenschmaus; abgelebter Greis; *als Schimpfwort:* „alter Kracher"

siligineus aus Weizenmehl; panis s. Weizenbrot

siligo, inis Weizenmehl; Korn, Roggen

siliqua Schote der Hülsenfrüchte; Johannisbrot

syllabicare (*griech.*) Silben bilden

syllogies, ei (*griech.*) logisches Denken

syllogismus (*griech.*) der förmliche Vernunftschluß, Syllogismus; Schlußformel

ars **syllogistica** Logik

syllogizare einen Vernunftschluß machen

silum „eine aromatische Frucht aus der Familie der Umbelliferen"

silurus (*griech.*) Wels

silvalis zum Wald gehörig

silvanus Waldungeheuer, Waldschrat

silvaticus wild; aves silvaticae Waldvögel

silvigena = silvicola Waldbewohner

silviscēre = silvescere ins Holz wachsen, ins Kraut schießen; ausschlagen

silvituus Waldaufseher, Förster

silvula Wäldchen; Wald

simare 1. aufstülpen, platt drücken; 2. = semare verstümmeln

symbola (*griech.*) Geldbeitrag, Geldsammlung; Beitrag zu einem Schmause, Mahl, Trinkgelage

symbolum (*griech.*) Kennzeichen, Losungswort; Sinnbild, Symbol; Glaubensbekenntnis

symphonare zusammenklingen

symphonator Spieler, Künstler auf der symphonia

symphonia (*griech.*) ein Musikinstrument (Blasinstrument, Schlaginstrument = Tamburin; Saiteninstrument = Drehorgel, Laute); Akkord, Akkordfolge, Festesklang; Einklang; Musik, Konzert

symphoniare Musik machen; s. in harpa auf der Harfe spielen

symphonus (*griech.*) zusammenklingend; übereinstimmend

simia = simea Affe

simila Weizenmehl; Semmel

similagineus aus Weizenmehl

similare ähnlich sein; ähnlich machen, vergleichen; = simulare

similitudo Ähnlichkeit; Gleichnis; Gespött; ad similitudinem alicuius im Vergleich zu

similla = simila

simius = simia

simmista = symmysta (*griech.*) Mitpriester; Vertrauter, Genosse, Sekretär

simonia Simonie

simoniacus der Simonie schuldig; *Adv.* simoniace durch Simonie

simonialis = simoniacus

Simone **simonior** schlimmer als Simon

Simonis et Iudae apostolorum = 28. Oktober

simplex, einfach redend, schlicht, aufrichtig; beschränkt; s. festum ein minder feierliches Fest; *Plur.* das ungebildete Volk

simplicitas Einfachheit; Einfalt, Torheit

simplus einfach, einfältig

symposium (*griech.*) Gastmahl

simul *Adv.* insgesamt, im ganzen; ut simul sobald; *auch* = et

simula = simila

simulacrum Abbild; Götzenbild

simulamen Nachahmung; = simulacrum

simulanter *Adv.* zum Schein, vorgeblich

simulare ähnlich machen; sich stellen als ob; se simulare sich vergleichen; volucrem s. Vogelgestalt annehmen; simulata mente heuchlerisch

simulator Nachahmer; Heuchler

simulatorie *Adv.* täuschend, zum Schein

simultas Hinterlist, Schliche; Feindschaft, Groll, Eifersucht

sin *Konj.* wenn nicht; sin autem wenn anders; sin alias wenn nicht

synagoge, ae (*griech.*) Versammlung, Versammlungsort; Synagoge, der Alte Bund; die Juden

sinape, is; **sinapi** (*indekl.*); **sinapis** (*griech.*) Senf

synaxis, eos (*griech.*) Versammlung, Gottesdienst; s. anni Jahreslauf; s. vespertina die Vesper

syncellita Gesell, Zellgenosse

syncellus Zellgenosse des Abtes (kirchliche Würde)

sinceritas Aufrichtigkeit, Ehrlichkeit, Reinheit; Gesundheit

sincerus; *Adv.* sinceriter rein, echt, lauter, aufrichtig

sinciput, pitis der halbe Kopf, Vorderkopf; Kopf

syncopa; syncope (*griech.*) Ohnmacht

syncopare verkürzen; beschneiden; sich nähern; „stoßweise vorbringen" (W. v. Ch.); in Ohnmacht fallen

sindalum = zindalum

syndicus (*griech.*) Vertreter, Sachwalter

sindo; sindon, onis (*griech.*) Nesseltuch, Leinwand; baumwollenes Kleid

sine *auch m. Akk.* ohne (BR.)

sinēre zurücklassen, verlassen

synergus (*griech.*) Mitarbeiter, Gehilfe

sinescalcus = senescalcus

singillatim *Adv.* einzeln, im einzelnen

singularis allein, einzeln, abgesondert; Wildschwein; singulare certamen Zweikampf; s. principatus Alleinherrschaft

singularitas Einzigkeit; Außerordentlichkeit, Absonderlichkeit

singultare schluchzen, röcheln, den Schlucken haben; stammeln, stocken

singultus, us Seufzen, Schluchzen
singulus einzeln; einfach; *Plur.* jeder-
mann (= alle); singulis annis jährlich
sinister link; verkehrt, unglücklich; böse,
arg; sinistre movēre verärgern; sinistre
excipere übel aufnehmen
sinistrim *Adv.* auf der linken Seite
synocus; synochus (*griech.*) anhaltendes
Fieber
synodalis zur Synode gehörig; *Adv.* syno-
daliter durch Synodalbeschluß
synodicus = synodalis
synodus (*griech.*) Versammlung; Konzil,
Synode; das bischöfliche Sendgericht
sinopis, idis (*griech.*) roter Eisenocker,
Rotstein; rote Farbe, rote Buch-
staben
1. **sinus**, us Krümmung; Winkel; Ge-
wandfalte, Busen
2. **sinus** = sinum Melkkübel
Sion der Tempel mit der Königsburg in
Jerusalem; die Stadt Jerusalem; die
alttestamentliche Gemeinde; die Gemeinde des Neuen Bundes
sipidus klug, verständig
siqua wenn irgendwo
siquidem nämlich, denn; aber, allerdings
siquitertius = sesquitertius
syrma, atis (*griech.*) Franse, Schleppe;
Schleppkleid, Talar; Kehricht; Rede-
fluß
sirpus = scirpus
syrtis, is (*griech.*) Sandbank, Sand
sisymbrium (*griech.*) Brunnenkresse
systema, atis (*griech.*) Akkord; System
sistĕre sich stellen; bleiben; = esse
sitarcia (*griech.*) Speisekiste, Brotsack
sitibundus heißhungrig
sitire dürsten; *m. Inf.* danach lechzen
situare setzen, stellen; *Pass.* gelegen sein
situla Eimer zum Wasserschöpfen
situs gelegen; thronend
sive *Konj.* und; oder; sive—seu ob—oder
sixtus = xystus
smaragdare grün machen (T.)
smaragdus (*griech.*) Smaragd
smerillus; smirlus (*mhd.* smirl) Merlin-
falke, eine Falkenart

smigma = smegma, atis (*griech.*) ein
Reinigungsmittel: Seife
soboles; sobules = suboles, is Sprößling
sobrietas Enthaltsamkeit, Mäßigkeit,
Nüchternheit; Besonnenheit, Bescheidenheit
sobrius nüchtern, enthaltsam, keusch;
rein, lauter; vernünftig, besonnen;
Adv. mäßig
soccia Fett, Talg, Schmer
socciare Talg, Fett gewinnen
soccus (*griech.*) niedriger Schuh; Strumpf
sociabilitas Verträglichkeit
socialis gesellschaftlich, gemeinschaftlich;
s. conviva Tischgenosse
sociare vereinigen; (die Tochter) verheiraten; *Pass.* sich vereinigen; se s.
sich nähern; sich anschließen; s. corpori
monasterii in den Klosterverband aufnehmen; sibi sociari in pace sich den
Friedenskuß geben
societas Handelsgesellschaft, Handels-
haus; Zunft
socius gemeinsam, gemeinschaftlich;
Teilhaber; Hilfsgeistlicher; *Plur.* die
,,Magen", Verwandten; socia auris das
andere Ohr
Socratinus mit sokratischer Weisheit erfüllt
socrus Schwiegermutter
soda Kopfweh
sodes = sodalis Gefährte, Kamerad; Ge-
spielin
sodomita Sodomiter; sodomitisch
sodomiticus homosexuell
sophari deuteln; schöne Redensarten
machen
sophia (*griech.*) Weisheit
sophista; sophistes, ae (*griech.*) Gelehrter,
Weiser, verständiger Mann
sophisticare verfälschen
sophisticus sophistisch, trügerisch
sophorus Zobel
sophus (*griech.*) weise
sogalis, is Frischling, Spanferkel
sol, solis Sonne; Tag, Jahr; Leben: sol
sororque Sonne und Mond
solaciari sich erholen; beistehen

solacium Trost, Beistand, Hilfe; Verpflegung; Heerbann, Helfer; *Plur.* Erleichterungen, Unterstützungen; Vergnügungen
solamen Trost, Zuflucht
solari Trost spenden
solariolum *Demin. v.* solarium
solarium Obergeschoß, Söller, innere Empore in Kirchen, Galerie
soldanus 1. = soltanus; 2. Söldner
solea Sandale, Sohle; Fuß; Plattfisch, Scholle
soloecismus (*griech.*) grammatisch unrichtige Verbindung der Wörter
solemnia; solemnium Fest
solemniacum Feststadt = Salem, Jerusalem (CB.)
solemnis alljährlich wiederkehrend, üblich; festlich. — solemne; solemnia, ium Fest, Feier; solemnia consecrare das Hochamt halten
solemnitas Festlichkeit, Feier, Zeremonie
solemnizare feierlich begehen, feiern
solers; solertia *s.* soll . . .
solidare fest machen, fest begründen, stärken; heilen
soliditas Dichtheit, Festigkeit, der feste Bestand; das Ganze
solidus fest, gediegen, kraftvoll, massig; Münze, Schilling; Goldmünze, Dukaten; s. longus = 30 Denare; solidum das Ganze; in solidum ganz und gar
soliger den Sonnenwagen ziehend
solitarius einzigartig, allein stehend; einsam, Einsiedler
solito *Adv.* nach der Gewohnheit; plus solito mehr als sonst
solitudo, inis Einöde; Verödung
solium Sitz, Stuhl, Bank, Tribüne, Kathedra, Thron; Hochwarte; Sarg
solivagus allein umherschweifend; ehelos
sollers, ertis tätig, geschickt, ordentlich
sollertia Klugheit, Sorgfalt; Vorsicht
sollicitare erregen, reizen, locken; sich kümmern um, beachten, besorgen, fragen
sollicitudo, inis Unruhe, Besorgnis; Sorge, Sorgfalt, Vorsicht, Eifer; Verpflegung;

sine mea sollicitudine ohne mein Zutun
sollicitus stark erregt, ängstlich, bekümmert; darauf bedacht, wachsam, eifrig, sorgfältig
solotenus *Adv.* von Grund aus, vollständig
solsequium 1. eine Pflanze, die ihre Blätter nach der Sonne dreht. — 2. Titel einer Prosaschrift des Hugo von Trimberg (13. Jh.), Sammlung von Predigtmärlein
solstitium Sonnenwende
soltanus (*arab.-ital.*) Sultan
solubilis auflösbar, zerstörbar
solum Boden; Heimatboden, Heimat
solummodo *Adv.* allein, nur; nur ganz oben
solutio Freilassung; Bezahlung
solutus frei, unverheiratet
solvēre lösen, losbinden; einlösen, bezahlen; nachlösen, nachholen; s. vela absegeln
soma, atis (*griech.*) Körper
somarius = sagmarius
somma = summa
somniare träumen, im Traum an etwas denken
somnifer, a, um einschläfernd, todbringend; sinnbetört
somnulentus; somnolentus schläfrig, schlafsüchtig, schlaftrunken
somnulus Schläfchen, Schlaf
sona (*germ.*) Versöhnung, Friede
soniare besorgen, verpflegen
sonipes, pedis stampfend; Pferd
sonorus tönend, schallend, klangvoll, mit guter Stimme
sons, sontis schädlich; schuldig; Missetäter, Sünder
sonus Schall, Ton; Stimme
sopilis schläfrig
sopire einschläfern; beruhigen, stillen
sopor, tiefer Schlaf; Trägheit; per soporem im Traum
soporare einschläfern, betäuben; schlafen; soporatus in tiefen Schlaf versunken
soporivus Betäubung bringend
sorbarius Eberesche
sorbēre hinunterschlucken, schlürfen

sorbillare schlürfen
sorbitium = sorbitio Schlürfen; Suppe, Brühe
sorbitiuncula Süppchen
sorcerus Zauberer
sordes, is Schmutz; Sünde
sordescĕre entstellt werden (Hr.)
sordidare beschmutzen, verunreinigen
sordidulus = sordidus schmutzig
sordificare schmutzig machen
sorech (*hebr.*) Weinrebe
sorex Spitzmaus; calva s. Fledermaus
soror Schwester, Pilgerin; s. solis = Mond
sororcula Schwesterchen
sororius schwesterlich; Schwestersohn; Schwager; sororia Schwägerin
sors, sortis Los, Würfel; Rang, Stand; Orakel, Weissagung; Schicksal, Erfolg, Wirkung; Beuteanteil; Preis; sors aequa gleiche Bedingung (W.); pro Baccho sortem mittere um die Wette trinken; sortem mittere würfeln; sortis iter agere aufs Geratewohl losmarschieren
sortilegium Hexerei, schwarze Kunst
sortilegus Losdeuter; Weissager, Zauberer
sortiri losen; sich mit jem. etwas teilen; empfangen
sortito *Adv.* von Natur (Liudp.)
sospitas Gesundheit, Heil, Wohlergehen, Sicherheit, Rettung
sotir = soter, eris (*griech.*) Erlöser, Heiland
sottus dumm, töricht
sotular; sotularis, is Schuh
spadix, icis (*griech.*) braun; Fuchs (Pferd)
spado, onis der Zeugungskraft beraubt; ehelos; Hammel; unfruchtbarer Zweig am Weinstock
spal . . . = psal . . .
spannus (*germ.*) Spanne, Zwischenraum
sparro, onis (*germ.*) Speer, Wurfspieß; Sparren
sparsim *Adv.* zerstreut, hier und da
sparsus ausgebreitet; bedeckt mit
sparvarius; sparawarius (*germ.*) Sperber
spasmari Krämpfe haben

spasmus (*griech.*) Krampf
spatha (*griech.*) (breites, zweischneidiges) Schwert
spathaferius = spatharius Waffenträger, Leibwächter; Knappe; Scharfrichter
spatharocandidatus Schwertträger und Leibwächter zugleich (Liudp.)
spatiari spazieren
spatiosus ausgedehnt, geräumig
spatium (*sc.* temporis) eine Weile; Pause
spatula Palmzweig, Wedel, Ranke, Zweig; Schulter
specialis besonder, eigentümlich; besonders wert, vertraut; schön; *Adv.* im besondern, vor allem, mit allen Kräften; specialiter percipere die besondere Gabe empfangen (VS.)
specialitas Besonderheit, die besondere Beschaffenheit; s. privilegiorum besondere Vorrechte
speciarius Gewürzkrämer
species, ei das Äußere, Schein; Haltung, Gestalt, Angesicht, Schönheit; Farbe; Spezerei, Heilkraut, Gewürz; species ac lumina *etwa* „Licht und Farbe"; sub specie humilitatis sich demütig stellend
specifer Arzneibringer = Fuchs (Y.)
specificare besonders bezeichnen
specificus besonder, charakteristisch
speciositas schöne Gestalt, Schönheit, Pracht
spectare schauen; erproben; erwarten; s. ad sich beziehen auf; sich richten nach; zustehen
spectio Beobachtung; Anblick
spectus, us Blick; Besichtigung
specula Warte, Hinterhalt
speculamen Hinsehen, Blick
specular, aris Fensterscheibe, Fenster
speculari spähen, sehen, gewahr werden; ars speculata die spekulative Philosophie
speculatio Ausspähen, Warte; Vogelherd
speculator Wächter; Profoß, Scharfrichter, Trabant; Spion; Bischof
speculum Spiegel; Vorbild; *oft als Titel von Werken* = Enzyklopädie

specus, us Höhle, Grotte; Schlucht
spelaeum (*griech.*) Höhle
spelta (*germ.*) Spelt, Spelz
speltinus aus Spelt
spendēre = expendēre spenden
spensa Verwendung, Gebrauch
spera = sphaera (*griech.*) Kreis, Kugel; Sonnenkugel, Sonne; s. circuiens der kreisende Sonnenball
sperare hoffen; vermuten, meinen, fürchten; verhoffen, erwarten; wünschen, bitten
speriolus Eichhörnchen
spermologus (*griech.*) vorlaut, Schwätzer; Verkünder des göttlichen Wortes, Prediger
spernax abweisend (O. v. F.)
sperois, idis (*griech.*) Rundung
sperula = sphaerula kleine Kugel; rundes Tröpflein, Träne
spervarius = sparvarius
spicarium Kornhaus, Speicher
spicatus Ähren tragend, in Ähren geschossen; zugespitzt
spiculare mit Pfeilen schießen
spiculator = speculator
spiculum Spitze; Pfeil, Speer, kurzer Spieß
spidus = spitus
spina Dorn, Stachel; Igel (ein Marterinstrument); Rückgrat
spindula = spinula
spinetum Dornhecke, Dorngebüsch
spintrum = spinter, teris (*griech.*) die das Gewand vorn zusammenhaltende Spange
spinula der kleine Dorn; Mantelspange, Heftnadel
spinx = sphinx (*griech.*) Gärte (Karpfenart)
spira (*griech.*) in Schneckenlinie gewundener Körper; Hufeisen
spiraculum zartes Wehen, Hauch
spirale Atem
spiramen Hauchen, Blasen, Atmen; s. sacrum der Heilige Geist
spiringus (*holländisch*) Stint
spiriolus = speriolus Eichhörnchen

spiritalis geistig, der Materie entgegengesetzt; vom Geist erfüllt; geistlich, Geistlicher; s. pater Pate; Beichtvater; s. filia Patin; spiritaliter aperire nach dem Geiste auslegen
spiritualis = spiritalis
spiritus, us Atem; der Heilige Geist; s. albus Engel; s. ater Teufel
spissitudo, inis Dichte; Dickicht
spissus dicht, dick; wuchtig; spissum lignum die harte, eisenbeschlagene Holzwaffe
spitus (*germ.*) Spieß, Bratspieß
splendidulus glänzend, prächtig
splendifluus strahlend
spoliare entkleiden, berauben, plündern; s. dentes die Zähne zeigen
spolio, onis Räuber
spolium die abgezogene Haut; Raub, Beute; *Plur.* wertvolle Gegenstände aller Art
spondēre geloben; erhoffen lassen, in Aussicht stellen
sponsa Gattin; s. Christi = die Kirche; agni s. = die Kirche Christi; s. imperii Königstochter
sponsalis, is Braut
sponsalia, ium Verlobung, Hochzeit; Ehebund; Hochzeitsgeschenke; s. facere verloben; Hochzeit feiern
sponsare aliquam zur Gattin nehmen; sich verloben mit; *Pass.* sich verheiraten
sponsata die Verlobte
sponsor Bürge
sponsus Geliebter
spontaneus freiwillig, selbstgewählt
sporonus (*germ.*) Sporn; Schiffsschnabel; Brückenpfeiler
sporta Korb; Tragbahre, Sänfte
sportula Körbchen; Spende, Sportel
spumans schäumend
spurcamen Unflat
spurcitium = spurcitia Unflat, Unreinigkeit
spurcus unflätig, unrein, unkeusch; unedel
spurius unehelich; Hurenkind, Bankert

sputum Speichel, Auswurf; Beschimpfung

squalēre starren; schmutzig sein; beschmutzen

squalor Schmutz

squamatus schuppig

squamosus schuppig; s. thorax Schuppenpanzer, Kettenhemd

squilla = scilla (*griech.*) Meerzwiebel

squinantia (*a. d. Griech. entstellt*) Bräune, Halzentzündung

squinax = squinantia

squirio; squirolus = squirius

squirius = sciurus (*griech.*) Eichhörnchen

stabilire befestigen, fesseln, bestellen, einsetzen; s. conubium Ehe schließen

stabilitas Festigkeit, Standhaftigkeit; Fundament

stabulare Stallung gewähren, unterbringen, weiden; übernachten, hausen

stabularis; stabularius Stallknecht; Gastwirt

stabulator Stallmeister

stabulum Stall; Herberge

stactis = stacte (*griech.*) Myrrhenöl

stadium (*griech.*) Rennbahn, Laufbahn; Pilgerfahrt

stapha; staffa Steigbügel

stagium „Verpflichtung des Vasallen, zu einer bestimmten Zeit im Hause des Lehensherrn sich zur Dienstleistung einzufinden"

stagnalis Wasser-, See-

stagnellum Teich

stagnum 1. Weiher, Teich; Landsee, Meer; 2. = stannum

stallum; stallus (*germ.*) Wohnort; Chorstuhl

stamen Faden, Kette des Gewebes; Schicksalsfaden; Stoff (*bildl.*)

stamultum Pantoffel

stannum 1. Zinn; 2. = stagnum

stantarum = standardum Standarte

stantia Wohnung, Raum, Zimmer; Stanze, Kanzone (D.)

stantiare festsetzen, verordnen

stapes, edis Steigbügel

stare stehen, stehen bleiben, sich ausruhen; standhaft bleiben; dastehen als,

sich befinden (= esse); treten, sich halten an; s. cum aliquo anhängen, in Diensten stehen

stater, eris (*griech.*) eine Münze (= 4 Drachmen); ein Gewicht

statera (*griech.*) Waage

statim *Adv.* sofort; schnell; statim ubi *Konj.* sobald als

statio Stehen; Aufenthaltsort, Lagerplatz, feste Stellung; Wallfahrtsstation, Stationsfeier; Prozession; das Fasten

stationarius zum Stehen gebracht; Diener; Buchhändler

status, us Stand, Stellung, Lage, Zustand; Wesen, Natur; Höhepunkt (des Fiebers); s. religiosus, regularium Ordensstand; s. mentis Fassung; statui esse im Gleichgewicht sein, gleich sein

staupus (*mhd.* stouf) Becher, Pokal

staurophorus (*griech.*) Kreuzträger (bei Prozessionen)

staurus (*griech.*) Kreuz

steculus Becher

stella maris Beiwort der Mutter Maria; stella erratica Wandelstern

stellatus bestirnt

stelliger Sterne tragend, gestirnt

stema 1. = stemma; 2. = schema

stemma, atis (*griech.*) Stammbaum, Geschlecht; Adel, Zier, Zierde, Würde, Ehre; Kopfbinde, Krone

stercilinium Mistgrube, Düngerhaufe

stercorare düngen; beschmutzen

sterilis unfruchtbar, dürr; tempus sterile die heiße Jahreszeit

sterlingus (*germ.*) Sterling, eine Münze

sternēre niederstrecken, hinbreiten; herrichten, satteln, überbrücken

sternutus, us Niesen; Weissagen beim Niesen

sterquilinium = stercilinium

stertēre schnarchen, fest schlafen

stibinus aus Spießglas

stichus (*griech.*) Zeile

stiga Stachel

stigma, atis (*griech.*) Brandmal; Wundmal, Strieme

stillamen = stilla Tropfen (IW.)

stillare tröpfeln, tropfen
stillicidium das Träufeln; Dachrinne, Traufe; Gosse
stilopus (*griech.*) Geschwulst des Gesichts
stilus Halter, Griffel; Schreiberei, Schreibarbeit, Schreibart; Sprache; Säulenschaft; stilum vertere Griffel umkehren = Schrift tilgen
stimulare anstacheln, anspornen; zusetzen, reizen, hetzen, sticheln
stimulus Stachel; Treibstecken
stipare zusammenpressen, drängen; umdrängen, umringen, umgehen; stipatus dicht umgeben
stipator Gefolgsmann
stipendiare besolden, Unterhalt gewähren
stipendiarius Söldner
stipendium Steuer, Sold; Gewinn; Nahrungsmittel, Lebensunterhalt; Belehnung
stipes, itis Stamm, Stock, Stange, Holzstück; Zweig, Baum
stipulare festsetzen; verlangen, fragen, forschen; zusammendrängen; *Pass.* versprechen; verbinden
stipulatio Abrede, Übereinkunft, Vertrag; Halmwurf
stipulum = stipula Stoppel, Stroh
stipus Bettler
stiria Eiszapfen
stirpare roden
stiva Pflugsterz; Bauer
Styx; *Gen.* Stygis *u.* Stygos (*griech.*) Hölle
stola (*griech.*) Frauengewand, Oberkleid; die Stola (geweihte Schärpe) des Geistlichen, das Pallium des Erzbischofs
stolatus mit der Stola bekleidet
stolidus tölpelhaft, töricht; schwach, hilflos
stolpare (*germ.*) (auf-) stülpen (Y.)
stolula Stola
stolus (*griech.*) Seereise; Flotte; Mannschaft, Heeresfahrt
stomachari ärgerlich sein
stomachus (*griech.*) Magen
stora (*germ.*) Stör
storax = styrax, acis (*griech.*) wohl-

riechendes, als Räucherwerk gebrauchtes Gummiharz
stoupus = staupus
straba = astraba (*griech.*) Fußschemel
strabus = strabo, onis (*griech.*) schielend
strages, is Niederstürzen; Vernichtung, das Morden; Leichenhaufe; s. dare niederhauen
stragulatus zur Decke gemacht
stramen Stroh, Streu; Decke, Lager
strameneum Lager
stramentum Streu; Polster, Teppich; Pflasterung
strangulum Strick, Strang, Schlinge; strangulo erdrosseln, erhängen
stranguria (*griech.*) Harnzwang
strata (*sc.* via) Straße, Chaussee; s. legitima Haupt-, Heerstraße
stratiare zerreißen
stratigus; strategus (*griech.*) Führer, Feldherr
strator Reitknecht, Stallknecht; s. viarum Wegebauer; officium stratoris Zügeldienst
stratorium Lagerstätte
stratum; stratus, us Matratze, Bettdecke; Streu, Lagerstätte
strenuus; *Adv. auch* strenuiter entschlossen, hurtig, eifrig, unternehmend, tüchtig; strenue ministrare nachdrücklich spenden
strepa; strepus Steigbügel; officium strepae Bügeldienst
strepitus, us Geräusch; Kriegslärm
1. **stria** Riefe, Vertiefung; Kannelierung an den Säulen
2. **stria** = striga
striatus mit striae versehen, kanneliert
strictus zusammengezogen, straff, eng, eng anliegend; genau, streng; stricta Gewand
strictim *Adv.* eng, knapp, dicht, fest; kurz, bündig; zusammenfassend; flüchtig; *Komp.* strictius recht stramm
stridēre zischen, zirpen; zuraunen; mit den Zähnen klappern
stridor Zischen, Sausen; s. dentium Zähneknirschen

stridulus plätschernd
stridus straff, streng
striga Zauberin, Hexe
strigus Zauberer
stringĕre zusammenziehen; hemmen, eindämmen; fest binden, straff anziehen; s. fidem alicui sich jem. zur Treue verpflichten; s. in arta verkürzen
stropha (*griech.*) Wendung; List, Betrug
stropharius Ränkeschmied
stropheus (*griech.*) Gürtel
strophium (*griech.*) Busenbinde; Strick, Gürtel; Jungfrauengewand
strophosus listig, schlau
strontus Dreck
stroppus; struppus (*griech.*) Riemen; Strippe
structio = struthio (*griech.*) der Vogel Strauß
structor Meister
structura Bau, Bauwerk
struma, ae Drüsengeschwulst, Kropf
strumulus Stockfisch
stuba (heizbare) Stube; Gaststube, Badestube
studēre studieren; non s. avaritiae sich vor Geiz hüten
studium Eifer, Anstrengung, Geschicklichkeit, Fertigkeit; Absicht; Universität
studorium Studierstube
stuffare (*germ.*) durch Einstecken von Werg zumachen, stopfen; ausrüsten
stuffura Ausrüstung
stulticitas Torheit, Dummheit
stultiloquium törichtes Gerede, Gewäsch
stultisare; stultizare unvernünftig handeln
stupa 1. = stuba; 2. = stuppa Werg
stupefacĕre betrüben; erschrecken; plötzlich hemmen
stupenator Bader
stupendum factum Wunder
sturio (*germ.*) Stör
sturma (*germ.*) Angriff, Kampf
sturnus Star
su (*griech.*) du
suadela Zureden, Überredung, Ratschlag

suadēre raten; anstiften, ermuntern; suasus willens (Wid.)
suadibilis sich überreden lassend, nachgiebig; überredend
suadus sich überreden lassend; überredend
suasibilis ermahnend, einschmeichelnd
suasio Empfehlung; Ratgeben, Rat
suasor Versucher; Teufel
suasrix Ratgeberin; Verführerin
suasus, us Zureden
suates seine Landsleute
suave, is Kuß
suaviloquentia das liebliche Reden
suavisonus lieblich klingend
sub *Präp. m. Akk. u. Abl.* unter; dicht bei (*drückt auch die unmittelbare Nähe eines Begleitumstandes aus*); sub pectore in der Brust; sub facie vor dem Angesicht; omni sub honore mit aller Ehre; sub tempore festo an Festtagen; primis sub annis in den ersten Jahren; sub poena bei Strafe
subabundare = abundare Überfluß haben
subagitari in Unruhe sein
subarrare verpfänden; verloben; anulo s. unterzeichnen
subassilire plötzlich anspringen
subaureus golden
subcinericius in (unter) der Asche gebacken
subdēre unten hinsetzen; erwidernd anschließen; antworten; preisgeben; unterwerfen; s. morti töten
subderelinquēre plötzlich abbrechen
subdiaconus Subdiakon, Unterdiener
subditio Unterwerfung, Knechtschaft
subditus unterwürfig; erdrückt; Untergebener
subdividēre in Unterabteilungen zerlegen; verteilen
subdolositas Schlauheit, List
subdolus arglistig
subducēre entziehen, beseitigen, zum Abfall bringen; naves s. landen
subera Schuhsohle
subesse dabei sein; nachstehen, unterworfen sein; = esse

subf ... s. suff ...

subgrundium = suggrundium Dachvorsprung, Vordach, Wetterdach

subiacēre unten liegen; unterliegen, sich fügen

subicēre unten an etwas setzen; im folgenden berichten; se spectandum s. sich sehen lassen; subiectum est es folgt

subiectibilis unterwürfig, demütig

subiectio Unterwürfigkeit

subiectum Unterbegriff

subiectus unterwürfig, demütig; Unterworfener, Untertan

subinferre hinzufügen; aufbieten, anwenden; erwidern; einsetzen (in ein Amt)

subinfra Adv. dicht darunter

subintellegēre hinzudenken (D.)

subintendēre alicui verba verstohlen mit Worten auf jem. zielen

subinterire = interire untergehen

subintrare sich einschleichen, beschleichen; hineingehen; dazwischen treten, ankommen; in locum alicuius s. an jem. Stelle treten

subintroire hineingehen

subintroducēre insgeheim einführen, einschmuggeln

subire auf sich nehmen; hingehen zu; zurückkehren; mihi subit mir fällt ein

subitaneus plötzlich

subitatio plötzliches Eintreten

subito Adv. sofort, sogleich; schnell

subiugalis ans Joch gewöhnt; subiugale, is Lasttier

subiugare unterjochen, unterwerfen, knechten

subiungēre hinzufügen; weiter anfügen, erwidern

sublaterare heimlich lästern

sublegalis Untertan

sublegare alicui provinciam unterstellen

sublegēre unten auflesen; s. rete das Netz in die Höhe, ans Land ziehen; s. tramitem heimlich einen Weg entlang schleichen; aliquem e tenore condicionis s. jem. von dem Vertrag ausnehmen

sublevamen Stütze, Hilfe

sublevare emporheben; erleichtern

sublevita = subdiaconus

subligar, aris Schurz, Schürze

sublimare emporheben; erheben; erhöhen; s. in regem zum König erheben

sublime, is die Höhe; clamare in s. hochleben lassen

sublimitas, atis hohe Stellung, Größe und Macht; lichte Höhe; als Anrede = Hoheit; s. episcoporum die erhabenen Bischöfe

subministrare darreichen, liefern; unterstützen

submissim Adv. sanft, leise

submissus gesenkt, leise; anspruchslos, demütig; lang herabwallend, ungeschoren

submittēre senken, beugen; heimlich entwenden; wachsen lassen; pedibus s. zu Füßen werfen

submurmurare insgeheim murmeln, leise flüstern; brummen

subnavigare m. Akk. an einen Ort heranschiffen; einen Ort umsegeln

subnectēre unten anknüpfen; Pass. verknüpft werden; umschlingen

subnervare unten die Sehnen durchschneiden, lähmen

subnixe Adv. inständig, flehentlich

subnotare unten anmerken; verzeichnen, aufzeichnen

1. subolēre etwas davon merken; mißfallen; übler Laune sein

2. subolēre wachsen

suboles, is Sproß, Kind, Sohn; Nachkommenschaft

subp ... s. auch supp ...

subpar, aris = suppar fast gleich

subpodiare untergraben

subportare herbeischaffen; helfen, schützen

subprior Stellvertreter des Priors

subpulmentarius vielleicht ,,Almosenpfleger"

subrectus aufrecht

subregulus Häuptling

subridēre lächeln, höhnisch lächelnd erwidern

subrigēre in die Höhe richten; sich erheben, auferstehen; *Pass.* emporstehen

1. **subripēre** = surripere heimlich wegnehmen, stehlen; subreptus sich entreißend

2. **subripēre** = subrepēre hinunterkriechen; einschleichen bei, beschleichen; subrepit menti Sorge beschleicht (W.)

subrogare aliquem alicui jem. an jem. Stelle wählen; s. ad sedem apostolicam auf den päpstlichen Stuhl erheben

subrubeus rot

subrufus rötlich

subsannare (durch spöttische Gebärden) verhöhnen, verlachen; wertlos machen

subsannatio Spott, Verhöhnung; Gegenstand des Spottes

subsannativus spöttisch

subscalpēre heimlich reizen, kitzeln

subscribēre unterschreiben; zuweisen

subsecundare an die zweite Stelle setzen

subsecundarius hinterherkommend

subsequenter *Adv.* nacheinander; danach, später

subserēre darunter fügen

1. **subsidēre** sich darunter setzen

2. **subsidēre** sich niederlassen; darunterliegen

subsidium Unterstützung, Hilfe; Steuer

subsistēre = esse da sein

subsolanus morgenländisch; Ostwind

subsopilis zum Schlafen geneigt

substantia Bestand, Wesenheit, Wesen, Körper; Zuversicht, Gewißheit; Besitz, Vermögen, Eigentum, Ware; *Plur.* Nahrungsmittel; beweglicher Besitz, Kleider und Geld, Schätze

substare standhalten, abwarten

substituēre an die' Stelle setzen, als Nachfolger einsetzen; aufstellen

substomachari etwas verdrießlich sein

subtactio Ausweichen

subtalaris bis an die Knöchel reichend

subtellares, ium Sandalen

subtelonearius Unterzöllner

subtemen Einschlag im Gewebe

subter *Adv.* unten, am Schlusse

subterponēre darunter legen

subterrare beerdigen

subtilis fein, dünn; scharfsinnig; subtile feines Gewand

subtilitas Feinheit, Genauigkeit, Scharfsinn, Spitzfindigkeit

subtonare darunter ertönen

subtrahēre entziehen, vorenthalten; heimlich beseitigen, unterschlagen; *Pass.* versiegen; se s. sich zurückziehen; subtrahi ex hac luce = sterben; subtrahendo gedehnt, langsam (BR.)

subtristis traurig

subtrudēre (widerrechtlich) an die Stelle setzen

subtus *Adv.* nachstehend; *Präp. m. Akk.* unter

subula Pfrieme, Ahle

subulcus Schweinehirt

suburbanus ländlich; suburbanum Vorstadt; Landgut in der Nähe der Stadt

suburbium Vorstadt

subvectio Herbeischaffen; weite Reise; navium s. Fährdienst

subvenire dazu kommen; beistehen, unterstützen mit (de)

subventio Beistand, Hilfeleistung

subversio Umsturz, Zerstörung

succedēre nachfolgen; vonstatten gehen, Erfolg haben; s. pugnae zum Kampfe herankommen

succendium Brand

succensa Feuer, Flamme

succensio Anzünden, Entzünden

succentor Nachsänger; Gehilfe des cantor

successio Nachfolge; Verlauf, Erfolg

successive *Adv.* nacheinander, aufeinanderfolgend

successor Nachfolger; successores die von Adam abstammende Menschheit

successus, us der glückliche Verlauf, Erfolg; Ereignis

succidēre unten abhauen; niederwerfen; roden

succinēre nachsingen, nachschreien; zuzählen

succinctorium Schurz, Schürze

succinctus aufgeschürzt; gerüstet; kurz angebunden, kurz, gedrängt

succingĕre ausstatten; beschreiben

succisio Abhauen, Abschneiden, Beschneiden, Fällen

succrescĕre heranwachsen, entstehen; anschwellen

succubare unter etwas liegen

succulentus = suculentus saftvoll; kräftig

succumbĕre niedersinken; sich fügen; geraten in

succursus, us Hilfe, Unterstützung

succutĕre zerren an, zupfen; aufrecken

sucinus = sucinum Bernstein

sudare schwitzen; sieden; sich abmühen, sich abängstigen

sudarium Schweißtuch

sudis, is Pfahl, Schanzpfahl

sudor letalis Todesschweiß

suffarcinare vollstopfen, vollpacken, ausrüsten

sufferentia geduldiges Ausharren

sufferrare Pferd beschlagen

sufferre ertragen; ernähren, erhalten; innehaben

sufficĕre genug tun, genug vermögen, genügen, ausreichen, gewachsen sein

sufficienter Adv. hinreichend, hinlänglich

sufficientia Hinlänglichkeit, Genüge; Tüchtigkeit; Genügsamkeit; s. paupertatis ärmliche Habe (VS.)

sufflamen das Dazwischentreten, Eingreifen; Hindernis

sufflare blasen

sufflatorium Blasebalg

suffocare erwürgen; s. in fluvio ertränken; Pass. ertrinken

suffocatio Ersticken

sufforare (Kleider) füttern

suffraganeus (sc. episcopus) Suffragan-, Weihbischof; sedes suffraganea Suffraganbistum

suffragans = suffraganeus

suffragare = suffragari begünstigen; vonstatten gehen

suffragator Begünstiger, Anhänger

suffragium Scherbe; Scherflein, Almosen;

Unterstützung, Fürsprache; günstiges Urteil

suffrago, inis Hinterbug eines Tieres

suffulcire unterstützen, stützen, stärken

suffumigare anräuchern, ausräuchern

suffusio Unterlaufen; der graue Star; Aufgießen, Aufguß; Übermaß

suffusorium Kanne

sugĕre saugen

suggerĕre darreichen, gewähren; überbringen; berichten, vortragen, sprechen; raten, warnen; vor die Seele führen; vorgaukeln; s. in haec verba einzelnen zutragen, zuflüstern

suggestio Einflüsterung, Eingebung, Überredung; Bericht; Plur. Erinnerungen, Vorstellungen

suggestor Berater, Ratgeber

sugillare braun und blau schlagen; erdrosseln

sui; suimet oft = eius; statt Pron. poss. = sein, ihr: sui damnum = damnum suum

sulcare furchen, pflügen; schreiben; ergründen

sulcia (germ.) Salzlake; Salzwerk, Saline; Sülze (Cap.)

sulcus Furche; Wagengeleise

sulza (germ.) Salzlake

sumbrinus Scheffel

sumella Schuhsohle

sumen Brust; Euter

summ . . . s. auch subm . . .

summa Summe, Betrag; Grundlehre, Hauptregel; Oberkörper

summare erhöhen

summarie Adv. kurz

summarius = somarius Saumtier

summates, um die Großen des Reiches

summissarius Vikar, der statt der Stiftsherren Hochamt hält

summista = simmista

summitas Gipfel, Spitze, Höhe

summotenus Adv. obenhin, kurz

summus oberst; trefflichst; fein; Gott; s. episcopus Erzbischof; facies summa =. Stirn

sumopere = summopere Adv. gar sehr

sumptio Annahme, Empfang

sumptus, us Einnehmen (einer Arznei); Zehrung, Speise, Lebensbedarf; s. vestium Kleiderluxus; s. conferre Aufwand treiben

suparum = supparum

supellex, ectilis Hausrat, Habe, Vorrat

1. **super** *Präp. m. Akk. u. Abl.* = oben auf; über, wegen, in betreff; über—hin, gebietend über; über — hinaus, außer; super rivum am Bach; super·stagnum an der Oberfläche des Sees; super hoc in diesem Sinne; obendrein; super omnia vor allem

2. **super** *Adv.* überdies; außerdem; oberhalb

superabundanter *Adv.* überreichlich

superabundantia Überfluß

superabundare überfließen, reichlich vorhanden sein

superaddĕre noch hinzufügen

superadultus über die mannbaren Jahre gekommen

superare, ut jem. dazu vermögen, daß; fertigbringen; übrig sein

superaspergĕre oben bestreuen, übersprengen

superaspicĕre überblicken

superaugĕre noch hinzufügen

superbia Übermut, Stolz; Ursache des Stolzes; List; *Plur.* stolze Handlungen

superbire übermütig sein, sich überheben; s. gestu vornehm stolz tun

supercertare darüber kämpfen

supercidĕre auf etwas fallen

supercilium Augenbraue; Hochmut, Stolz; Höhe, Gipfel

superducĕre mit Farbe überziehen; herbeiführen, hinzufügen

superaedificare darüber bauen

supereffluĕre überströmen, in Überfluß vorhanden sein

supereminĕre überragen

supererogare darüber Geld ausgeben

superesse überlegen sein; vorhanden sein

superexaltare weit über alles erheben, hochpreisen; überspringen, übergehen; sich erheben

superexcellentia Übersteigerung

superextendĕre oben darüberhinziehen; sich übermäßig anstrengen

superextollĕre darüber hinausheben

superferre darübertragen, -führen usw.; *Pass.* superferri darüberfliegen, -laufen usw.

superficies, ei Oberfläche

superficietenus *Adv.* oberflächlich **(D.)**

superfluitas das Überflüssige; allzu große Ansprüche

superfluus überflüssig; übervoll; anspruchsvoll

supergaudĕre sich über etwas freuen

supergloriosus überruhmreich

superhumerale das Obergewand das jüdischen Priesters; Schulterkleid

superi die Lebenden; ad superos auf Erden

superiacĕre darauf werfen; überschreiten; übertreffen; se s. sich überschlagen

superimpendĕre darüber aufwenden

superimponĕre noch hinzufügen

superinducĕre hereinbrechen lassen über

superinduĕre darüberziehen

superinicĕre noch hinzufügen

superintonare über etwas hindonnern

superista *(griech.)* Tempelhüter; Küster, Meßdiener; Werkmeister

superlaudabilis unendlich ruhmwürdig

superlegĕre überlesen

superlimen = superliminare

superliminare; superliminaris, is Oberschwelle, Balken über der Tür, die Übertür, ein über dem Sturze der Haustür angebrachter Lichtträger

superlucrari hinzugewinnen

supermanĕre übrig bleiben

supernalis überirdisch

supernimius übergroß

supernominare mit dem Beinamen benennen

supernus oben befindlich; erhaben, himmlisch; göttlich; Gott; de superno von oben her, himmlisch; ad superna himmelwärts; supernus nutus = Gott

superordinare noch etwas hinzufügen

superpansus reichlich gedeckt

superpellicium Überwurf, Chorrock

superplanator Gegenkönig, Gegenbischof

superponĕre darauflegen; vorziehen

superscriptio Überschrift

supersedĕre überhoben sein; unterlassen, ablehnen

superseminare darüber säen

supersidĕre obendrauf setzen

supersilire überspringen

supersperare überaus hoffen

superstes, itis übrigbleibend, am Leben; Nachkomme

superstitio Aberglaube, Irrglaube

supersubstantialis zum Lebensunterhalt notwendig, bis zum andern Tage reichend; überirdisch

supertegĕre überdecken

superumbrare überschatten

supervacuitas eitle Ruhmsucht

supervalĕre noch mehr gelten

supervenire dazukommen, zu Hilfe kommen; überfallen

supervestire überkleiden, bekleiden

supervincĕre sich im Siege nicht mäßigen

supinare rückwärts beugen; auf den Rücken legen, umstürzen

supinus rücklings, hinten über; stolz

suppa (*germ.*) Suppe

supparum = supparus (*griech.*) ein Stückchen Tuch; Fahne, Banner

suppeditare vorrätig sein, zu Gebote stehen; beistehen, dienen

suppingĕre unten anschlagen, darunter schlagen

supplantare jem. ein Bein stellen, zu Fall bringen, niederwerfen; entreißen

supplantatio Hinterlist

supplantator Fallensteller, Betrüger; Gegenkönig, -bischof

supplementum Unterstützung, Stütze; Nachfolge

supplĕre ausfüllen, erfüllen; ergänzen, ersetzen

supplex, plicis demütig flehend; s. votum der Wunsch, sich zu unterwerfen (Wipo)

supplicare alicui jem. demütig bitten, flehen zu jem.; Vorstellungen machen; s. vices als Ablösung eintreten

supplicatio demütige Bitte, Flehen; dringende Bitte (an den König)

supplicium Flehen, Beten; Strafe, Qual, Not; *Plur.* Folter, Tortur

supplicius *Adv. Komp.* = suppliciter flehentlich, demütig

suppodiare stützen

supportare herbeischaffen, herbeitragen; unterstützen

suppositus trügerisch

supprimĕre herabdrücken; aufhalten; übergehen

suppulsus, us unhörbarer, geräuschloser Stoß

supputare rechnen, berechnen, bestimmen

supputatio Berechnung

supradictus; supramemoratus; supranotatus; suprascriptus obenbeschrieben, -genannt; = idem

suprasedĕre daraufsitzen

sura Wade, Schenkel

surale Strumpf; anteriora suralia Handschuhe

surculus Reis, Schößling

surdamen Taubheit

surdaster, tra, trum etwas taub, schwerhörig; töricht, unverständlich

surgĕre = subrigĕre; in clipeum s. den Schild zum Angriff heben (W.)

surgus Heu

surma = syrma

surreptio Kriecherei, Hinterlist; Diebstahl, Beutezug; Überfall; Leichtsinn

surreptive *Adv.* heimlich, überraschend

surrogare = subrogare

surripĕre = subripere

sursum *Adv.* aufwärts; geradeaus; oben

suscensus = succensus angezündet

susceptio Aufnahme, Empfang

susceptor Herbergsvater; Beschützer, Hort, Patron

suscipĕre aufnehmen, in den Himmel aufnehmen; annehmen, empfangen; dulden, leiden; s. de fonte aus der Taufe heben

suscitare erwecken; erzeugen

suspectare schielen; suspectando videre scheel dreinsehen

suspectus mißtrauisch; gefürchtet, verdächtig; suspectum Verdacht

suspendĕre aufhängen; opfern; weihen; in der Schwebe halten, aufschieben; zeitweilig suspendieren; ausschließen; haltmachen

suspendium Aufhängen, Erhängen; suspendio crepare am Galgen sterben

suspicare; suspicari argwöhnen, fürchten; erhoffen

suspicĕre hervorlugen; argwöhnen, fürchten

suspirare tief Atem holen, seufzen, entgegenseufzen; s. in eandem vicem sich einig sein

sustentaculum Stütze; Unterhalt

sustentamentum Stütze, Pfeiler

sustentatio Stützen; Erhaltung, Ernährung

sustinentia Duldsamkeit; Dauer

sustinēre aufrechthalten; aushalten; warten, abwarten; *Pass.* der Gnadengaben der Kirche teilhaftig werden

sustollĕre in die Höhe heben, aufheben, emportragen

susurratio Geflüster, Gemurmel; *Plur.* Ohrenbläsereien

susurrator Ohrenbläser

susurrium Zirpen; Ohrenbläserei, Klatsch

susurro, onis Flüsterer, Zischler, Ohrenbläser, Verleumder

susurrus Flüstern; Klatsch

sutor Schuster

sutus (*v.* suĕre) genäht; bekleidet; sutum Gewand

suum Eigenart, Eigentümlichkeit

suus *auch* = eius: pater suus = pater eius

T

Wörter mit th suche auch unter einfachem t, Wörter mit t auch unter th.

tabardum; tabardus eine Art Mantel (*mhd.* taphart)

tabella Brett, Schreibtafel, Spielbrett

tabellio Notar, Bureauchef

tabēre schmelzen; dahingehen, entschwinden

taberna Wirtshaus, Kneipe

tabernaculum Zelt, Hütte, Tempel; Tabernakel, Sakramentshäuschen; Sarg

tabernalis curia Weinschenke

tabernator = tabernarius Schenkwirt

tabes famis Hungersnot

tabescĕre verwesen; siechen; sich abhärmen

tabidus vergehend; in Verwesung übergegangen

tabificare verschwinden lassen

tabitudo, inis Auszehrung, Schwindsucht

tabula Brett, Planke; Wachstafel, Schreibtafel; Urkunde; Tisch; ludus tabularum Brettspiel

tabulatum Stockwerk

tabulo, onis Brettspieler

tabulum = tabula

tabum Eiter; Fäulnis, Verwesung; Pest

taccunatus besohlt

tacēre schweigen; an sich halten, ruhig bleiben

taciturnitas Schweigen; taciturnitatem habere im Schweigen verharren (BR.)

taco, onis Flicken, Lappen

tactus, us Berührung, Griff

talaiporus (*griech.*) unglücklich (Liudp.)

talare verwüsten, zerstören, plündern

talaris tunica Schleppkleid (Liudp.)

talea = tallia

talemetarius Bäcker

talentum (*griech.*) Pfund; *auch* = Mark; Waage; Schatz

talio Wiedervergeltung

talis = hic; der und der, mancher; *Adv.* taliter so, in solcher Weise

tallia; talia Steckling; Steuer, Zoll, Abgabe

tallus Trinkschale, Becher

talpa Maulwurf; ein Geißelwerkzeug

talpinus maulwurfartig; Maulwurf

talus Knöchel, Würfel

tam *Adv.* so; so sehr, derart; tam — quam so — wie; desto — je; tam — quam et sowohl — als auch; etiam tam — quamque et sowohl — als auch

tamen *Adv.* gleichwohl; freilich, immerhin; tunc t. = post haec t. = dann erst

tanazetum; tanazita Rainfarn

tandem *Adv.* da, dann; am Ende

tanganare drängen, nötigen

tanti = tot so viele

tantillulus so klein

tantillum *Adv.* so lange

tantillus so klein; so groß

tantisper *Adv.* so lange, einstweilen

tantum *Adv.* nur; in t. so sehr, bis zu dem Grade, dermaßen, derart; si tantum wenn nur

tanum Gerberlohe

tapefacere schwächen, vernichten

tapeinus; tapinus (*griech.*) niedrig, gering

tapeta; tapetium; tapetum; tapete, is (*griech.*) Teppich, Wandteppich; Leichentuch

tappus (*germ.*) Zapfen

taratrum; taratrus (*griech.*) Bohrer

tarcasium (*griech.*) Köcher

tardare zaudern, säumen; hemmen, lähmen

tardus langsam; spät

tarmes, itis Bohrwurm, Holzwurm

tarrater = taratrus

tartareus höllisch; Höllenbewohner

tartarum (*griech.*) Weinstein

tartarus (*griech.*) Hölle; *Plur.* Hölle; Vergehen, Sünden

taurinus von Rindsleder, ledern

taxare abschätzen, taxieren; bestimmen; erwähnen

taxillari in assum eine Eins würfeln = Unglück im Spiel haben

taxillus Würfel; *Plur.* Brettspiel

taxonus = taxus (*germ.*) Dachs

taxus, us *oder* i Abgabe, Gebühr

tebellus; tebelus = zabulus 2

tecna = techna (*griech.*) List, Betrug; Methode

tectonicus (*griech.*) zum Bauen gehörig

taeda Harz, Kienspan; Hochzeitsfackel, Ehe

taedere Ekel empfinden

taediatus verdrießlich

tegimentum Hülle, Decke; Kopfbedeckung

tegmen = tegimen Decke, Verdeck; Kleid; Schutz, Schild, Brünne

tegna = techna

tegurium = tugurium

tela Gewebe; Spinngewebe; t. aeria die Saiten eines Musikinstruments

telinum (*griech.*) Salbe aus Bockskraut

teloneare Zoll bezahlen

telonarius; telonearius Zöllner, Zolleinnehmer

teloneum; telonium (*griech.*) Zelt; Wechslerbank; Zollstätte, Zollhaus; Zoll

telum Geschoß; Axt; *Plur.* Rüstung

temerare verletzen; iura t. den Eid brechen

temerator Friedensbrecher

temetolentus trunken

temetum Wein

temo, onis Deichsel; Steuerruder; Griff

temperamentum = temperantia Maßhalten, Mäßigung; Zusammensetzung (einer Zahl) (Hr.)

temperans mäßig, bescheiden

temperare schonen, Maß halten; zurechtmachen, bessern; pigmentis t. einbalsamieren

temperatus gehörig eingerichtet; ordentlich, bescheiden; amicitiis t. empfänglich für Freundschaften

temperies, ei die rechte Beschaffenheit; Milde, Temperatur, Wetter, Kühlung; t. caeli gemäßigtes Klima

temperius *Adv. Komp. zu* temperi (*alter Lokativ v.* tempus) früher

tempesta, ae Sturm, Hagel

tempestari stürmisch sein

tempestaria Wettermacherin

tempestas Zeitraum; Sturm; t. marina Flut

tempestivus zeitig

templarius Tempelherr (Ritterorden)

templum Tempel in Jerusalem; ein größeres Heiligtum; Kloster, Kirche; Tempelherrenorden

temporalis zeitlich; irdisch, weltlich, vergänglich; t. bonus guter Verwalter weltlicher Dinge; temporalia, ium irdischer Besitz, zeitliche Güter; *Adv.* temporaliter für eine bestimmte Zeit

temporaneus frühzeitig, erwünscht; nur eine kurze Zeit dauernd; temporaneus (*sc.* imber) Frühregen; temporaneum Frühfeige

temporius = temperius

temporivus rechtzeitig, zeitgemäß

temptamentum Versuchung

temptare 1. versuchen, wagen, sich erdreisten; 2. geringschätzen, verachten

temptatio Versuchung; Herausforderung; Versuch

temptus = tentus festgehalten, ergriffen

1. **tempus**, oris Augenblick, Stunde, Tag; Sommerzeit, die „Saison" (*mhd.* diu zît); non est t. es ist noch nicht die rechte Zeit; dimidium temporis ein halbes Jahr; ad t. später; zur rechten Zeit; ex tempore eine Zeitlang, eine Weile; per t. zur rechten Zeit; pro tempore für jetzt; quanto tempore so lange wie; belli sub tempore in kriegerischem Sinn (W.); in temporibus von Zeit zu Zeit

2. **tempus**, oris die Schläfe; Gesicht

tempusculum kurze Zeit

temulentia Trunkenheit, Völlerei

temulentus betrunken; gesättigt, reichlich

tenaculum Werkzeug zum Festhalten, Halter; Jagdspieß

tenax zäh; kärglich, geizig, hartherzig; verschwiegen; t. iusti rechtlich gesinnt

tenda Zelt

tendēre manus sich ergeben

tendicula Fallstrick, Schlinge, Netz

tenebrescēre dunkel werden

tenebricola in der Finsternis wohnend

tenella Zange

tenellus zart

tenementum Eigentum; Haus, Grundstück

tenēre besitzen, haben; ergreifen, festnehmen; *Pass.* schuldig sein; vile t. geringschätzen; tentus in somno in tiefem Schlafe

teneritudo, inis Zartheit

taenia (*griech.*) Haarband, Kopfbinde

tenor Zusammenhang, Verlauf, Fortsetzung; Bedingung, Vertrag; Sinn, Inhalt, Wortlaut; Methode; tenore *m. Gen.* auf Grund von, laut, gemäß; eo tenore unter dieser Bedingung

tentatio = temptatio

tentoriolum Zeltchen

tenturium = tentorium Zelt

tenuare schwächen, arm machen

tenuis fein, zart; bescheiden; hell

tenus *Postposition m. Abl.* bis an, nach — hin; Rheno t. Rhein abwärts

tenushac = hactenus bis jetzt

tepēre lau, warm sein; schal sein; untätig sein; kalt lassen

tepidus lau, ein wenig warm, wärmend, mild; matt, lässig, flau

ter quater; ter atque quater mehrmals

terebellus = terebrum

terebrare durchbohren

terebrum; terebra Bohrer

terēre zerreiben; zertreten; kriechen über

teres, etis rund

tergere abtrocknen, abkratzen, fegen, vertreiben

tergiversatio Weigerung; Hinterlist

tergum Rücken; Fell, Pelz; post terga dare hinter sich werfen, mit etwas aufhören; post terga rücklings, hintenüber

terminator Beendiger, Begrenzer

terminus Grenze, Gebiet, Erdreich; Maß; Schranke; Termin; *Plur.* Gebiet; termini sancti Petri Kirchenstaat

ternus der dritte; *Plur.* = drei

terra Erde, Land; t. domini das Heilige Land; t. exigua das (angekaufte) kleine Stück Land; t. ridentium = Himmel (*Arch.*)

terratenus *Adv.* zur Erde

terrefacĕre erschrecken
terraemotus, us Erdbeben
terrēre in Schrecken setzen; erschrecken vor (aliquem); *Pass.* sich einschüchtern lassen
terrigena erdgeboren; Einheimischer
territorium Gebiet; Amtsbezirk; Ackergrundstück
terror Schrecken; Zwang; t. leti Todesangst, Todesahnung
tertia musikalische Terz; die 3. Stunde des Tages; tertiae asininae Eselsterzen, „Iah"
sexum tertiare ein drittes Geschlecht erfinden
tertio *Adv.* zum drittenmal; dreimal; usque t. bis zu dreimal
tertium das Drittel; Lehngeld
tessaron *s.* diatessaron
tesseliae, arum Mosaik
tesser, eris = tessera
tessera (*griech.*) Würfel; Losung, Parole, Feldgeschrei
testa Hirnschale; Stirn
testaceus tönern, aus Ziegelstein bestehend
testamen Zeugnis, Beweis; = testamentum
testamentaliter *Adv.* mittels des Testaments
testamentarius Testamentsvollstrecker
testamentum Bund, Vertrag; Verheißung; Altes und Neues Testament; Verfügung für den Todesfall; Anordnung, Gebot
testare; testari bezeugen, aussagen; vermachen; Anzeige machen; Widerspruch erheben
testeus irden
testiculus Hoden
testificare; testificari bezeugen, zum Zeugen aufrufen
testificatio Bezeugung, Kundgebung
testimoniare bezeugen
testimonium Zeugnis, Beweis, Bekenntnis, Leumund; Bund; Unterpfand; Urkunde, Vollmacht; Vorschrift
testis Zeuge; Märtyrer

testudo, inis Schildkröte; Schnecke
taeter, tra, trum häßlich; schlimm, schändlich
tetragonus (*griech.*) viereckig; in tetragonum constitutus im Viereck umbaut (Liudp.)
tetragrammatus (*griech.*) aus vier Buchstaben bestehend; tetragrammaton = Jahve (*in hebr. Schrift Ihvh*), der Gottesname bei den Juden
tetralogus (*griech.*) Viergespräch (Wipo)
tetrameranus (*griech.*) viertägig
tetrametrus (*griech.*) viermaßig
tetricus finster, mürrisch
teudisca lingua Volkssprache
teutonicus deutsch
texĕre weben; (einen Text) abfassen; sagen, darlegen, erzählen
textilis auro mit Gold gewirkt
textualis den Text betreffend; Kenner der (heiligen) Texte
textus, us Wortlaut, Text; Werk
1. thalamus = ophthalmos (*griech.*) Auge
2. thalamus (*griech.*) Kammer, Gemach; „Himmelssaal"; Ehebett
thallus (*griech.*) (goldener) Ölzweig
tharsia (*griech.*) Kühnheit
theatricus (*griech.*) zum Theater gehörig
theatrum (*griech.*) Kaufhaus; Bordell
thebalus = zabulus 2.
theca (*griech.*) Behälter, Futteral, Kapsel, Büchse; Bibliothek; Keller
thema, atis (*griech.*) Gegenstand; Provinz
theoplastus (*griech.*) gottgeschaffen
theophania (*griech.*) Fest der Erscheinung Christi (6. Jan.)
theologalis; theologicalis theologisch; göttlich
theologica = theologia (*griech.*) Theologie
theologizare predigen
theoricus (*griech.*) betrachtend, beschaulich
theos (*griech.*) Gott
theosebia (*griech.*) Gottesfurcht
theosis, is (*griech.*) Göttlichkeit
theotiscus = teudiscus volkstümlich
theotoca; theotocus (*griech.*) Gottesmutter

theristratus mit dem theristrum bekleidet, weibisch, Kastrat

theristrum (*griech.*) Sommerkleid, (Frauen-) Gewand; Schleier, Hülle

thermae, arum (*griech.*) Warmbad

thesauraria Schatzmeisteramt

thesaurarius Schatzmeister; Kämmerer (in merowingischer Zeit)

thesaurizare Schätze sammeln

thesaurus (*griech.*) Schatz

thesmophagia (*griech.*) Tischzucht

theu (*griech.*) 1. = Gottes (*Gen.*); 2. = Gott (*dat.*)

thymiama, atis (*griech.*) Räucherwerk

thymiamaterium (*griech.*) Räucherfaß

thymiatizare (*griech.*) räuchern

thymus = thymum (*griech.*) Thymian

thyriaca = theriaca (*griech.*) Gegengift

thisicus = phthisicus schwindsüchtig

thisis = phthisis (*griech.*) Schwindsucht

thius (*griech.*) Oheim

thoraca = thorax

thorax, acis (*griech.*) Panzer, Brünne; Brust, Brustlatz; Wams, Rock

thronus (*griech.*) Thron, Sitz

tiara (*griech.*) Turban, Mütze; Bischofshut

tiaratus mit der Tiara geschmückt; Weiberhauben tragend (Liudp.)

tibia Schienbein, Bein; Flöte

tibialia, ium lange Strümpfe; Hosen

typhus (*griech.*) hochfahrendes Wesen, Dünkel, Stolz; Begierde

tignum Balken; *Plur.* Gebälk

tilium = tilia Linde

timēre fürchten (*auch mit* ut, quod, A. c. I.); verehren

timidulus etwas zaghaft, kleinmütig

timidus furchtsam; ehrfürchtig

timorare schrecken; timoratus gottesfürchtig, ehrfurchtsvoll

tympanister, tri Paukenschläger

tympanistria Paukenschlägerin; Gauklerin (*mhd.* spilwĭp)

tympanizare das tympanum schlagen

tympanum (*griech.*) Tamburin, Pauke

timpus = tempus Schläfe

tina Weinbottich; Faß; Badebutte

tinaria Bottichladung

tinco = tinca Schlei

tinctio Taufe

tineare von den Motten zerfressen werden; modern

tingēre = tinguēre benetzen; beflecken

tinnire klingen, gellen

tinnitus, us Geklingel; zarter Ton; t. dare laut klingeln

tinnulus klingend, hell (tönend)

tintinabulum Schelle, Klingel

typicare anzeigen, bedeuten; darstellen

typicus (*griech.*) bildlich, vorbildlich; typisch

tipsana = ptisana

typus (*griech.*) Bild, bloße Form, Schein; Bildwerk; sub typo religionis unter dem Schein der Religion

tyrampnus = tyrannus

tyrannis, idis (*griech.*) Gewaltherrschaft

tyrannizare Tyrann sein

tyrannus (*griech.*) Statthalter, Magnat, Fürst; Tyrann; Wüterich, Rebell, Teufel

tiria = stiria Eiszapfen

tiro, onis Knappe, Page, Zögling; Knabe, Jüngling; Neuling; Knecht; Krieger, Held

tirocinare Kriegsdienste tun; im Kampf bestehen (O. v. F.)

tirocinium Kriegsdienst, Turnier

tyronizare lernen

tirsa Haut

tirunculus junger Krieger

tis = tui (*Gen. Sing.*)

tisana = ptisana

tisicus = phthisicus

titella = titulus

titiare piepen

titillare kitzeln

titio Feuerbrand, brennendes Scheit

titubare wanken, schwanken; zweifeln

titula = titulus

titulare betiteln; schreiben, mit Abkürzungen schreiben; mit einer Inschrift versehen

titulus Buchtitel, Überschrift; Besitztitel, Rechtsanspruch; Kennzeichen, Abkürzungszeichen (in den Handschriften); Inschrift, Denkstein; Ansehen, Ehre, Bedeutung

tobalea; toballia Decke, Altartuch

toca = tocus *(griech.)* Gebärerin, Mutter

toga Mantel; Kittel

togare bekleiden

tolerantia = passio das Dulden

tollĕre emporheben; auf sich nehmen, nehmen; abräumen; abschlagen; tolli *m. Dat.* einer Sache überhoben werden; ictum t. die Waffe zum Hiebe emporheben; prata caballis t. die Rosse weiden lassen; uxorem t. eine Frau nehmen

tomus *(griech.)* Buch, Band eines Werkes; die Heilige Schrift; Urkunde; Papyrus; tomi legis der Pentateuch

tonaliter *Adv.* unter Gesang

tonare donnern; laut reden; tonans = Gott

tonarius Lehrbuch der Sangeskunst

tondĕre scheren, rasieren; abweiden lassen

tongus = phthongus *(griech.)* Stimme

tonitrualis donnerähnlich

tonitruum; tonitruus Donner, Gewitter

tonna = tunna

tonsio Schafschur; Abmähen

tonsor Barbier

tonsura Schur; Tonsur

tonsurare; tonsorare; tonsorari scheren, die Tonsur verleihen, zum Priester weihen

tonus *(griech.)* Spannung (eines Seiles); Ton; Wortlaut

toparchia *(griech.)* Bezirk, Statthalterschaft; Landschaft

topazium; topazus = topazius *(griech.)* Topas

topographia *(griech.)* Beschreibung eines Ortes; Schilderung

topographus Ortsbeschreiber; Geograph

torale = toral, alis Polster, Kissen

torcia Uferdamm

torculare; torcular, aris Kelter

torcularium Kelter, Kelterpresse

toregma = toreuma, atis *(griech.)* kunstvoller Schrank, Büfett

tormentare foltern, martern

pulvis **tormentarius** Schießpulver

tormentum Wirbelsturm; Winde, Folter, Marter, Höllenqual; große Wurfmaschine, Geschütz

tornamentum Turnier; Kampf

tornare drechseln; drehen, wenden; sich drehen

tornatilis gedrechselt, rundlich

tornatura Drechslerarbeit

torneamentum Turnier

torneta Turnier

torpĕre erstarrt sein; erschlaffen; torpens erstarrt, erschlafft

torpidus träge, stumpfsinnig

torquĕre drehen, wenden; erpressen; t. cuspidis ictum mit d. Lanze ringsum stoßen (W.)

torques; torquis, is Halskette; Rute

torrela Scheit Holz, Brand

torrens heiß; reißend; Gießbach, Bergstrom; torrentes picei Ströme der Unterwelt

torridulus = torridus dürr, trocken; geröstet; heiß, brennend

torris, is Brand, brennendes Scheit Holz; Flamme, Feuer

torsellus Bund, Ballen

torsio Marter, Plage

torta Striezel; panis t. ein Laib Brot

torticium Fackel

tortio Bauchgrimmen

tortor Quäler, Folterknecht, Henker

tortuca Schnecke

tortula der kleine Striezel, Törtchen

tortuosus gewunden; geschunden; verworren

tortura Qual, Pein; Verrenkung

tortus krumm, gebogen; schielend

torus Polster, Speisesofa; Bett, Ehebett; Schoß; Strick; t. riparum Erhebung der Ufer

torvus wild, grimmig

totalis gänzlich, völlig; *Adv.* überaus, ganz und gar; sehr

totus ganz; all; per totum ganz und gar; ex toto völlig; ex toto nihil gar nichts; in totum überhaupt; toti, orum alle

toxicare mit Gift tränken, vergiften

toxicator Giftmischer

toxicus (*griech.*) vergiftet; toxicum Gift
trabaticum Schiffsziehgeld; Schleifzoll
trabea Gewand; Königsmantel; Schmuck
trabuca eine Art Katapult
tractabilis faßbar
tractamentum Übereinkommen, Vertrag
tractare herumzerren; mißhandeln, verhandeln; überlegen, beraten; manibus t. persönlich erleben; normam alicuius t. sich jem. zum Vorbild nehmen
tractator Erklärer, Schriftgelehrter
tractatus, us Behandlung; Beratung, Vertrag, Komplott; Predigt
tractim *Adv.* zugweise, strichweise
tractus, us das Ziehen; Zug (im Schachspiel); Verlauf; ein Gebet, das in der Messe vor der Epistel hergeht; t. nominis Namenszug
tradĕre verraten; hinzufügen
traditio Übergabe; Satzung;Bestimmung; t. venditionis Verkaufsurkunde
traditor Lehrer; Verräter
traducĕre geleiten; zur Schau stellen, offenbaren, ins Gerede bringen; beschämen, überführen, strafen; entführen; t. uxorem als Frau heimführen
traductio Preisgebung, Beschämung, öffentliche Bloßstellung; Ahndung, Strafe
tragedia = tragoedia (*griech.*) das traurige Erlebnis, Unglück; aufregendes Ereignis
tragedus (*griech.*) Tragödiendichter
traha die Schleife (von Tieren gezogene Dreschbohle)
trahĕre ziehen (beim Schachspiel); schießen; belästigen, zerren; entführen; alta t. suspiria tief seufzen
1. **traiectus,** us Fähre; Übergangsplatz
2. **traiectus** durchschossen
trames, itis Pfad, Steg
tranquillare beruhigen
tranquillus geduldig
transactio Vergleich
transalpizare die Alpen überschreiten
transcendĕre ersteigen; zurücklegen
transcensus, us Furt, Übergang

transcribĕre eine Kopie herstellen, abschreiben
transducĕre = traducĕre
transferre hinüberschaffen, herüberholen; übersetzen; begraben; bannen, zur Seite schlagen; t. officium ad aliquem ein Amt anderweitig besetzen; t. exempla Abschriften machen
transfigurare verwandeln, entstellen
transfluĕre hinüberfließen; verfließen
transfluminalis jenseits des Flusses, am andern Ufer
transfretare über das Meer fahren; durchwaten, durchschiffen, durchqueren
transfuga flüchtig; Flüchtling, Abtrünniger
transfundĕre übertragen; vermachen; t. ignem Feuer sprühen (W.)
transgredi überschreiten; übertreten, vernachlässigen
transgressio Übertretung
transgressor Übertreter, Friedensbrecher; Frevler, Sünder
transigĕre vertreiben
transilire hinüberspringen; übertreffen
transire hinübergehen; übertreffen; fortgehen, sterben; übergehen, ungerügt lassen; zurückkehren
transitio Überfahrt, Hindurchgang, Übergang; t. reciproca Wechselwirkung
transitorius vorübergehend, vergänglich; kurz
transitus, us Übergang; Tod; transitum habere vorüberziehen
translatio Versetzung; Übertragung, Translation, feierliche Überführung
translatus in übertragenem Sinne
translucidus durchsichtig
transmeabilis gangbar
transmeare durchwandern; hinüberschwimmen
transmetare durchmessen, erfüllen
transmigrare übersiedeln, auswandern; nach einem andern Ort hinbringen
transmigratio Auswanderung; die Gefangenen
transmittĕre überliefern; hinter sich lassen; überschreiten, ausstechen

transmontanus der von jenseits der Alpen, „Nordländer"; transmontana, orum Deutschland

transnavigare hinübersegeln

transparens durchscheinend, durchsichtig

transpedare hinübergehen, überschreiten

transplantare verpflanzen, versetzen

transponĕre versetzen; übersenden; t. in undam (die Angel) ins Wasser werfen

transpungere durchstechen, durchbohren

se **transsubstantiare** sich verwandeln

transsubstantiatio Substanzverwandelung

transsumĕre = transumĕre herübernehmen; gegenseitig vertauschen; abschreiben

transsumptive Adv. in übertragenem Sinne

transvadare; **transvadĕre** durchwaten; vorübersegeln

transverberare durchbohren; dringen zu; (wie ein Schlag) treffen

transversim Adv. = transverse

transversus quer, schief; Adv. schräg, in die Quere

transvertĕre umwenden, verkehren, abwenden, abbringen

trapezeta = trapezita (griech.) „Bankier", Geldwechsler; Betreiber unredlicher Geldgeschäfte

trappa (germ.) Schlinge, Tierfalle

trapus = drappus Tuch, Lappen; Lump

traugum Loch

tredecies dreizehnmal

tremaculum Fischernetz

tremellum Mühltrichter

tremĕre aliquid heftig zittern vor

tremiscĕre = tremescere zittern; m. Inf. sich scheuen

tremulus zitternd, zuckend, erbebend

trepidare hastig eilen; zögern, zaudern; ängstlich machen

trespellius Gemeindebulle

treuga; auch im Plur. (germ.) Landfriede; Waffenstillstand; t. dei Gottesfriede

treugare Frieden machen

triangulatus dreieckig

triare untersuchen

trias, ados (griech.) die Hl. Dreieinigkeit

tribuculus Wurfmaschine

tribuĕre zuteilen; geben

tribula = tribulum

tribulamen das Reiben

tribulare pressen; drücken, bedrängen, quälen, plagen, rädern; Pass. umhergetrieben werden; tribulans Widersacher (Liudp.)

tribulatio Leiden, Not, Trübsal, Drangsal, Beschwerde, Heimsuchung

tribulum Dreschwagen, Dreschflegel

tribulus (griech.) Fußangel; die Geißel des Lehrers; Burzeldorngestrüpp

tribunal Richterstuhl; Chor der Kirche

tribunus Stammoberhaupt; Oberrichter; Graf

tribus, us Geschlecht, Familie, Stamm

tributarius abgabepflichtig; tributaria praemia Anweisung von Zinsfällen (Wid.)

tributio Vergeltung, Belohnung; Heimsuchung, Kümmernis

tributum Auflage im ganzen, Abgabe jeder Art, Steuer, Lösegeld

trica = meretrix Buhlerin

tricae, arum Haare, Strähnen; Verdrießlichkeiten, Ränke

tricare drehen, flechten, bunt durcheinanderschlingen; sich dehnen, zögern; abhalten, hindern

tricenarius dreißig enthaltend, dreißigjährig

triceps, itis dreiköpfig

triclinium (griech.) Speisesofa, Speisezimmer, Ruhestätte, Schlafgemach

tricolor dreifarbig

tricornis drei Hörner habend; mit drei Tortürmen

tridens Speer mit Widerhaken; Hacke

triduanus drei Tage während, dreitägig

triduum drei Tage; dreitägiges Fest

triennis dreijährig

triens Drittel; Pfennig

trifarius dreifach

triformiter Adv. in drei Abteilungen

trifurculare mit drei sich gabelig verästelnden Hörnern schlagen

trigonus Mars Mars in Dreieckskonstellation zum Geburtsstern (Liudp.)

trilex = trilix dreifädig, dreidrähtig

trilinguis dreisprachig

trilustris fünfzehnjährig

trineptis Enkelin im fünften Gliede

trinitas Dreizahl; Dreieinigkeit

trinominis dreinamig

trinsare; trinxare = trissare zwitschern, singen; murmure t. brummen

trinus dreifach; dreieinig

triparius dreigeteilt

tripedium; tripetium dreibeiniger Schemel

tripertire = tripartire in drei Teile teilen

triplicare verdreifachen, dreimal sprechen

triplus (*griech.*) dreifach; triplum = trivium

tripudiare im Dreischritt tanzen; frohlocken, jubeln

tripudium Dreischritt; Waffentanz im Dreischritt, Tanz; Jubel; bewaffnete Begleitung; t. perenne ewige Seligkeit

triquadrus in drei Teile geteilt

trisagius (*griech.*) dreimal heilig; hymnus t. der Gesang der Seraphim in Jes. 6, 3.

trisca Trüsche (ein Fisch)

trisyllabitas Dreisilbigkeit

trisonus dreifach lautend; dreisprachig

tristari traurig sein, sich betrüben, trauern; geschädigt werden

tristificus betrüblich, schrecklich, düster

tristus = tristis traurig; unselig

tritare zerreiben, zertreten, zerkleinern

tritea Tablett *oder* Tischchen

triticeus aus Weizen, Weizen-

triticum Weizen

tritura Reiben, Dreschen

triturare dreschen; zermalmen

tritus (*v.* terĕre) getreten

triumphator Sieger, Überwinder, Siegesfürst

triumphus Erfolg; Triumphgesang; Märtyrertum

trivium Kreuzweg; scholastischer Lehrgang (*s.* artes liberales)

trochus (*griech.*) Spielreif, Kreisel

trochlea Winde; ein Folterwerkzeug

trocta = tructa

trophe ... *s.* trope ...

tropeare triumphieren

tropeatus sieggekrönt

tropeum = tropaeum (*griech.*) Siegeszeichen, Sieg; Jubelgesang

troppus Herde

tropus (*griech.*) Weise, Melodie, der rhythmische Gesang zu Beginn der Messe oder der kirchlichen Tagzeiten, Lied; Bild, bildlicher Gebrauch

trotannus = trutannus

trotare; trottare (*germ.*) treten, gehen, trotten; traben

trotarius; trottarius Kurier

trublium = tryblium (*griech.*) Schüssel

trucitas Verwilderung

tructa (*griech.*) Forelle

truculantia = truculentia Unfreundlichkeit, Roheit

truculentus grimmig, wild

trudĕre stoßen, drängen; carcere t. ins Gefängnis werfen

trufa; truffa Betrug, Gemeinheit, Ulk

trufare verlachen, verspotten

truffator Gauner, Betrüger, Strolch

trulla Maurerkelle

truncare abschneiden, abhauen; benehmen; hastas t. Lanzen verstechen

truncatio Verstümmlung

truncus Stamm, Klotz; Almosenblock; Rumpf, Leiche

trusale, is Dolch

trusellus = torsellus

truta; trutta = tructa

trutannare betrügen, täuschen

trutannizare; trutanisare (*griech.*) herumstrolchen, umherstreifen; hin- und herpendeln; betrügen

trutanus; trutannus (*griech.*) Landstreicher, Vagabund, Bettler

trutinare wägen, erwägen; untersuchen

trux, ucis grimmig, wild

tuba Röhre; Posaune, Jagdhorn, Trompete; episches Gedicht

tuber, eris Nußpfirsich; Tuberholz

tuberare schwellen

tuberosus voller Buckel, Erhöhungen

tubicina = tubicen Trompeter

tubrucus; tubrugus Gamasche

tubulus Röhre (zum Rauchabzug)

tueri schauen, sehen; schützen, vertreten; geschützt werden

tuguriolum Hüttlein, Hütte

tugurium Hütte, Schuppen, Gewölbe

tui (*Gen. poss.*) = dein: ira tui = ira tua

tuitio Beschützung, Schutz; Vormundschaft; Friede

Tulliana facundia Beredsamkeit eines Tullius (Cicero)

tultus gestohlen

tumba Grab

tumbare begraben

tumefactio Überhebung, Stolz

tumor Geschwulst; Überhebung

tumulare beerdigen

tumultare = tumultuari lärmen

tumultuatio Getümmel, Kampf

tumulus Erdhügel, Grab; Grabmal

tunc *Adv.* dann; damals, jetzt; ex tunc seitdem; danach, daraufhin; von jeher

tundere stoßen, prügeln; hämmern, prägen; „auf den Busch klopfen"

tunica Hemd; der hemdartige Rock, Wams; Mönchskutte; Mäntelchen mit Kapuze, *etwa* „Pelerine"; Bekleidung; Brünne, Panzer

tunicella weißes Röckchen; das liturgische Gewand des Subdiakons

tuninum Lattenzaun; Geflügelzwinger

tunna (*wohl kelt.*) Weinfaß, Kufe, Tonne

tunnarius Küfer

tunsio Stoßen, Schlagen

turba Lärm, Handgemenge; Schar, Menge

turbare in Unordnung bringen, beunruhigen, bedrängen; *Pass.* sich entrüsten, ergrimmen

turbator Aufwiegler; t. pacis Friedensstörer

turbido, inis Sturm

turbidus stürmisch, zornig; verstört; trübe

1. turbo, inis Wirbel; innere Wirren

2. turbo (*germ.*) Torf

turbulentia Verwirrung, Unruhe, Wirren, Gedränge

turdela kleine Drossel

turellus Türmchen

turgescere anschwellen

turibulum Weihrauchpfanne, -faß

turicremus von Weihrauch brennend

turiferarium Weihrauchfaß

turiferarius Träger des Weihrauchfasses

turificare (Weihrauch) opfern

turmatim *Adv.* scharenweise, in einzelnen Haufen

turnamentum; turnementum; turneimentum Turnier; *vgl.* tornamentum

turnare runden; turnieren, fechten

turpare besudeln, verunstalten

turpedo, inis Schimpf, Schmach

turpiloquium Schmutzgerede, Schandsprache

turris Turm; die mit Türmen versehene Burg

turritus mit Türmen versehen

turtisonus gurrend

turtur, uris Turteltaube; Rebhuhn

turtureus = turtur

turturinus zur Taube gehörig

1. tus, turis Weihrauch; tura imponere (Weihrauch) opfern

2. tus (*mhd.* tûs, dûs) die Zwei auf dem Würfel

tusculum etwas Weihrauch

tussire husten, sich räuspern

tutamen Schutz

tutare = tutari schützen

tutela Schutz, Obhut, Vormundschaft; Beschützer, Hort; Schützling

tutor Schutzherr, Beschützer, Vormund, Alterspfleger; Advokat

tutulus Haarschleife

tutus; *Adv.* tute sicher, gefahrlos; dienlich, passend, geraten

U

ubi *Adv.* wo; wohin; mox ubi, statim ubi *Konj.* sobald als

ubiubi = ubique *Adv.* überall

udus feucht, naß

ulcerosus voll Geschwüre

ulcus, eris Geschwür, Auswuchs

ullatenus *Adv.* auf irgendeine Weise, irgendwie

ulligenus irgendwie geartet; = ullus irgendeiner

ululare = ululare heulen, klagen

ulna Ellenbogenknochen; Elle; Armstumpf; Arm

ulterius *Adv.* weiter, weiterhin, fortan

ultimatus = ultimus der letzte

ultime *Adv.* zuletzt; ad ultimum zuletzt, schließlich

ultio Rache, Vergeltung, Todesstrafe; dies ultionis extremae Tag des Jüngsten Gerichts; ultionem alicui reddere an jem. Rache nehmen (Helm.)

ultra *Adv.* jenseits; in höherem Maße; fernerhin, in Zukunft; u. satis über das genügende Maß hinaus

ultramarinus überseeisch, jenseits des Meeres liegend

ultramontanus jenseits der Berge befindlich, außerhalb Italiens

ultro *Adv.* aus freiem Entschluß, ohne Veranlassung

ultroneus freiwillig

ulula Käuzlein

ululatus, us Geheul; Klageschrei; u. caninus Hundegebell

ulva Sumpfgras; u. viridis das grüne Gras

umblicus = umbilicus Nabel; Mittelpunkt

umbo, onis Buckel, Schild

umbra Schatten; dunkle Vorstellung; Täuschung, Schein

umbraculum schattiger Ort, Laube, Zelt; verschlossenes Ruhegemach; Schatten, Dunkel

umbrare Schatten geben; beschatten

umbratilis schattig; behaglich, häuslich, friedlich; höllisch; scheu

umbrifer schattig

umbrificare beschatten

umectare befeuchten, benetzen

umiditas Feuchtigkeit

unanimis; unanimus einmütig, einträchtig, einig

unanimitas Einmütigkeit, Eintracht

uncinus Haken, Widerhaken

unctio Salbung, Salbe; letzte Ölung

unctus fettig; reichlich; verschwenderisch; der Gesalbte, Messias

unctum Fett, Salbe;

1. **uncus** Haken; Hakenpflug

2. **uncus** krumm; geizig

unda sacra Weihwasser; u. baptismatis Taufwasser; Taufe

undare wallen, wogen, hervorquellen

unde *Adv.* woher; daher; weil; so daß

undecim milium virginum martyrum Tag der 11000 Jungfrauen = 21. Okt.

undecumque *Adv.* woher auch immer; unter allen Umständen, in jeder Weise

undequaque *Adv.* von überall her

undifragus die Wellen brechend

undique *Adv.* allenthalben, überall; nach allen Seiten hin

undiquesecus *Adv.* = undique

undisonus plätschernd

undola Wässerlein

unguentum Salbe; Fett, Schmalz

unguipotens krallengewaltig = Adler

unguis Kralle; ein Geißelwerkzeug; ad unguem (*eig.* bis auf die Nagelprobe) völlig; ungue impresso aufs genaueste; ungue infixo aufs zäheste

ungula Klaue, Kralle; Nagel; Marterhaken; u. ferrata der beschlagene Huf, Hufeisen; u. gripis Greifenklaue (als Hifthorn)

ungulatus mit Krallen versehen

ungulus Nagel; ein Marterinstrument

unibos Einochs (Titel einer Dichtung)

unicornus Einhorn

unicors, rdis ein Herz und eine Seele

unicus der einzige; ungewöhnlich; einzig noch lebend

unificare vereinigen

unigenitus eingeboren = Christus

unio Einigung, Vereinigung; eine Zwiebelart

unioculus = unoculus einäugig

unire vereinigen, vereinheitlichen, in Einklang bringen

unitas Einheit; die Zahl 1

universa, orum = universum Weltall

universalis allgemein, ganz; universalia, ium die Allgemeinbegriffe, die Universalien

universitas Gesamtheit; Universum, Weltall

univira nur einem Mann vermählt

univocus einstimmig; eindeutig; einnamig

unus ein jeder; ein bekannter; einmütig; *oft* = *unbest. Artikel*; unus — alter der eine — der andere

upupa Wiedehopf

uranicus (*griech.*) himmlisch; feurig

urbanitas feines Benehmen

urbicola Bürger, Einwohner

urbs Stadt; Burg; Burgbezirk

urceola Eimer

urceus Krug, Wasserkrug

uredo, inis Brand (am Getreide)

urēre brennen, braten; verbrühen; ausschelten; *Pass.* sich verbrühen; verba u. schelten, tadeln

urguēre = urgēre drängen, bedrängen; treiben, anfachen; bevorstehen

urna Topf, Krug, Urne

ursinus vom Bären

urtica Brennessel (zum Geißeln benutzt)

urticare stechen

uscerium = usserius

usia (*griech.*) Wesen; u. prima Einzelwesen (Hr.)

usitari zur Gewohnheit werden

uspiam *Adv.* irgendwo

usque 1. *Präp. m. Akk.* bis zu; usque ad centum volle Hundert; 2. *Adv.* stets, ständig; sogar; u. dum solange bis

usque modo *Adv.* bis jetzt, bisher

usquequaque *Adv.* überall

usquequo *Adv.* wie lange noch

usserius (*frz.* huissier) Türhüter; Lastschiff (für Kavallerietransporte)

usualis gebräuchlich, gangbar

usura Genuß; Zinsen; Wucherzins; *Plur.* Zinszahlung

usurarius wucherisch; Wucherer

usurpare in Gebrauch, in Besitz nehmen; für sich beanspruchen, an sich bringen; in Anspruch nehmen = beeinträchtigen

usurpativus mißbräuchlich

usus, us Gebrauch; Arbeit; Nutzpflanzung; *Plur.* Besitzrechte (Hr.); u. venandi = Weidwerk

utcumque *Adv.* wie auch immer; irgendwie

utenses, ium Schiffsgerät

utensile, is Handwerkszeug; utensilia ciborum Mundvorrat

uter, utris Schlauch

uterinus leiblich; Bruder; uterina Schwester; uterini fratres Zwillingsbrüder

uterus Leib, Bauch, Schoß

utilitas Nützlichkeit; Nutznießung, Nutzen; Geschicklichkeit

utique *Adv.* wie nur immer, durchaus, jedenfalls, doch wenigstens; um jeden Preis

utpote *Adv.* ja, nämlich; da; als, wie, z. B.

utputa zum Beispiel, nämlich; da ja

utquid warum, wozu, was?

utrimque *Adv.* beiderseits

utrobique *Adv.* auf beiden Seiten

utrum ob (auch in einfacher Frage); utrum — vel si = utrum — an

ut simul = simulac sobald als

uva Weintraube; das Zäpfchen (im Rachen)

uxorare verheiraten; heiraten (von der Frau)

uxoratus beweibt; Ehemann

uxoricida Frauenmörder

V

vacanter *Adv.* überflüssig, völlig; eifrig

vacare frei, unbesetzt sein, Zeit haben; die Möglichkeit haben; ruhen; vacare alicui sich beschäftigen mit; v. hymnis Hymnen singen; v. religiosae vitae sich klösterlichem Leben widmen; vacat es ist möglich (Hr.)

vacatio Muße, Müßiggang

vaccaritia Kuhhaltung; Kuhherde

vacillanter *Adv.* schwankend, unbeholfen

vacillare wanken, schwanken; zweifeln

vacillatio animi Besorgnis

vacuare leeren; erledigen; entkräften

vacuitas freie Zeit, Mußestunden

vacuus nichtig, ungültig; umsonst; in vacuum vergeblich

vadiare Sicherheit geloben; Sicherheit leisten, Strafe bezahlen

vadimonium Pfand; Gelöbnis; per v. als Pfand

vadium Pfand; Wette; Bürgschaft; Geldstrafe

vadius Bürge

vadosus gangbar

vadus = vadum Furt

vaffer; vafer pfiffig; Schlaukopf

vafritas = vafritia Verschlagenheit, Verschmitztheit

vagabundulus fahrendes Schülerlein

vagabundus umherschweifend; auf der Reise

vagare = vagari sich herumtreiben

vagina Scheide

vagire wimmern, quäken; lügen

vagus umherschweifend, wandernd; der Fahrende, Spielmann; fahrender Scholar, Vagant

valedicĕre; valefacĕre alicui und aliquem Lebewohl sagen, sich verabschieden; jem. verabschieden, Abschied geben

valens stark, laut; valentior pars Mehrheit

valentia Macht

valēre können, vermögen; taugen, leisten; vale Abschieds- und Ankunftsgruß: sei gesegnet! vale dare Lebewohl sagen

valetudo, inis Gesundheitszustand (gut und schlecht); Kraft, Macht

valisia Satteltasche

valiter = valenter kräftig, stark

valitudo = valetudo

vallare umgeben, umringen, flankieren, begleiten; befestigen, schützen

vallicula das kleine Tal, Vertiefung

vallum Wall; Lager; Verhau

vallus Pfahl

valor Geltung

valvassor = vavassor

valvae, arum Türflügel, Tür; valvas aperire animae der Seele den Ausgang öffnen (W.)

vandalicus wild

vanescĕre vergehen; eitel werden

vanga (wohl germ.) Hacke, Karst

vaniglorius voll Eitelkeit

vaniloquium eitles Gerede

vanitare sich brüsten

vannus Wurf-, Getreideschaufel

vanus leer, eitel; unbestattet; bäurisch, Bauer; in vanum vergeblich

vapor Dampf; v. mentis Erregung

vaporare Dampf, Luft ausströmen lassen

vapulare prügeln; Schläge bekommen

vapulator Prügelknabe

varantizare = warantizare

vargus = wargus

variamen Mannigfaltigkeit, Variation; Veränderung

variare auszeichnen, schmücken; wechseln; wieder gutmachen; v. gressus unsicher schreiten

varicolor buntfarbig, verschiedenfarbig

varicosus mannigfach; voll Krampfadern

varietas Stickerei, buntes Gewebe; Gewandtheit

variola Blattern

varium Pelzwerk (mhd. buntwerc)

varius schillernd, bunt

varrus töricht

1. vas, vadis Bürge

2. vas jedes Gerät; Gefäß, Faß, Weihrauchfaß; Werkzeug; Truhe; Plur. Tafelgeschirr; Gepäck; vasa aerea Becken; vasa mortis todbringende Geschosse

vasallus; vassallus (v. vassus) Lehnsmann, Vasall

vascellum Schiff

vasculum Gefäß; v. apium Bienenstock

vasileus = basileus (griech.) König

vasio Fasan

vassus (gall.) Mann; Unfreier in der persönlichen Umgebung des Königs; Vasall

vastator Verwüster, Teufel (Hr.)

vastigare anstacheln, antreiben

vastitas Verödung; v. eremi weite Einöde

vaticinare; vaticinari weissagen

vaticinium Prophezeiung, Weissagung

vatidicus prophetisch

vatus := vates, is Sänger, Dichter; Prophet; Priester, Bischof

vavassor Vasall, kleiner Lehnsträger, mittlerer Ritter

1. **-ve** *enklitische Part.*, *auch alleinstehend:* und

2. **vae** *Interj.* wehe, ach; *subst.* Unglück, Plage

vecordia Torheit, Wahnsinn

vectis, is Riegel; das männliche Glied

vector Fahrer; Lotse, Fährmann

vectura Fuhrlohn, Fährgeld; Sänfte

vegĕre = vehĕre fahren, bringen

veges, etis Weinernte; Weinfaß

vegetabilis belebend; vegetabilia, ium Pflanzenreich

vegetare beleben, gesund erhalten; leben, grünen

vegetus lebhaft

vehementia Gewalt

vehiculum Fahrzeug; Schiff, Schlitten

vel 1. *Konj.* und, und zwar, z. B., etwa, auch nur; vel—sive sowohl — als auch; velque = atque und; 2. *Adv.* wohl, vielleicht, sogar

velamen Hülle, Gewand; v. sacrum Nonnenschleier

velare verhüllen; v. mensam den Tisch decken; v. reginam die Königin ins Kloster schicken

velle aliquem Wohlgefallen haben an, wohlwollen; sibi v. zu bedeuten haben; *subst.* = das Wollen, Wille. — velle *oft überflüssig:* velle minabatur reverti

vellicare rupfen, zupfen; sticheln; aus Eifersucht kränken

vellus, eris Pelz, Vlies

velox schnell; fingerfertig; *Adv. Komp.* velocius gar schnell

velter; veltris; veltrus (*kelt.*) schnellaufend, Jagdhund

canis **veltricus** Jagdhund

velum Schleier; Teppich

velut *Adv.* wie; wie beschaffen

velutum Samt

vena Metallader; Stahl

venabulum Jagdspieß; Rute; *Plur.* Jagdwaffen

venalis käuflich, feil; was man bezahlen muß

venari jagen; gejagt werden

venatio Jagd; Jagdwild

venator principalis Oberjägermeister

vendĕre verkaufen; anpreisen, laut schreien; *Pass.* vendi

vendicare = vindicare beanspruchen; sibi v. an sich reißen, sich aneignen

veneficus Giftmischer, Zauberer; res veneficae Zauberei (Wid.)

venenosus giftig

venerabilis ehrwürdig, heilig; ehrfürchtig; Mönch

venerare; venerari verehren

Veneris dies (*frz.* vendredi) Freitag

Venerius; Venereus zur Venus gehörig, Liebes-; verliebt

venetus blau, bläulich

venia Willfährigkeit, Gefallen; Verzeihung, Vergebung; Kniefall; veniam agere um Verzeihung bitten; venias offerre Opfer darbringen; veniis incumbere auf die Knie fallen

venialis gnädig; verzeihlich, läßlich

veniare kniefällig bitten

venire erscheinen, auftreten; gehen, wandern; einschreiten, Einwendungen machen; v. aliquem sich wenden an jem.; veniens de gremine entsprossen aus dem Stamme

ventare in den Wind streuen, worfeln

ventilabrum Wurfschaufel

ventilare hin- und herschwingen, in Bewegung setzen; Kühlung zufächeln; untersuchen, erörtern; ventilátus weitläufig

ventositas Eitelkeit; leeres Geschwätz

ventosus windig; aufgeblasen, eitel, leer

ventus 1. Luftikus; Windbeutelei; 2. Ankömmling

venundare = venumdare verkaufen

venus, eris Anmut, Anstand

venustare schmücken, kränzen

vepres, is Dornbusch

verax wahrredend, wahrheitsliebend;*Adv.* veraciter wahrheitsgemäß; gründlich

verbaliter *Adv.* mündlich

verber, eris Peitsche

verbex = vervex

verbositas Geschwätzigkeit

verbotenus *Adv.* wortgetreu, wörtlich

verbulum = verbum

verbum Sache; etwas (mit Negation = nichts); Wort, Spruch, Leitwort; Rede, Gespräch; der Logos; verbi gratia zum Beispiel; in verbo dei im Namen Gottes; verbo non ullo mit keiner Silbe

verecundari Abscheu haben; sich genieren

verecundia Scham, Schande

verecundus anspruchslos; bescheiden redend; corporis verecunda, orum Schamteile

veredarius Bote, Kurier; zu den Kurierpferden gehörig

verenter = reverenter *Adv.* ehrerbietig

verere; vereri verehren

vergĕre schräg halten; wenden; gelegen sein; res bene vergunt die Sachen stehen gut (W.)

vergiliae Plejaden, Siebengestirn

veridicus wahrredend, wahr

verificare die Wahrheit erweisen; zu Recht befinden, billigen

vermes; vermis, is Wurm, Gewürm, Ungeziefer; Heuschrecke

vermiclus = vermiculus Würmchen; Laus; Scharlachwürmchen; Scharlachfarbe

vermiculatus wurmförmig; bunt

vernacium Wein aus Vernazza in Italien

vernaculus Sklave, Knecht

vernalis jugendfrisch; vernale tempus Frühling

vernare blühen, grünen, wiederausschlagen; sich verjüngen; leuchten, glänzen

vernulitas Dienst

vernus lenzlich, Frühlings-; vernum Frühling

verpus der Hintere

verres, is Eber

versari sich hin- und herdrehen; v. super aliquid sich beschäftigen mit; inter se v. sich überlegen

versatilis beweglich

versibilitas Wandelbarkeit

versiculus Vers; kurzer Gebetsspruch

versificare in Verse bringen

versificatura Versemachen

versilis gewandt

versipellis ewig wechselnd; unzuverlässig, heuchlerisch; maskiert; Wechselbalg

versus *Präp.* = adversus gegenüber, im Vergleich zu

versutia Schabernack, Spaß; *Plur.* listige Anschläge

versutus gewandt, verschmitzt

vertĕre wenden; scutum v. den Schild auf den Rücken werfen (W.)

vertex Scheitel; a vertice von oben her

vertibilis leicht zu wenden, behende; veränderlich

vertigo, ginis Drehen, Wechsel; v. capitis Kopfverdrehung, Irrsinn; v. venti Wirbelwind

vertragus (*gall.*) Schnelläufer, Windhund

veru, us Bratspieß; Spieß

verula = vernula Sklave, Diener

verum autem in Wirklichkeit aber; verum tamen doch, aber; in vero in Wahrheit

vervecinus Hammel-, Schöpsen-

vervex, vecis, *auch* vicis Hammel, Schöps; Steinbock

vervicaritia Schafherde

vesania Wut, Wahnsinn

vesanire wüten, rasen

vescens spärlich

vescĕre; vesci essen, speisen

vescus zehrend; ausgezehrt, mager; spärlich, zart

vesica Blase, Harnblase; petrae vesicae Blasensteine

veson, ontis = bison Wisent

vespera Abend; Nachmittagsgottesdienst, Vesper (= 6 Uhr abends)

vespertinalis = vespertinus zum Abend gehörig

vespillo, onis Leichenräuber, Grabschänder; Buschklepper, Wegelagerer, Strolch
vestiaria Kammerfrau
vestiarium Kleiderkammer
vestiarius Kämmerer
vestigialis zur Fußspur gehörig
vestigium Spur; Kennzeichen, Mal am Körper; Strahl; vestigiis provolvi sich zu Füßen werfen
vestire bekleiden; in Besitz geben
vestitura Belehnung
vestri; vestrum (*Gen. poss.*) = vester euer
vetare aliquem verbieten, abwehren, verhindern; vetasset = vetuisset; vetatus = vetitus
vetellus = vitulus Kalb
veterare alt machen; als veraltet abschaffen
veterascēre alt werden, veralten; vergehen
veternosus schlafsüchtig, schläfrig; matt, kraftlos, alt
veternus alt, altererbt; Schlafsucht, Lethargie; veternum delictum Erbsünde
vetitum Verbot
vetulus = vetus alt
vexabulum Rute
vexare züchtigen, strafen
vexatio Anfechtung; Plage
vexillifer Standartenträger
vexillum Banner; *Plur.* Kreuz und Fahnen bei der Prozession
via Straße; Lebenswandel; Leidensweg; Art und Weise; via sancti sepulcri Wallfahrt nach dem Heiligen Grabe
viagium Reise
viari = viare gehen, wandern
viaticum Reisekost; Sterbesakrament; v. eucharistiae die heilige Wegzehrung
viator Pilger
vibex, icis Strieme, Schwiele
vibrare schwingen; respectum v. den Blick stolz schweifen lassen
vibratus, us (Schwert-) Schwung
viburnum Mehlbeerbaum
vicaria Statthalterschaft
vicarius Stellvertreter, Statthalter, Nachfolger; gegenseitig, hilfreich

vicedom *lat. Schreibung für mhd.* viztuom = vicedominus Statthalter, Verwalter (Hr.)
vicedomnus = vicedominus der erste Minister des Königs; Erzdiakon (als Stellvertreter des Bischofs)
vicepraetor Vizevogt
vicessor Stellvertreter
vicinans Nachbar
vicinia Nähe; Grenzgebiet
vicinus benachbart, nahe bevorstehend; Nachbar; Landbewohner; e vicino imminens nahe bevorstehend; vicinae, arum Häuser an derselben Straße, Stadtviertel
vicis Wechsel, Abwechselung; Unbeständigkeit; Platz, Stelle, Dienst, Amt; *Plur.* Pflichten; hac vice, vice ista diesmal; quadam vice, una vice einmal; duabus vicibus, per duas vices zweimal; in vicem, per vices abwechselnd; vicem rependere, reddere vergelten, entsprechend handeln; vice an Stelle von, mit Rücksicht auf: vice nostra unsertwegen; vice alia anders; vice versa, conversa umgekehrt; im Gegenteil; in vicem obsidis als Geisel (W.); pro vice tua an deiner Stelle; ad vicem alicuius in Vertretung von; vices agere, vicem gerere jem. vertreten; vices alterne agere die Rollen wechseln; vicem reciprocare eine Neigung erwidern
vicissim *Adv.* abwechselnd, gegenseitig, gegeneinander; auf beiden Seiten; wiederum, aufs neue
vicissitudo Wechsel, Veränderung, Vergeltung; vicissitudinem exercere, reddere vergelten
victima Opferlamm; = Christus
victimare schlachten, opfern
victitare leben
victorifer siegreich
victoriosus siegreich
victualia, ium Lebensmittel, Proviant
vicus Gehöft, Domäne, Dorf; Straße
videlicet *Adv.* nämlich; ne v. natürlich damit nicht, es sollte natürlich nicht sein

vidēre 1. sehen; sich in acht nehmen; 2. = visēre besichtigen, besuchen; mihi videtur ich träume

vidualis verwitwet; v. status Witwenstand

viduare berauben, entsetzen; viduata verwitwet

viella Geige

viēre binden, flechten; dichten (D.)

vietus welk, verschrumpft; altgeworden

vigilans wachsam; eifrig; vorsichtig

vigilare wachen; sich auszeichnen (Wid.)

vigilia Nachtwache, der Tag vor einem hohen Feste; *Plur.* nächtliches Gebet

vigor Lebenskraft, -frische; Gewalt

vigorosus kraftvoll, rüstig

vilescēre wertlos, unbedeutend werden; wenig gelten, verächtlich werden; Schaden erleiden; verächtlich machen

vilic ... s. villic ...

vilipendēre verächtlich behandeln, geringschätzen

vilis wohlfeil; geizig; lumpig, verächtlich

vilitas mei meine Wenigkeit (Hr.)

villa Besitztum, Domäne, Hofgut, Freigut, Landgut; Weiler, Dorf, Stadt

villagium Dorf

villanus zottig; Bauer

villatim *Adv.* dorfweise

villicari ein Landgut bewirtschaften; villicandi scientia Kenntnis der Landwirtschaft

villicatio Verwaltung, Bewirtschaftung eines Gutes

villicus Meier, Gutsverwalter, Dorfrichter; Diener

villinus zottig, wollen; baumwollen

villosus zottig, haarig; villosa Handtuch, Tischtuch

villula Örtchen

vimen Reis, Schößling

vimineus aus Weide, aus Reisig

vinarius zum Wein gehörig

vinclum = vinculum

vinculatio Fesselung

vinculum Band, Fessel; Panzerring; vincula s. Petri, ad vincula Petri Kettenfeier = 1. August

vindemiare Wein lesen

vindemiatio = vindemia

vindemium = vindemia Weinlese; Wein

vindex rächend, strafend; Vergelter, Rächer

vindicare rächen, bestrafen, vergelten; se v. de sich rächen an

vindicta Rache, Strafe, Vergeltung; vindictae verberum körperliche Züchtigung; vindictam capere Rache nehmen

vinericia, orum Weinfuhrfrone

vinescēre zu Wein werden

vinetum Weinpflanzung; Rebe

vinia = vinea Weinstock

vinialis = vinealis zum Wein gehörig

vinum clarum Würzwein, Bowle; v. coctum Würzwein

viola Veilchen, Blume; eine Art Geige: Viola, Bratsche; violam tangere Geige spielen

violare verletzen, entweihen; benetzen

violator Spieler auf der Viola

violatria = violatio Verletzung

violentare beleidigen

violenter *Adv.* gewaltsam

violentia Heftigkeit; v. expeditionis Kriegsgewalt

viperinus Schlangen-

vir episcope *Anrede:* Herr Bischof

virago, inis Jungfrau; *auch* Jüngling; mannbar

viratus wacker, tüchtig; männlich gesinnt

virga Reis; Zuchtrute; Stab (das altgerm. Königszeichen); Bischofsstab; das männliche Glied

virgildus = weregeldus

Virgilium sequi = ein Dichter werden

virginale sidus Gestirn der Jungfrau

virgo, inis Nonne; Jungfrau Maria; *auch* Jüngling; pia v. = Maria; v. modesta = Tugend der Mäßigkeit

virgula Reislein

virgultum Obstgarten, Garten; Paradies

virguncula ein schwaches Mägdlein; Jungfrau

viridare grün sein, grünen

viridarium kleines Grünland, Garten

viridis grün; viride grünes Tuch; v. Hispanum Grünspan

viriditas Grünsein, Wachstum

virilis männlich; virile das männliche Schamglied

viror Grün; Lebenskraft

virtuosus tugendhaft; heilkräftig, wirksam, tüchtig

virtus Tugend; Kraft, Macht, Wunderkraft; Wunder; Streitmacht, Schar, Heer; Reliquien der Heiligen; *Plur.* Wundertaten; v. curarum Heilkraft; v. divina der göttliche Beistand; a virtute esse tugendhaft sein (CB.)

virus Schleim, Saft; Geifer, Gift

vis Kraft, Gewalt; Inhalt; v. longi diei ein Tag voll lähmender Langeweile; vi unrechtmäßig

visceralis innerlich; fleischlich, leiblich

visceratenus *Adv.* bis ins Mark; aus Herzensgrund

visceratim *Adv.* gliedweise

viscosus schleimig; klebrig, zäh; geizig

viscum Vogelleim

viscus, eris (*meist Plur.*) Eingeweide, Glieder, Fleisch; Schoß, das Innerste; totis visceribus von ganzem Herzen

visēre besuchen; heimsuchen, ziehen gegen

visibiliter *Adv.* sichtlich, sichtbar

visio Anblick; Traumgesicht, Erscheinung, Vision

visitare besuchen; heimsuchen, strafen

visitatio Besuch; Heimsuchung, Züchtigung durch Gott; v. Mariae = 2. Juli; v. liminum apostolorum Romfahrt

visivus gladius stechender Blick (I.)

visor Beschauer, Augenzeuge

vispilio; vispillo = vespillo

visum Erscheinung, Gesicht, Traumgesicht

visus, us Sehkraft; = visio

vita Leben; Lebensbeschreibung

vitabundus die Gefahr vermeidend, sich zu verbergen suchend

vitalis lebenspendend, lebenerhaltend, neu belebend; vitale Heilmittel; Lebensäußerung

vitellum = vitellus Kälbchen, Kalb

vitiare verletzen, entstellen; entehren, verführen; verpesten

vitiatus durchtrieben, schlau

vitis, is Weinrebe; = Christus; *Plur.* Wein

vitrearius Glasbläser

vitreus gläsern, kristallklar; zerbrechlich; vergänglich; opus vitreum Glasmosaik

vitricus Stiefvater; Kirchenkassenverwalter

vitrifex Glaser

vitriolum Vitriol (zur Bereitung der Tinte)

vitrum Glas, Glasscheibe; Fenster

vitta Binde

1. **vitula** Fiedel, Viola, Bratsche
2. **vitula** Rindskalb, junge Kuh

vitulamen Wurzelsprößling

vituperium Scheltwort, Schimpf

vivacitas Lebhaftigkeit

vivarius = vivarium Fischteich

vivax lebendig

vivēre leben, erleben; v. asinum sich wie ein Esel benehmen (Hr.); vivo *Schwurformel* = so wahr ich lebe (W.)

vivificare zum Leben erwecken, beleben; erneuern; beschützen

vivificus lebenspendend, belebend

viva voce mit eigenem Munde

vivum (lebhafte) Unruhe, Krieg

vix et aegre *Adv.* mit Not und Mühe

vocabula = vocabulum

vocabularium Wörterbuch

vocabulum Benennung, Name, Titel

vocalis tonreich, tönend; redend

vocatio Rufen, Ruf, Berufung; Vorladung; Abberufung, Tod; Erleichterung

vocativus der Rufer (CB.)

vociferare = vociferari laut rufen, laut nennen

vociferatio Kampfgeschrei

vociferator Schreihals

vocitamen habere genannt werden, heißen

vocitare zu nennen pflegen, nennen

vola die hohle Hand, Hand; Fußsohle

volatilis geflügelt, fliegend; volatilia, ium Vogelwelt; Geflügel

volatus, us Flug

volipes, edis schnellfüßig; schnell, eilig

volitare heraneilen (W.)

volubilis rollend, beweglich

volubilitas nativorum Flüchtigkeit des Gewordenen

volucellus Vögelchen

volucer geflügelt; Vogel; volucres Geflügelhof; volucres de flumine die Fische

voluntarius freiwillig; vorbedacht, vorsätzlich

voluntas Wollen, die (böse) Absicht; das Ersehnte; larga v. Freigebigkeit; sine voluntate bona ohne Erlaubnis

volupe est es ist ein Vergnügen, angenehm

voluptuosus ergötzlich, üppig; Adv. gern

volutabrum Süle, Schmutz

volutare wälzen, rollen; sich herumtreiben

volvĕre rollen, drehen; in rota v. rädern

vomer, eris Pflugschar

vomĕre ausspeien; votam v. das Leben aushauchen

vorago, inis Schlund, Tiefe

vorare; vorari verschlingen, hastig hinunterschlucken

vorator Verschlinger, Fresser

voratrina Fresserei; Freßwirtschaft

vortex = vertex

votare weihen, geloben

votivus erwünscht, willkommen; einem Gelübde entsprechend

votum Gelübde; Andacht, Gebet; Wunsch, Plan; (Wahl-) Stimme; Plur. Wallfahrt; votis vocare mit Bitten anflehen; dies votorum Hochzeitstag

vovēre geloben; sich vornehmen

vox Laut, Bezeichnung, Name; Rede; Stimme (bei d. Königswahl); vocem requirere ums Wort bitten; vocem dare das Wort geben zur Zeugnisablegung

vulgaliter == vulgariter

vulgare bekanntgeben, melden

vulgaris gewöhnlich, allgemein; vulgare Muttersprache, Volkssprache; vulgares gentes die Völker (Gegensatz: die alten Römer); vulgares die gemeinfreien Volksgenossen; Adv. vulgariter allgemeinverständlich

vulgaritas Volkstümlichkeit

vulgatus gewöhnlich, alltäglich; vulgato nomine in der Volkssprache

vulgigena Haselwurz

vulgo Adv. in der Landessprache; vor allem Volk

vulgus Bevölkerung; Heerestroß

vulnifer Wunden machend

vulnificus verwundend

vulniger verwundet

vulpecula Füchslein; ein Kriegsgerät

vulpescĕre hinterlistig sein

vulpinare überlisten

vulpidus = vulpinus fuchslistig

vultus, us Gesichtsausdruck, Blick; Gestalt; v. auctoritatis Scheinautorität

W

wacta (germ.) Wache, Wachtdienst, öffentlicher Polizeidienst (Cap.)

wadi . . . s. vadi . . .

wah == vah Interj. ach!

waisdo (germ.) Färberwaid (Cap.)

walara; walra Wels, „Waller"; Walfisch (ahd. welira)

wambasia, iorum (germ.) Wams, Leibrock

wanna Wanne = großer Weidenkorb (vgl. vannus)

wantus; wanto, onis (germ.) Handschuh, Fäustling (ndd. Wanten)

warandia (germ.) Gewährleistung; w. telonii Zollrecht

waranio (germ.) Hengst

warantizare verbürgen

warantus (germ.) Bürge

warda (germ.) Warte; Schutzwache

warentla Krapp, Färberrot

wargus (germ.) friedlos, landflüchtig

weregeldus; weregildus (germ.) Wergeld

werra (germ.) Verwirrung, Streit, Krieg

wimpla (germ.) Gewand; Stoff

Y

siehe unter i und hi

X

xeniolum kleines Gastgeschenk
xenium (*griech.*) Geschenk
xenodochium (*griech.*) Herberge, Pilger-
haus, Hospital
xenodochus (*griech.*) Hospitaloberer
xenos (*griech.*) Pilger
xerampelinus (*griech.*) rot (wie dürres
Weinlaub)

xerophagia (*griech.*) das Essen trockener
Nahrung, die Fastenzeit
xeromurra = xeromyron (*griech.*) die
trockene, wohlriechende Salbe
xeron, i (*griech.*) das Trockene, trockene
Salbe
xylocopus (*griech.*) Zimmermann
xystus (*griech.*) Säulengang; Terrasse

Z

im Anlaut oft 1. = di; 2. = s; 3. = x

zaberna Quersack
zabilis = zabulus
1. **zabulus** = diabolus (*griech.*) Teufel
2. **zabulus** (*russ.*) Zobel, Zobelfell, Zobel-
pelz; *vgl.* sabellum
zacones = diacones
zambellum Kampf, Krieg
zebus = diebus (*v.* dies)
zecha Münzstätte; Gelage, Zeche
zechum Zechgelage
zelare (*griech.*) lieben; eifern, anfeinden,
Böses wünschen, anhexen; *Pass.* sich
ereifern
zelator Eiferer
zelosus eifersüchtig; eifrig
zelotes, ae (*griech.*) Eiferer, Eifersüchtiger
zelotypare eifersüchtig machen; mißtrauen
zelotypia (*griech.*) Eifersucht
zelotypus eifersüchtig; Ehebrecher
zelum; zelus (*griech.*) Eifer, Zorn; Liebe;
Eifersucht; z. ordinis Sehnsucht nach
dem Ordensleben
zeta = diaeta

zetarius = diaetarius Zimmerwärter
zeuma = zeugma, atis (*griech.*) Poly-
syndeton
zymus; zyma, atis (*griech.*) Sauerteig
zindalum feines indisches Leinen, Zindel
zinziber = zingiber, eris (*arab.*) Ingwer
(*mhd.* gingibere)
zirbus Darmnetz
zitharoedus = citharoedus
zizania; zizanium; zizania, iorum (*griech.*)
Lolch, Unkraut; Zwietracht
zmaragdus = smaragdus
zodiacus (*griech.*) Tierkreis; Ekliptik
zodium (*griech.*) Sternbild im Tierkreise
zodomiticus = sodomiticus
zoe (*griech.*) Leben, Seele
zoycaysice = zōē kai psychē (*griech.*)
Kosewort: du mein Leben und meine
Seele (W. v. Ch.)
zomarius = somarius
zona (*griech.*) Gürtel, Zone
zottare langsam einherschreiten, dahin-
schlendern
zukarium; zucara; zuchara (*arab.*) Zucker